"十三五"普通高等教育本科系列教材

# 经济学原理

主　编　孙　倩

副主编　刘　嵩　汤　勇

参　编　罗祥泽　刘　亦　刘　欢　郭美兰

主　审　刘辉煌

中国电力出版社
CHINA ELECTRIC POWER PRESS

# 内 容 提 要

本书为"十三五"普通高等教育本科系列教材。全书分为两部分,共 15 章。第一部分主要为主流教材中重点介绍的西方经济学部分的基本内容,主要包括供求理论、效用理论、生产理论、成本理论、市场理论、国民收入核算理论与方法、失业与通货膨胀、经济增长与经济周期、宏观经济政策;第二部分主要介绍经济学一级学科辖下的其他经济学知识,主要包括国际经济学常识、金融学常识、发展经济学常识、制度经济学常识、博弈论常识。全书突出基本概念、基本原理和政策应用的讲解,着重强调经济学知识的逻辑结构体系和众多知识点的涉及,致力于培养学生良好的经济学思维方式。本书内容覆盖面广,结构清晰,重点突出,篇幅适中。

本书可作为应用型本科院校和高职高专院校经济学、管理学等财经类专业本专科教材,还可供经济学爱好者参考使用。

**图书在版编目(CIP)数据**

经济学原理/孙倩主编. —北京:中国电力出版社,2017.2
(2021.2 重印)

"十三五"普通高等教育本科规划教材

ISBN 978-7-5198-0195-3

Ⅰ.①经… Ⅱ.①孙… Ⅲ.①经济学-高等学校-教材
Ⅳ.①F0

中国版本图书馆 CIP 数据核字(2016)第 318928 号

中国电力出版社出版、发行
(北京市东城区北京站西街 19 号  100005  http://www.cepp.sgcc.com.cn)
三河市航远印刷有限公司印刷
各地新华书店经售

\*

2017 年 2 月第一版   2021 年 2 月北京第六次印刷
787 毫米×1092 毫米  16 开本  15.75 印张  383 千字
定价 48.00 元

# 前　言

在学科体系里，经济学是一个学科门类，下面设有两个一级学科：理论经济学和应用经济学。两个一级学科下又各自设有若干个二级学科。不同二级学科的课程体系各自不同，但是有很大的交叉性和关联性。除了经济学这一学科门类外，其他学科门类下的二级学科也设置有经济学相关的课程，当然比重各有不同。例如，管理学对经济学课程就有很高的要求。可见，经济学涉及的学科面非常广，不同学科的要求也千差万别。

目前市面上以"经济学原理"命名的教材多如牛毛，也各有特色，但是在内容设计上却大体一致，主要以西方经济学内容为主干进行删减，微、宏观经济学内容均有涉及。作为介绍经济学原理的教材，只拘泥于西方经济学的基本内容，不管是针对财经类专业的学生，还是非经济管理类专业的学生，都存在一定缺陷。对于财经类专业学生而言，经济学入门只接受西方经济学的知识体系，缺乏起始认知上对经济学学科门类的整体把握，后续学习不能下意识构建课程间的逻辑关系；对于非经济管理类专业学生而言，对经济学的了解将仅仅停留于西方经济学部分，削弱了经济学知识应用的涉及面。

基于上述理由，本书内容设计上以西方经济学的主干理论介绍为基础，重点添加了经济学学科门类下有一定代表性的其他经济学常识介绍。本书分上、下两篇，共十五章。第一章为导论，主要介绍经济学的学科分类，不同经济学课程之间的逻辑关系，以及经济学课程共同的思想和研究方法。第二章至第十章，重点介绍西方经济学的主要内容，其中第二章至第六章为微观经济学部分，囿于篇幅的限制及教材编写的目的，本部分只介绍了产品市场有关短期经济行为的相关内容；第七章至第十章为宏观经济学部分，主要介绍宏观经济现象及相应的政策应用。第十一章至第十五章，主要介绍其他经济学的相关常识，由于每一章都是一个完整的知识体系，因此主要着眼于知识点的介绍，揭示其相互关联的逻辑关系，为学生后续学习打下基础。

本书由湖南城市学院孙倩担任主编，负责全书的立题、结构的构思与内容的甄选，对编写人员进行分工，协调编写过程与进度，对各章节的初稿提出修改意见；由湖南城市学院刘嵩和湖南城市学院汤勇担任本书的副主编，负责对全书各章节的初稿提出修改意见和对全书进行统稿。

全书各章节编写人员分工如下：湖南城市学院孙倩负责第一章、第七章；湖南城市学院刘嵩编写第二章、第三章、第四章；湖南农业大学罗祥泽编写第五章、第六章；中南林业科技大学刘亦编写第八章、第九章；湖南外贸职业学院刘欢编写第十章、第十一章；湖南城市学院郭美兰编写第十二章、第十三章；湖南城市学院汤勇编写第十四章、第十五章。湖南城市学院刘辉煌教授审阅了全书，并提出宝贵意见，在此表示感谢。

本书编写过程中参考了大量的国内外教材、论文，并且通过最新网络资料对传统的内容进行了更新，在此向教材、论文及网络资源的版权所有者及作者表示感谢。限于作者水平，存在的疏漏与不足之处，恳请读者批评指正。

编　者

2016 年 11 月

# 目　录

# 第一章　概　　述

## 第一节　经济学含义及其分类

### 一、经济与经济学

#### （一）经济的含义

"经济"作为人们日常生活中的习惯性用词，其含义包括两个方面。其一，是生产或生活上的节约、节俭，前者包括节约资金、物质资料和劳动等，归根结底是劳动时间的节约，即用尽可能少的劳动消耗生产出尽可能多的社会所需要的成果；后者指个人或家庭在生活消费上精打细算，用消耗较少的消费品来满足最大的需要。总之，经济就是用较少的人力、物力、财力、时间、空间获取较大的成果或收益。其二，经济是国家或企业、个人的收支状况，如国民生产总值、社会总产值、企业的产量与效益、个人的收入与支出等。在我国古代，经济是经邦济世、经国济世或经世济民等词的综合和简化，是治理国家、拯救庶民的意思；经济（Economy）一词最早见于古希腊色诺芬（约公元前 430—前 354 年）的《经济论》，这时意为家庭管理，也就是奴隶主如何组织和管理自己的奴隶进行生产活动。

传统政治经济学著作对经济有以下解释：经济是指社会生产关系的总和。指人们在物质资料生产过程中结成的，与一定的社会生产力相适应的生产关系的总和或社会经济制度，是政治、法律、哲学、宗教、文学、艺术等上层建筑赖以建立起来的基础；经济是指社会物质资料的生产和再生产过程，包括物质资料的直接生产过程及由它决定的交换、分配和消费过程。其内容包括生产力和生产关系两个方面，但主要是指生产力；经济是一个国家国民经济的总称，包括一国全部物质资料生产部门及其活动和部分非物质资料生产部门及其活动。

#### （二）经济学的定义

经济学是一个内容相当广泛而松散的概念，迄今为止，世界上还不存在一个被所有经济学家一致认同的定义。不同的历史时期，有不同的经济学家对社会经济问题的考察研究，自会有不同的认识和观点。由于物质资料的生产、交换、分配、消费活动，即所谓的经济活动，是人类维系与谋求自身生存、发展的最基本的社会活动。所以，经济学可以被看作是研究社会经济关系和经济活动的规律及其应用的学科的总称。

1934 年罗宾斯曾给出一个关于经济学的定义：经济学是研究人类行为的一门科学，它用来考察人们如何处理目的与具有多种用途的稀缺性手段之间的关系。

具有类似思想的另一种定义是：经济学是研究个人、企业、政府及其他社会经济组织如何在社会内进行选择，以及这些选择如何决定社会稀缺资源的使用的科学。这个定义较为普遍，在一些常用的教科书中都能见到。

以上两种表述尽管存在一定差异，但它们却有一个最大的共同点，即都强调资源的稀缺性问题。也就是说，无论是个人、企业，还是政府，所拥有的资源总是有限的，因此，如何将稀缺的资源在商品和劳务的生产及商品和劳务的消费中进行最有效的分配，就成为经济学研究的不变课题。于是，便引申出我们的结论：经济学是一门研究稀缺资源如何在多种用途之间进行合理配置和有效利用的科学。这一定义表明经济学的逻辑前提是资源的稀缺，它蕴藏着一个重要的概念，即效率。也就是说，经济学的整个逻辑是围绕资源配置和资源利用的效率展开的。资源配置的效率意味着一国合理组织生产和消费，使生产者的生产既没有短缺也没有过剩，消费者的需求也能得到最大的满足；资源利用的效率是指既定的资源如何实现充分利用，使之生产出更多的经济物品。经济学正是通过研究如何提高稀缺资源的利用效率来最大限度地解决有限资源满足人们无限需要的问题。

**二、经济学的学科分类**

经济学的学科分类，大体上可以分为理论经济学和应用经济学。

理论经济学是论述经济学的基本概念、基本原理及经济运行和发展的一般规律，为各个经济学科提供基础理论的学科。理论经济学包括政治经济学、西方经济学、经济思想史、经济史、世界经济，以及人口、资源与环境经济学等二级学科。

政治经济学是对经济本质层次的分析，主要研究经济活动和经济运行过程中内在规律性。西方经济学是探讨1930年以来，特别是第二次世界大战之后，在西方经济理论界有重要影响的（主流的）经济学说和基本理论。经济思想史是研究各个历史时期出现的经济观点、经济思想、经济学说及其产生的经济政治背景、所起的作用、所占的历史地位，以及各个人物、各个学派之间的承袭、更替、对立的关系等方面的学科。经济史是研究人类社会各个历史时期、不同国家或地区的经济活动和经济关系发展演变的具体过程及其特殊规律的学科。世界经济学是研究世界经济运动规律的科学，它研究当代正在走向全球化和地区经济一体化的全球经济的运行绩效和机制变迁的机制规律，为建立公正合理的国际经济新秩序，为在平等互利的基础上扩大和加强世界各国和地区的经济贸易关系提供决策依据。人口、资源及环境经济学是研究人口发展、自然资源、生态环境与经济发展相互之间关系的一个经济学分支学科，它运用经济学的基本理论和方法来揭示、分析人口经济过程及自然资源和生态环境的基本规律和辩证关系，评价和指导制定相关政策。

狭义的经济学一般指西方经济学，它包括宏观经济学与微观经济学两个分支。宏观经济学以整个国民经济为视野，以经济活动总过程为对象，考察国民收入、物价水平等总量的决定和波动。微观经济学研究市场经济中单个经济单位即生产者（厂商）、消费者（居民）的经济行为。

应用经济学主要指应用理论经济学的基本原理，研究国民经济各个部门、各个专业领域的经济活动和经济关系的规律性，或对非经济活动领域进行经济效益、社会效益的分析而建立的经济学科。应用经济学大体上可分为国民经济学、区域经济学、财政学、金融学、产业经济学、国际贸易学、劳动经济学、统计学、数量经济学、国防经济学等二级学科。

国民经济学是以整个国民经济为研究对象，研究国民经济运行规律，研究社会生产、分配、流通和使用的全过程及国民经济各部门的相互关系。区域经济学是研究经济活动在一定自然区域或行政区域中变化或运动的规律及其作用、机制的学科。它运用经济学的观点，研究国内不同区域经济的发展变化、空间组织及其相互关系，研究和揭示区域与经济相互作用规律，具体分析区域经济发展中的规律性问题。财政学是研究以国家为主体的财政分配关系的形成和发展规律的学科，它主要研究国家如何从社会生产成果中分得一定份额，并用以实现国家职能的需要，包括财政资金的取得、使用、管理及由此而反映的经济关系。金融学是研究公司、个人、政府与其他机构如何招募和投资资金的学科，其研究领域包括宏观层面的金融市场运行理论和微观层面的公司投资理论。产业经济学是以"产业"为研究对象，研究产业结构、产业组织、产业发展、产业布局和产业政策等，探讨现代经济在以工业化为中心的经济发展中产业之间的关系结构、产业内的企业组织结构变化的规律、经济发展中内在的各种均衡问题等。国际贸易学是研究国际间商品与劳务交换过程中的生产关系及有关上层建筑发展规律的科学，研究国际间贸易产生与发展的原因和贸易利益在各国间进行分配的制约因素，并揭示其中的特点与运动规律。劳动经济学是研究劳动关系及其发展规律的科学，研究活劳动这一生产要素投入的经济效益以及与此有关的社会经济问题。统计学通过利用概率论建立数学模型，收集所观察系统的数据，进行量化分析、总结，并进而进行推断和预测，为相关决策提供依据和参考。数量经济学是根据经济理论在质的分析基础上，利用数学方法和计算技术研究经济数量关系及其变化规律性的经济学科。国防经济学是一门以经济学为工具，研究与国防有关的资源配置、收入分配、经济增长和稳定性等问题的学科。

## 第二节　经济学的基本概念与基本问题

### 一、经济学的基本概念

#### （一）经济物品

从经济学的角度来看，我们可以把与人类生存和发展息息相关的物品分为3类，即自由物品、经济物品和有害物品。

在经济学中，自由物品通常被定义为不需要付出任何代价就能够得到的有用物品，如阳光和空气等。自由物品的基本特点是对人类有用而且价格为零，即买方在使用自由物品时，不用花费任何代价。

经济物品也叫稀缺物品，是指人类必须付出相应代价才能够得到的有用物品，如房子、汽车和食品等。经济物品具有以下4个特点：第一，有用性，即经济物品一定具有能满足人们的某种需要的有用性；第二，获取时需要付出代价，即经济物品通常具有一定的市场价格，不存在免费相送的现象，如果存在免费相送，人们得到的数量必然小于人们想要的数量；第三，稀缺性，即经济物品相对于人类的无限欲望来说，一定是稀缺的；第四，价格为正，即在进行市场交易时，通常是买方向卖方支付代价。

有害物品则是指人类必须付出相应的代价才能够消除的物品，如生活垃圾和工业"三废"等。

#### （二）稀缺性

人类的消费需要具有无限性和层次性：第一，无限性，即人们对产品和劳务的需要是无限多样且永远得不到满足的；第二，层次性，即在无限的需要中，有多种需要，这些需要是分层次的。由于人类消费需要是无限的，人们总是通过各种办法试图满足这些无限增长的消费需要，但相对于人类欲望的无限性，经济物品总是有限的，有限的经济物品总是难以满足无限产生和膨胀的人类需要，这一矛盾就是经济学中通常所说的稀缺性。

稀缺性具有以下3个方面的特点：第一，稀缺性是指经济物品的稀缺性；第二，稀缺性可以分为消费品的稀缺性和生产要素的稀缺性，后者决定前者；第三，稀缺性是指人的生命的有限性。如果人的生命是无限的，时间不是稀缺的，那么，任何经济物品都可以通过人类长期不懈的努力而获得，稀缺性也就无从谈起。

（三）经济资源

经济资源是指那些用于生产商品或劳务所必须投入的物品。经济资源又叫稀缺资源，如果从资源投入生产过程以生产出满足人类需要的产品和劳务的角度来看，经济资源也可以称为生产要素。一般来说，经济资源包括土地、资本、劳动和企业家才能。

经济学中所说的土地是一个广泛意义上的概念，是指大自然赋予人类的一切有助于进行生产活动的自然条件。土地包括矿藏、森林、陆地、海洋和河流等。资本包括物质资本和金融资本，其中物质资本包括机器和厂房等，金融资本包括有价证券和货币等。当然，也可以将资本分为有形资本和无形资本两类。有形资本包括机器、厂房、有价证券和货币等，无形资本包括专利和商标等。资本不等于货币，资本是能够带来剩余价值的价值。劳动是指人类在生产过程中所做出的贡献，包括脑力劳动和体力劳动。劳动的质量受劳动者的技能、受教育程度和事业心等因素影响，而劳动的数量受劳动时间和劳动效率等因素影响。企业家才能是企业家特有的个人素质，企业家才能的作用表现为：组织协调其他要素进行生产，寻求和发现新的商业机会，引进新的生产技术或发明，以及引导和带动企业进行技术、市场和制度等各种创新。从根本上来看，企业家是研究、发现、引导并设法满足社会经济生活中经济主体对经济物品和经济资源的需求的人。

（四）选择

由经济资源的稀缺性衍生出一个重要的经济学概念——选择。选择是指把稀缺的经济资源从多种用途中挑选一种加以利用的过程。选择具有以下特点：第一，选择是指对稀缺资源的选择，自由物品不存在选择；第二，稀缺资源可以被选择到几种用途中，而不一定只有一种；第三，选择意味着放弃，也就是说，选择需要付出代价。

（五）机会成本

使用一种资源的机会成本，是指把该种资源投入到某一特定用途以后，在所放弃的其他用途中，可能给选择者带来的最大收益。机会成本的概念包含以下几点含义：第一，机会成本是从被放弃的选择中进行考虑；第二，机会成本是被放弃的选择中可能带来的多种收益中的最大收益；第三，机会成本中的最大收益是可能性，而非现实性；第四，机会成本不是被放弃的多种选择可能带来的收益加总，而只是其中最大的可能收益。

**二、经济学的 3 个基本经济问题**

人类社会总是通过选择来处理自身面临的经济问题。从本质上来看，人类对经济资源的选择构成了人类面临的最基本的经济问题。这些基本经济问题包括以下 3 个最基本的选择：第一，生产什么，生产多少；第二，如何生产；第三，为谁生产。

（一）生产什么，生产多少

面对经济资源的稀缺性，人类会面临这样的问题：生产这种产品，就不能生产那种产品，或者一种产品生产多了，另一种产品就必须少生产。有限的资源，不同的社会中的不同决策者，在不同的条件下会做出不同的选择。在计划经济体制下，生产什么，生产多少，由计划当局的主观意志决定；在市场经济条件下，则是由市场的需求决定的。在市场经济条件下，企业只有生产那些市场需要的产品，才能使有限的经济资源最大限度地满足社会需要。显然，"生产什么，生产多少"的问题，是经济学首先应该解决的问题，而社会最终的选择取决于被选择对象的轻重缓急和需求的数量。

### （二）如何生产

"如何生产"是生产要素在生产单位（企业）内部的配置问题。在具体的经济资源配置过程中，资本、土地和劳动等经济资源如何组合以生产出既定的数量的产品？如何配置投入的经济资源以达到投入成本最小？在某种程度上，技术水平和产品或劳务的性质决定了上述问题如何解决。其实，如何生产的问题，也暗含了经济资源具有一定的可替代性，也就是说，生产一定量的一种产品的各种经济资源，可以按照一定比例相互替代。

### （三）为谁生产

产品或劳务生产出来以后，如何在社会成员之间进行分配？这实际上涉及产品和劳务的公平分配问题。我们知道，一种产品或劳务的生产，需要投入相应的资本、土地、劳动、企业家才能、知识和公共产品等生产要素，各种要素的所有者应该根据各自在生产中的贡献取得相应的产品或报酬，而报酬如何确定？这是一个非常普遍的基本问题。对上述问题的不同回答，便形成了形形色色的分配理论。

上述三个基本经济问题互相联系，又互相区别。从本质上看，"生产什么，生产多少"决定着"如何生产"和"为谁生产"，比如高档汽车只能在先进的技术条件下为富豪们生产，而汽车和飞机又不可能纯粹依靠人海战术进行生产。当然，"如何生产"又影响着"生产什么"和"生产多少"，进而影响着"为谁生产"。比如，生产技术的制约，使人们无法生产目前难以生产的产品和劳务，如广泛用于普通民众旅游的航天飞机。对这三个基本问题的有效解决依赖于人类社会对稀缺的经济资源如何进行科学合理的配置，这便是经济学研究的主要内容。

## 第三节　经济学的研究方法

### 一、实证经济学与规范经济学

经济学所要研究的问题包括实证问题和规范问题。相应地，经济学便有实证经济学和规范经济学之分。实证经济学与规范经济学的区别，首先表现在怎样对待"价值判断"上。所谓价值判断是指对经济事物社会价值的判断，即对某一经济事物是好还是坏的判断。

两者的区别：第一，实证经济学企图超脱和排斥一切价值判断，只研究经济本身的内在规律，并根据这些规律，分析和预测人们经济行为的效果；规范经济学则以一定的价值判断为基础，是以某些标准来分析处理经济问题，树立经济理论的前提，作为制定经济政策的依据，并研究如何才能符合这些标准。第二，实证经济学所要回答的是"是什么"的问题，或者是"对经济问题如何解决"的问题；规范经济学是以一定的价值判断为基础，提出某些准则，作为判断经济事物的好坏以及制定经济政策的依据，它力求说明的是"应该是什么"的问题，或者是"对经济问题应该如何解决"的问题；第三，实证经济学的内容具有客观性，即不以人们的意志为转移，所得的结论可以根据事实来进行检验；规范经济学则没有客观性，它所得的结论要受到不同价值观的影响，具有不同价值判断标准的人，对同一事物的好坏会做出截然不同的评价，谁是谁非没有什么绝对标准，从而也就无法进行检验。

相应地，从经济分析方法的角度，微观经济学便有实证分析和规范分析两种分析方法。实证分析主要涉及对经济现象的分析和预测，规范分析主要涉及对经济现象做出"好与坏"的判断。比如，政府对农业实行补贴，实证分析重点分析的问题包括：政府为什么这样做，这样做的后果是什么，政府财政是否能够负担得起这样的农业补贴，如果实行全国范围内的农业补贴补贴资金来自哪些途径，等等。相应地，政府对农业实行补贴，规范分析重点分析的问题包括：大量资金用于对农业补贴是否值得，农业补贴资金用在其他方面是否会更好，如果实行全国范围内的农业补贴补贴资金应该来自于哪些途径，等等。

### 二、实证分析方法：理论形成过程

实证分析是一种根据事实加以验证的陈述，而这种实证性的陈述则可以简化为某种能根据经验数据加以证明的形式。在运用实证分析法研究经济问题时，就是要提出用于解释事实（即经济现象）的理论，并以此为根据做出预测，这也就是形成经济理论的过程。

#### （一）理论的组成

一个完整的理论由定义、假设、假说和预测4个部分组成。

定义是对经济学研究的各种变量所规定的明确的含义。变量是一些可以取不同数值的量。在经济分析中常用的变量有内生变量与外生变量、存量与流量。内生变量是一种理论内所要解释的变量；外生变量是一种理论内影响其他变量，但本身由该理论外的因素所决定的变量。存量是指一定时点上存在的变量的数值，其数值大小与时间维度无关；流量是指一定时期内发生的变量的数值，其数值大小与时间维度相关。

假设是某一理论所适用的条件。因为任何理论都是有条件的、相对的，所以在理论的形成中假设非常重要，离开了一定的假设条件，分析与结论就是毫无意义的，如需求定理是在假设消费者的收入、嗜好、人口量、社会风尚等既定的前提下来分析需求量与价格之间的关系，消费者收入、嗜好、人口量、社会风尚等不变就是需求定理的假设。离开这些假设，需求定理所说明的需求量与价格反方向变动的真理就没有意义。在形成理论时，所假设的某些条件往往不现实，但没有这些假设就很难得出正确的结论。

假说是两个或更多的经济变量之间关系的阐述，也就是未经证明的理论。在理论形成中提出假说是非常重要的，这种假说往往是对某些现象的经验性概括或总结。但要经过验证才能说明它是否能成为具有普遍意义的理论。因此，假说并不是凭空产生的，它仍然来源于实际。

预测是根据假说对未来进行预期。科学的预测是一种有条件性的说明，其形式一般是"如果……就会……"。预测是否正确，是对假说的验证。正确的假说的作用就在于它能正确地预测未来。

#### （二）理论的形成

如图1-1所示，在形成一种理论时，首先要对所研究的经济变量确定定义，并提出一些假设条件；然后，根据这些定义与假设提出一种假说；根据这种假说可以提出对未来的预测；最后，用事实来验证这预测是否正确。如果预测是正确的，这一假说就是正确的理论；如果预测是不正确的，这一假说就是错误的，要被放弃，或进行修改。

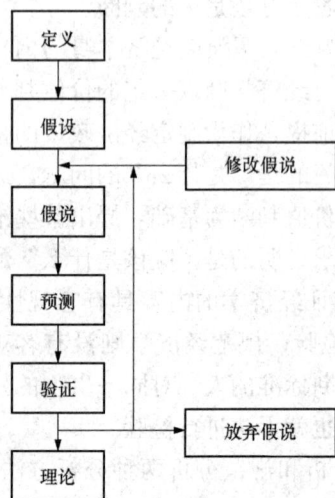

图1-1　理论的形成过程

### 三、实证分析方法：实证的分析工具

实证分析要运用一系列的分析工具，诸如个量分析与总量分析、均衡分析与非均衡分析、静态分析与动态分析、

定性分析与定量分析、逻辑演绎与经验归纳、经济模型及理性人的假定等。

这里着重介绍在经济学中应用最多而在前面又未曾有过说明的均衡分析、静态分析与动态分析、经济模型。

（一）均衡分析

"均衡"是从物理学中引进的概念。在物理学中，均衡是指同一物体同时受到几个方向不同的外力作用而合力为零时，该物体所处的静止或匀速运动的状态。

经济学中，均衡是指各种对立的、变动着的力量处于一种力量相当、相对静止、不再变动的境界。这种均衡与一条直线所系的一块石子或一个盆中彼此相依的许多小球所保持的机械均衡大体上一致。均衡一旦形成后，如果有另外的力量使它离开原来的均衡位置，则会有其他力量使它恢复到均衡，正如一条线所悬着的一块石子如果离开了它的均衡位置，地心引力立即有使它恢复均衡位置的趋势一样。

均衡又分为局部均衡与一般均衡。局部均衡分析是假定在其他条件不变的情况下来分析某一时间、某一市场的某种商品（或生产要素）供给与需求达到均衡时的价格决定。一般均衡分析则在各种商品和生产要素的供给、需求、价格相互影响的条件下来分析所有商品和生产要素的供给和需求同时达到均衡时所有商品的价格如何被决定。一般均衡分析是关于整个经济体系的价格和产量结构的一种研究方法，是一种全面的分析方法，但由于一般均衡分析涉及市场或经济活动的方方面面，而这些又是错综复杂和瞬息万变的，使得这种分析非常复杂和耗费时间。所以，在西方经济学中，大多采用局部均衡分析。

（二）静态分析、比较静态分析和动态分析

静态分析就是分析经济现象的均衡状态及有关的经济变量达到均衡状态所需要具备的条件，它完全抽掉了时间因素和具体变动的过程，是一种静止地孤立地考察某些经济现象的方法。

比较静态分析就是分析在已知条件发生变化以后经济现象均衡状态的相应变化，以及有关的经济总量在达到新的均衡状态时的相应的变化，即对经济现象有关经济变量一次变动（而不是连续变动）的前后进行比较。也就是比较一个经济变动过程的起点和终点，而不涉及转变期间和具体变动过程本身的情况，实际上只是对两种既定的自变量和它们各自相应的因变量的均衡值加以比较。

动态分析则对经济变动的实际过程进行分析，其中包括分析有关总量在一定时间过程中的变动，这些经济总量在变动过程中的相互影响和彼此制约的关系，以及它们在每一时点上变动的速率，等等。这种分析考察时间因素的影响，并把经济现象的变化当作一个连续的过程来看待。

（三）经济模型

经济模型和经济理论的含义是基本相同的。一个经济理论的建立和运用，可以看成是一个经济模型的建立和使用。经济模型是用来描述特定经济现象中相关经济变量之间关系的理论结构，是对经济理论进行描述、分析和研究的手段和方法，是对经济规律的概括和总结。衡量经济模型优劣的一个标准是：如果一个经济模型能够很好地解释经济现实，模型就是成功的。如果模型过于复杂，模型的使用也是一件困难的事情。如果一个经济理论或者经济模型很简洁，但是它的预言能被验证，那么说明这个理论能用较少的投入来解释大量的经济现象，这恰恰是理论"经济性"的表现。

经济模型从分析手段的角度，可以分为概念模型、几何模型和数学模型 3 类。概念模型是通过文字的方式对经济理论进行描述、分析和研究；几何模型是通过几何图形的形式对经济理论进行描述、分析和研究；数学模型是通过一个或多个数学方程的形式对经济理论进行描述、分析和研究。上述 3 种模型在对经济理论进行描述、分析和研究时各有特色。建立经济理论的（数学）模型的一般过程大致包括以下 4 个步骤：对经济现实进行归纳，形成抽象的概念；概括和总结概念间的相互联系和基本规律；进一步把概念符号化；建立模型，对模型求解并对结果进行解释。

## 本章思考题

1. 稀缺性的相对性是指什么？绝对性是指什么？
2. 什么是选择？它包括哪些内容？
3. 理论是如何形成的？包括哪些内容？理论的表达方式有哪些？
4. 如何理解假设在理论形成中的重要性？理论以某些假设条件为前提说明了什么？

# 第二章 供 求 理 论

## 第一节 需 求 理 论

市场经济中的资源配置主要是通过价格机制来实现的，价格是传递经济信息的关键因素，价格可以使得资源得到最有效率的配置，从而解决经济中的资源稀缺性问题。在市场上，价格是由需求和供给共同决定的，要分析价格，就必须先分析需求和供给，本节和第二节将分别介绍需求和供给的一些基本概念。

### 一、需求与需求价格

（一）需求（Demand）

需求源于消费者。在其他条件不变的情况下，一种商品的需求是指消费者在一定时期内在该商品各种可能的价格水平下，愿意而且能够购买的该商品的数量。

需求总是涉及两个变量：价格（Price）和需求量（Quantity）。没有相应的价格，就谈不上需求。对消费者而言，需求是由欲望产生的，没有购买欲望就没有需求，但只有购买欲望，没有支付能力，也不能形成现实的需求。现实的支付能力指拥有足够的货币支持。因此，需求是购买欲望和购买能力的统一。需求是愿意发生的需求，即需求概念下的需求量是个预期概念，不是指实际购买量，是消费者预计、愿意或打算购买的数量。需求也是指一定时间的需求，时间改变，需求量也会变化。

需求量与需求是两个相互联系又相互区别的概念。需求量是指在一定时期内，在特定价格水平上愿意并且能够购买的商品和劳务的数量，即在一个特定价格水平上的具体数量。需求是指商品的需求量与该商品价格之间的一种关系，是对应于每一可能价格水平下需求量的组合。

（二）需求价格

需求价格是指在一定条件下，消费者对一定数量的某种商品所愿意支付的最高价格。

需求价格是决定一种商品的需求数量和需求的重要因素。一般来说，如果其他条件不变，商品的价格提高则商品的需求量下降，商品的价格下降则商品的需求量增加，即商品的需求量与价格负相关。

### 二、需求曲线和需求规律

（一）需求曲线

1. 需求表

商品的需求表是一张表示某种商品的各种价格水平和与各种价格水平相对应的该商品的需求数量之间的关系的数字序列表。需求表通常是人们进行市场调查的结果，它的定量分析给人们提供比较准确的判断。表 2-1 是一张某商品的需求表。

表 2-1　　　　　　　　　　　　某 商 品 的 需 求 表

| 价格—数量组合 | A | B | C | D | E | F | G |
|---|---|---|---|---|---|---|---|
| 价格（元） | 1 | 2 | 3 | 4 | 5 | 6 | 7 |

| 价格—数量组合 | A | B | C | D | E | F | G |
|---|---|---|---|---|---|---|---|
| 需求量（单位数） | 700 | 600 | 500 | 400 | 300 | 200 | 100 |

从表 2-1 可以清楚地看到商品价格与需求量之间的一元函数关系。譬如，当商品价格为 1 元时，商品的需求量为 700 单位；当价格上升为 2 元时，需求量下降为 600 单位；当价格进一步上升为 3 元时，需求量下降为更少的 500 单位；如此等等。需求表实际上是用数字表格的形式来表示商品的价格和需求量之间关系的函数。

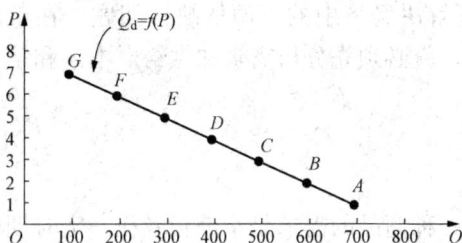

图 2-1　某商品的需求曲线

**2. 需求曲线**

需求曲线是反映价格和需求量对应关系的曲线，其上各点反映价格与需求量之间的一一对应关系。商品的需求曲线是根据需求表中商品不同的价格—需求量的组合在平面坐标图上所绘制的一条曲线。图 2-1 是根据表 2-1 绘制的一条需求曲线。

在图 2-1 中，横轴 $OQ$ 表示商品的数量，纵轴 $OP$ 表示商品的价格。需要指出的是，与数学教材的表述习惯相反，在微观经济学分析需求曲线和供给曲线时，通常以纵轴表示自变量 $P$，以横轴表示因变量 $Q$。图中的需求曲线是这样得到的：根据表 2-1 中每一个商品的价格—需求量的组合，在平面坐标图中描绘相应的各点 A、B、C、D、E、F、G，然后顺次连接这些点，便得到需求曲线 $Q_d = f(P)$。它表示在不同价格水平下消费者愿意而且能够购买的商品数量。

图 2-1 中的需求曲线是一条直线，实际上，需求曲线可以是直线型的，也可以是曲线型的。当需求函数为线性函数时，相应的需求曲线是一条直线，直线上各点的斜率是相等的；当需求函数为非线性函数时，相应的需求曲线是一条曲线，曲线上各点的斜率是不相等的。

**（二）需求规律**

建立在需求函数基础上的需求表和需求曲线都反映了商品的价格变动和需求量变动二者之间的关系。从表 2-1 中可见，商品的需求量随着商品价格的上升而减少。相应地，在图 2-1 中的需求曲线具有一个明显的特征，它是向右下方倾斜的，即它的斜率为负值。它们都表示商品的价格和需求量之间成反方向变动的关系，这种现象普遍存在，被称为需求规律。在理解价的决定时，需求规律是很重要的。

需求规律的基本内容是：在其他条件不变的情况下，某商品的需求量与价格呈反方向变动，即需求量随着商品本身价格的上升而减少，随着商品本身价格的下降而增加。若对需求价格函数 $Q_d = f(P)$ 求一阶导数，一般都有 $dQ_d/dP < 0$。

**三、影响需求的因素与需求函数**

**（一）影响需求的因素**

一种商品的需求数量是由许多因素共同决定的。其中主要的因素有该商品的价格、消费者的收入水平、相关商品的价格、消费者的偏好和消费者对该商品的价格预期等。它们各自对商品的需求数量的影响如下。

　　（1）消费者的收入水平。消费者的收入水平对该商品的需求量的影响表现在：对于一般商品而言，当消费者的收入水平提高时，对商品的需求量会增加；相反，当消费者的收入水平下降时，对商品的需求量会减少。这里，随着消费者收入水平提高而需求量有所增加的商品叫正常品。这时，消费者的收入水平决定其支付能力，从而决定了需求水平的高低，消费者的收入水平与商品的需求量呈同方向变化。但对低档商品而言，消费者的收入水平与商品的需求量呈反方向变化。

　　需要说明的是，正常品和低档品的区分是相对的，是与消费者的收入水平密切相关的。同一种商品对一些消费者而言是正常品，而对另外一些消费者而言，则可能是低档品；对同一个消费来说，某种商品在一定的收入水平上是正常品，而在另外一个收入水平上可能是低档品。

　　（2）其他相关商品的价格。面对众多可供选择的商品，消费者往往根据一系列商品价格来决定不同商品需求量的组合。因此，当某种商品本身的价格保持不变，而和它相关的其他商品的价格发生变动时，这种商品的需求量也会发生变动，且变动的方向取决于这两种商品的相关类型及程度。商品之间的关系包括相关和不相关。其中，相关关系包括互补关系和替代关系。相关关系不同，对商品本身需求量变动的影响也不同。

　　互补关系是指两种商品共同满足一种欲望，它们之间是互相补充的，如录音机与磁带。这种有互补关系的商品，当一种商品（如录音机）价格上升时，对另一种商品（如磁带）的需求量减少；反之，当一种商品的价格下降时，对另一种商品的需求量增加。互补商品价格变化引起该商品需求量的反方向变动。

　　替代关系是指两种商品可以相互代替来满足同一种欲望，它们之间是可以相互替代的。例如，羊肉和牛肉就是这种替代关系。这种有替代关系的商品，当一种商品（如羊肉）价格上升时，对另一种商品（如牛肉）的需求量增加。因为羊肉价格上升，人们少吃羊肉，转而多吃牛肉。反之，当一种商品价格下降时，另一种商品的需求量减少。替代商品价格变化引起该商品需求量同方向变动。

　　（3）消费者的偏好。偏好是消费者对某商品的喜爱程度。人们只有喜欢某商品才有购买的欲望才会产生需求。在价格不变的情况下，当消费者对某种商品的偏好程度增强时，该商品的需求量就会增加；相反，偏好程度减弱，需求量就会减少。不同消费者的偏好各不相同，同一消费者不同时期对同一商品的偏好也不相同。消费者的偏好与个人的爱好与个性有关，但更受社会环境，特别是当时当地的社会风俗习惯、时尚的影响。所以，一些时尚性较强的商品（如流行时装和音乐唱片）的需求对社会偏好十分敏感，即使价格不变，由于社会时尚的改变、流行元素的变迁，需求量会有急剧的变化。

　　（4）消费者对商品的价格预期。消费者对商品的价格预期也会影响商品的需求。当消费者预期某种商品的价格在将来某一时期会上升时，就会增加对该商品的现期需求量；当消费者预期某种商品的价格在将来某一时期会下降时，就会减少对该商品的现期需求量。这也是一个心理因素，不过对消费者需求量影响的预期因素，不仅是价格预期，还有对未来收入和支出的预期、政府政策倾向的预期等。

　　（5）人口。人口对商品需求的作用表现在：人口的上升会使市场消费者的数量增加，从而增加市场的需求量。

（二）需求函数

需求函数是反映需求量与影响需求量各种因素之间对应关系的函数。一般的需求函数为多元函数：

$$Q_d = f(P, P_r, M, F, \cdots) \tag{2-1}$$

式中：$Q_d$ 表示需求量；$P$ 表示该商品价格；$P_r$ 表示相关商品价格；$M$ 表示消费者收入；$F$ 表示个人偏好。

在一般情况下，商品自身价格 $P$ 是影响需求量最重要的因素，即如果只考虑该商品价格 $P$ 对需求量 $Q_d$ 的影响，简化需求函数可写成

$$\left.\begin{array}{l} Q_d = f(P) \\ dQ_d/dP < 0 \end{array}\right\} \tag{2-2}$$

需求函数有一个隐蔽的假设，即其他条件不变。$dQ_d/dP < 0$ 表示一种假设，即价格和需求量有反向变动关系。

为了更进一步简化分析，在不影响结论的前提下，大多使用线性需求函数。其形式为

$$Q_d = \alpha - \beta(P) \tag{2-3}$$

式中：$\alpha$、$\beta$ 为常数，且 $\alpha$、$\beta > 0$。

**四、需求量的变动和需求的变动**

（一）需求量的变动

需求量的变动是指在其他条件不变时，由某商品的价格变动所引起的该商品的需求数量的变动。在几何图形中，这种变动表现为商品的价格—需求数量组合点沿着同一条既定的需求曲线的运动。例如，在图 2-1 中，当商品的价格发生变化，由 2 元逐步上升为 5 元，它所引起的商品需求数量由 600 单位逐步地减少为 300 单位时，商品的价格—需求数量组合由 $B$ 点沿着既定的需求曲线 $Q_d = f(P)$，经过 $C$、$D$ 点，运动到 $E$ 点。需要指出的是，这种变动虽然表示需求数量的变化，但是并不表示整个需求状态的变化。因为，这些变动的点都在同一条需求曲线上。

（二）需求的变动

需求的变动是指在某商品价格不变的条件下，由于其他因素变动所引起的该商品的需求数量的变动。这里的其他因素变动是指消费者收入水平的变动、其他商品价格、消费者偏好、价格预期、对未来收入的预期、人口的迁移、节假日的调整、利率和汇率的变化等。在几何图形中，需求的变动表现为需求曲线的位置发生移动。以图 2-2 加以说明。

图 2-2 中，原有的需求曲线为 $D_1$。在商品价格不变的前提下，如果其他因素的变化（如消费者收入增加）使得需求增加，则需求曲线向右平移，如由图中的 $D_1$ 曲线向右平移到 $D_2$ 曲线的位置。如果其他因素的变化（如消费者收入下降）使得需求减少，则需求曲线向左平移。由需求变动所引起的这种需求曲线位置的移动，表示在每一个既定的价格水平下，需求数量都增加或减少了。显然，需求的变动所引起的需求曲线的位置的移动，表示整个需求状态的变化。需要注意的是，需求的变动会引起需求量的变化。但是，需求量的变动不

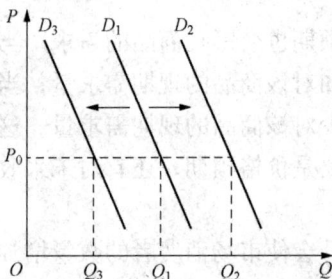

图 2-2　需求的变动和需求曲线的移动

一定会引起需求的变化。

# 第二节 供 给 理 论

### 一、供给与供给价格

（一）供给（Supply）

作为生产者的厂商是决定商品供给的一方。在其他条件不变的情况下，一种商品的供给是指单个生产者在一定时期内在各种可能的价格下愿意而且能够提供出售的该种商品的数量。

供给总是涉及两个变量：价格（price）和供给量（quantity）。没有相应的价格，就谈不上供给。供给总是有效供给。有效供给一方面取决于生产者的生产能力，这与生产者的技术水平相关；另一方面，有效供给也受到生产者成本等经济因素的约束。供给总是在一定的经济条件下的供给，是供给能力与供给意愿的统一，或者说生产者的有效供给是技术状况与经济条件的统一。供给是愿意发生的供给，即供给概念下的供给量是个预期概念，不是指实际售卖量，是生产者预计、愿意或打算供给的数量。供给也是指一定时间的供给，时间改变，供给量也会变动。

供给与供给量是两个相互联系又相互区别的概念。供给量是指生产者在一定时期内，在特定价格水平上愿意并且能够提供的商品和劳务的数量，即在一个特定价格水平上的具体数量。供给是指商品的供给量与该商品价格之间的一种关系，是对应于每一可能价格水平下供给量的组合。

（二）供给价格

供给价格是指生产者提供一定量商品所愿意接受的最低价格。供给价格是决定一种商品的供给数量和供给的重要因素。一般来说，如果其他条件不变，商品的价格提高，商品的供给量增加，商品的价格下降，商品的供给量减少，商品的供给量与价格正相关。

### 二、供给曲线和供给规律

（一）供给曲线

1. 供给表

商品的供给表是一张表示某种商品的各种价格和与各种价格相对应的该商品的供给数量之间关系的数字序列表。表 2-2 是一张某商品的供给表。

表 2-2 清楚地表示了商品价格和供给量之间的函数关系。例如，当价格为 6 元时，商品的供给量为 800 单位；当价格下降为 4 元时，商品的供给量减少为 400 单位；当价格进一步下降为 2 元时，商品的供给量减少为零。供给表实际上是用数字表格的形式来表示商品的价格和供给量之间的函数关系。

表 2-2　　　　　　　　　　　　　某 商 品 的 供 给 表

| 价格—数量组合 | A | B | C | D | E |
|---|---|---|---|---|---|
| 价格（元） | 2 | 3 | 4 | 5 | 6 |
| 供给量（单位数） | 0 | 200 | 400 | 600 | 800 |

### 2. 供给曲线

商品的供给曲线是以几何图形表示商品的价格和供给量之间的函数关系，它是根据供给表中的商品的价格—供给量组合在平面坐标图上所绘制的一条曲线。图2-3便是根据表2-2所绘制的一条供给曲线。

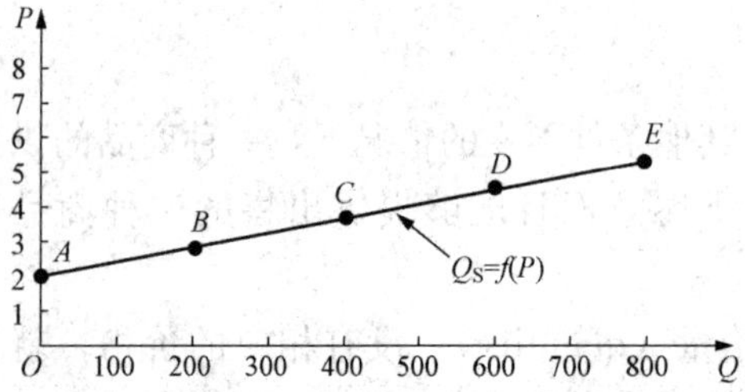

图2-3　某商品的供给曲线

图2-3中，横轴$OQ$表示商品的数量，纵轴$OP$表示商品的价格。在平面坐标图上，把根据供给表中商品的价格—供给量组合所得到的相应的坐标点$A$、$B$、$C$、$D$、$E$连接起来的线，就是该商品的供给曲线。它表示在不同的价格水平下生产者愿意而且能够提供出售的商品数量。和需求曲线一样，供给曲线也是一条光滑且连续的曲线，它是建立在商品价格和相应的供给量的变化具有无限分割性的假设基础上的。

如需求曲线一样，供给曲线可以是直线型，也可以是曲线型。如果供给函数是一元一次线性函数，则相应的供给曲线为直线型，如图2-3中的供给曲线；如果供给曲线是非线性函数，则相应的供给曲线就是曲线型的。直线型的供给曲线上的每个点的斜率都是相等的，曲线型的供给曲线上的每个点的斜率则不相等。

### （二）供给规律

供给规律是指在其他条件不变的前提下，商品的供给量与价格呈现同向对应关系，即供给量随价格上升而上升，随价格下降而下降。供给规律在图形上表现为供给曲线向右上方倾斜。供给曲线实际上是一条成本线，它反映成本随着产量增加而递增。供给规律的理论依据是企业短期成本递增。短期指企业数量和企业固定资产（厂房和设备）来不及调整的时期。在短期，企业只能通过增加可变投入（劳动和原材料等）来扩大生产。这会引起单位可变投入能够结合的固定资产减少，从而降低劳动生产率，进而引起单位产品成本提高。同时，增加劳动投入需要工人加班，企业要支付较高加班费，这也会引起单位产品成本上升。因此，只有更高的价格才能吸引企业扩大产量。

### 三、影响供给的因素与供给函数

#### （一）影响供给的因素

##### 1. 生产该商品的成本

在商品自身价格不变的条件下，生产该商品的成本增加，利润相应减少，从而使得商品的供给量相应减少。相反，生产该商品的成本下降会增加利润，从而使商品的供给量增加。在生产技术既定的条件下，生产成本是生产该商品的生产要素的价格，即生产要素的价格提高会促使生产成本增加，生产者的供给量会减少，相反则供给量会增加。例如，劳动力的工资下降，会使劳动力变得便宜，生产者可以多用劳动力，从而使供给量增加。

##### 2. 生产的技术水平

在投入既定的条件下，生产技术水平的提高可以提高劳动生产率，同样的资源可以带来更多的产量，从而降低生产成本，增加生产者的利润，生产者会愿意提供更多的产量。即技术水平越高，对应于既定的价格，生产者对产品的供给量就会越大。

3. 生产者可生产的其他相关商品的价格

如果生产者可以提供多种产品，则其中一种商品的价格发生变化，另外一种商品的供给量也会随之发生改变，这种影响的程度和方向取决于生产者生产这两种商品过程中在资源利用上的相对关系。如果两种产品在资源利用是相互竞争的，即生产者在既定的资源约束下，多生产 A 产品就只能放弃一些 B 产品的生产。这时，A 产品价格的提高会使 A 产品的供给量增多，从而使 B 产品的供给量减少；反之则相反。即在资源利用上具有竞争性的两种商品，一种商品价格的变化会引起另一种商品供给量的反方向的变动。如果两种产品在资源利用上是主产品和副产品的关系，那么一种产品价格的提高会引起该产品的供给量的增多，从而会引起与之具有主副关系的另一种产品供给量的增多，尤其是主产品价格的提高会引起副产品供给量的增多，反之则相反。即主产品价格的变化会引起在资源利用上具有主副关系的副产品的供给量的同方向的变动。例如，某家具生产者在大型衣柜的生产过程中，利用木材的边角余料生产小板凳，如果衣柜的价格上涨，家具厂商会生产更多的衣柜，小板凳的供给量也会增加。

4. 生产者对未来的预期

生产者对未来影响供给量的各种因素的预期会影响现期的供给量。如果生产者对未来经济形势持乐观的估计，比如生产者预期未来商品价格会上涨，就会增加产品供给，为将来增加供给获取更多的利润做准备。如果生产者对未来持悲观的预期，比如预期未来商品的价格会下降，就会减少产量供给，以避免价格下降带来的损失。

5. 政府的有关政策

政府的有关政策也会直接或间接地影响到上述因素从而最终影响某商品的供给。如果政府对某商品的生产给予补贴、减税等支持和帮助的优惠政策，必将促进企业多生产，供给量增加。相反，如果政府对某商品采取增税、限制生产等紧缩政策，必将让企业减少生产，供给量下降。

此外影响商品供给的因素还有产品的生命周期、企业的生产能力、生产的外部条件等因素。

（二）供给函数

供给函数是反映商品的供给数量和影响该供给数量的各种因素之间的相互关系的函数。一般的供给函数为多元函数：

$$Q_s = f(P, P_r, C, T, \cdots) \tag{2-4}$$

式中：$Q_s$ 表示供给量；$P$ 表示该商品价格；$P_r$ 表示相关商品价格；$C$ 表示生产成本；$T$ 表示生产技术水平。

在一般情况下，商品自身价格 $P$ 是影响供给量最重要的因素，即如果只考虑该商品价格 $P$ 对需求量 $Q_s$ 的影响，简化的供给函数可写成

$$Q_s = f(P) \quad dQ_s/dP > 0 \tag{2-5}$$

供给函数有一个隐蔽的假设，即其他条件不变。$dQ_s/dP > 0$ 表示一种假设，即价格和供给量有正向变动关系。

为了更进一步简化分析，在不影响结论的前提下，大多使用线性供给函数，其形式为

$$Q_s = -\delta + \gamma(P) \tag{2-6}$$

式中：$\delta$、$\gamma$ 为常数，且 $\delta$、$\gamma > 0$。

#### 四、供给量的变动和供给的变动

（一）供给量的变动

供给量的变动是指在其他条件不变时，由某商品价格变动所引起的该商品供给数量的变动。在几何图形中，这种变动表现为商品的价格—供给数量组合点沿着同一条既定的供给曲线的运动。图 2-3 表示的是供给量的变动：随着价格上升所引起的供给数量的逐步增加，$A$ 点沿着同一条供给曲线逐步运动到 $E$ 点。

（二）供给的变动

供给的变动是指在某商品价格不变的条件下，由于其他因素变动所引起的该商品的供给数量的变动。这里的其他因素变动是指生产成本的变动、生产技术水平的变动、相关商品价格的变动和生产者对未来的预期变化等。在几何图形中，供给的变动表现为供给曲线的位置发生移动。以图 2-4 加以说明。

图 2-4 表示的是供给的变动。在图中原来的供给曲线为 $S_1$。在除商品价格以外的其他因素变动的影响下，供给增加，则使供给曲线由 $S_1$ 曲线向右平移到 $S_2$ 曲线的位置；供给减少，则使供给曲线由 $S_1$ 曲线向左平移到 $S_3$ 曲线的位置。由供给的变动所引起的供给曲线位置的移动，表示在每一个既定的价格水平供给数量都增加或都减少了。所以，供给的变动所引起的供给曲线位置的移动，表

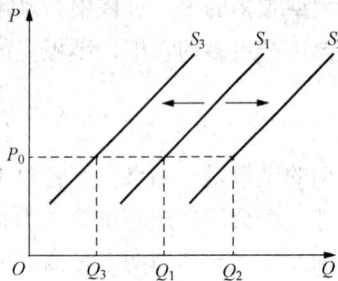

图 2-4　供给的变动和供给曲线的移动

示整个供给状态的变化。

## 第三节　均 衡 价 格 理 论

#### 一、均衡价格的决定

（一）均衡的含义

均衡的最一般的意义是指经济事物中有关的变量在一定条件的相互作用下所达到的一种相对静止的状态，如矛与盾、供给与需求、作用力与反作用力等。微观经济学分析中，均衡可以分为局部均衡与一般均衡。局部均衡是指单个市场或部分市场的供求与价格之间的关系所处的一种相对静止的状态；一般均衡是指经济中所有市场的供求与价格之间的关系所处的一种相对静止的状态。一般均衡建立在局部均衡的基础之上。

（二）均衡价格的含义

均衡价格是指某种商品的市场需求量和市场供给量相等时的价格。在均衡价格水平下的相等的供求数量被称为均衡数量。从几何意义上说，一种商品市场的均衡出现在该商品的市场需求曲线和市场供给曲线的交点上，该交点被称为均衡点。均衡点上的价格和相等的供求量分别被称为均衡价格和均衡数量。

（三）均衡价格的形成

在完全竞争的市场环境下，均衡价格是在市场的供求力量自发调节下形成的。此处用图 2-5 来说明一种商品的均衡价格的决定。

在不存在任何外力干预（政府或垄断企业）的条件下，商品的均衡价格是通过商品市场

上需求和供给这两种相反的力量相互作用及其价格波动自发形成的。这可以从两方面来解释。

　　首先，当市场价格高于均衡价格时，市场出现供大于求的商品过剩或超额供给的状况，在市场自发调节下，一方面会使需求者压低价格来得到他要购买的商品量，另一方面，又会使供给者减少商品的供给量。这样，该商品的价格必然下降，一直下降到均衡价格水平。

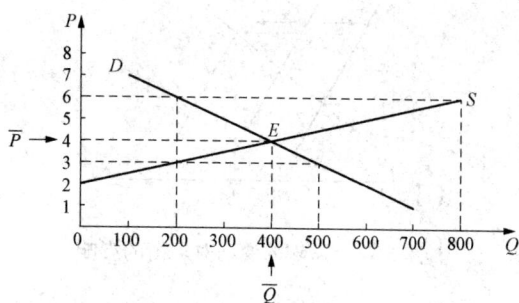

图 2 - 5　均衡价格的决定

　　其次，当市场价格低于均衡价格时，市场出现供不应求的商品短缺或超额需求的状况。同样在市场自发调节下，一方面会使需求者提高价格来得到他所需要购买的商品量，另一方面，又使供给者增加商品的供给量。这样，该商品的价格必然上升，一直上升到均衡价格的水平。由此可见，当实际价格偏离时，市场上总存在着变化的力量，最终达到市场均衡或市场出清。

　　（四）均衡价格的效率分析

　　在经济学中，人们经常使用帕累托效率标准来判断资源配置的效率。帕累托效率标准是资源配置达到这样的一种状况，以至于不损害其他人便不能改善人们的经济状况。它是站在社会角度来看问题，其关心的不是利益分配的问题，而是整个社会利益最大的问题。换句话来说，如果不损害其他人，还能改善人们的经济状况，那么目前资源配置即没有达到最优；如果存在双赢余地，目前资源配置肯定是有问题的。这就相当于做蛋糕：如果双方能通过资源重新配置把蛋糕做得更大，那么目前资源配置没有达到最优；如果蛋糕已经做得最大，在分蛋糕时你多一点，他就要少一点，这时资源配置已经达到最优。均衡价格能够满足帕累托效率标准，非均衡价格不能满足帕累托效率标准。

　　**二、供求变动对均衡价格的影响**

　　（一）需求变动的影响

　　在供给不变的情况下，需求增加会使需求曲线向右平移，从而使均衡价格和均衡数量都增加；需求减少会使需求曲线向左平移，从而使得均衡价格和均衡数量减少。具体如图 2 - 6 所示。

　　（二）供给变动的影响

　　在需求不变的情况下，供给增加会使供给曲线向右平移，从而使均衡价格下降，均衡数量增加；供给减少会使供给曲线向左平移，从而使得均衡价格上升，均衡数量减少。具体如图 2 - 7 所示。

　　（三）供求定理

　　在完全竞争市场上，在其他条件不变的情况下，需求变动分别引起均衡价格和均衡数量的同方向变动；供给变动分别引起均衡价格的反方向的变动和均衡数量的同方向变动。竞争市场上实际价格趋向于供求相等的均衡价格的状况称为供求定理。若需求和供给同时变动，则商品均衡价格和均衡数量的变动方向难以确定，需要具体分析。

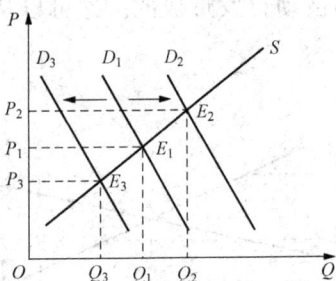

图 2-6  需求的变动对均衡的影响          图 2-7  供给的变动对均衡的影响

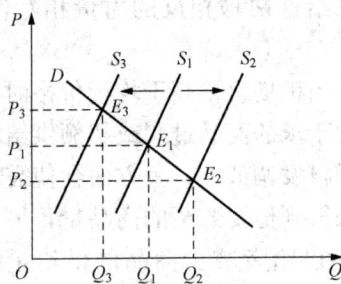

供求定理告诉我们，市场价格这只看不见的手在调节经济运行时，有几项突出优点。第一，它传递的信息比较准确。无论需求还是供给变动，都是人们从切身利益出发做出的选择。第二，它节约信息成本。它把经济生活中复杂多变的各种信息高度浓缩为价格信息，而且不需要任何人为加工这种信息付出代价。第三，它提供了人们对价格信息做出反馈的动力。例如，需求增加信息通过价格上升反映出来，企业同时从价格上升中得到增产的动力。第四，它保证了消费者主权原则的贯彻，即消费者的选择最终决定着社会生产什么、生产多少和产品价格。第五，由于以上几个方面的共同作用，资源配置是比较合理的。

**三、均衡价格理论的实际应用**

管制价格是政府规定的交易价格，它有支持价格和限制价格两种基本表现形式。支持价格是政府规定的最低价格，它一般高于市场均衡价格。目前，各国主要针对农业规定支持价格。限制价格是政府规定的最高价格。不同产品或不同时期的管制价格有不同的背景、不同的原因和不同的作用。

（一）农产品支持价格

各国为农业规定支持价格，主要源自 4 点考虑：第一，人人都要吃饭的事实，决定了政府不能听任农业自生自灭。"民以食为天"概括了粮食对于国计民生的特殊意义。尽管农产品可以进口，但它不够可靠，各国需要粮食的可靠供应。而且，进口粮食过多会带来政治上的听命于人。第二，农业是高度竞争的产业，农民因为分散，不能有效组织起来保护自己利益。农产品的国际竞争也比工业更加激烈。这些因素决定了农产品价格偏低，工农业产品价格剪刀差是历史现实。第三，农产品需求相对稳定，当农产品供给增加和农业劳动生产率提高时，价格大幅下降，农民收入反而减少，容易出现谷贱伤农问题。人们收入增加，对农产品需求很少增加。丰收对单个农民是好事，但在市场调节下对整个农业经常成为坏事。第四，农业受天气和自然环境影响较大，需要国家帮助其承担风险。即使在发达国家，农业仍有靠天吃饭特征。保险公司对于大的天灾也是无能为力的。《汉书·食货志》说："籴（买米）甚贵伤民；甚贱伤农。民伤则离散，农伤则国贫。"

政府实施支持价格的典型做法是：当农产品市场价格低于支持价格时，政府按该价格收购农产品，政府的大量购买可使市场价逐步回升；当歉收引起市场价高于支持价格时，政府可抛售库存来压低价格；若农产品库存过多，政府用财政补贴支持农产品倾销。

如图 2-8 所示，横轴 $Q$ 为农产品数量，纵轴 $P$ 为农产品价格，$D$ 为需求曲线，$S$ 为供给曲线。$P^*$ 为政府规定的支持价格。如果政府不干预，则市场均衡价格为 $P_0$，均衡数量为 $Q_0$。支持价格的收益在本图中主要体现为农民收入提高：农民收入是价格与产量之积。在政府干预之前，农民收入为 $P_0EQ_0O$，它是价格 $P_0$ 与产量 $Q_0$ 的乘积。在政府干预后，农民收入为 $P^*GQ_2O$，它是价格 $P^*$ 与产量 $Q_2$ 之积。农民收入提高表现为支持价格下的收入与均衡价格下的收入两个面积之差。支持价格的成本在本图中表现库存增加和财政支出增加。①农产品供大于求引起库存增加，由 $FG$ 或 $Q_1Q_2$ 的数量表示。②若往年库存已达到正常水平，政府需要采取措施消化过剩库存，导致沉重财政压力。若农产品国际市场价格或国内购销倒挂价格为 $P_1$，则政府财政支出为 $FGMH$，即农产品库存（$FG$）与差价（$FH$）的乘积。

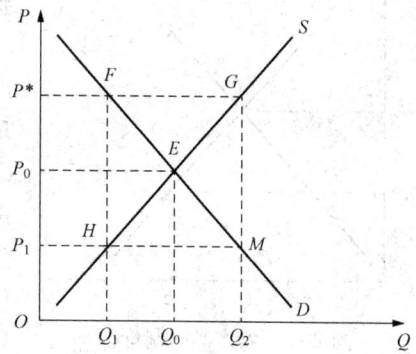

图 2-8　农产品支持价格成本收益分析

政府实行农产品支持价格，其收益主要表现在以下几方面。①稳定农民收入，缩小城乡差别，避免两极分化，市场价格机制不能使农民收入达到合理水平。在这种情况下，支持价格有利于社会和谐，所有人都能从中获利。②维护产业结构相对完整，保证农产品供应，促进农业投资，满足人们对最基本的生活必需品的需要。市场价格机制在自然环境较差的地方可能迫使农民离开农村，造成粮食供给不足。③增强国家的综合实力，缺粮的国家在战争中将不堪一击。例如，日本出自国防考虑，给本国大米规定超过国际市场价格数倍的支持价格。

政府实行农产品支持价格的成本主要表现在以下几个方面。①如果实施支持价格时政府没有财政补贴支持，粮价上涨会激化社会矛盾。②政府实施支持价格所需财政支出数额巨大。在发达国家，它成为财政支出的重要组成部分。③支持价格刺激了农民生产积极性，可能引起农产品库存积压。④为了消除过剩农产品库存，政府需要对外倾销，容易激化国际矛盾。别的国家也要保护自己的农业部门，它们都不愿看到国外廉价农产品冲击本国市场，会以各种手段反对别国的农产品财政补贴。

（二）农产品限制价格

限制价格是政府为限制某些生活必需品的价格上涨，而对这些产品所规定的最高价格，限制价格一般低于均衡价格，是政府为保护消费者利益而制定的最高限价。社会主义各国在冷战时期对农产品规定限制价格，它明显低于市场均衡价格。农产品限制价格的推行使国家可以实行低工资制度。"民以食为天"，农产品低价可保证社会安定。农产品限制价格加上低工资制度又使得发展相对滞后的轻工业可以获得巨额利润，如棉花低价和低工资可使纺织工业赚大钱。这些资金被国家用于发展重工业，以增强国家抗击帝国主义侵略的物质基础。一项曾经正确的政策会随环境变化而变得不再正确。当重工业基本建立或战争威胁明显减少之时，继续推行农产品限制价格就不合时宜。

农产品限制价格也有一些消极影响。①它会打击农民进行农业生产的积极性。②它会导致农产品短缺，政府需要以粮票、油票、布票等配给手段供应农产品。③它使农民收入低下，限制了农村教育水平提高和农业科技进步。④国家被迫以户籍制度限制农业劳动力向非农业转移，使社会成为一个等级社会。⑤农民的低收入构成农村人口爆炸的物质基础。人口发展规律表明，越穷越生；只有当人均收入提高到一定水平时，人们才会自发地降低出生率。这在发达国家和我国城市地区都有明显表现。⑥它加剧了城乡差别，有悖于缩小三大差

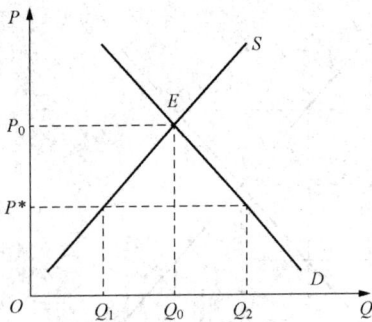

图 2-9   农产品限制价格

在图 2-9 中，横轴 $Q$ 为农产品数量，纵轴 $P$ 为农产品价格，$D$ 为农产品需求曲线，$S$ 为农产品供给曲线。$P^*$ 为农产品限制价格。$P_0$ 为政府不干预时的均衡价格，$Q_0$ 为均衡数量。农产品限制价格的收益在图 2-9 中表现为：价格由 $P_0$ 下降到 $P^*$ 意味着轻工业原料下降，这部分差价可转化为轻工业的利润。长期推行农产品限制价格的消极影响在图形上表现为：农产品供给量只能达到 $Q_1$；农产品短缺表现为 $Q_1 Q_2$。

# 第四节   弹 性 理 论

## 一、弹性的定义

弹性表示作为因变量的变量的相对变动对于作为自变量的变量的相对变动的反应程度。或者说，是因变量变动的百分比和自变量变动的百分比之比。其一般表达式为

$$弹性系数 = \frac{因变量的变动比例}{自变量的变动比例} \tag{2-7}$$

在理解弹性的含义时要注意以下几点。

第一，弹性是相对数之间的关系。它主要用来衡量自变量每变动一个百分点，因变量要变动几个百分点。

第二，弹性是因变量与自变量之间的依存关系。对于任何存在函数关系的经济变量之间，都可以建立二者之间的弹性关系或进行弹性分析。例如，能源消耗与 GDP 增长存在依存关系、人口增长与人均财富增长存在依存关系、价格变化与居民需求量变化存在依存关系等。弹性分析是数量分析，对于难以数量化的因素便无法进行计算和精确考察。

第三，若经济变量的变化量趋于无穷小时，则弹性公式会有弧弹性和点弹性的变化。

弧弹性一般表达式为

$$e = \frac{\Delta Y/Y}{\Delta X/X} = \frac{\Delta Y}{\Delta X} \cdot \frac{X}{Y} \tag{2-8}$$

点弹性的一般表达式为

$$e = \lim_{\Delta x \to 0} \frac{\Delta Y/Y}{\Delta X/X} = \frac{dY/Y}{dX/X} = \frac{dY}{dX} \cdot \frac{X}{Y} \tag{2-9}$$

第四，弹性问题是供求原理的深化。我们在讨论供求原理时只知道供给、需求、收入、价格等问题是相互影响的，但对于具体到某一商品而言，它的影响是一个什么情况没有分析，对它的分析则需要借助弹性理论。

## 二、需求弹性

（一）需求的价格弹性的含义

需求价格弹性表示在一定时期内一种商品的需求量变动对于该商品的价格变动的反应程度。或者说，表示在一定时期内当一种商品的价格变化 1% 时所引起的该商品的需求量变化的百分比，即

$$需求的价格弹性系数 = -\frac{需求量变动率}{价格变动率} \tag{2-10}$$

表明需求量的变动率是价格变动率的若干倍。

需求的价格弹性可以分为点弹性和弧弹性。因此有两种表达方式：点弹性表达式和弧弹性表达式。

(1) 需求的价格弧弹性表示某商品需求曲线上两点之间的需求量的变动对于价格的变动的反应程度。简单地讲，它表示需求曲线上两点之间的弹性，即

$$e_d = -\frac{\Delta Q/Q}{\Delta P/P} = -\frac{\Delta Q}{\Delta P} \cdot \frac{P}{Q} \tag{2-11}$$

(2) 需求的价格点弹性表示某商品需求曲线上某一点的需求量的变动对于价格的变动的反应程度，即

$$e_d = \lim_{\Delta p \to 0} -\frac{\Delta Q/Q}{\Delta P/P} = -\frac{dQ/Q}{dP/P} = -\frac{dQ}{dP} \cdot \frac{P}{Q} \tag{2-12}$$

**(二) 需求的价格弧弹性**

1. 需求的价格弧弹性的计算

假定需求函数为 $Q_d = f(P)$，以 $e_d$ 表示需求的价格弹性系数，则需求的价格弧弹性的公式为

$$e_d = -\frac{\Delta Q/Q}{\Delta P/P} = -\frac{\Delta Q}{\Delta P} \cdot \frac{P}{Q} \tag{2-13}$$

这里需要指出的是，在通常情况下，由于商品的需求量和价格是反方向变动的，所以，为了使需求的价格弹性系数 $e_d$ 取正值以便于比较，便在上述公式中加了一个负号。

设某种商品的需求函数为 $Q_d = 2400 - 400P$，几何图形如图 2-10 所示。

图中需求曲线上 $a$、$b$ 两点的价格分别为 5 和 4，相应的需求量分别为 400 和 800。当商品的价格由 5 下降为 4 时，或者当商品的价格由 4 上升为 5

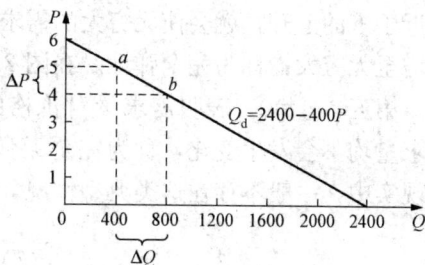

图 2-10 需求的价格弧弹性

时，应该如何计算相应的弧弹性值呢？根据弧弹性计算公式，相应的弧弹性分别计算如下：

由 $a$ 点到 $b$ 点（降价时）：

$$e_d = -\frac{\Delta Q}{\Delta P} \cdot \frac{P}{Q} = -\frac{Q_b - Q_a}{P_b - P_a} \cdot \frac{P_a}{Q_a} = -\frac{800 - 400}{4 - 5} \times \frac{5}{400} = 5$$

由 $b$ 点到 $a$ 点（即涨价时）：

$$e_d = -\frac{\Delta Q}{\Delta P} \cdot \frac{P}{Q} = -\frac{Q_a - Q_b}{P_a - P_b} \cdot \frac{P_b}{Q_b} = -\frac{400 - 800}{5 - 4} \times \frac{4}{800} = 2$$

显然，由 $a$ 点到 $b$ 点和由 $b$ 点到 $a$ 点的弧弹性数值是不同的。其原因在于：尽管在上面两个计算中，$\Delta Q$ 和 $\Delta P$ 的绝对值都相等，但由于 $P$ 和 $Q$ 所取的基数值不相同，所以两种计算结果便不相同。这样一来，在需求曲线的同一条弧上，涨价和降价产生的需求的价格弹性系数便不相等。为了避免上述情况的出现，引入中点弧弹性计算公式

$$e_d = -\frac{\Delta Q}{\Delta P} \cdot \frac{\dfrac{P_1 + P_2}{2}}{\dfrac{Q_1 + Q_2}{2}} \qquad (2-14)$$

公式（2-14）也被称为需求的价格弧弹性的中点公式。根据公式（2-14），上例中 $a$、$b$ 两点间的需求的价格弧弹性为

$$e_d = -\frac{-400}{1} \cdot \frac{\dfrac{5+4}{2}}{\dfrac{400+800}{2}} = 3$$

2. 需求的价格弧弹性的类型

第一，$1 < e_d < \infty$。需求量的变化率大于价格的变化率，或者说，价格发生一定程度的变化，引起需求量较大幅度的变动，称为富有弹性，或充足弹性。在图 2-11 中，可用一条较为平缓的需求曲线来反映。

第二，$0 < e_d < 1$。需求量的变化率小于价格的变化率，或者说，价格发生一定程度的变化，引起需求量较小幅度的变动，称为缺乏弹性。在图 2-12 中，可用一条较为陡直的需求曲线来反映。

第三，$e_d = 1$。需求量的变化率等于价格的变化率，或者说，价格变动后引起需求量相同幅度变动。在图 2-12 中，反映为正双曲线。

第四，$e_d = \infty$。表明相对于无穷小的价格变化率，需求量的变化率是无穷大的，即价格趋近于零的上升，就会使无穷大的需求量一下子减少为零，价格趋近于零的下降，需求量从零增至无穷大，称为完全弹性。在图 2-12 中，表现为一条平行于横轴的直线。

第五，$e_d = 0$。表明需求量对价格的任何变动都无反应，或者说，无论价格如何变动，需求量均不会发生变化，称为完全无弹性。在图 2-12 中，表现为一条垂直于横轴的直线。在现实中，一般不存在这类典型情况，但一些这样的生活必需品，消费量达到一定量后，接

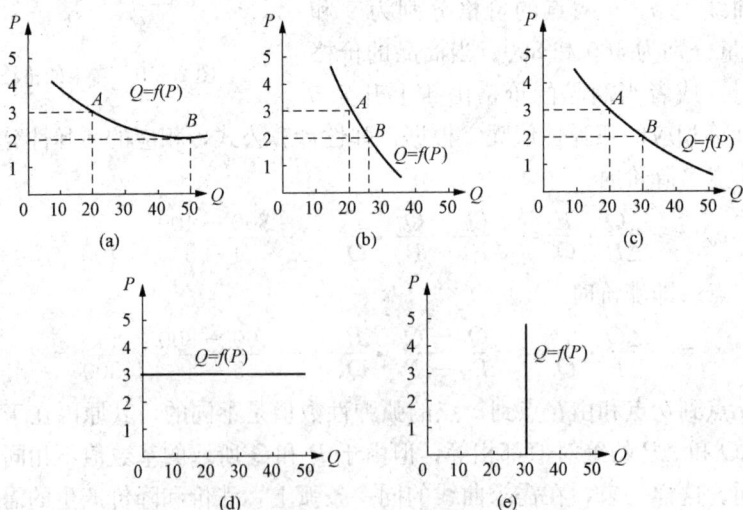

图 2-11  需求的价格弧弹性的 5 种类型

(a) 富有弹性；(b) 缺乏弹性；(c) 单位弹性；(d) 完全弹性；(e) 完全无弹性

近这种特性。

（三）需求的价格点弹性

1. 需求的价格点弹性的计算

需求的价格点弹性表示需求曲线上某一点上的需求量无穷小的变动率对于价格无穷小的变动率的反应程度。需求的价格点弹性公式为

$$e_d = \lim_{\Delta p \to 0} -\frac{\Delta Q/Q}{\Delta P/P} = -\frac{dQ/Q}{dP/P} = -\frac{dQ}{dP} \cdot \frac{P}{Q} \qquad (2\text{-}15)$$

设某种商品的需求函数为 $Q_d = 2400 - 400P$，利用需求的价格点弹性公式可以求得

$$e_d = \frac{dQ}{dP} \cdot \frac{P}{Q} = -(-400) \cdot \frac{P}{Q} = 400 \cdot \frac{P}{Q}$$

如图 2-10 中的 $a$ 点，当 $P=5$ 时，由需求函数可得 $Q_d = 2400 - 400 \times 5 = 400$，即相应的价格—需求量组合为（5，400），将其代入式（2-15），便可得

$$e_d = 400 \cdot \frac{P}{Q} = 400 \times \frac{5}{400} = 5$$

即图 2-10 需求曲线上 $a$ 点的需求的价格弹性值为5。同样地，可以求出曲线上任一点的点弹性值。

2. 需求的价格点弹性的几何意义

如图 2-12 所示，线性需求曲线分别与纵坐标和横坐标相交于 $A$、$B$ 两点，令 $C$ 点为该需求曲线上的任意一点。从几何意义看，根据点弹性的定义，$C$ 点的需求的价格弹性可以表示为

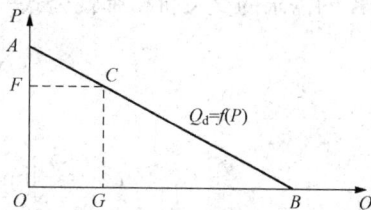

图 2-12　线性需求曲线的点弹性

$$e_d = -\frac{dQ}{dP} \cdot \frac{P}{Q} = \frac{GB}{CG} \cdot \frac{CG}{OG} = \frac{GB}{OG} = \frac{BC}{AC} = \frac{OF}{AF} \qquad (2\text{-}16)$$

由此，可得到这样一个结论：线性需求曲线上任何一点的弹性等于位于该点之下的线段长度与位于该点之上的线段长度的比值。

3. 需求的价格点弹性的5种类型

在需求的价格点弹性中，需求价格弧弹性的5种类型也同样存在。用图 2-13 加以说明。显然，线性需求曲线上的点弹性有一个明显的特征，在向右下方倾斜的线性需求曲线上的点的位置越高，相应的点弹性系数值就越大；相反，位置越低，相应的点弹性系数值就越小。

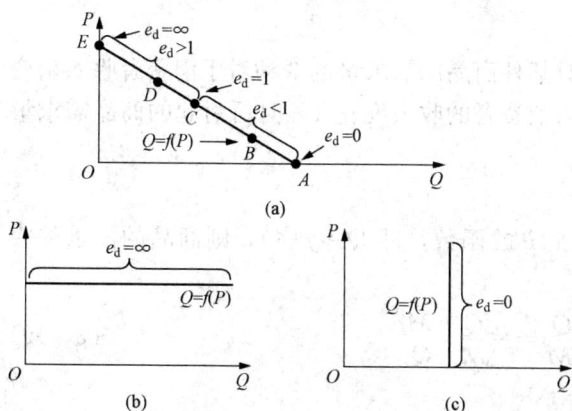

图 2-13　线性需求曲线点弹性的5种类型

（四）影响需求的价格弹性的因素

商品的需求价格弹性受多种因素影响，其中比较重要有以下几种。第一，商品对人们的必要程度。不同商品对人们的必要程度不同。粮食、油、盐、蔬菜等生活必需品对人类生存是必要的，它们的需求价格弹性较小。换言之，即使它们涨价，人们也不会明显减少对其需求量。第二，商品的可替代程度。如果某商品有许

多替代品，对其需求的价格弹性容易变大。当价格上升时，消费者可购买其他替代品，从而对其需求量有明显减少。第三，商品在家庭支出中所占比例。在家庭支出中占比例很小的商品，一般缺乏需求价格弹性。因为商品的购买受到人们支付能力的制约，不同商品受这种约束的情况大不相同。第四，时间因素。一般说来，消费者对价格变动做出反应需要时间。所以，时间越长，需求价格弹性越大。第五，商品用途的广泛性。一般来说，商品的用途越广泛，人们对该商品的价格就越敏感，从而其需求价格弹性就越大。

（五）需求的交叉价格弹性

1. 定义

需求的交叉价格弹性表示在一定时期内一种商品的需求量的变动对于它的相关商品的价格变动的反应程度。或者说，表示在一定时期内当一种商品的价格变化 1% 时所引起的另一种商品的需求量变化的百分比。

2. 表达式

假定商品 X 的需求量 $Q_X$ 是它的相关商品 Y 的价格 $P_Y$ 的函数，即 $Q_X = f(P_Y)$，则商品 X 的需求的交叉价格弹性公式一般表达式为

$$e_{XY} = \frac{\Delta Q_X / Q_X}{\Delta P_Y / P_Y} = \frac{\Delta Q_X}{\Delta P_Y} \cdot \frac{P_Y}{Q_X} \tag{2-17}$$

或

$$e_{XY} = \lim_{\Delta P_Y \to 0} \frac{\Delta Q_X / Q_X}{\Delta P_Y / P_Y} = \frac{dQ_X / Q_X}{dP_Y / P_Y} = \frac{dQ_X}{dP_Y} \cdot \frac{P_Y}{Q_X} \tag{2-18}$$

3. 需求交叉价格弹性的类型

需求交叉弹性有正交叉弹性和负交叉弹性两大类型。正交叉弹性是需求交叉弹性系数大于 0 的情况，即 $e_{XY} > 0$。它表明另一种商品价格上升会使人们对该商品的需求量增加。替代品是具有正交叉弹性的物品，如羊肉价格上升会刺激人们用牛肉替代羊肉，从而引起牛肉需求量增加。负交叉弹性是需求交叉弹性系数小于 0 的情况，即 $e_{XY} < 0$。它表明另一种商品价格上升，会使人们对该商品需求量减少。互补品是具有负交叉弹性的物品，如照相胶卷价格上升，会使人们对传统相机需求量减少。如果需求交叉弹性为 0，即 $e_{XY} = 0$，则其他商品价格变动不会影响人们对该商品的需求量。独立物品指交叉弹性为 0 的物品。

（六）需求的收入弹性

1. 定义

需求的收入弹性表示一定时期内消费者对某种商品的需求量的变动对于消费者收入量变动的反应程度。或者说，表示在一定时期内当消费者的收入变化 1% 时所引起的商品需求量变化的百分比。

2. 表达式

假定某商品的需求量 $Q$ 是消费者收入水平 $I$ 的函数，即 $Q = f(I)$，则商品的需求的收入弹性公式一般表达式为

$$e_M = \frac{\Delta Q / Q}{\Delta M / M} = \frac{\Delta Q}{\Delta M} \cdot \frac{M}{Q} \tag{2-19}$$

或

$$e_M = \lim_{\Delta M \to 0} \frac{\Delta Q / Q}{\Delta M / M} = \frac{dQ}{dM} \cdot \frac{M}{Q} \tag{2-20}$$

3. 需求的收入弹性的类型

需求收入弹性可大致分为两类：正收入弹性和负收入弹性。

正收入弹性指 $e_M>0$；反映收入增加会导致需求量增加，收入减少会引起需求量减少。正常物品指具有正收入弹性的物品。我们在生活中见到的绝大多数物品都属于正常物品。它还可进一步细分为奢侈品和必需品。奢侈品指收入弹性大于 1 的物品。当收入增加时，需求量会以更大速度增加；当收入减少时，需求量会以更大速度减少。新产品刚出现时，往往属于奢侈品。必需品指收入弹性大于 0 小于 1 的物品。当收入增加时，必需品的需求量会增加，只是它以较慢的速度增加。正是由于这些物品对人们必需，即使在低收入时人们也会消费它，所以在人们收入增加时，进一步增加需求量的余地较小。

负值收入弹性指收入弹性小于 0，即 $e_M<0$，收入与需求量呈反向变动关系。次级物品（即劣等品）是收入弹性小于 0 的物品。随着收入增加，人们对次级物品（劣等品）需求量减少。

### 三、供给弹性

#### （一）供给的价格弹性的含义

供给的价格弹性表示在一定时期内一种商品的供给量的变动对于该商品的价格变动的反应程度。或者说，表示在一定时期内当一种商品的价格变化 1% 时所引起的该商品的供给量变化的百分比，用 $e_s$ 表示。

$$供给的价格弹性系数 = \frac{供给量变动率}{价格变动率} \qquad (2\text{-}21)$$

表明供给量的变动率是价格变动率的若干倍。

#### （二）供给的价格弹性的表达式

供给的价格弹性可以分为弧弹性和点弹性。因此也就有两种表达方式：弧弹性表达式和点弹性表达式。

(1) 供给的价格弧弹性表示某商品供给曲线上某一点的供给量的变动对于价格的变动的反应程度。简单地讲，它表示供给曲线上两点之间的弹性。

$$e_s = \frac{\Delta Q/Q}{\Delta P/P} = \frac{\Delta Q}{\Delta P} \cdot \frac{P}{Q} \qquad (2\text{-}22)$$

供给的价格弧弹性通常是在函数不连续、不可求导的条件下才利用的。供给的价格弧弹性的中点公式为

$$e_s = \frac{\Delta Q}{\Delta P} \cdot \frac{\dfrac{P_1 + P_2}{2}}{\dfrac{Q_1 + Q_2}{2}} \qquad (2\text{-}23)$$

(2) 供给的价格点弹性表示某商品供给曲线上两点之间的供给量的变动对于价格的变动的反应程度。

$$e_s = \lim_{\Delta p \to 0} \frac{\Delta Q/Q}{\Delta P/P} = \frac{dQ/Q}{dP/P} = \frac{dQ}{dP} \cdot \frac{P}{Q} \qquad (2\text{-}24)$$

#### （三）供给的价格弹性分类

供给的价格弹性根据 $e_s$ 值的大小也分为 5 个类型。$e_s>1$ 表示富有弹性；$e_s<1$ 表示缺乏弹性；$e_s=1$ 表示单一弹性或单位弹性；$e_s=\infty$ 表示完全弹性；$e_s=0$ 表示完全无弹性。

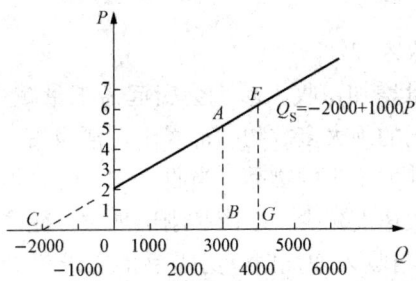

图 2 - 14 线性需求曲线点弹性的 5 种类型

（四）供给的价格弹性值的几何求法及规律

设某种商品的需求函数为 $Q_S = -2000 + 1000P$，几何图形如图 2 - 14 所示。

则 $A$ 点的供给价格的点弹性为

$$e_s = \frac{dQ}{dP} \cdot \frac{P}{Q} = \frac{CB}{AB} \cdot \frac{AB}{OB} = \frac{CB}{OB} = \frac{5000}{3000} \approx 1.67$$

$F$ 点的供给价格的点弹性为

$$e_s = \frac{dQ}{dP} \cdot \frac{P}{Q} = \frac{CG}{OG} = \frac{6000}{4000} = 1.5$$

从线性供给曲线的点弹性的几何意义出发，可以进一步找出线性供给曲线点弹性的有关规律。如图 2 - 15 所示。

图 2 - 15 （a）中线性供给曲线上的所有点弹性均大于 1。例如在 $A$ 点，因为 $BC > OB$，所以 $e_s > 1$。图 2 - 15 （b）中线性供给曲线上的所有点弹性均小于 1。例如在 $A$ 点，因为 $BC < OB$，所以 $e_s < 1$。图 2 - 15 （c）中线性供给曲线上的所有点弹性均等于 1。例如在 $A$ 点，因为 $BC = OB$，所以 $e_s = 1$。

由此可得到如下规律：若线性供给曲线的延长线与坐标轴的交点位于坐标原点的左边，则供给曲线上所有的点弹性都是大于 1 的；若交点位于坐标原点的右边，则供给曲线上所有的点弹性都是小于 1 的；若交点恰好就是坐标原点，则供给曲线上所有的点弹性都为 1。

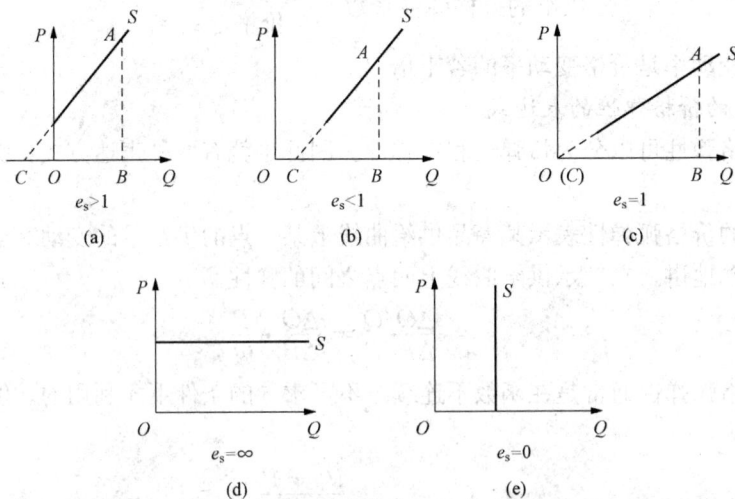

图 2 - 15 供给的价格点弹性的 5 种类型

（五）影响供给的价格弹性的因素

影响供给弹性的因素简单归纳为以下几种。第一，时间因素。供给量对价格的反应要经历一个生产周期，而不同产品的生产周期可能存在较大差异。在其他条件不变的前提下，时间越短，供给弹性越小。第二，成本因素。在价格变动引起企业调整供给量的时期，生产成本可能发生变化。如果价格上升时成本也同比例上升，企业增产的积极性会变小，供给弹性也会较小；如果价格上升时成本反而变小，供给弹性就会较大。第三，生产要素的可获得性。在价格上升时，企业增产的前提条件是能获得生产要素的供应。如果该条件不能满足，供给弹性就会较小。第四，政策因素。企业对市场价格的变动做出反应，需要考虑政府已经或即将实施的各项政策。

### 四、弹性理论的应用

#### （一）需求的价格弹性和厂商的销售收入

总收益 TR 指厂商出售商品得到的全部收入，可表示为

$$TR = 价格(P) \times 销量(Q) \tag{2-25}$$

总收益可称为销售额。由于不同商品的需求价格弹性不同，价格变动对总收益的影响也会相应不同。如图 2-16 所示。

（1）$e_d > 1$。即某种商品的需求富有弹性，当该商品的价格下降时，需求量（销售量）增加的幅度大于价格下降的幅度，从而总收益会增加；当该商品的价格上升时，需求量减少的幅度大于价格上升的幅度，所以总收益会减少。

（2）$e_d < 1$。即某种商品的需求缺乏弹性，当该商品的价格下降时，厂商的销售收入会减少；反之，提价会使厂商的销售收入增加，因为降价导致的需求量增加带来的销售收入增加量小于降价造成的销售收入减少量。

（3）$e_d = 1$。即某种商品的需求具有单位弹性，降价或提价对厂商的销售收入都没有影响，因为价格变动造成的销售收入增加量或减少量等于需求量变动带来的销售收入值的减少量或增加量。

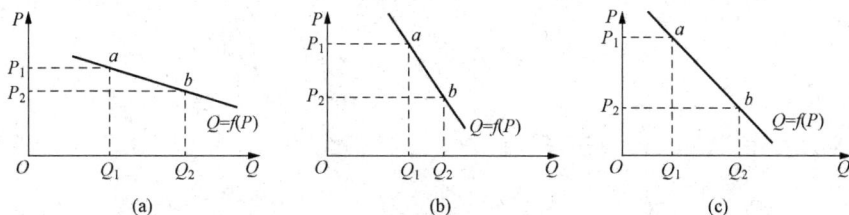

图 2-16　需求弹性与销售收入

(a) $e_d > 1$；(b) $e_d < 1$；(c) $e_d = 1$

#### （二）恩格尔定律

19 世纪，德国统计学家恩格尔根据他对德国某些地区消费数据的研究，提出恩格尔定律。恩格尔定律是指随着家庭收入增加，食物开支在家庭支出中所占比重会越来越小，即

$$恩格尔系数 = 食物支出 / 家庭全部支出 \tag{2-26}$$

恩格尔定律提出于人们提出收入弹性概念之前。从收入弹性角度来看，恩格尔定律所表达的是：食物属于必需品，收入弹性小于 1。目前，恩格尔系数的一个重要用途是帮助人们判断一个国家的富裕程度。如发达国家恩格尔系数较小，发展中国家恩格尔系数较大。我国在经济发展过程中，恩格尔系数也有明显的不断减少趋势。但是，与处于同等经济发展程度的国家相比，我国恩格尔系数偏大，这主要是因为我国有一种特殊的饮食文化，中国人对食物的偏好程度较高。

**本章思考题**

1. 简要说明均衡价格和均衡产量是怎样形成的？

2. 影响供给价格弹性的因素有哪些?

3. 试区别需求的变动和需求量的变动,并分析下面 3 种情况是需求还是需求量发生变化:①洋葱价格每公斤下降 5 美元,消费者购买更多的洋葱;②皮鞋价格大幅上升,对鞋油有什么影响;③收入增加使某消费者购买更多的高档商品。

4. 运用均衡价格原理和弹性理论说明"谷贱伤农"的道理。

5. 一般商品的需求曲线的特征是:当价格上升时,消费者的需求量会降低。在旅游旺季,飞机票价通常要高出平时票价的三成。请说明,为何在旅游旺季时,飞机票价仍是"一票难求"?

6. 设某商品的市场需求函数为 $D=12-2P$,供给函数为 $S=2P$,均衡价格和均衡产量各是多少?如市场需求曲线向右移动两个单位,新的均衡价格和均衡产量各是多少?如市场供给曲线向右移动 4 个单位,均衡价格和均衡产量各是多少?政府对每单位商品征收 2 元税收,则新的均衡价格和均衡产量各是多少?谁负担了税收?

# 第三章 效 用 理 论

## 第一节 基 数 效 用 理 论

### 一、效用的含义

消费者是在经济中能够做出统一的消费决策的单位。那么，消费的目的是什么？萨缪尔森提出的幸福方程式为

$$幸福 = \frac{效用}{欲望} \tag{3-1}$$

欲望是一种缺乏的感觉与求得满足的愿望。不足之感，求足之愿。它是一种心理感觉，特点是具有无限性和层次性。

效用（utility）是消费者从消费某种物品中所得到的满足程度。消费者消费某种物品获得的满足程度高就是效用大；反之，满足程度低就是效用小。如果消费者从消费某种物品中感受到痛苦，则是负效用。例如，一个人喜欢吸烟胜过喝茶，那么香烟对他的效用就大于茶；如果一个人根本不吸烟而且讨厌烟雾缭绕的环境，那么香烟对他来说就没有效用甚至为负效用。

效用是一种心理感觉，它是一种主观感受，不同于使用价值。使用价值反映的是物品本身所具有的自然属性和客观属性，它不以人的主观感受为转移，而效用纯粹是人的主观心理感受，因时因地都会发生变化。

效用是一种心理感觉，所以消费者行为理论也就更偏重于心理分析。同时，效用也可以表示偏好，因为效用是消费者消费某种物品获得的满足程度，而这种满足程度的大小取决于消费者的偏好。消费者对某种物品或物品组合的偏好越高，从消费这种物品或物品组合中得到的效用也越大。

### 二、基数效用论和序数效用论

既然效用是用来表示消费者在消费商品时所感受到的满足程度，于是，就产生了对这种"满足程度"即效用大小的度量问题。在这一问题上，西方经济学家先后提出了基数效用和序数效用的概念。

基数和序数这两个术语来自数学。基数是指1，2，3，…基数是可以加总求和的。例如，基数3加9等于12，且12是3的4倍。序数是指第一、第二、第三、…序数只表示顺序或等级，不能加总求和。例如，序数第一、第二、第三，可以是12、15、20，也可以是18、20、30。它所要表明的仅仅是第二大于第一，第三大于第二，至于各自的具体数量是多少，是没有意义的。

#### （一）基数效用论

在19世纪和20世纪初期，西方经济学家普遍使用基数效用的概念，比较有代表性的经济学家有德国的戈森、英国的吉文斯和埃奇沃斯、奥地利的门格尔、法国的瓦尔拉和美国的费雪。所谓基数效用，是指假定商品的效用可以用某种单位计算其数值并可以加总求和，表

示效用大小的计量单位被称作效用单位。例如，对某一个人来说，吃一顿丰盛的晚餐和看一场高水平的足球赛的效用分别为 5 效用单位和 10 效用单位，则说这两种消费的效用之和为 15 效用单位，且后者效用是前者效用的 2 倍。

基数效用论是研究消费者行为的一种理论，其基本观点是：假定消费者消费商品获得的效用可以用基数加以度量，从而效用函数在消费过程中被决定下来；同时，基数效用论还假定边际效用服从递减规律。在此假定基础上，采用边际效用分析法，可以用具体的数字来研究消费者效用最大化问题，进而得到消费者均衡条件。基数效用论进而证明，若边际效用递减规律成立，那么消费者的需求曲线向右下方倾斜。

但是，基数效用论也存在以下缺陷。

（1）效用的可度量性。由于效用是一种主观心理感觉，因而消费不同商品或一种商品不同数量时获得的满足程度很难度量。不仅如此，当涉及两个消费者对效用的比较时，这一问题更为突出。

（2）边际效用递减规律无法验证。决定消费者需求曲线形状的关键是边际效用服从递减规律，但这一规律却无法验证，因而它是一个人的心理感受，很难用统计规律加以说明。

（3）以边际效用为基础的单个需求曲线在加总时会涉及消费者效用之间的相互比较。

（二）序数效用论

序数效用论者的基本观点是，商品的效用是消费者对商品满足其欲望的一种心理评价，因而很难准确加以衡量，更难以对不同消费者的效用进行比较和加总，而只能排出偏好次序。效用之间的比较只能通过顺序或等级即用序数（第一、第二、第三……）来表示。如果消费者认为，听歌的效用高于吃巧克力的效用，那么，消费者会说听歌的效用第一，吃巧克力的效用第二。

序数效用论避免了用基数来度量效用的假定，对消费者行为限制更少，但它并没有从本质上否定基数效用论。因此，现代西方经济学沿用基数效用论的思想，用序数效用论来理解消费者的选择过程，并把序数效用论看成是几何方式表述的效用论。

序数效用论采用的是无差异曲线分析方法。

### 三、边际效用递减规律

基数效用论除了提出效用可以用基数衡量的假定外，还提出了边际效用递减规律的假定。边际效用递减规律贯串于基数效用论，是基数效用论分析消费者行为，并进一步推导消费者需求曲线的基础。

（一）总效用和边际效用

总效用 TU（Total Utility）指消费者在一定时间内从一定数量的商品的消费中所得到的效用量的总和。假定消费者对一种商品的消费数量为 $Q$，则总效用函数为：$TU = f(Q)$。

边际效用 MU（Marginal Utility）则指消费者在一定时间内增加一单位的商品的消费所得到的效用量的增量。

边际效用函数为

$$MU = \frac{\Delta TU(Q)}{\Delta Q} \qquad\qquad (3 - 2)$$

当商品的增加量趋于无穷小，则有

$$MU = \lim_{\Delta Q \to 0} \frac{\Delta TU(Q)}{\Delta Q} = \frac{dTU(Q)}{dQ} \qquad\qquad (3 - 3)$$

这里要指出的是，在西方经济学中，边际分析法是最基本的分析法之一，边际效用是本书出现的第一个边际概念。在此我们有必要强调一下，边际量的一般含义是表示一单位的自变量的变化量所引起的因变量的变化量。抽象的边际量的定义公式为

$$边际量 = \frac{因变量的变化量}{自变量的变化量} \tag{3-4}$$

当然，可以用表3-1来说明总效用与边际效用的关系。

**表3-1**                             **某商品的效用表**

| Q | TU | MU | Q | TU | MU |
|---|----|----|---|----|----|
| 0 | 0  | 0  | 3 | 60 | 10 |
| 1 | 30 | 30 | 4 | 60 | 0  |
| 2 | 50 | 20 | 5 | 50 | −10 |

根据表3-1可以做出表示总效用和边际效用的图3-1。

如图3-1所示，MU曲线向右下方倾斜，反映了边际效用递减规律；TU曲线是以递减的速率先上升后下降。当边际效用为正值时，总效用曲线呈上升趋势；当边际效用递减为零时，总效用曲线达最高点；当边际效用继续递减为负值时，总效用曲线呈下降趋势。从数学意义上讲，如果效用曲线是连续的，则每一消费量上的边际效用值是总效用曲线上相应的点的斜率。

（二）边际效用递减规律

边际效用递减规律是：在一定时间内，在其他商品的消费数量保持不变的条件下，随着消费者对某种商品消费量的增加，消费者从该商品连续增加的每一消费单位中所得到的效用增量即边际效用是递减的。

边际效用递减规律成立的原因，可以做如下解释。

解释一：从人的生理和心理的角度。

由于随着相同消费品的连续增加，从人的生理和心理的角度讲，从每一单位消费品中所感受到的满足程度和对重复刺激的反应程度是递减的。

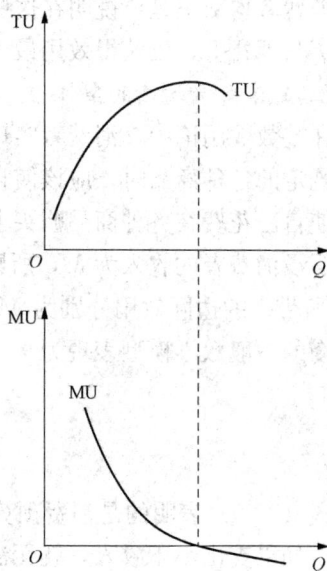

图3-1 总效用与边际效用的关系

解释二：从商品的多用途的角度。

由于在一种商品具有几种用途时，消费者总是将第一单位的消费品用在最重要的用途上，把第二单位的消费品用在次重要的用途上，等等。这样，消费品的边际效用随消费品的用途重要性的递减而递减。例如，在仅有少量水的情况下（如在沙漠或航海中），人们十分珍惜地饮用，以维持生命，水的边际效用很大；随着水量增加，除满足饮用外，还可以用来洗脸、洗澡和洗衣，水的重要性相对降低，边际效用相应减小。

由此看来，边际效用递减规律是符合实际情况的，即消费者消费某种商品一定数量之中的最后一单位给消费者提供的效用一定小于前一单位提供的效用，但该解释的有效性是以假定人们消费行为的决策是符合理性为其前提条件的。

### 四、消费者均衡

消费者均衡所研究的是消费者在既定收入的情况下，如何实现效用最大化的问题。

（一）消费者均衡的概念

消费者均衡是研究单个消费者如何把有限的货币收入分配在各种商品的购买中以获得最大的效用。这里的均衡是指消费者实现最大效用时既不想再增加、也不想再减少任何商品购买数量的一种相对静止的状态。消费者均衡就是表示消费者实现这一目的时的心理满足状态。我们知道"均衡"具有不变的意思，由于消费者已经达到最满意状况，他不会改变他所购买的各种商品和劳务的数量；如果消费者的消费未能使他的效用最大化，他就会改变消费决策，重新调整购买各种商品和劳务的数量，直到增加的总效用达到最大化为止。

什么情况下才会达到效用最大化即消费者均衡状况？

在研究消费者均衡时，我们假设：第一，消费者的嗜好（即消费者偏好）是既定的，这也就是说，消费者对各种物品效用与边际效用的评价是既定的，不会发生变动；第二，消费者的收入是既定的，每1元货币的边际效用对消费者都是相同的；第三，物品的价格是既定的。消费者均衡正是要说明在这些假设条件之下，消费者如何把有限的收入分配于各种物品的购买与消费上，以获得效用最大化。

（二）消费者均衡的条件

在基数效用论中，消费者实现效用最大化的均衡条件是：消费者用既定的全部收入购买价格既定的各种商品时，应该使自己所购买的各种商品的边际效用与价格之比相等，即消费者应使自己花费在各种商品购买上的最后一单位货币所带来的边际效用相等。

假设消费者的收入为 $M$，所购买和消费两种物品的数量为 $Q_X$、$Q_Y$，其价格分别为 $P_X$、$P_Y$，所带来的边际效用分别为 $MU_X$、$MU_Y$，每单位货币的边际效用为 $MU_m$。因此，消费者均衡的一般数学模型表现为

$$M = P_X Q_X + P_Y Q_Y \tag{3-5}$$

$$\frac{MU_X}{P_X} = \frac{MU_Y}{P_Y} = MU_m \tag{3-6}$$

式（3-5）表明的是消费预算限制条件。如果消费者的支出超过收入，消费购买是不现实的；如果支出小于收入，就无法实现在既定收入条件下的效用最大化。

式（3-6）表明的是消费者均衡的实现条件。每单位货币无论是购买 X 物品或 Y 物品，所得到的边际效用都相等。

如果消费的是多种物品，则可把上述模型扩展为：

$$M = P_1 Q_1 + P_2 Q_2 + \cdots + P_n Q_n \tag{3-7}$$

$$\frac{MU_1}{P_1} = \frac{MU_2}{P_2} = \cdots = \frac{MU_n}{P_n} = \lambda \tag{3-8}$$

$\lambda$ 表示的是单位货币效用，即每一单位货币所得到的商品边际效用都相等。

消费者所以按照这一原则来购买商品并实现效用最大化，是因为在既定收入的条件下，多购买 X 物品就要减少 Y 物品的购买。随着 X 购买量的增加，X 物品的边际效用就会递减，随之而来的是，物品 Y 边际效用就会递增。为了使所购买的 X、Y 的组合能够带来最大的总效用，消费者就不得不调整这两种物品的组合数量，其结果是增加对 Y 物品的购买，减少对 X 物品的购买。如此来回调整这两种物品购买数量的组合，就最终会出现：当他所购

买的最后一个单位 X 物品所带来的边际效用与其价格之比等于他所购买的最后一个单位 Y 物品所带来的边际效用与其价格之比。

也就是说，无论是购买哪种物品，每一单位货币所购买的物品其边际效用都是相等的，于是就实现了总效用最大化，即消费者均衡，两种物品的购买数量也就随之确定，不再加以调整。

**（三）单个消费者的需求曲线的推导**

基数效用论运用边际效用递减规律和消费者均衡的条件，推导单个消费者的需求曲线，解释了需求曲线向右下方倾斜的原因：从消费者角度看，他支付价格的高低与效用的大小是正相关的，即效用大，所支付的价格就高，反之则低。

商品的需求价格指消费者在一定时期内对一定量的某种商品所愿意支付的价格。商品的需求价格取决于商品的边际效用。由于边际效用递减，相应需求价格递减。考虑消费者只购买一种商品的情况，则消费者均衡的条件为：$\dfrac{MU}{P} = \lambda$。该式表示：一方面，消费者对任何一种商品的最优购买量应该是使最后一单位货币购买该商品所带来的边际效用和所付出的这一单位货币的边际效用相等；另一方面，由于对任何一种商品而言，随着需求量不断增加，边际效用 MU 是递减的，则在货币的边际效用 $\lambda$ 不变的前提下，商品的需求价格 $P$ 必然应同比例于边际效用 MU 的递减而递减，才能实现消费者均衡。这就说明了商品的需求量与商品的价格呈反方向变动。

**（四）消费者剩余**

消费者剩余（consumer surplus）是消费者愿意对某物品所支付的价格与他实际支付的价格的差额。这一概念是英国经济学家马歇尔在 20 世纪初期提出的："他宁愿付出而不愿得不到此物的价格，超过他实际付出的价格的部分，是这种剩余满足的经济衡量。这个部分可称为消费者剩余。"

消费者剩余并不是实际收入的增加，只是一种心理感觉。因为消费者行为理论是一种心理分析，所以，这一概念是有意义的，并在分析其他问题时得到了运用。

举例说明：有一辆轿车要卖出，采取拍卖的形式进行出售，现在有 4 个可能的买主 A、B、C、D，他们均想购买该辆轿车，但他们每人愿意支付的价格都有限，且不同。见表 3 - 2。

表 3 - 2　　　　　　　　　　　　　　轿 车 出 价 表

| 买者 | 最高支付价（万元） |
|---|---|
| A | 100 |
| B | 80 |
| C | 70 |
| D | 60 |

开始叫价（从低向高叫价）。当 A 买主叫出 80 万元（或略高一点）时，叫价停止。于是，A 买主支付 80 万元（或略高一点）得到该辆轿车。而 A 买主愿意为此支付 100 万元，实际上支付了 80 万元，于是 A 买主得到了 20 万元的消费者剩余。

## 第二节 序 数 效 用 理 论

### 一、序数效用理论

到了 20 世纪 30 年代，序数效用的概念为大多数西方经济学家所使用，其代表人物有意大利的帕累托、英国的希克斯和艾伦。序数效用论是为了弥补基数效用论的缺陷而提出的另一种研究消费者行为的理论，其基本观点是：效用作为一种心理现象，类似于香、臭，其大小无法具体衡量，也不能加总求和，效用之间的比较只能通过顺序或等级来表示，即效用只能用序数来表示。这就可以避免纯属个人主观心理的效用概念如何计量的问题，特别是避免了效用在各个人之间无法比较的理论难题。在现代微观经济学中，通常使用的是序数效用论的概念。

例如，口渴了，喝一杯茶感觉好，看一份报纸感觉一般，因而两者比较，喝茶的效用大于看报的效用，喝茶的效用排在第一，看报的效用排在第二。

取代基数效用论的关于效用的大小可以用"效用单位"表示的说法。消费者对于各种不同的商品组合的偏好（爱好）程度是有差别的，这种偏好程度的差别决定了不同商品组合的效用的大小顺序。

序数效用论对消费者偏好有以下 3 个基本假定。

第一，对于任何两个商品组合 A 和 B，消费者总是可以做出，而且也仅仅只能做出以下 3 种判断中的一种：对 A 的偏好大于对 B 的偏好，对 A 的偏好小于对 B 的偏好，对 A 和 B 的偏好相同（A 和 B 是无差异的）。

第二，对于任何三个商品组合 A、B 和 C，如果某消费者已经做出判断：对 A 的偏好大于（小于、等于）对 B 的偏好，对 B 的偏好大于（小于、等于）对 C 的偏好。那么，该消费者必须做出对 A 的偏好大于（小于、等于）对 C 的偏好的判断。

第三，消费者对每一种商品的消费都处于饱和以前的状态。

### 二、无差异曲线与商品的边际替代率

（一）无差异曲线

1. 无差异曲线（又称"效用等高线""等效用线"）

无差异曲线是用来表示两种商品的不同数量的组合给消费者所提供的效用是完全相同的一条曲线。或是说在这条曲线上，无论两种商品的数量怎样组合，所带来的总效用是相同的。与无差异曲线相对应的效用函数为

$$U = f(X_1, X_2) \tag{3-9}$$

式中，$X_1$ 和 $X_2$ 分别为商品 1 和商品 2 的数量；$U$ 是常数，表示某个效用水平。这里的 $U$ 只表示某一个效用水平，而不在乎其具体数值的大小。

如表 3-3 和图 3-2：假设下列任何一个组合的总效用相同。

表 3-3　　　　　　　　　　　　　　某消费者的无差异表

| 组合 | 苹果 | 梨 |
| --- | --- | --- |
| A | 8 | 2 |
| B | 6 | 4 |
| C | 2 | 8 |

在图 3-2 中，横轴 X 代表 X 商品的数量，纵轴 Y 代表 Y 商品的数量，AB 为无差异曲线，线上任何一点上 X 商品与 Y 商品不同数量的组合给消费者所带来的效用都是相同的。因此，无差异曲线也被称为等效曲线。

2. 无差异曲线的基本特征

（1）无差异曲线是一条向右下方倾斜的曲线，其斜率为负值。它表明在收入与价格既定的条件下，为了获得同样的满足程度，增加一种商品就必须放弃或减少另一种商品，两种商品在消费者偏好不变的条件下，不能同时减少。

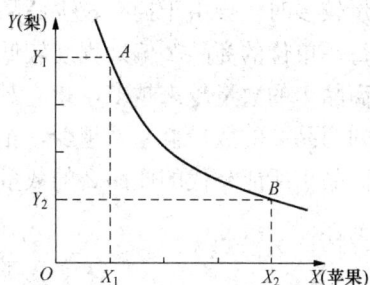

图 3-2  某消费者的无差异曲线

（2）在同一平面图上有无数条无差异曲线，不同的无差异曲线代表的效用满足程度各不相同。距离原点越远的曲线，表明所代表的效用越大；反之，结果相反。如图 3-3 所示，$I_1$、$I_2$、$I_3$ 是 3 条不同的无差异曲线，它们分别代表不同的效用，其顺序为：$I_1 < I_2 < I_3$。

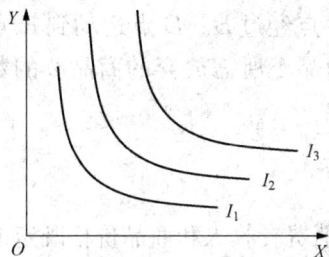

图 3-3  某消费者的无差异曲线图

（3）在同一平面图上，任意两条无差异曲线不能相交，否则与第二点矛盾。

（4）无差异曲线是一条凸向原点的线，这是由边际替代率递减规律所决定的。

（二）边际替代率及其递减规律

1. 商品的边际替代率

商品的边际替代率即在维持效用水平或满足程度不变的前提下，消费者增加一单位的某种商品的消费时所需放弃的另一种商品的消费量。以 RCS 代表商品的边际替代率，$\Delta X_1$、$\Delta X_2$ 各为商品 1 和商品 2 的变化量，则商品 1 对商品 2 的边际替代率为

$$\text{RCS}_{12} = -\frac{\Delta X_2}{\Delta X_1} \tag{3-10}$$

在通常情况下，由于商品 1 和商品 2 的变化量呈反方向变动，为使商品的边际替代率是正值以便于比较，则在公式中加了一个负号。

假定商品数量的变化量趋于无穷小，即当 $\Delta X_1 \to 0$ 时，则

$$\text{RCS}_{12} = \lim_{\Delta X_1 \to 0} -\frac{\Delta X_2}{\Delta X_1} = -\frac{\mathrm{d}X_2}{\mathrm{d}X_1} \tag{3-11}$$

式（3-11）说明无差异曲线上任一点的商品的边际替代率等于无差异曲线在该点的斜率的绝对值。

2. 商品的边际替代率递减规律

序数效用论在分析消费者行为时提出了商品的边际替代率递减规律的假定。商品的边际替代率递减规律即在维持效用水平不变的前提下，随着一种商品消费量的连续增加，消费者为得到每一单位的这种商品所需放弃的另一种商品的消费量是递减的。例如，在上例中，随着消费者对苹果的消费量的连续等量地增加，消费者为得到每一单位的苹果所需放弃的梨的消费量是递减的。

商品的边际替代率递减的原因可以解释为：当消费者处于商品 1 的数量较少和商品 2 的

数量较多时，会由于拥有较少商品 1 而对每一单位的商品 1 更偏好，由于拥有较多商品 2 而对每一单位的商品 2 偏好程度较低，即商品 1 对商品 2 的边际替代率较大。随着消费者拥有的商品 1 的数量越来越多，相应对每一单位商品 1 的偏爱程度会越来越低；同时，消费者拥有的商品 2 的数量会越来越少，相应对每一单位商品 2 的偏爱程度会越来越高。则每一单位的商品 1 所能替代的商品 2 的数量越来越少，即商品的边际替代率是递减的。

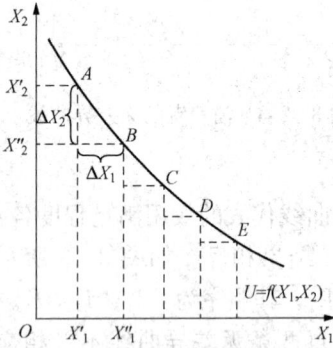

图 3 - 4　商品的边际替代率递减
规律和无差异曲线的形状

由于商品的边际替代率等于无差异曲线的斜率的绝对值，商品的边际替代率递减规律决定了无差异曲线凸向原点。

下面，利用图 3 - 4 来具体说明商品的边际替代率递减规律和无差异曲线形状之间的关系。在图中，当消费者沿着既定的无差异曲线由 $A$ 点运动到 $B$ 点时，商品 1 的增加量为 $\Delta X_1$，相应的商品 2 的减少量为 $\Delta X_2$，这两个变量的比值的绝对值即 $-\dfrac{\Delta X_2}{\Delta X_1}$，就是 $\mathrm{RCS}_{12}$。在图中，由于无差异曲线是凸向原点的，这就保证了当商品 1 的数量一单位一单位地逐步增加时，即由 $A$ 点经过 $B$、$D$ 点运动到 $E$ 点的过程中，每增加一单位的商品 1 所需放弃的商品 2 的数量是递减的。

### 三、消费者的预算线

**（一）预算线的概念**

预算线又称为预算约束线、消费可能线或价格线，表示在消费者收入和商品价格既定的条件下，消费者的全部收入所能购买到的两种商品的不同数量的各种组合。

用 $I$ 表示消费者的既定收入，$P_1$ 和 $P_2$ 分别为已知的商品 1 和商品 2 的价格，$X_1$ 和 $X_2$ 分别为商品 1 和商品 2 的数量。预算线方程为：$I = P_1 X_1 + P_2 X_2$。

预算线的形状如图 3 - 5 所示。

消费者的全部收入购买商品 1 的数量为 $\dfrac{1}{P_1}$，是预算线在横轴的截距；消费者的全部收入购买商品 2 的数量为 $\dfrac{1}{P_2}$，是预算线在纵轴的截距；$-\dfrac{P_1}{P_2}$ 为预算线的斜率，即两种商品价格之比的负值。

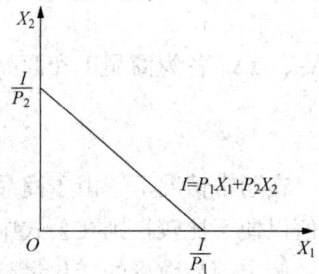

图 3 - 5　消费者的预算线图

**（二）预算线的变动**

消费者的收入 $I$ 或商品价格 $P_1$ 和 $P_2$ 变化时，会引起预算线的变动。预算线的变动有以下 4 种情况。

1. 预算线与消费者收入的关系

两种商品价格不变，消费者的收入变化时，会引起预算线的截距变化，使预算线发生平移。如图 3 - 6 所示，消费者的收入增加，则使预算线 $AB$ 向右平移至 $A'B'$；消费者的收入减少，则使预算线 $AB$ 向左平移至 $A''B''$。两种商品价格和消费者的收入同比例同方向变化时，预算线不变。

### 2. 预算线与商品价格的关系

消费者的收入不变，两种商品价格同比例同方向变化时，会引起预算线的截距变化，使预算线发生平移。消费者的收入不变，一种商品价格不变而另一种商品价格变化时，会引起预算线的斜率及相应截距变化。

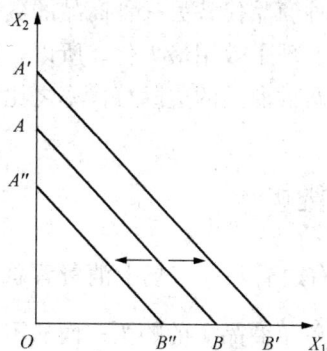

图 3-6　收入变动导致的预算线变动图　　　　图 3-7　商品价格变动导致的预算线变动图

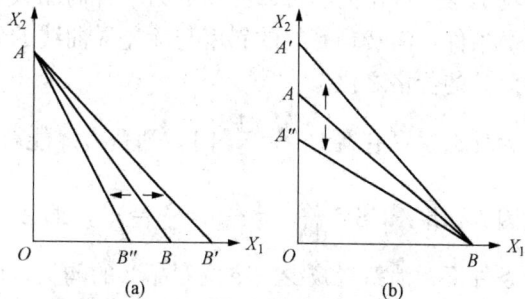

如图 3-7（a）图所示，商品 1 的价格 $P_1$ 下降，则使预算线 $AB$ 移至 $AB'$；商品 1 的价格 $P_1$ 提高，则使预算线 $AB$ 移至 $AB''$。在图 3-7（b）中，商品 2 的价格下降和提高，分别使预算线 $AB$ 移至 $A'B$ 和 $A''B$。

### 四、消费者均衡

任何一个理性的消费者的消费选择行为都是在效用满足的驱使和收入限制两种相反力量的作用下进行的。在消费者的收入和商品的价格既定的条件下，当消费者选择商品组合获得了最大的效用满足并将保持这种状态不变时，称消费者处于均衡状态，简称为"消费者均衡"。在序数效用条件下，消费者如何才能实现既定收入下的效用最大化？

#### （一）消费者均衡的条件

序数效用论将无差异曲线和预算线相结合来说明消费者均衡。消费者的偏好决定了消费者的无差异曲线，一个消费者关于任何两种商品的无差异曲线有无数条；消费者的收入和商品价格决定了消费者的预算线，在收入和商品价格既定的条件下，一个消费者关于两种商品的预算线只有一条。只有既定的预算线与其中一条无差异曲线的相切点，才是消费者均衡点。在切点，无差异曲线和预算线的斜率相等。无差异曲线的斜率的绝对值即商品的边际替代率，预算线的斜率的绝对值即两种商品价格之比，则消费者效用最大化的均衡条件是

$$\text{RCS} = \frac{P_1}{P_2} \qquad (3-12)$$

如图 3-8 所示，既定的预算线 $I$ 与无差异曲线 $U$ 相切于 $E$ 点，$E$ 点是消费者均衡点。在均衡点 $E$ 上，消费者关于商品 1 和商品 2 的最优购买数量的组合为 $(\overline{X_1}、\overline{X_2})$。

为什么只有在无差异曲线与预算线相切时，消费者才能获得最大满足呢？

第一种情况：当消费预算线在消费无差异曲线的下方，即两线即不相切，也不相交，表明以现在的收入水平无法达

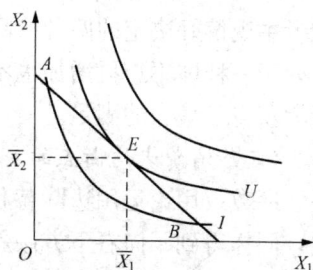

图 3-8　消费者的均衡

到所期望的消费满足程度。

第二种情况：当消费预算线与消费无差异曲线相交时，一是无法确定消费行为，二是无法实现效用最大化。

第三种情况：当消费预算线与消费无差异曲线相切时，表明在这一切点上，在一定的收入约束条件下，为了实现最大效用，消费者愿意用一单位某种商品代替另一种商品的数量等于市场上这一单位商品可以换取的另一种商品数量，因此就实现了效用最大化。所以，消费者均衡条件：消费预算线的斜率与无差异曲线的斜率相等，两种商品的边际替代率之比等于两种商品的价格之比。

为什么说只有在 $RCS=\dfrac{P_1}{P_2}$ 时，消费者才能获得最大的满足呢？

因为如果 $RCS=\dfrac{dX_2}{dX_1}=\dfrac{1}{0.5}>\dfrac{1}{1}=\dfrac{P_1}{P_2}$，那么，从不等式右边看，在市场上消费者总支出不变条件下，消费者减少一单位商品2的购买，就可增加一单位商品1的购买；而从不等式的左边看，消费者认为，在减少一单位的商品2的消费量时，只需要增加0.5单位的商品1的消费量，就可以维持原有的满足程度。这样，消费者就因多得到0.5单位的商品1的消费量而使总效用增加。所以，在这种情况下，理性的消费者必然会不断地减少对商品2的购买并增加对商品1的购买，以便获得更大的效用。例如图3-8中的 $A$ 点，无差异曲线斜率的绝对值大于预算线的斜率的绝对值，即 $RCS>\dfrac{P_1}{P_2}$ 消费者会沿着预算线 $I$ 减少对商品2的购买并增加对商品1的购买，逐步达到均衡点 $E$ 点。

相反，如果 $RCS=\dfrac{dX_2}{dX_1}=\dfrac{1}{0.5}<\dfrac{1}{1}=\dfrac{P_1}{P_2}$，那么，从不等式右边看，在市场上消费者总支出不变条件下，消费者减少一单位商品2的购买，就可增加一单位商品1的购买；而从不等式左边看，消费者认为，在减少一单位的商品1的消费量时，只需要增加0.5单位的商品2的消费量，就可以维持原有的满足程度。这样，消费者就因多得到0.5单位的商品2的消费量而使总效用增加。所以，在这种情况下，理性的消费者必然会不断地减少对商品1的购买并增加对商品2的购买，以便获得更大的效用。如图3-8种的 $B$ 点，无差异曲线斜率的绝对值小于预算线的斜率的绝对值，即 $RCS<\dfrac{P_1}{P_2}$，消费者会沿着预算线 $I$ 减少对商品1的购买并增加对商品2的购买，逐步达到均衡点 $E$ 点。

很清楚，只有当消费者将两种商品的消费量调整到 $RCS=\dfrac{P_1}{P_2}$ 时，或者说，调整到由消费者主观偏好决定的两种商品的边际替代率和市场上的两种商品的价格之比相等时，消费者才处于一种即不想再增加也不想再减少任何一种商品购买量的这样一种均衡状态。这时，消费者获得了最大的满足。

（二）消费者均衡点的变动

序数效用论运用边际替代率递减规律和消费者均衡的条件，推导单个消费者的需求曲线，同样得到了向右下方倾斜的需求曲线。

消费者的需求曲线由消费者的价格—消费曲线推导出。价格—消费曲线用来说明一种商品价格变化对消费者均衡的影响。它是在消费者的偏好、收入及其他商品价格不变的条件下，与某一种商品的不同价格水平相联系的消费者的预算线和无差异曲线相切的消费者效用最大化的均衡点的轨迹。

如图 3 - 10（a）所示，商品 $X_1$ 的价格 $P_1$ 发生变化，从 $P_1^0$ 下降为 $P_1'$ 再上升为 $P_1''$，相应的预算线从 $AB$ 移至 $AB'$ 再移至 $AB''$，分别与无差异曲线 $I_1$、$I_2$ 和 $I_3$ 相切于均衡点 $E_1$、$E_2$ 和 $E_3$。随着商品 $X_1$ 的价格不断变化，可以找到无数个消费者的均衡点。它们的轨迹即价格－消费曲线 $P.C.C.$。在每一个均衡点上，都存在着商品 1 的价格和商品 1 的需求量之间一一对应的关系。如在均衡点 $E_1$、$E_2$ 和 $E_3$，商品 1 的价格从 $P_1^0$ 下降为 $P_1'$ 再上升为 $P_1''$，则商品 1 的需求量由 $\overline{X_1^0}$ 增加为 $\overline{X_1'}$ 再减少为 $\overline{X_1''}$。将每一个 $P_1$ 值和相应均衡点上的 $X_1$ 值绘制在商品的价格—数量坐标图上，则得到了单个消费者的需求曲线 $X_1 = f(P_1)$，如图 3 - 10（b）所示。图 3 - 10（b）中需求曲线 $X_1 = f(P_1)$ 上的 $A$、$B$、$C$ 点分别与图 3 - 10（a）中的价格—消费曲线 $P.C.C.$ 上的均衡点 $E_1$、$E_2$ 和 $E_3$ 相对应。

一种商品的市场需求是指在一定时期内在各种不同的价格下市场中所有消费者对某种商品的需求数量。

假定在某一商品市场上有 $n$ 个消费者，都具有不同的个人需求函数 $Q_i^d = f_i(p)$，$i = 1, 2, 3, \cdots, n$，则该商品市场需求函数为

$$Q^d = \sum_{i=1}^{n} f_i(p) = F(P) \tag{3-13}$$

可见，一种商品的市场需求量是每一个价格水平上的该商品的所有个人需求量的加总。则市场需求曲线是单个消费者的需求曲线的水平加总。因此，如同单个消费者的需求曲线一样，市场需求曲线一般也是向右下方倾斜，市场需求曲线上的每个点都表示在相应的价格水平下可以给全体消费者带来最大效用水平或满足程度的市场需求量。

## 第三节　替代效应和收入效应

一种商品的价格变化会引起该商品的需求量的变化。这种变化可以被分解为两个部分：替代效应和收入效应。

### 一、替代效应和收入效应的含义

当一种商品的价格发生变化时，会对消费者产生两种影响：一是使商品的相对价格发生变化；二是使消费者的收入水平发生变化。在这里，实际收入水平的变化被定义为效用水平的变化。这两种变化都会改变消费者对该种商品的需求量。前者称之为替代效应，后者称之为收入效应。

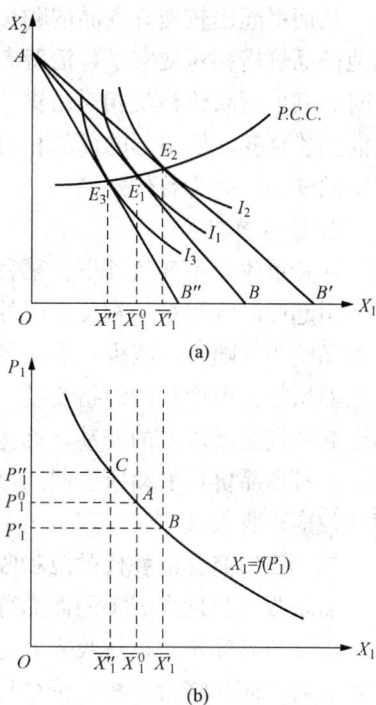

图 3 - 9　价格—消费曲线和
消费者的需求曲线

### 1. 替代效应

在实际收入不变的条件下，某种商品价格变动会引起其他商品相对价格呈相反方向变动，从而引起比较便宜商品的购买对比较昂贵商品的购买的替代。当一种商品价格上升时，其他商品价格相对便宜了，消费者会多购买其他商品而少购买这种商品；当一种商品价格下降时，其他商品价格就相对昂贵了。消费者会增加这种商品的购买而减少其他商品的购买。由商品价格变动所引起的商品相对价格的变动，进而由商品相对价格的变动所引起的商品需求量的变动，称为替代效应。

### 2. 收入效应

在货币收入不变条件下，某种商品价格的变动会引起消费者实际收入呈相反方向变动，从而引起商品购买量的相反方向的变动。当一种商品价格上升时，消费者实际收入减少，一般商品购买量随之而减少；当一种商品价格下降时，消费者实际收入增加，一般商品购买量随之而增加。由商品的价格变动所引起的实际收入水平的变动，进而由实际收入水平的变动所引起的商品需求量的变动，称为收入效用。

一种商品价格变动所引起的该商品需求量的变动称为商品价格变化的总效应。总效应＝替代效应＋收入效应。

**二、正常商品的替代效应和收入效应**

需求收入弹性大于零的商品称为正常商品，其需求量与实际收入呈同方向变化。

正常商品降价后，从收入效应看，消费者实际收入增加后会增加对该商品的购买；从替代效应看，商品降价后相对价格较为便宜诱使消费者增加该种商品的购买。因此，正常商品的替代效应与收入效应均使需求量与价格反方向变动，使需求曲线向右下方倾斜。

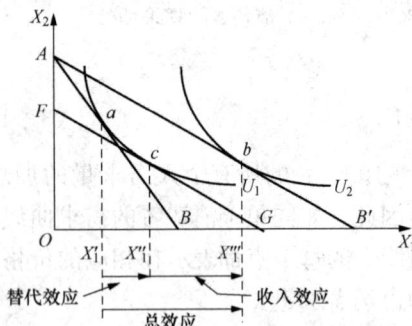

图 3 - 10　正常物品的替代效应和收入效应

如图 3 - 10 所示，$X_1$ 商品降价后预算线从 $AB$ 围绕 $A$ 点向右上旋转至 $AB'$，消费者最佳商品组合点从 $a$ 点移动到 $b$ 点，全部效用水平由 $U_1$ 增加到 $U_2$，$X_1$ 的购买数量从 $X_1'$ 增加到 $X_1'''$，这就是 $X_1$ 商品降价后的总效应。其可以被分解为替代效应和收入效应。

如何确定替代效应和收入效应的作用程度呢？须通过作一条平行于新的预算线并切于原有的无差异曲线的补偿（充）性预算线来区分。

当价格变动引起消费者实际收入发生变动时，补偿性预算线是用来表示以假设的货币收入的增减来维持消费者实际收入水平不变的一种分析工具。具体地说：在商品价格下降引起实际收入提高时，假设可取走一部分货币收入，以使消费者的实际收入维持原有的效用水平。图中 $FG$ 曲线即为补偿性预算线。

当商品 $X_1$ 的价格下降时，替代效应作用使需求量的增加量为 $X_1'X_1''$，收入效用作用是需求量的增加量 $X_1''X_1'''$。商品 1 的需求量的增加量为 $X_1'X_1'''$，这便是商品 1 的价格下降所引起的总效应。在这里，$P_1$ 下降时，替代效应所引起的需求量的增加量 $X_1'X_1''$ 是一个正值，即符号为正，也就是说，正常商品的替代效应引起商品需求量与价格呈反方向变化。收入效应所引起的需求量的增加量 $X_1''X_1'''$ 也是一个正值，表明当 $P_1$ 下降使得消费者的实际收入水平提高时，消费者必定会增加对正常商品 1 的购买。也就是说，正常商品的收入效应引起商品需求量与价格呈反方向的变动。图3-10表示了正常物品价格下降时的替代效应和收入效应。

可见，对于正常商品来说，替代效应与价格呈反方向的变动，收入效应也与价格呈反方向的变动，在它们的共同作用下，总效应必定与价格成反方向的变动。正因为如此，正常物品的需求曲线是向右下方倾斜的。

### 三、低档商品的替代效应和收入效应

低档商品是指需求收入弹性小于零的商品。其需求量与实际收入呈反方向变化。

一般低档商品替代效应的作用使需求量与价格呈反方向变动，收入效应的作用使需求量与价格呈同方向变动，但替代效应的作用大于收入效应的作用，总效用的结果仍使需求量与价格呈反方向变动。

以图3-11为例分析低档商品价格下降时的替代效应和收入效应。

对于一般低档品，当价格下降，替代效应的作用是增加需求量，收入效应的作用是减少需求量（价格下降使实际收入增加，需求量反而减少）。图中商品1的价格 $P_1$ 变化前的消费者的效用最大化的均衡点为 $a$ 点，$P_1$ 下降以后的消费者的均衡点为 $b$ 点，因此，价格下降所引起的商品1的需求量的增加量为 $X_1'X_1''$，这便是总效应。运用与上一节相同的方法，即通过作与预算线 $AB'$ 平行且与无差异曲线 $U_1$ 相切的补偿预算线 $FG$，便可将总效应分解成替

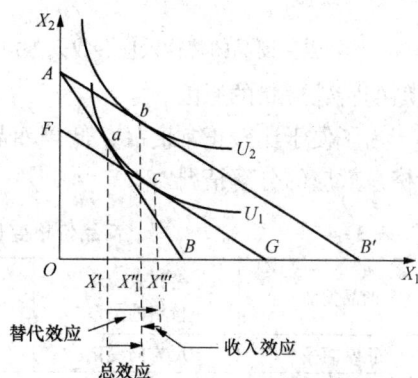

图3-11 低档物品的替代效应和收入效应

代效应和收入效应。具体地看，$P_1$ 下降引起的商品相对价格的变化，使消费者由均衡点 $a$ 运动到均衡点 $c$，相应的需求量增加量为 $X_1'X_1'''$，这就是替代效应，它是一个正值。而 $P_1$ 下降引起的消费者的实际收入水平的变动，使消费者由均衡点 $c$ 运动到均衡点 $b$，需求量由 $X_1'''$ 减少到 $X_1''$，这就是收入效应。收入效应 $X_1'''X_1''$ 是一个负值，其原因在于：价格 $P_1$ 下降所引起的消费者的实际收入水平提高，会使消费者减少对低档商品1的需求量。由于收入效应是一个负值，所以，图中的 $b$ 点必定落在 $a$、$c$ 两点之间。

图中的商品1的价格 $P_1$ 下降所引起的商品1的需求量的变化的总效应为 $X_1'X_1''$，它是正的替代效应 $X_1'X_1'''$ 和负的收入效应 $X_1'''X_1''$ 之和。由于替代效应 $X_1'X_1'''$ 的绝对值大于收入效应 $X_1'''X_1''$ 的绝对值，或者说，由于替代效应的作用大于收入效应，所以，总效应 $X_1'X_1''$ 是一个正值。

综上所述，对于低档商品来说，替代效应与价格呈反方向的变动，收入效应与价格呈同方向的变动，而且，在大多数场合，收入效应的作用小于替代效应的作用。所以，总效应与价格呈反方向变动，相应的需求曲线是向右下方倾斜的。

### 四、吉芬商品的替代效应和收入效应

吉芬商品是一种特殊的低档物品，其替代效应的作用使需求量与价格呈反方向变动，收入效用的作用使需求量与价格同方向变动，但吉芬商品收入效应的作用大于替代效应的作用，从而总效用的作用使需求量与价格同方向变动，即价格下降时，需求量也下降，决定需求曲线向右上方倾斜。

下面用图3-12来分析吉芬物品的替代效应和收入效应。图中商品1是吉芬商品。商品1的价格 $P_1$ 下降前后的消费者的效用最大化的均衡点分别为 $a$ 点和 $b$ 点，相应的商品1的

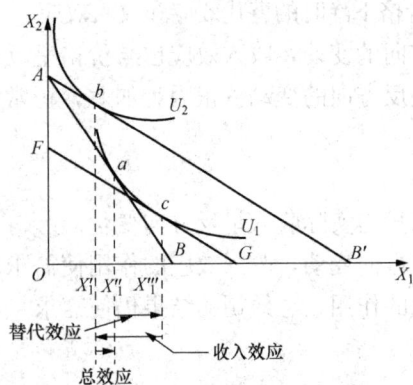

图 3-12　吉芬商品的替代效应和收入效应

需求量的减少量为 $X_1''X_1'$，这就是总效应。通过补偿预算线 $FG$ 可得：$X_1''X_1'''$ 为替代效应，它是一个正值。$X_1'''X_1'$ 是收入效应，它是一个负值，而且，负的收入效应 $X_1'''X_1'$ 的绝对值大于正的替代效应 $X_1''X_1'''$ 的绝对值，所以，最后形成的总效应 $X_1''X_1'$ 为负值。在图中，$a$ 点必定落在 $b$、$c$ 两点之间。

作为低档商品，吉芬商品的替代效应与价格呈反方向的变动，收入效应则与价格呈同方向的变动。吉芬物品的特殊性就在于：收入效应的作用很大，超过了替代效应的作用，从而使总效应与价格成同方向的变动。这也就是吉芬商品的需求曲线呈现出向右上方倾斜的特殊形状的原因。

为了便于比较正常商品、低档商品、吉芬商品的异同，在表 3-4 中列举了这 3 种商品价格总效应的分解情况。

表 3-4　　　　　　　　　　商品价格变化所引起的替代效应和收入效应

| 商品类别 | 替代效应与价格的关系 | 收入效应与价格的关系 | 总效应与价格的关系 | 需求曲线的形状 |
|---|---|---|---|---|
| 正常商品 | 反方向变化 | 反方向变化 | 反方向变化 | 向右下方倾斜 |
| 低档商品 | 反方向变化 | 同方向变化 | 反方向变化 | 向右下方倾斜 |
| 吉芬商品 | 反方向变化 | 同方向变化 | 同方向变化 | 向右上方倾斜 |

## 本章思考题

1. 钻石用处极小而价格昂贵，生命必不可少的水却非常便宜，请用边际效用的概念加以解释。

2. 商品的边际替代率为什么是递减的？

3. 在产品价格下降时，如何区别替代效应和收入效应？

4. 根据基数效用推导消费者个人需求曲线。

5. 某人每月收入 120 元可花费在 X 和 Y 两种商品上，他的效用函数为 $U=XY$，$P_X=2$ 元，$P_Y=4$ 元。要求：

（1）为获得最大效用，他会购买几单位 X 和 Y？

（2）货币的边际效用和总效用为多少？

（3）假如 X 的价格提高 $44\%$，Y 的价格不变，为使他保持原有的效用水平，收入必须增加多少？

6. 设某人的效用函数为 $U=2X+2Y+XY+8$，预算约束 $5X+10Y=50$，求：

（1）X、Y 的均衡值；

（2）货币的边际效用；

（3）最大效用。

# 第四章 生 产 理 论

## 第一节 生 产 函 数

### 一、生产函数的概念

西方经济学中所谓的"生产"是指一切能够创造或增加效用的人类活动，生产活动包括物质资料的生产，也包括劳务等无形产品的生产。而生产过程则是从生产要素的投入到产品产出的过程。从物资技术角度分析，生产过程可分为两方面：一是投入，即生产过程中使用的各种要素，包括劳动、土地、资本和企业家才能这4种类型；二是产出，即生产出来的各种产品的数量。其中劳动指人类在生产过程中提供的体力和智力的总和；土地不仅指土地本身，还包括地上和地下的一切自然资源，如森林、江河湖泊、海洋和矿藏等；资本可以表现为实物形态或货币形态，资本的实物形态又称为资本品和投资品，如厂房、机器设备等，资本的货币形态通常称之为货币资本；企业家才能指企业家组织建立和经营企业的才能。

生产函数表示在一定时期内，在技术水平不变的情况下，生产中所用的各种生产要素的数量与所能生产的最大产量之间的关系。假定用 $Q$ 表示所能生产的最大可能产量，用 $X_1$，$X_2$，$\cdots$，$X_n$ 表示某产品生产过程中各种生产要素的投入量，则生产函数可用如下一般表达式表示

$$Q = f(X_1, X_2, X_3, \cdots, X_n) \tag{4-1}$$

该生产函数表示在既定的生产技术条件下，生产要素组合（$X_1$，$X_2$，$\cdots$，$X_n$）在某一时期所能生产的最大可能产量为 $Q$。

在经济学中，为了分析方便，常假定只使用劳动和资本两种生产要素，如果用 $L$ 表示劳动投入量，用 $K$ 表示资本投入量，则生产函数可用下式表示

$$Q = f(L, K) \tag{4-2}$$

研究生产函数一般都以特定的时期和既定生产技术水平作为前提条件，当这些因素发生变动时，相同的要素投入量可能生产出不同的产量，从而形成新的生产函数。

生产函数所反映的要素投入量与产出量之间的依存关系具有普遍性，但不同厂商的生产函数的具体形式却有很大的不同，估算和研究生产函数对经济理论研究和生产实践都具有重要意义。

### 二、一些常见的生产函数

#### 1. 固定比例生产函数

指在每一产量水平上任何要素投入量之间的比例都是固定的生产函数。假定只用 $L$ 和 $K$，则固定比例生产函数的通常形式为

$$Q = \min(L/U, K/V) \tag{4-3}$$

式中：$U$ 为固定的劳动生产系数（单位产量配备的劳动数）；$V$ 为固定的资本生产系数（单位产量配备的资本数）。

在固定比例生产函数下，产量取决于较小比值的那一要素。这时，产量的增加，必须有

$L$、$K$ 按规定比例同时增加，若其中之一数量不变，单独增加另一要素量，则产量不变。既然都满足最小比例，也就有

$$Q = L/U = K/V \qquad (4-4)$$

变形得

$$K/L = V/U \qquad (4-5)$$

例如，要挖几个洞，并且挖成一个洞的唯一方法是一个人使用一把铁锨。多余的铁锨无济于事，多余的人也毫无价值。因此，能够挖成的洞的数量就是人数和铁锨数中较小的那个值。这种等产量线形状如图 4-1 所示，它与消费者理论中的完全互补品的无差异曲线非常相似。

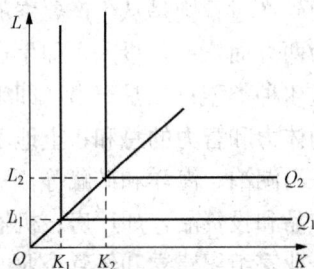

图 4-1　固定投入比例的生产函数　　　　图 4-2　固定替代比例的生产函数

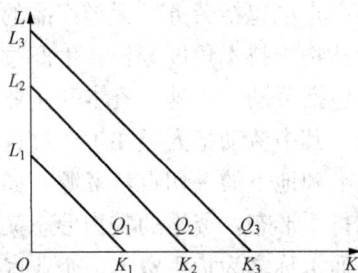

2. 固定替代比例生产函数

固定替代比例的生产函数表示在每一产量水平上任何两种生产要素之间的替代比例是固定的。假定生产过程中只使用劳动与资本两种要素，则固定比例的生产函数形式通常为

$$Q = aL + bK \qquad (4-6)$$

式中：$Q$ 为产量；$L$ 和 $K$ 分别表示劳动和资本的投入量；常数 $a$、$b > 0$ 且分别表示投入单位劳动和资本所增加的产量。例如，耕地可以采取两种方式，一种是人工翻地，一种是用拖拉机进行耕地。如果每人每天耕地 1 亩，拖拉机每天能耕 100 亩，则人工与拖拉机的替代比例为 1∶100，这说明人工与拖拉机这两种要素之间的替代比例是固定的。如图 4-2 所示，这种等产量线形状为直线，与消费者理论中的完全替代品的无差异曲线非常相似。

3. 柯布—道格拉斯生产函数

柯布—道格拉斯生产函数，又称 C—D 生产函数，是由美国数学家柯布和经济学家道格拉斯于 1982 年根据历史统计资料提出的。该生产函数的一般形式是

$$Q = AL^{\alpha}K^{\beta} \qquad (4-7)$$

式中：$Q$ 代表产量；$L$ 和 $K$ 分别代表劳动和资本的投入量；$A$ 为规模参数，$A > 0$；$\alpha$（$0 < \alpha < 1$）为劳动产出弹性，表示劳动每增加 1% 所引起的产量变动的百分比；$\beta$（$0 < \beta < 1$）为资本产出弹性，表示劳动每增加 1% 所引起的产量变动的百分比。当 $\alpha + \beta = 1$ 时，$\alpha$、$\beta$ 分别表示劳动贡献和资本贡献在总产量中所占的份额。

柯布和道格拉斯通过对美国 1899—1922 年之间劳动、资本和产量的有关统计资料的估算，得出这一时期生产函数的具体形式为

$$Q = 1.01L^{\frac{3}{4}}K^{\frac{1}{4}} = 1.01 \sqrt[4]{L^3} \sqrt[4]{K} \qquad (4-8)$$

这一生产函数表示：在资本投入量固定不变时，劳动投入量单独增加 1%，产量将增加

1％的 3/4，即 0.75％；当劳动投入量固定不变时，资本投入量增加 1％，产量将增加 1％的 1/4，即 0.25％。这就是说，该时期劳动和资本对总量的贡献比例为 3∶1。

## 第二节 短 期 生 产 理 论

生产函数给定了厂商为了达到某个产量可采取的各种生产要素投入的组合。但是，有时候并不是所有的组合都可供厂商自由选择。例如，某服装厂订单突然激增，需要在下个月将产量增加一倍，此时厂商多半只能采用多雇佣工人、加班加点的方法，因为下一个月内增建厂房，并增加一倍的机器是不太现实的，而且厂商也不知道这种订单增加是长期现象还是暂时现象。因此，西方经济学中区分厂商的短期生产决策和长期生产决策，即长期生产理论和短期生产理论。

所谓短期是指至少有一种生产要素的数量是固定不变的时期；而长期则是指全部生产要素的数量都可以变动的时期。短期中根据要素的可变性，将全部生产要素投入分为固定投入和可变投入。固定投入是指在一定时期内，其数量不随产量的变动而变动的要素，如机器设备、厂房等。可变投入是指在一定时期内，其数量随产量的变动而变化的要素，如劳动、原材料、易耗品等。长期中全部生产要素都可以变动，因为厂商可以根据需求状况和企业的经营状况，扩大或缩小企业的生产规模，乃至进入或退出一个行业。长期中不存在固定投入和变动投入的区别。

需要注意的是，西方经济学所说的短期和长期并不是一段规定的时期（如 1 年、10年），而是以能否变动全部生产要素投入的数量作为划分标准的，其时间长短视具体情况而定。例如，要想改变钢铁厂的炼钢设备数量可能需要两年或更长的时间；而增加一家饮食店，并对其进行全新装修则只需几个月。

本节介绍短期生产理论，下节介绍长期生产理论。

### 一、短期生产函数的表达式

微观经济学中常以一种可变要素的生产函数考察短期生产理论。若假设仅使用劳动与资本两种要素，并设资本要素不变，劳动要素可变，则有函数

$$Q = f(L, \overline{K}) \tag{4-9}$$

该函数研究的是在既定生产规模下厂商的投入与产出之间的关系，反映企业的日常生产决策。只是这里产出量仅仅同一种可变投入要素存在依存关系，其他要素并不改变。

### 二、产量的有关概念：总产量、平均产量和边际产量

1. 总产量（Total Product）

总产量（TPL）是在资本投入既定的条件下，与一定可变生产要素劳动的投入量相对应的最大产量总和，公式为

$$\text{TP}_L = f(L, \overline{K}) \tag{4-10}$$

2. 平均产量（Average Product）

平均产量（记为 $\text{AP}_L$）是指平均每个单位可变生产要素劳动所能生产的产量，公式为

$$\text{AP}_L = \frac{\text{TP}_L}{L} = \frac{f(L, \overline{K})}{L} \tag{4-11}$$

3. 边际产量（Marginal Product）

边际产量（$\text{MP}_L$）是指每增加一单位可变要素劳动的投入量所引起的总产量的变动量，

公式为

$$MP_L = \frac{\Delta TP_L}{\Delta L} \qquad (4-12)$$

或

$$MP_L = \lim_{\Delta L \to 0} \frac{\Delta TP_L}{\Delta L} = \frac{df(L, \overline{K})}{dL} \qquad (4-13)$$

### 三、总产量曲线、平均产量曲线和边际产量曲线之间的关系

根据总产量、平均产量及边际产量的定义及公式，编制一张相应的表如表 4-1，并画图 4-3。图中横坐标表示可变要素劳动的投入数量 $L$，纵坐标表示产量 $Q$，$TP_L$、$AP_L$ 和 $MP_L$ 三条曲线分别表示总产量曲线、平均产量曲线和边际产量曲线，这三条曲线都是先上升，达到最高点时，再下降。

表 4-1 　　　　　　　　　　　　　　　总产量、平均产量和边际产量

| 资本投入量（$K$） | 劳动投入量（$L$） | 总产量（$TP_L$） | 平均产量（$AP_L$） | 边际产量（$MP_L$） |
|---|---|---|---|---|
| 20 | 0 | 0 | — | — |
| 20 | 1 | 6.0 | 6.00 | 6.0 |
| 20 | 2 | 13.5 | 6.75 | 7.5 |
| 20 | 3 | 21.0 | 7.00 | 7.5 |
| 20 | 4 | 28.0 | 7.00 | 7.0 |
| 20 | 5 | 34.0 | 6.80 | 6.0 |
| 20 | 6 | 38.0 | 6.30 | 4.0 |
| 20 | 7 | 38.0 | 5.40 | 0.0 |
| 20 | 8 | 37.0 | 4.60 | −1.0 |

（1）总产量和边际产量之间的关系。从定义来看，$MP_L = \frac{dTP_L}{dL}$，可知边际产量是总产量的一阶导数，是总产量曲线上点的切线斜率。两条产量曲线的形状恰好反映了这种关系。从图 4-3 来看，当劳动投入量从 0 增加到 $L_2$ 时，$MP_L$ 为正值且曲线呈上升趋势，$TP_L$ 曲线以递增的斜率上升；同理，当劳动量从 $L_2$ 增加到 $L_4$ 时，$MP_L$ 为正值但曲线下降，$TP_L$ 曲线以递减的斜率上升；当劳动投入量恰好为 $L_4$ 时，$MP_L = 0$，即相应的 $TP_L$ 曲线切线斜率为零，$TP_L$ 曲线达到最大值。当劳动投入量为 $L_2$ 时，$MP_L$ 曲线达到顶点，对应的 $TP_L$ 曲线上的 $B$ 点是切线斜率递增和递减的拐点。当劳动投入量超过 $L_4$ 时，$MP_L$ 为负值，所以 $TP_L$ 曲线开始下降。

此外，根据总产量和边际产量之间的关系，在已知 $TP_L$ 曲线的情况下就可从中推出 $MP_L$ 曲线，因为 $TP_L$ 曲线任何一点的切线的斜率就是相应的 $MP_L$ 值。如图，当劳动投入量为 $L_1$ 时，过 $TP_L$ 曲线上 $A$ 点的切线的斜率，就是相应的 $MP_L$ 值，它等于 $A'L_1$

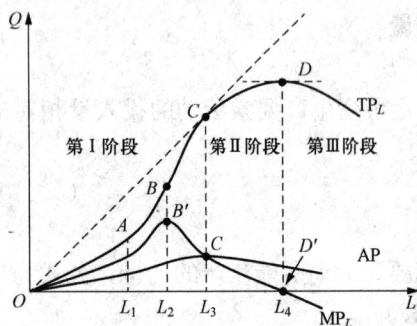

图 4-3　一种可变生产要素的生产函数的产量曲线

的高度。

（2）平均产量和总产量之间的关系。由定义：$AP_L = \dfrac{TP_L}{L}$可知，任一劳动投入量的平均产量都可以用与该要素投入量对应的总产量曲线上点与原点之间连线的斜率表示。图中，当劳动投入量为$L_1$时，连结$TP_L$曲线上$A$点和坐标原点的线段$OA$的斜率为$\dfrac{AL_1}{OL_1}$，$\dfrac{AL_1}{OL_1}$就是相应的$AP_L$值，它等于$A''L_1$的高度。

（3）边际产量和平均产量之间的关系。从图4-3中可以看出，当劳动投入量小于$L_3$时，$MP_L > AP_L$，$AP_L$曲线上升；当劳动投入量大于$L_3$时，$MP_L < AP_L$，$AP_L$曲线下降；当劳动投入量等于$L_3$时，$MP_L = AP_L$，且此时$AP_L$达到最大值。这是因为就任何一对边际产量和平均产量而言，只要边际产量大于平均产量，就会把平均产量拉上；反之，则边际产量把平均产量拉下。而当$MP_L$与$AP_L$相交时，$AP_L$必达到最大值。此时，$OC$即是$TP_L$曲线上$C$点的切线，也是$C$点与原点的连线，其斜率即是$C$点所对应的劳动投入量$L_3$的$MP_L$值，也是$AP_L$值。由于$AP_L$是最大值，所以$OC$是从原点出发的最陡的切线。

**四、边际报酬递减规律**

TP、AP、MP为什么会存在上述变动规律？西方经济学认为这是由于边际报酬递减规律起作用的结果。

所谓边际报酬递减规律是指在技术水平和其他要素投入量不变的条件下，连续地增加一种可变生产要素的投入量，当这种可变生产要素的投入量小于某一特定数值时，增加该要素的投入量所带来的边际产量是递增的；当这种可变要素投入量连续增加并超过这一特定值时，增加该要素投入所带来的边际产量是递减的。

边际报酬递减规律是短期生产的一条基本规律，是消费者选择理论中边际效用递减法则在生产理论中的应用或转化形态。例如，对于给定粮食面积，在其他投入不变的前提下，如果开始投入的劳动很少，则持续增加劳动的投入量，所带来的粮食产量的增量即边际产量是越来越大的，当劳动投入增加到一定程度，边际产量越来越小，甚至为0或负值，这也说明了现实中不能单靠增加劳动来提高粮食产量这一现象。

边际报酬递减规律成立的原因在于，在任何产品的生产过程中，可变生产要素与不变生产要素之间在数量上都存在一个最佳配合比例。开始时由于可变生产要素投入量小于最佳配合比例所需要的数量，随着可变生产要素投入量的逐渐增加，可变生产要素和不变生产要素的配合比例越来越接近最佳配合比例，所以可变生产要素的边际产量是呈递增的趋势。当达到最佳配合比例后，再增加可变要素的投入，可变生产要素的边际产量就是呈递减趋势。

关于边际报酬递减规律，有以下几点需要注意：第一，边际报酬递减规律是一个经验性的总结，但现实生活中的绝大多数生产函数似乎都符合这个规律；第二，这一规律的前提之一是假定技术水平不变，故它不能预示技术情况发生变化时，增加一单位可变生产要素对产出的影响；第三，这一规律的另一前提是至少有一种生产要素的数量是维持不变的，所以这个规律不适用于所有生产要素同时变动的情况，即不适用于长期生产函数；第四，改变各种生产要素的配合比例是完全可能的，即可变技术系数。

**五、生产3个阶段的划分及生产要素合理投入区域的确定**

根据总产量、平均产量、边际产量的变化情况，可以把短期生产划分为3个阶段：Ⅰ、

Ⅱ、Ⅲ，如图 4 - 3 所示。

第Ⅰ阶段（$O-L_3$ 阶段）：在这一阶段中，劳动的边际产量始终大于劳动的平均产量，从而劳动的平均产量和总产量都在上升，且劳动的平均产量达到最大值。说明在这一阶段，可变生产要素相对于不变生产要素投入量显得过小，不变生产要素的使用效率不高，因此生产者增加可变生产要素的投入量就可以增加总产量。因此，生产者将增加生产要素投入量，把生产扩大到第Ⅱ阶段。

第Ⅱ阶段（$L_3-L_4$ 阶段）：劳动的边际产量小于劳动的平均产量，从而使平均产量递减。但由于边际产量仍大于零，所以总产量仍然连续增加，但以递减的变化率增加。在这一阶段的起点 $L_3$，$AP_L$ 达到最大，在终点 $L_4$，$TP_L$ 达到最大。

第Ⅲ阶段（$L_4$ 之后）：在这一阶段，平均产量继续下降，边际产量变为负值，总产量开始下降。这说明，在这一阶段，生产出现冗余，可变生产要素的投入量相对于不变生产要素来说已经太多，生产者减少可变生产要素的投入量是有利的。因此，理性的生产者将减少可变生产要素的投入量，把生产退回到第Ⅱ阶段。

由此可见，合理的生产阶段在第Ⅱ阶段，理性的厂商将选择在这一阶段进行生产。至于选择在第Ⅱ阶段的哪一点生产，要看生产要素的价格和厂商的收益。

## 第三节　长 期 生 产 理 论

本节介绍长期生产理论，以两种可变生产要素的生产函数为例来讨论长期中生产要素的投入量与产量之间的相互关系。

### 一、长期生产函数的表达式

长期生产中，所有的生产要素都是可变的，在生产理论中，为了分析方便，通常以两种可变要素的生产函数来研究长期生产问题。假定生产者用劳动和资本两种可变要素来生产一种产品，则生产函数的形式为

$$Q = f(L,K) \tag{4 - 14}$$

式中：$L$ 表示可变要素劳动的投入量；$K$ 表示可变要素资本的投入量；$Q$ 表示产量。长期生产函数表示，在长期内，技术水平不变的条件下，两种可变要素投入量的组合与能生产的最大产量之间的依存关系。

在两种可变投入要素生产函数下，如何使要素投入量达到最优组合，以使生产一定产量下的成本最小，或使用一定成本时的产量最大，西方经济学运用了无差异分析、等成本分析的方法，即等产量线与等成本线的分析。

### 二、等产量曲线

生产理论中的等产量曲线与效用理论中的无差异曲线是很相似的。

1. 等产量曲线的含义

等产量曲线是在技术水平不变的条件下，生产同一产量的两种生产要素投入的所有不同组合点的轨迹。与等产量曲线相对应的生产函数是

$$Q = f(L,K) = Q^0 \tag{4 - 15}$$

式中：$Q^0$ 为常数，表示既定的产量水平，这一函数是一个两种可变要素的生产函数。

图 4 - 4 中三条等产量曲线，它们分别表示产量为 100、200、300 单位。以代表 100 单

位产量的等产量曲线为例，即可以使用 $A$ 点的要素组合（$OL_1$，$OK_1$）生产，也可以使用 $B$ 点的要素组合（$OL_2$，$OK_2$）或 $C$ 点的要素组合（$OL_3$，$OK_3$）生产。这是连续性生产函数的等产量线，它表示两种投入要素的比例可以任意变动，产量是一个连续函数，这是等产量曲线的基本类型。

2. 等产量曲线的特点

第一，距原点越远的等产量曲线表示的产量水平越高；反之，则低。如图 4-4 所示，越高的无差异曲线代表的产量越大。

第二，同一平面坐标上的任何两条等产量曲线不会相交。

第三，等产量曲线凸向原点。这就是说，等产量曲线不仅向右下方倾斜，即等产量曲线的斜率为负值，而且等产量曲线是以凸向原点的形状向右下方倾斜的，即等产量曲线的斜率绝对值是递减的。等产量曲线之所以会具有这样的特征，这取决于要素的边际技术替代率递减规律。

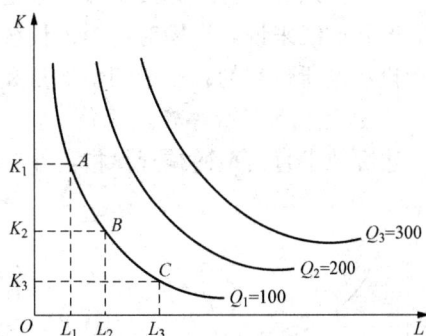

图 4-4　等产量曲线

### 三、边际技术替代率

1. 边际技术替代率的含义

长期生产的主要特征是不同比例的要素组合可以生产同一产量水平，即在维持同一产量水平时，要素之间可以相互代替。边际技术替代率是研究要素之间替代关系的一个重要概念，它是指在维持产量水平不变的条件下，增加一单位某种生产要素投入量时所减少的另一种生产要素的投入数量。以 $\mathrm{MRTS}_{LK}$ 表示劳动对资本的边际技术替代率，则

$$\mathrm{MRTS}_{LK} = -\frac{\Delta K}{\Delta L} \tag{4-16}$$

式中：$\Delta K$ 和 $\Delta L$ 分别表示资本投入量的变化量和劳动投入量的变化量，式中加负号是为了使 $\mathrm{MRTS}_{LK}$ 为正值，以便于比较。

如果要素投入量的变化量为无穷小时，上式变为

$$\mathrm{MRTS}_{LK} = \lim_{\Delta L \to 0} -\frac{\Delta K}{\Delta L} = -\frac{\mathrm{d}K}{\mathrm{d}L} \tag{4-17}$$

上式说明等产量曲线上某一点的边际技术替代率就是等产量曲线点的切线斜率的绝对值。

2. 边际技术替代率与边际产量的关系

边际技术替代率（绝对值）等于两种要素的边际产量之比。设生产函数 $Q=f(L，K)$，则有

$$\mathrm{d}Q = \frac{\mathrm{d}Q}{\mathrm{d}L} \cdot \mathrm{d}L + \frac{\mathrm{d}Q}{\mathrm{d}K} \cdot \mathrm{d}K = \mathrm{MP}_L \cdot \mathrm{d}L + \mathrm{MP}_K \cdot \mathrm{d}K \tag{4-18}$$

由于同一条等产量线上产量相等，即 $\mathrm{d}Q=0$，则上式变为

$$\mathrm{MP}_L \cdot \mathrm{d}L + \mathrm{MP}_K \cdot \mathrm{d}K = 0 \tag{4-19}$$

即

$$-\frac{dK}{dL} = \frac{MP_L}{MP_K} \qquad\qquad (4-20)$$

由边际技术替代率公式可知

$$MRTS_{LK} = -\frac{dK}{dL} = \frac{MP_L}{MP_K} \qquad\qquad (4-21)$$

上述关系是因为边际技术替代率是建立在等产量曲线的基础上，所以对于任意一条给定的等产量曲线来说，当用劳动投入代替资本投入时，在维持产量水平不变的前提下，由增加劳动投入量所带来的总产量的增加量和由减少资本量所带来的总产量的减少量必然相等。

3. 边际技术替代率递减规律

边际技术替代率递减规律指：在维持产量不变的前提下，当一种生产要素的投入量不断增加时，每一单位的这种生产要素所能代替的另一种生产要素的数量是递减的。以图 4-5 为例，当要素组合沿着等产量曲线由 $a$ 点按顺序移动到 $b$、$c$ 和 $d$ 点的过程中，劳动投入量由 $L_1$ 增加到 $L_2$、$L_3$ 和 $L_4$，并且 $L_2-L_1=L_3-L_2=L_4-L_3$，相应的资本投入量由 $K_1$ 减少到 $K_2$、$K_3$、$K_4$，并且相应的减少量 $K_1K_2 > K_2K_3 > K_3K_4$，这恰好说明了边际技术替代率是递减的。

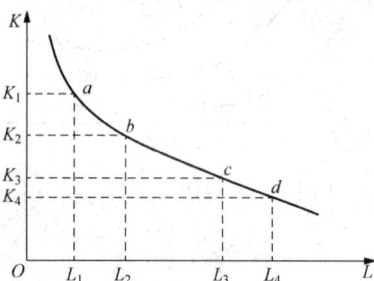

图 4-5　边际技术替代率递减

边际技术替代率递减规律是根源于生产要素的边际报酬递减规律。根据等产量线向右下方倾斜特征可知，要保持产量不变，在增加劳动投入的同时必须减少资本投入。这会导致：其一，劳动边际产量降低。当资本量不变时，随着劳动投入量的增加，则劳动的边际产量有递减趋势；而且，当资本量也下降时，劳动的边际产量会下降得更多。其二，资本的边际产量提高。当劳动不变时，随着资本投入量的减少，则资本的边际产量增加；而且，当劳动投入也增加时，资本的边际产量会增加得更多。再由边际技术替代率的定义及公式可得，在维持产量不变的情况下，随着劳动投入的增多，劳动的边际产量会越来越小，随着资本的减少，资本的边际产量会越来越大，增加单位劳动所要减少的资本的数量必然会越来越小，这就说明边际技术替代率是递减的。

**四、等成本线**

1. 等成本线的含义

长期生产分析中企业的成本用等成本线来表示。等成本线也称为企业的预算线，是在企业成本和生产要素价格既定的条件下，生产者可以购买到的两种生产要素的各种不同数量组合的轨迹。假定企业既定的成本支出为 $C$，要素市场上劳动的价格用工资率 $w$ 表示，资本的价格用利息率 $r$ 表示，则成本方程为

$$C = w \cdot L + r \cdot K \qquad\qquad (4-22)$$

这一方程可表示为

$$K = -\frac{w}{r}L + \frac{C}{r} \qquad\qquad (4-23)$$

根据（4-23）可得到等成本线，如图 4-6 所示。

图 4-6 中等成本线的截距 $\frac{C}{r}$ 表示全部成本支出用于购买资本时所能购买的最大资本数

量，等成本线在横轴上的截距 $\frac{C}{w}$ 表示全部成本支出用于购买劳动

时所能购买的最大劳动数量，等成本线的斜率为 $-\frac{w}{r}$，其大小取

决于劳动和资本两要素相对价格的高低。

图 4-6 中，在等成本线以内的区域，其中的任意一点（如 $A$ 点）表示既定的总成本没有用完；等成本线以外的区域，其中的任意一点（如 $B$ 点）表示既定的成本不够购买该点的劳动和资本的数量组合；等成本线上的任意一点表示既定的全部成本刚好能购买的劳动和资本的数量组合。

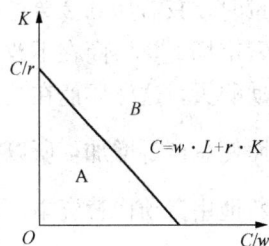

图 4-6 等成本线

2. 等成本线的移动

如果出现下面两种情况，等成本线会发生移动。

第一，某投入的要素价格发生变化。比如，当资本价格不变，而劳动价格发生变化时，会使等成本线左右旋转。具体分为 4 种情况：①$L$ 变化而 $K$ 不变化；②$K$ 变化而 $L$ 不变化；③$L$、$K$ 等比例变化；④$L$、$K$ 不等比例变化。

第二，总成本（生产者的投资）发生变化。如果两种生产要素的价格不变，等成本线可因总成本（生产者的投资）的增加或减少而平行移动，而等成本线的斜率不会发生变化。在同一平面上，距离原点越远的等成本线代表成本水平越高。如果厂商的成本与要素的价格同时发生变动，则等成本的变化要依这两种变化情况的不同而具体分析。

**五、生产要素的最优组合**

在长期生产中，任何一个理性的生产者都会选择最优的生产要素组合进行生产，从而实现利润的最大化。所谓生产要素的最优组合是指在既定的成本条件下的最大产量或既定产量条件下的最小成本。生产要素的最优组合也称为生产者的均衡。下面分两种情况来分析。

1. 既定成本下最大产量的要素最佳组合

假定厂商的既定成本为 $C$，劳动的价格为 $w$，资本的价格为 $r$，把等成本线和等产量线画在同一个平面坐标系中，如图 4-7 所示。从图 4-7 可以确定厂商在既定成本下实现最大产量的最优要素组合，即生产的均衡点。

因为成本既定，所以图 4-7 中只有一条等成本线，但可供厂商选择的产量水平有很多，图中画出了 3 个产量水平 $Q_1$、$Q_2$、$Q_3$。先看等产量线 $Q_3$，图中等产量线 $Q_3$ 代表的产量水平最高，但处于等产量线以外的区域，表明厂商在既定成本条件下，不能购买到生产 $Q_3$ 产量所需的要素组合，因此 $Q_3$ 代表厂商在既定成本下无法实现的产量。

再看产量水平 $Q_1$，等产量线 $Q_1$ 与等成本线交于 $a$、$b$ 两点，在 $a$ 点由于等产量线的斜率的绝对值大于等成本线的斜率的绝对值，即 $\mathrm{MRTS}_{LK} > \frac{w}{r}$，假定 $\mathrm{MRTS}_{LK} = -\frac{\mathrm{d}K}{\mathrm{d}L} = \frac{5}{1}$，$\frac{w}{r} = \frac{1}{1}$。从不等式的左边看，在生产过程中，厂商放弃一单位的资本投

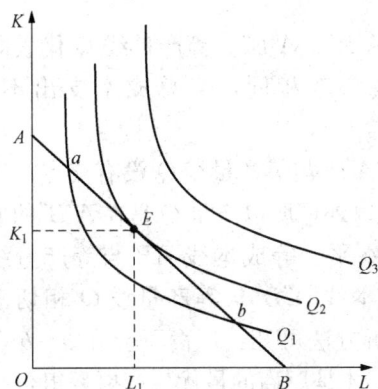

图 4-7 既定成本下产量最大的要素组合

入量时，只需加 0.2 单位的劳动投入量，就可以维持产量不变；从不等式的右边看，在生产要素市场上，厂商在不改变成本总支出的情况下，减少一单位的资本购买可以增加一单位的劳动购买，这样厂商在减少一单位资本投入量情况下，可以因为多得到 0.8 单位的劳动投入量而使总产量增加，所以只要 $\text{MRTS}_{LK} > \dfrac{w}{r}$，厂商就会在不改变总成本支出的情况下，通过不断地用劳动代替资本而使总产量增加。同样道理，可以分析 $b$ 点的厂商的行为，在 $b$ 点时，由于等产量线的斜率的绝对值大于等成本线的斜率的绝对值，即，$\text{MRTS}_{LK} < \dfrac{w}{r}$，同样假定 $\text{MRTS}_{LK} = -\dfrac{\mathrm{d}K}{\mathrm{d}L} = \dfrac{1}{5}$，$\dfrac{w}{r} = \dfrac{1}{1}$，则此时厂商的生产过程，厂商在减少一单位的劳动投入量只需增加 0.2 单位的资本投入量，就可以维持原有的产量水平；而要素市场上减少一单位劳动的购买量可多购买一单位的资本，因此厂商在减少一单位劳动投入量的情况下，就可因为多得到 0.8 单位的资本投入量而使总产量增加，所以，只要 $\text{MRTS}_{LK} < \dfrac{w}{r}$，厂商就会在不断改变总支出的条件下，不断地用资本代替劳动，而使总产量增加。因此，厂商不会在 $a$、$b$ 两点达到均衡。

最后看等产量线 $Q_2$。等产量线 $Q_2$ 与等成本曲线相切于点 $E$ 点，则此时等成本线斜率的绝对值与等产量线斜率的绝对值相等。即 $\text{MRTS}_{LK} = \dfrac{w}{r}$，此时无论厂商减少劳动投入量或减少资本投入量，在维持产量不变的情况下，都不可能多得到另一种生产要素的投入量，因此也不能使总产量增加，所以此时厂商不再变动生产要素组合，实现了生产者均衡，也达到了生产要素的最优组合。

所以达到生产要素最优组合的条件是：$\text{MRTS}_{LK} = \dfrac{w}{r}$。它表示：为了实现既定条件下的最大产量，厂商必须选择最优的生产要素组合，使得两要素的边际技术替代率等于两要素的价格之比。

2. 既定产量下最小成本的要素最佳组合

假设厂商的既定产量为 $Q$，劳动的价格为 $w$，资本的价格为 $r$，把等成本线和等产量线画在同一个平面坐标系中，则可用图 4-8 来分析既定产量下的最优生产要素组合，即生产的均衡点。

图 4-8 中有一条等产量线 $Q$，三条等成本线 $AB$、$A'B'$、$A''B''$。等产量线 $Q$ 代表既定的产量，三条等成本线斜率相同，但总成本支出不同：$C_{AB} > C_{A'B'} > C_{A''B''}$。

图 4-8 中等成本线 $A''B''$ 与等产量线 $Q$ 没有交点，等产量线 $Q$ 在等成本线 $A''B''$ 以外，所以产量 $Q$ 是在 $A''B''$ 的成本水平下无法实现的产量水平。等成本线 $AB$ 与等产量线 $Q$ 有两个交点 $a$、$b$，等成本线 $A''B''$ 与等产量线 $Q$ 相切于 $E$ 点，按照上述相同的分析方法可知：厂商不会在 $a$、$b$ 点达到均衡，只有在切点 $E$，才是厂商的最优生产要素组合。

因此厂商最优生产要素组合的约束条件是：$\text{MRTS}_{LK} =$

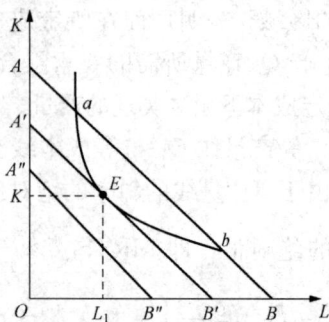

图 4-8　既定产量下成本最小要素组

$\frac{w}{r}$。该式表示厂商应该选择最优的生产要素组合，使得两要素的边际技术替代率等于两要素的价格之比，从而实现成本既定条件下产量最大，或产量既定条件下成本最小。

由约束条件可得

$$\text{MRTS}_{LK} = \frac{\text{MP}_L}{\text{MP}_K} = \frac{w}{r} \tag{4-24}$$

或

$$\frac{\text{MP}_L}{w} = \frac{\text{MP}_K}{r} \tag{4-25}$$

上式表明，厂商选择最优生产要素组合时，应使花在每一要素上的最后一单位的成本获得的边际产量相等。该原则与厂商在既定成本条件下实现最大产量的两要素的最优组合原则是相同的。

### 本章思考题

1. 比较消费者行为理论与生产者行为理论。

2. 假定某企业的短期成本函数是 $TC(Q)=Q^3-10Q^2+17Q+66$。

(1) 指出该短期成本函数中的可变成本部分和不变成本部分。

(2) 写出下列相应的函数：$TVC(Q)$、$AC(Q)$、$AVC(Q)$、$AFC(Q)$ 和 $MC(Q)$。

3. 已知某厂商的生产函数为 $Q=L^{\frac{3}{8}}K^{\frac{5}{8}}$，又 $P_L=3$ 元，$P_K=5$ 元。求：

(1) 产量 $Q=10$ 时的最低成本支出和使用的 $L$ 与 $K$ 的数量；

(2) 产量 $Q=25$ 时的最低成本支出和使用的 $L$ 与 $K$ 的数量；

(3) 总成本为 160 元时厂商均衡的 $Q,L$ 与 $K$ 的值。

4. 一个企业主在考虑再雇用一个工人时，在劳动的边际产量和平均产量中他更关注哪一个？

5. TP、AP、MP 之间有何关系？

6. 试举例说明边际收益递减规律？

# 第五章 成 本 理 论

## 第一节 成本的基本概念

企业的会计成本通常被看作是企业对所购买的生产要素的货币支出。但是，经济学中的成本概念与会计学中的成本概念是不一样的，经济学中的成本概念比会计学中的成本概念更宽泛。

### 一、机会成本

机会成本是指当经济资源有多种用途时，把资源投入到某一特定用途以后，在所放弃的其他用途中，可能给选择者带来的最大收益。利用机会成本进行经济分析有几个前提条件：首先，经济资源是稀缺的，不稀缺的资源不需要选择，也就没有机会成本；其次，经济资源应具有多种用途，如果该种经济资源只具有一种用途，只能运用到某个特定的领域、行业，也就不存在选择问题，也没有机会成本了；最后，经济资源可以自由流动，如果资源不能进行自由流动，那么它就只能存在于某个固定的领域，也不会存在选择问题，也没有机会成本。详见第一章第二节。

我们做出任何决策时都要使收益大于或至少等于机会成本，如果机会成本大于收益，则这项决策从经济学的观点来看就是不合理的。

### 二、显成本和隐成本

企业生产经营活动中实际发生的成本包括两个部分：显成本和隐成本。

显成本是指厂商在生产要素市场上购买或租用所需要的生产要素的实际支出，这些支出是在会计账目上作为成本项目记入账上的各项费用支出（另一种解释：企业需要实际向外支付的成本）。它是一般会计学上的成本概念，它包括厂商支付所雇用的管理人员和工人的工资、所借贷资金的利息、租借土地、厂房的租金及用于购买原材料或机器设备、工具和支付交通能源费用等支出的总额，即厂商对投入要素的全部货币支付。从机会成本角度讲，这笔支出的总价格必须等于相同的生产要素用作其他用途时所能得到的最大收入，否则企业就不能购买或租用这些生产要素并保持对它们的使用权。

隐成本是对厂商自己拥有的且被用于该企业生产过程的那些生产要素所应支付的费用（另一种解释：企业不需要实际向外支付的成本）。这些费用并没有在企业的会计账目上反映出来，所以称为隐成本。例如，厂商将自有的房屋建筑作为厂房，在会计账目上并无租金支出，不属于显成本。但西方经济认为既然租用他人的房屋需要支付租金，那么当使用厂商自有房屋时，也应支付这笔租金，所不同的是这时厂商是向自己支付租金。从机会成本的角度看，隐成本必须按照企业自有生产要素在其他最佳用途中所能得到的收入来支付，否则，厂商就会把自有生产要素转移到其他用途上，以获得更多的报酬。

显成本和隐成本之间的区别强调了经济学家与会计师分析企业生产经营活动之间的不同，经济学家关心的是研究企业如何做出产量和价格的决策，而这些决策是根据显成本和隐成本做出的，经济学家衡量企业成本时就包括了这两种成本，而会计师只关心企业流入和流出的货币，他们只衡量显成本（会计成本），而往往忽视隐成本。

经济学中的成本概念与会计学成本概念之间的关系，可以用下列公式表示：

会计成本＝显成本＝直接成本＋间接成本

生产成本＝机会成本＝隐成本＋显成本

从经济学的角度来看，某一企业从事一项经济活动不仅要能够弥补显成本，而且还要能够弥补隐成本。

### 三、私人成本与社会成本

社会成本是从整个社会整体来看待的成本，社会成本也是一种机会成本，即把社会的资源用于某一种用途就放弃了该资源最有利可图的其他机会。

私人成本是个人活动由他本人承担的成本。私人经济活动往往对社会造成影响，从而产生社会成本。

本书所讨论的厂商的成本是从私人成本的角度讨论的，所使用的成本的概念是指机会成本，即包括显成本与隐成本两个方面。

### 四、经济利润与会计利润

经济学中的利润概念是指经济利润，等于总收入减去总成本的差额。而总成本既包括显成本也包括隐成本。因此，经济学中的利润概念与会计利润不一样。

从前面的介绍已经知道，隐成本是指稀缺资源投入任一种用途中所能得到的正常的收入，如果在某种用途上使用经济资源所得的收入还抵不上这种资源正常的收入，该厂商就会将这部分资源转向其他用途以获得更高的报酬。因此，西方经济学中隐成本又被称为正常利润。将会计利润再减去隐成本，就是经济学中的利润概念，即经济利润。企业所追求的利润就是最大的经济利润。可见正常利润相当于中等的或平均的利润，它是生产某种产品所必须付出的代价，因为如果生产某种产品连正常或平均的利润都得不到，资源就会转移到其他用途中去，该产品就不可能被生产出来。而经济利润相当于超额利润，亦即总收益超过机会成本的部分。

经济利润可以为正、负或零。在西方经济学中经济利润对资源配置和重新配置具有重要意义。如果某一行业存在着正的经济利润，这意味着该行业内企业的总收益超过了机会成本，生产资源的所有者将要把资源从其他行业转入这个行业中。因为他们在该行业中可能获得的收益，超过该资源的其他用途。反之，如果一个行业的经济利润为负，生产资源将要从该行业退出。经济利润是资源配置和重新配置的信号。正的经济利润是资源进入某一行业的信号；负的经济利润是资源从某一行业撤出的信号；只有经济利润为零时，企业才没有进入某一行业或从中退出的动机。

上述利润与成本之间的关系可用下列公式表示：

会计利润＝总收益－显成本

经济利润＝总收益－机会成本＝总收益－（显成本＋隐成本）

## 第二节 短 期 成 本 理 论

### 一、成本函数

生产过程中投入生产要素的成本和产品的产出量之间的关系，可以用成本函数来表示。

成本函数是指在技术水平和要素价格不变的条件下，生产中的投入成本与产出量之间的相互关系，成本函数是以产量作为自变量的函数：$C=f(Q)$。可以由厂商的短期生产函数推导出相应的短期成本函数，下面我们来进行具体的分析与推导。

短期生产函数 $Q=f(L, \overline{K})$，它表示在资本投入量 $K$ 固定不变的条件下，劳动投入量 $L$ 和产出量 $Q$ 之间存在着相互依存的对应关系，厂商可以通过对劳动数量的改变来调整产出量，反过来，厂商也可以根据产出量来相应地确定劳动的投入量，$Q$ 是 $L$ 的函数，根据反函数的定义，我们也可以说，$L$ 可以是 $Q$ 的函数，$L=L(Q)$。

短期总成本是指短期内生产一定产品所需要的成本总和。短期投入分为固定投入和可变投入，相应地成本也分为固定成本与可变成本，如果用 $w$ 表示劳动的价格，用 $r$ 表示资本的价格，那么总成本就等于劳动价格乘以劳动数量加上资本价格乘以资本数量，即 $STC=w \cdot L (Q) +r \cdot K$，由于在短期中资本数量不随着产量的变动而变动，$r \cdot K$ 应为一常数，所以，短期成本函数可以写为

$$STC(Q) = \varphi(Q) + b \tag{5-1}$$

**二、成本函数分类以及成本曲线基本形状**

在短期内，厂商的成本可以分为 3 类 7 种成本，相应地成本曲线也会有 7 条。

**（一）总成本**

1. 总固定成本（Fixed Cost）

是指那些短期内无法改变的固定投入所带来的成本，这部分成本不随产量的变化而变化。一般包括厂房和资本设备的折旧费、地租、利息、财产税、广告费、保险费等项目支出。即使在企业停产的情况下，也必须支付这些费用。当产量为 0 时，也须付出相同数量，产量增加这部分支出仍不变，TFC=$b$。

2. 总可变成本（Variable Cost）

是指短期内可以改变的可变投入的成本，它随产量的变化而变化，如原材料、燃料、动力支出、雇用工人的工资等。当产量为零时，可变成本也为零，产量越多，可变成本也越多，TVC=$\varphi(Q)$。

3. 总成本（Total Cost）

是指厂商在短期内为生产一定数量的产品对全部生产要素所支付的成本，它是总固定成本和总可变成本之和，即 TC=TFC+TVC。

4. 三种成本曲线形状

总固定成本、总可变成本、总成本曲线形状及相互关系可以用图 5-1 说明，图中横轴代表自变量产量 $Q$，纵坐标代表因变量成本 $C$。总固定成本 TFC 与产量 $Q$ 无关，所以总固定成本曲线是一条平行于横轴的水平线。总可变成本 TVC 随着产量的变化而变化，产量为 0 时可变成本为 0，产量增加可变成本增加，所以总可变成本曲线是一条从原点出发，向右上方倾斜的曲线，先以递减的速度上升，再以递增的速度上升。总成本是固定成本与可变成本之和，并且由于固定成本是一常数，所以总成本曲线的变动规律与可变成本的变动规律相似，都是先以递减的速度上升，再以递增的速度上升。不同的是 TVC 的起点是

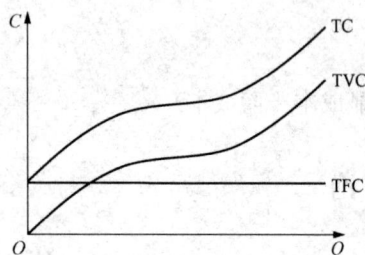

图 5-1　TC、TFC、TVC 曲线

原点，而 TC 的起点是 TFC 与纵坐标的交点在任一产量水平的 TC 与 TVC 之间的垂直距离都相等，都是等于 TFC。

（二）平均成本

1. 平均不变成本（Average Fixed Cost）

是指厂商短期内平均生产每一单位产品所消耗的固定成本，在固定成本不变的情况下，随着产量的增加，分摊到每一产量上的固定成本是减少的，平均固定成本是越来越小的。平均固定成本用公式表示为 $AFC(Q) = \dfrac{TFC}{Q}$。

2. 平均可变成本（Average Variable Cost）

是指厂商短期内生产平均每一单位产品所消耗的总变动成本。在生产的初期，平均可变成本随着产量的增加而不断下降，当产量增加到一定量时，平均可变成本达到最小，而后随着产量的继续增加平均可变成本开始增加。平均可变成本用公式表示为 $AVC(Q) = \dfrac{TVC}{Q}$。

3. 平均总成本（Average Total Cost）

是指厂商短期内平均生产每一单位产品所消耗的全部成本，它由平均固定成本和平均变动成本构成。在生产的初期，随着产量的增加，平均总成本不断下降，产量增加到一定量时，平均总成本达到最小，而后随着产量的继续增加，平均总成本开始增加。平均总成本用公式表示为 $ATC(Q) = \dfrac{TC}{Q} = \dfrac{TFC}{Q} + \dfrac{TVC}{Q} = AFC + AVC$。

4. 三种成本曲线形状

平均固定成本、平均可变成本、平均成本曲线形状及相互关系可以用图 5-2 说明，图中横轴代表自变量产量 $Q$，纵坐标代表因变量成本 $C$。平均固定成本 AFC 曲线是一条向右下方倾斜的曲线，随产量的增加平均固定成本一直呈下降趋势。由 $AFC = \dfrac{TFC}{Q}$，可知随 $Q$ 增加，平均固定成本递减，但 AFC 曲线不会与横坐标相交，这是因为短期中总固定成本不会为零。平均可变成本 AVC 曲线是一条呈现 U 形形状的曲线，随着产量的增加，平均可变成本减少，减少到一定程度

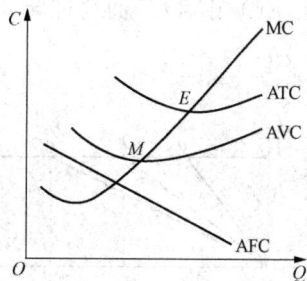

图 5-2　AFC、SAVC、
SAC、MC 曲线

后，达到平均可变成本曲线的最低点，而后随着产量的进一步增加，平均可变成本开始上升。平均成本 AC 曲线也是一条呈现 U 形形状的曲线，随着产量的增加，曲线先下降再上升。这里 ATC 与 AVC 的变动规律相同，但两点不同须特别注意：第一，ATC 一定在 AVC 的上方，两者差别在于垂直距离永远 AFC。当 Q 无穷大是，ATC 与 AVC 无限接近，但永不重合，不相交。第二，ATC 与 AVC 最低点不在同一个产量上，而是 ATC 最低点对应的产量较大。即 AVC 已经达到最低点并开始上升时，ATC 仍在继续下降，原因在于 AFC 是不断下降的，只要 AVC 上升的数量小于 AFC 下降的数量，ATC 就仍在下降。

（三）边际成本

边际成本（Marginal Cost）是指厂商在短期内增加一单位产量所引起的总成本的增加。在生产的初期，随着产量的增加，边际成本不断下降，产量增加到一定量时，边际成本达到

最小，而后随着产量的继续增加，边际成本开始增加。边际成本用公式表示为 $MC=\dfrac{\Delta TC}{\Delta Q}$，

当 $\Delta Q \to 0$ 时，$MC=\lim\limits_{\Delta Q \to 0}\dfrac{\Delta TC}{\Delta Q}=\dfrac{dTC}{dQ}$。

　　边际成本曲线也可在图 5-2 中得到说明，边际成本曲线也是一条呈现 U 形形状的曲线，随着产量的增加，边际成本迅速下降，很快降至最低点，而后迅速上升，上升的速度快于 AVC、ATC。由于 TC＝TFC＋TVC，而 TFC 始终不变，因此 MC 的变动与 TFC 无关，MC 实际上等于增加单位产量所增加的可变成本。即 $MC=\dfrac{dTC}{dQ}=\dfrac{dVC}{dQ}$。

　　以上 4 个成本曲线及它们之间的关系如图 5-2 所示。ATC、AVC、MC 曲线都是"U"形曲线。ATC 曲线在 AVC 曲线的上方，它们之间的距离相当于 AFC，而且 MC 曲线与 AVC 曲线、ATC 曲线相交于它们的最低点，即 $M$、$E$ 点。最后指出，从以上各种短期成本的定义可知，由一定产量水平上的总成本出发，可以求得相应的平均成本和边际成本。

**三、总成本曲线推导平均成本曲线和边际成本曲线**

　　以上，我们讨论了 7 种成本和 7 条成本曲线及其基本特征。现在，我们根据以上各种成本的定义，由总成本（TC、TFC、TVC）出发，用几何方法推导出相应的平均成本（AC、AFC、AVC）和边际成本（MC），并从几何推导过程中，分析不同类型的短期成本曲线之间的相互关系。

　　（一）由总成本曲线推导平均成本曲线

　　（1）由 TFC 曲线推导 AFC 曲线，可由图 5-3 说明。由于 AFC($Q$)＝TFC/$Q$，所以，TFC 曲线上任意一点与原点的连线的斜率，都是该产量上的 AFC 值。在图 5-3（a）中，当产量水平是 $Q_1$ 时，平均固定成本为 $Oa$ 的斜率，即 $AFC_1=TFC/Q_1$，可以在图 5-3（b）中找到相应的 $a'$ 一点；当产量水平是 $Q_2$ 时，$AFC_2=TFC/Q_2$，可以在图 5-3（b）中找到相应的 $b'$ 一点；当产量水平是 $Q_3$ 时，$AFC_3=TFC/Q_3$，可以在图 5-3（b）中找到相应的 $c'$ 一点；随着产量的增加，平均不变成本 AFC 是不断下降的，在图 5-3（b）中的 AFC 曲线是一条向右下方倾斜的曲线。

　　（2）由 TVC 曲线推导 AVC 曲线，可由图 5-4 说明。因为 AVC($Q$)＝TVC/$Q$，所以，连接 TVC 曲线上任何一点与原点的线段的斜率就是该产量上相应的 AVC 值。在图 5-4（a）中连接 $a$、$b$、$c$ 三点与原点，得到了三条直线 $Oa$、$Ob$、$Oc$，这三条曲线的斜率值就是产量水平为 $Q_1$、$Q_2$ 和 $Q_3$ 时相应的 AVC 的值。其中，在产量水平为 $Q_2$ 时，一条直线与 TVC 相切于 $b$ 点，并且，在所有的 TVC 曲线上的点与原点的连线中，这一条直线的斜率是最小的一条，这说明产量水平为 $Q_2$ 时 AVC 的值是最小的。在 TVC 曲线的 $b$ 点之前，随着产量的增加，TVC 曲线上的点与原点的连线斜率越来越小，相应的 AVC 会越来越小，到达 $b$ 点时达到最小，过了 $b$ 点以后，随着产量的增加，TVC 曲线上的点与原点的连线斜率又开始越来越大，相应地

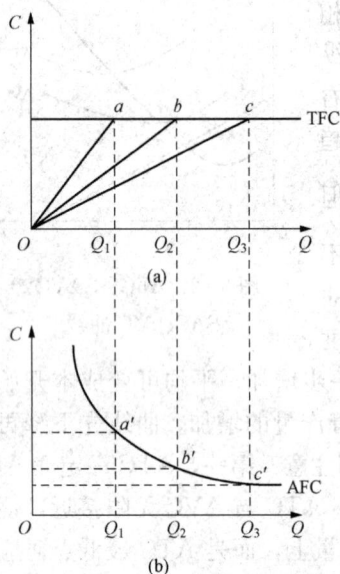

图 5-3　由 TFC 曲线推导 AFC 曲线

AVC 会越来越大。图 5 - 4（b）是根据图 5 - 4（a）绘制的 AVC 曲线，随着产量的增加，AVC 曲线呈现先下降后上升的 U 形，在产量为 $Q_2$，相应的 AVC 曲线的 $b'$ 点达到最小值。

（3）由 TC 曲线推导 AC 曲线，可由图 5 - 5 说明。因为 AC($Q$)＝TC/$Q$，所以，连接 TC 曲线上任何一点与原点的线段的斜率就是该产量上相应的 AC 值。这个推导过程与上面由 TVC 曲线推导 AVC 曲线的过程是类似的。在图 5 - 5（a）中，产量水平 $Q_1$、$Q_2$ 和 $Q_3$ 上的 AC 值分别为 $Oa$、$Ob$ 和 $Oc$ 的斜率值，其中在 $b$ 点的时候，$Ob$ 的斜率值是最小的，在 $b$ 点之前，随着产量的增加，斜率值是递减的，在 $b$ 点之后，随着产量的增加，斜率值是递增的。与此相对应的，在图 5 - 5（b）中，AC 曲线呈现先下降后上升的 U 形，在产量为 $Q_2$，相应的 AC 曲线的 $b'$ 点达到最小值。

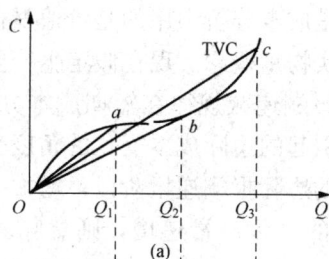

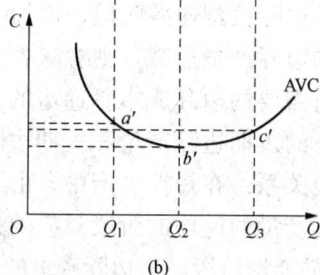

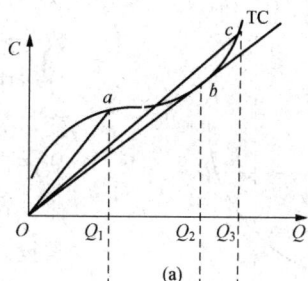

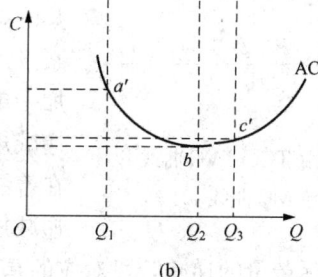

图 5 - 4 由 TVC 曲线推导 AVC 曲线　　　图 5 - 5 由 TC 曲线推导 AC 曲线

（二）由总成本曲线推导边际成本曲线

由 TC 曲线和 TVC 曲线推导 MC 曲线，可由图 5 - 6 说明。因为 MC($Q$)＝dTC/d$Q$＝dTVC/d$Q$，所以，任何产量水平上的 MC 值既可以由 TC 曲线又可以由 TVC 曲线上的相应的点的斜率给出。在图 5 - 6（a）中 TC 和 TVC 曲线的斜率先下降后上升，在图 5 - 6（b）中得到的 MC 曲线就是先下降后上升的 U 形，并且在产量为 $Q_2$ 时，图 5 - 6（a）中 TC 曲线的拐点 $a$ 点，与图 5 - 6（b）中 MC 曲线的最低点 $a'$ 是对应的。

**四、短期成本变动的决定因素——边际报酬递减规律**

边际报酬递减规律是指在技术水平和其他要素投入量不变的条件下，连续地增加一种可变生产要素的投入量，当这种可变生产要素的投入量小于某一特定数值时，增加该要素的投入量所带来的边际产量是递增的；当这种可变要素投入量连续增加并超过这一特定值时，增加该要素投入所带来的边际产量是递减的。

边际报酬递减规律是短期生产的一条基本规律，是消费者选择理论中边际效用递减法则在生产理论中的应用或转化形态。边际报酬递减规律成立的原因在于，在任何产品的生产过程中，可变生产要素与不变生产要素之间在数量上都存在一个最佳配合比例。开始时由于可变生产要素投入量小于最佳配合比例所需要的数量，随着可变生产要素投入量的逐渐增加，可变生产要素和不变生产要素的配合比例越来越接近最佳配合比例，所以可变生产要素的边际产量是呈递增的趋势。当达到最佳配合比例后，再增加可变要素的投入，可变生产要素的边际产量就是呈递减趋势。

边际报酬递减规律是短期生产中的一个基本规律，这一规律同样适用于短期成本分析。成本分析与生产函数分析不同的是成本分析中用的是价值量概念，而生产分析中用的是实物量概念。现在假定生产要素的价格不变，分析边际报酬递减规律在短期成本分析中的体现，从产量变化所引起的边际成本变化的角度来理解这一规律。在开始时的边际报酬递增阶段，增加一单位可变要素投入所产生的边际产量递增，则意味着可以反过来说，在这一阶段增加一单位产量所需要的边际成本是递减的。在以后的边际报酬递减阶段，增加一单位可变要素投入所产生的边际产量递减，则意味着在这一阶段增加一单位产量所需要的边际成本是递增的。在边际报酬递减规律作用下的短期边际产量和短期边际成本之间存在着一定的对应关系：在短期生产中，由于边际报酬呈递减规律，边际产量的递增的阶段对应的是边际成本的

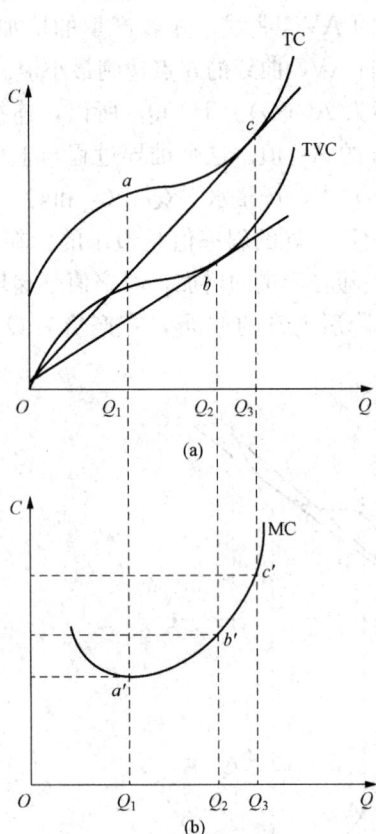

图 5-6 由 TC、TVC 曲线
推导 MC 曲线

递减阶段，边际产量的递减阶段对应的是边际成本的递增阶段，与边际产量的最大值相对应的是边际成本的最小值。正因为如此，这就决定了边际成本 MC 曲线呈 U 形特征，从而也决定了其他短期成本曲线的特征以及短期成本曲线之间的相互关系。具体如下。

第一，关于 MC 曲线的形状。短期生产开始时，由于边际报酬递增的作用，增加一单位可变投入所生产的边际产量是递增的；反过来，增加一单位产量所需的边际成本是递减的，当可变投入超过一定界限后，增加一单位可变投入所生产的边际产量是递减的，反过来，每增加一单位产量所需要的边际成本是递增的。因此，在边际报酬递减规律作用下，MC 曲线先递减后递增，最终形成一条 U 形的曲线。

第二，关于 TC 曲线和 TVC 曲线的形状。考虑到 TC 曲线和 TVC 曲线的形状完全相同，在此仅就 TC 曲线的形状进行分析。MC 曲线在边际报酬递减规律作用下先降后升，而 MC 又是 TC 曲线上相应点的斜率，因此 TC 曲线的斜率也是先递减后递增的，即 TC 曲线先以递减的速度增加，然后以递增的速度增加。MC 曲线的最低点则对应 TC 曲线上由递减向递增变化的拐点。这与图 5-1 中 TC 曲线的形状完全相符。

第三，关于 ATC、AVC 曲线的形状。根据边际量和平均量之间的关系，当边际量小于平均量时，边际量就向下带动平均量，使得平均量下降，当边际量大于平均量时，边际量就向上带动平均量，使得平均量上升，当边际量等于平均量时，平均量达到本身的极点值。随

可变投入数量的增加，MC 先减小，则相应的 ATC 也减小；随着可变投入数量的进一步增加，MC 开始增加，但小于 ATC 的数值，则 ATC 继续减少；当 MC 继续增加，且 MC 大于 ATC 时，ATC 也开始增加。因此，在边际报酬递减规律作用下，ATC 曲线也呈 U 形，但 ATC 曲线的最低点晚于 MC 曲线的最低点出现。这是因为 MC 曲线经过最低点开始上升时，由于 MC 小于 ATC，ATC 曲线仍在下降。同样的道理也适用于 AVC 曲线，但是 AVC 曲线的最低点比 ATC 曲线的最低点先出现，并且前者位置也低于后者。这是因为在平均总成本中不仅有平均可变成本还有平均不变成本，正是由于平均不变成本的作用，才使得 ATC 曲线与 AVC 曲线的最低点出现的快慢、位置的高低都不同。

**五、短期中产量函数与成本函数之间的对应关系**

前面我们已经知道了，短期生产中的边际报酬递减规律决定了短期产量曲线的特征，也决定了短期成本曲线的特征，下面我们将进一步分析短期生产条件下的生产函数与成本函数之间的对应关系。

假定短期生产函数为 $Q=f(L,\overline{K})$，短期成本函数为 $TC(Q)=TVC(Q)+TFC$，$TVC(Q)=w\cdot L(Q)$（劳动的价格 $w$ 是既定的）。

1. 边际产量与边际成本之间的关系

由 MC 的定义得

$$MC=\frac{dTC}{dQ}=\frac{d[w\cdot L(Q)+r\cdot\overline{k}]}{dQ}=w\cdot\frac{dL(Q)}{d(Q)}+0$$

又因为

$$MP_L=\frac{dQ}{dL(Q)}$$

所以

$$MC=w\cdot\frac{1}{MP_L}$$

由上式可以得到以下两点结论。

第一，MC 与 $MP_L$ 成反比关系，二者的变动方向相反。由于 $MP_L$ 曲线先上升，然后下降，所以 MC 曲线先下降，然后上升；且 MC 曲线的最低点对应 $MP_L$ 曲线的最高点，如图 5-7（a）与图 5-7（b）所示。

第二，从上式中可看出，生产函数与成本函数存在对偶关系，可以由生产函数推导出成本函数。结合 MP 与 MC 的关系可知：当 $TP_L$ 曲线以递增的速度上升时，TC 曲线和 TVC 曲线以递减的速度上升；当 $TP_L$ 曲线以递减的速度上升时，TC 曲线和 TVC 曲线以递增的速度上升；$TP_L$ 曲线上的拐点对应 TC 曲线和 TVC 曲线上的拐点，如图 5-7（c）与图 5-7（d）所示。

2. 平均产量与平均可变成本之间的关系

由 AVC 的定义得

$$AVC=\frac{TVC}{Q}=\frac{w\cdot L(Q)}{Q}=w\cdot\frac{1}{\frac{Q}{L(Q)}}$$

即：

$$AVC=w\cdot\frac{1}{AP_L}$$

由上式可以得到以下两点结论。

第一，$AP_L$ 与 AVC 成反比。当 $AP_L$ 递减时，AVC 递增；当 $AP_L$ 递增时，AVC 递减；

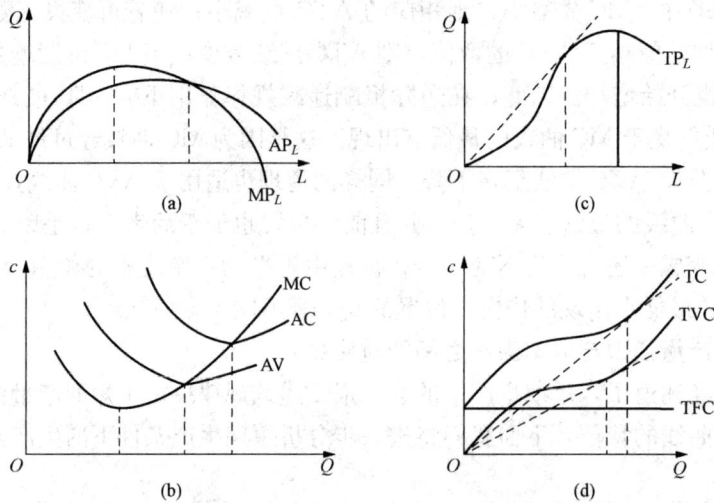

图 5 - 7 短期生产函数与短期成本函数之间的对应关系

当 $AP_L$ 达到最大值时，AVC 达到最小值，$AP_L$ 曲线的最高点对应 AVC 曲线的最低点，如图 5 - 7（a）与图 5 - 7（b）所示。

第二，MC 曲线与 AVC 曲线相交于 AVC 的最低点。由于产量曲线中 $MP_L$ 曲线与 $AP_L$ 曲线在 $AP_L$ 曲线的最高点相交，所以 MC 曲线在 AVC 曲线的最低点与其相交。

## 第三节  成本与收益的均衡

任何厂商进行生产的目的都是为了实现利润最大化，要达到这一目的，除了对厂商的成本进行分析外，还要对厂商的收益进行分析。

**一、厂商的收益**

厂商的收益就是厂商销售产品所得的全部收入。厂商的收益可以分为总收益、平均收益和边际收益。

1. 总收益

总收益是指厂商按一定价格出售一定量产品时所获得的全部收入，即价格与销售量的乘积，以 $P$ 表示商品的市场价格，以 $Q$ 表示销售量，则有

$$TR(Q) = P \times Q \tag{5 - 2}$$

2. 平均收益

平均收益指厂商出售一定数量商品，每单位商品所得到的收入，也是平均每单位商品的卖价。它等于总收益与销售量之比，也等于商品的单位价格，即

$$AR(Q) = \frac{TR(Q)}{Q} = \frac{P \times Q}{Q} = P \tag{5 - 3}$$

3. 边际收益

边际收益指厂商增加一单位产品销售所获得的收入增量，即

$$MR = \frac{\Delta TR}{\Delta Q} \tag{5 - 4}$$

在这三类收益函数中，出现了两个影响因素，一个是销售量，一个价格，在这两个因素中，如果销售量变化，则收益一定是变化的，而价格在不同的市场条件下，可能变化也可能不变化，所以对于这三类收益的分析，可以分为两种情况进行讨论，一种是价格不变条件下的厂商收益，一种是价格可变条件下的厂商收益。

**二、价格不变条件下的各种收益曲线**

价格不变的市场条件是指对于某一行业中的单个厂商而言，无论销售多少产品，都按照既定的同一价格进行销售。在此条件下，总收益就等于既定的价格乘以销售量，所以能影响总收益的就只有销售量了，销售量增加，总收益增加；平均收益就等于既定的市场价格，销售量的变化不影响平均收益；边际收益也等于既定的市场价格，因为价格不变，每增加一单位的销售量，增加的收益就等于一件产品的价格。

如果把销售量作为横轴，价格作为纵轴的坐标上，可以分别做出总收益、平均收益、边际收益曲线。如图 5-18 所示，总收益曲线就是一条从原点出发向右上方倾斜的曲线，总收益随着销售量的增加而增加；平均收益曲线与边际收益曲线都是平行于横轴的一条曲线，表示不管销售量为多少，平均收益与边际收益都等于既定的市场价格。

**三、成本与收益的均衡分析**

市场经济中，厂商的行为是追求利润的最大化。现实中的一般做法是将总收益与总成本进行比较，实现两者之间的差额最大化，即利润最大化。我们可以通过比较边际收益与边际成本之间的大小来找到这个利润最大化的点，也即实现成本与收益之间的均衡。

1. 图形分析

下面以价格不变的市场条件为例，结合图 5-8，分析厂商如何实现利润最大化。

（1）当 MR>SMC 时，产量点在 $Q^*$ 的左边，表明厂商增加一单位产品的生产所增加的收益大于这一单位产品的生产所增加的成本，此时对该厂商来说，增加生产是有利的，也就是说没有达到利润最大化，厂商必然要增加产量。随着产量的增加，边际成本最终是增加的，而边际收益是不变的，产量一直会增加到 $Q^*$，实现该产量下的 MR=SMC。

（2）当 MR<SMC 时，表明厂商增加生产一单位产品所增加的收益小于生产这一单位产品所增加的成本，此时对该厂商来说，厂商增加生产就会造成亏损，因此厂商必然要减少产量。随着产量的减少，边际成本必然是减少的，而边际收益是不变的，产量一直会减少到 $Q^*$，实现该产量下的 MR=SMC。

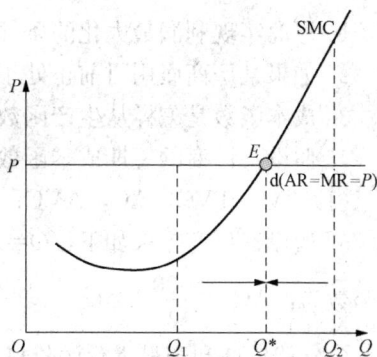

图 5-8　单个厂商成本与收益的均衡图

（3）当 MR=SMC 时，表明厂商既不会增加产量也不会减少产量。任何厂商只要边际产量不等于边际收益，都要调整其产量，所以在厂商的短期生产中，MR=SMC 是厂商实现利润最大化的均衡条件。

2. 数学证明

利润等于总收益减总成本，即

$$\pi(Q)=R(Q)-C(Q) \tag{5-5}$$

式中：$\pi$ 为利润；$R$ 为总收益；$C$ 为总成本。由于收益与成本都是产量的函数，即 $R=$

$R(Q)$，$C=C(Q)$，所以利润也是产量的函数，即 $\pi=\pi(Q)$。就 $\pi(Q)=R(Q)-C(Q)$ 式的利润函数对产出求一阶导数，并令该导数值等于 0，可以得到利润最大化的必要条件。由 $\dfrac{d\pi}{dQ}=\dfrac{dR}{dQ}-\dfrac{dC}{dQ}=0$ 得到 MR＝MC。

其中 MR＝$dR/dQ$，为某产量点的边际收益；MC＝$dC/dQ$，为某产量点的边际成本，即厂商达到利润最大化的必要条件是生产推进到边际成本等于边际收益的产量点。

3. 对于成本与收益均衡必要条件 MR＝MC 的理解

在 MR＝MC 的均衡点上，厂商可能是盈余的，也可能是亏损的。如果是盈利的，这时的利润就是相对最大利润；如果是亏损的，这时的亏损就是相对最小亏损。不管是盈还是亏，在 MR＝MC 点上，厂商都处在收益曲线和成本曲线所能产生的最好的结果之中。

4. 成本与收益均衡的充分条件

由图 5-8 可以看出，当产量达到 $Q^*$ 时，厂商获得最大化利润，该点满足利润最大化的必要条件，在该产量点，总成本曲线切线的斜率（$dC/dQ$）等于总收益曲线切线的斜率（$dR/dQ$），也即是 MR＝MC。但是仅仅满足利润最大化的必要条件并不能保证厂商获得最大化利润。所以除了给出利润最大化的必要条件外，我们还要给出利润最大化的充分条件，即在某产量点上利润最大化的二阶条件：$\dfrac{d^2\pi(Q)}{dQ^2}=\mathrm{MR}'(Q)-\mathrm{MC}'(Q)<0$，即有：$\mathrm{MR}'(Q)<\mathrm{MC}'(Q)$。

## 本章思考题

1. 厂商实现利润最大化的条件是什么？

2. 如果某厂商雇用目前正处于失业的工人，试问在使用中劳动的机会成本是否为零？

3. 成本函数是怎样从生产函数求得的？

4. 假设某厂商的短期成本函数 $MC=3Q^2-12Q+10$，当 $Q=5$ 时，总成本 TC＝55，求解：（1）TC，TVC，AC，AVC；（2）当企业的边际产量最大时，企业的平均成本为多少？

5. 假设某厂商需求如下：$Q=5000-50P$。其中，$Q$ 为产量，$P$ 为价格。厂商的平均成本函数为：$AC=\dfrac{6000}{Q}+20$。

（1）使厂商利润最大化的价格与产量是多少？最大化的利润是多少？

（2）如果政府对单位产品征收 10 元税收，新的价格与产量是多少？新的利润是多少？

6. 厂商的短期成本函数是如何得到的？其中平均成本和边际成本与可变要素的平均产量和边际产量有何联系？

# 第六章 市场理论

## 第一节 市场与市场结构

### 一、市场与行业

市场的形成必须具备的基本条件是：①存在可供交换的商品；②存在着提供商品的卖方且具有购买欲望和购买能力的买方；③具备买卖双方都能接受的交易价格，行为规范及其他条件。什么是市场？一般意义上的市场是指商品交换的场所。在经济学中市场的含义要广得多，是某种商品需求的总和，它可以是买主、卖主力量的集合，也可以是商品流通的领域，是交换关系的总和。

所有参与交易的物品可以分为两大类，即产品与生产要素，因此经济学中的市场可以分为产品市场与要素市场。产品市场是指商品与劳务买卖的市场，要素市场是指各种生产要素买卖的市场。本书只讨论产品市场。

任何一种商品都有一个市场，有多少种商品，就有多少个市场。譬如这种市场可以是汽车市场、电视机市场、谷物市场等。为同一个商品市场生产和提供同一类产品的所有厂商的总体即是一个行业，行业与市场是紧密联系的，同一种商品的市场类型与行业类型是一致的，竞争的市场对应的是竞争的行业，垄断的市场对应的是垄断的行业。

### 二、市场结构

市场结构是指某一经济市场的组织特征，而最重要的组织特征，是那些影响竞争性质及市场价格确定的因素。根据市场竞争程度的强弱将市场划分为完全竞争市场、完全垄断市场、垄断竞争市场、寡头垄断市场4种类型。决定市场竞争程度的具体因素有4个：第一，卖者和买者的集中程度或数目，卖者和买者的数目越多，集中程度越低，竞争程度就越高；第二，不同卖者之间各自提供的产品的差别程度，各厂商提供的产品愈是相似，可以预料，竞争就愈激烈；第三，单个厂商对市场价格控制的程度，单个厂商若无法控制价格，表明市场竞争愈激烈；第四，厂商进入或退出一个行业的难易程度，显然，厂商进出容易的市场，是竞争充分的市场，如果存在进入市场的障碍，意味着原有厂商拥有了一些新加入者不具备的有利条件。

## 第二节 完全竞争市场

### 一、完全竞争厂商的特点

#### （一）完全竞争市场的特点

完全竞争市场又称为纯粹竞争市场，是指市场交易双方都不具有竞争优势，即只有竞争没有垄断的一种市场结构。完全竞争市场的特点主要有以下4个。

第一，市场上有许多的卖者和买者。作为众多参与市场经济活动的经济单位的个别厂商或个别消费者，单个厂商的销售量和单个消费者购买量都只占很小的市场份额，其销售量或购买量对整个市场来说是微乎其微的。这样，无论卖方还是买方都无法影响商品的市场价格。所以在这种情况下，每一个卖者和买者都是市场价格的被动接受者。

第二，市场上所有的厂商出售的产品是没有差别的。这里的产品无差别不仅指商品之间的质量、性能等相同，还包括在销售条件、装潢等方面是无差别的。对于厂商来说，因为产品是相同的，即没有任何一家厂商拥有市场优势，所以对于买者来说哪一个厂商生产的产品并不重要，同时也不会为得到某一厂商的产品而必须支付更高的价格。显然，结合第一个特点，在交换者众多的市场上，若某卖者提高价格，买者可以从别的厂商购买商品和劳务；同样，如果某买者降低价格，厂商可以拒绝出售给买者而不怕商品卖不出去。

第三，厂商可以完全自由地进入或退出该行业。各种生产要素可以随时从一个厂商转移到另一个厂商，或从一个地区转移到另一个地区。这也就是说每个厂商都可以根据自己的意愿自由地向获利的行业转移，及时退出亏损的行业，这样，效率较高的企业可以吸引大量的投入，缺乏效率的企业会退出该行业。资源自由进入或退出某一行业是促使整个市场实现均衡的重要条件。

第四，参与市场活动的交易方掌握的信息是完全的。市场中的每一个参与者都掌握与自己的经济决策的所有信息，这一条件保证了消费者和厂商能确定自己最优购买量或最优生产量，从而获得利润的最大化。

显然，在形成完全竞争市场的 4 个条件中，前两个条件是最基本的。在现实的经济中没有一个市场真正具有以上 4 个条件，通常只是将某些农产品市场看成是比较接近的完全竞争市场类型。但是完全竞争市场作为一个理想经济模型，是为了整个市场理论体系的完整，同时也有助于我们加深对不完全竞争市场的理解。

（二）完全竞争厂商的需求曲线和收益曲线

1. 需求曲线

在任何一个商品市场中，市场需求是针对市场上所有厂商组成的行业而言的，消费者对整个行业所生产的商品的需求称为行业所面临的需求，相应的需求曲线称为行业所面临的需求曲线，也就是市场的需求曲线，它一般是一条从左上方向右下方倾斜的曲线。图 6-1（a）中的 $D$ 曲线就是一条完全竞争市场的需求曲线，是向右下方倾斜的。

消费者对行业中的单个厂商所生产的商品的需求量，称为厂商所面临的需求量，相应的需求曲线称为厂商所面临的需求曲线，简称为厂商的需求曲线。在完全竞争条件下，厂商所面临的需求曲线是一条由既定的市场均衡价格出发的水平线。图 6-1（b）中的 $d$ 曲线就是一条完全竞争厂商的需求曲线，是一条与横轴平行的水平线。

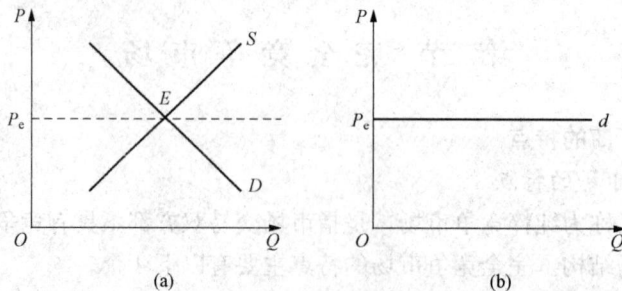

图 6-1　完全竞争市场和完全竞争厂商的需求曲线

（a）完全竞争市场的需求曲线；（b）完全竞争厂商的需求曲线

　　在完全竞争市场上，单个厂商是市场价格的接受者，而不是价格的设定者。假设某家厂商把价格定得略高于市场价格，由于产品具有同质性，且消费者有完备信息并可以自由流动，那么将没有人购买该厂商的产品。也就是说，厂商一旦涨价，它所面临的需求会下降为零。如果厂商的价格等于市场价格，则由于厂商数目众多的条件，一个厂商的供应是无足轻重的，无论厂商供应多少，价格都维持不变，或者说在既定的市场价格下，厂商可能销售掉任意数量的商品。厂商会不会把价格降到市场价格以下呢？降价原本是为了刺激需求，既然每个厂商在市场价格下可以供应任意数量，那又何必降价呢？因此，在完全竞争市场上，厂商既不能提高价格，又不愿降低价格，只能是市场价格接受者。从需求的角度看，完全竞争厂商所面临的需求是水平的，水平需求的弹性是无穷大的，价格趋近于零的上升，需求降为零，价格趋近于零的下降，购买者会蜂拥而至，厂商面对的需求会变成无穷大。

　　图 6-1（b）中的厂商的需求曲线 $d$ 是相对于图 6-1（a）中的市场需求曲线和市场供给曲线共同作用所决定的均衡价格 $P_e$ 而言的。如果市场的供给曲线或需求曲线的位置发生移动，就会形成新的市场均衡价格。相应地，在图 6-1（b）中便会形成另一条从新的均衡价格水平出发的呈水平线形状的厂商的需求曲线。

　　2. 收益曲线

　　厂商收益就是厂商的销售收入。厂商的收益可以分为总收益、平均收益和边际收益。

　　总收益 TR 指厂商按一定价格出售一定量产品时所获得的全部收入，即价格与销售量的乘积，以 $P$ 表示商品的市场价格，以 $Q$ 表示销售量，则有

$$TR(Q) = P \times Q \tag{6-1}$$

　　由于完全竞争市场的一个基本特征单个厂商无法通过改变销售量来影响市场价格，相反厂商每销售一单位的商品都接受相同的价格，也就是说厂商只能被动地接受价格。这样随着厂商销售量的增加，它的总收益是不断增加的。但由于商品的单位市场价格是固定不变的，所以总收益曲线是一条从原点出发的斜率不变的直线。

　　平均收益指厂商出售一定数量商品，每单位商品所得到的收入，也是平均每单位商品的卖价。它等于总收益与销售量之比。由于完全竞争市场厂商只能按既定价格出售，因此平均收益也等于商品的单位价格。即

$$AR(Q) = \frac{TR(Q)}{Q} = \frac{P \times Q}{Q} = P \tag{6-2}$$

　　边际收益指厂商增加一单位产品销售所获得的收入增量。商品价格为既定时，边际收益就是每单位商品的卖价。即

$$MR = \frac{\Delta TR}{\Delta Q} \tag{6-3}$$

　　可见在完全竞争市场，厂商的平均收益与边际收益相等，且都等于既定的价格，或者说在任何销售量水平上都有 AR＝MR＝P。

　　相应可以绘出完全竞争厂商的收益曲线，如图 6-2 所示。

　　图 6-2 中横轴表示厂商的销售量或所面临的需求量，纵轴表示商品的价格。图中的收益曲线具有如下特征：完全竞争厂商的平均收益 AR 曲线、边际收益 MR 曲线与需求曲线 $d$ 是重合的，是从既定价格出发的平行于横轴的一条水平线。这正是因为对于完全竞争厂商来说，在既定的市场价格下，任何销售量上都有 AR＝MR＝P，而完全竞争厂商所面临的需求

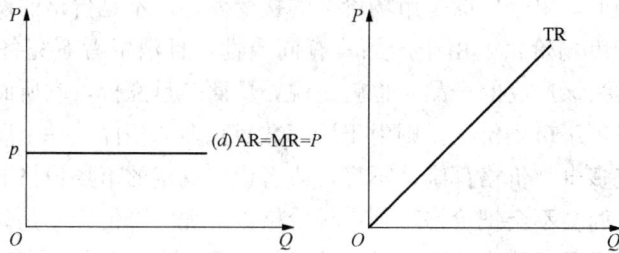

图 6-2 完全竞争厂商平均收益与边际收益曲线

曲线就是一条由既定的市场价格水平出发的水平线。同时也由于每一销售量上的边际收益值是相应的总收益曲线的斜率,且边际收益是不变的,等于既定的市场价格,所以决定了总收益曲线是斜率不变的直线。

**二、完全竞争厂商的短期均衡**

(一) 完全竞争市场下厂商的短期均衡

在短期生产中,不仅产品的市场价格是既定的,而且生产中的不变要素投入量也是固定不变的,所以厂商调整产量只能通过变动可变要素的投入量来进行,从而实现 MR=MC 的利润最大化均衡条件。在完全竞争的市场中,市场供给和需求相互作用形成的产品均衡价格,可能大于、等于、小于厂商的平均成本,因此在短期内,厂商出售产品就有可能处于盈利、盈亏平衡或亏损等不同状态。完全竞争厂商短期均衡时的盈亏状态可以用下面几个图形来分析。

下列各图中成本曲线表示了厂商短期内既定的生产规模,完全竞争厂商短期均衡的基本条件是实现利润最大化的原则,即 MR=MC,但不同的市场价格水平将直接影响既定规模下的厂商短期均衡的盈亏状况。

1. 厂商盈利情况

价格或平均收益大于平均总成本,即 $P=AR>SAC$,厂商处于盈利状态,如图 6-3 所示。

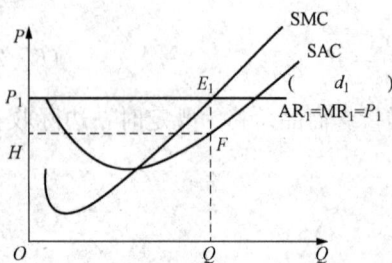

图 6-3 完全竞争厂商短期均衡

当市场供给小于需求时,市场均衡价格较高,达到 $P_1$ 时,厂商面临的需求曲线为 $d_1$,厂商根据 MR=SMC 的利润最大化原则,把产量确定在 $Q_1$ 上,SMC 曲线与 $MR_1$ 曲线的交点 $E_1$,即为厂商的短期均衡点。这时平均收益为 $OP_1$,平均总成本为 $Q_1F$,单位产品获得的利润为 $E_1F$,总收益为 $OQ_1 \times OP_1$,总成本为 $OQ_1 \times Q_1F$,利润总量为 $OQ_1 \times E_1F$,图中矩形 $HP_1E_1F$ 的面积。如果产量超过 $OQ_1$ 以后,$MC>P_1$,增加产量会降低总利润,若产量小于 $OQ_1$,增加产量都能增加总利润,只有使产量确定在 $OQ_1$,MR=P=SMC,总利润达到最大。

2. 盈亏平衡情况

价格或平均收益等于平均总成本,即 $P=AR=SAC$,厂商的经济利润恰好为零,处于盈亏平衡状态,如图 6-4 所示。

当市场价格为 $P_2$ 时，厂商面临的需求曲线为 $d_2$，这条需求曲线刚好切于短期平均总成本曲线 SAC 的最低点，同时短期边际成本 SMC 曲线也通过此点，SMC 曲线与 $MR_2$ 曲线的交点 $E_2$ 就是均衡点，相应的均衡产量确定在 $Q_2$。在 $Q_2$ 产量上，平均收益等于平均成本，总收益也等于总成本，如图中矩形 $OP_2E_2Q_2$ 面积，此时厂商的经济利润为零，但实现了全部的正常利润。由于在该点上，厂商既无经济利润，又无亏损，所以也把 SMC 与 SAC 的交点称为"盈亏平衡点"或"收支相抵点"。

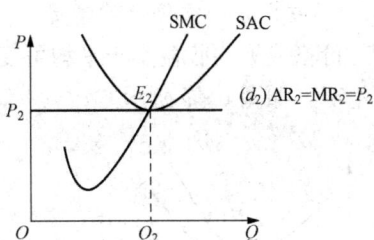

图 6-4　完全竞争厂商短期均衡

3. 亏损还可以继续生产情况

价格或平均收益小于平均总成本，但仍大于平均可变成本，即 AVC＜AR＝P＜SAC，厂商亏损，在存在沉没成本时，厂商还可以继续生产，如图 6-5 所示。

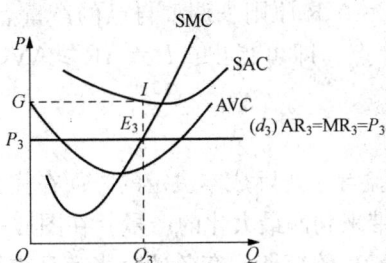

图 6-5　完全竞争厂商短期均衡

当市场价格为 $P_3$ 时，厂商的平均总成本已经高于产品的市场价格，整个平均总成本曲线 SAC 处于价格 $P_3$ 线之上，出现了亏损。为使亏损达到最小，产量由 SMC 曲线和 $MR_3$ 曲线的相交的均衡点 $E_3$ 决定，在 $Q_3$ 的均衡产量上，平均收益为 $OP_3$，平均总成本为 $OG$，总成本与总收益的差额构成厂商的总亏损量，如图中矩形 $P_3GIE_3$ 面积。不过平均可变成本小于平均收益。厂商在这种情况下，应立即停止生产，还是应继续进行生产，取决于是否存在沉没成本。沉没成本是指一旦停止生产，已投入的不能再收回的成本。这里我们假定厂商的某些不变成本或者全部不变成本是沉没成本，则当价格或平均收益介于平均总成本和平均可变成本之间时，虽然出现亏损，厂商仍会继续生产，因为此时厂商获得的全部收益，不仅能够弥补全部的可变成本，还能够收回一部分固定成本，即厂商继续生产所获得的收益超过继续生产所增加的成本。

4. 亏损，生产与停产都可以的情况

价格或平均收益等于平均可变成本，即 $P＝AR＝AVC$，厂商处于亏损状态，且处于生产与停产的临界点，如图 6-6 所示。

当价格为 $P_4$ 时，厂商面临的需求曲线为 $d_4$，此线恰好切于平均可变成本 AVC 曲线的最低点，SMC 曲线也交于该点。根据 $MR_4＝SMC$ 的利润最大化原则，这个点就是厂商短期均衡点 $E_4$，决定的均衡产量为 $Q_4$。在 $Q_4$ 产量上，平均收益小于平均总成本，必然是亏损的。同时平均收益仅等于平均可变成本，这意味着厂商进行生产所获得的收益，只能弥补可变成本，而不能收回任何的不变成本，生产与不生产对厂商来说，结果是

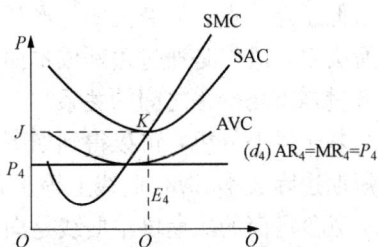

图 6-6　完全竞争厂商短期均衡

一样的。所以，SMC 曲线与 SVC 曲线的交点是厂商生产与不生产的临界点，也称为"停止营业点"或"关闭点"。

### 5. 亏损且必须停产的情况

价格或平均收益小于平均可变成本，即 $P = AR < AVC$，厂商处于亏损状态，且必须停止生产，如图 6-7 所示。

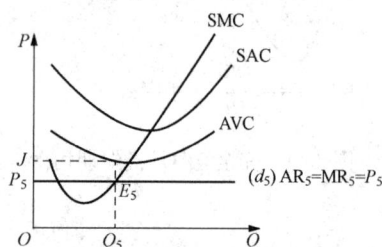

图 6-7 完全竞争厂商短期均衡

当价格为 $P_5$ 时，厂商面临的需求曲线为 $d_5$，此线位于于平均可变成本 AVC 曲线的下方，根据 $MR_5 = SMC$ 的利润最大化原则，这个点就是厂商短期均衡点 $E_5$，决定的均衡产量为 $Q_5$。在 $Q_5$ 产量上，平均收益小于平均总可变成本，这意味着厂商进行生产所获得的收益，不能收回任何的不变成本，连可变成本也得不到弥补，对厂商来说，必须停止生产。

上述分析表明，完全竞争厂商短期均衡的条件是：短期内，在完全竞争的市场条件下，无论市场价格怎样变化，由于厂商不能根据市场需求情况来调整全部生产要素，厂商只能按 $P = AR \geq AVC$；$MC = MR$ 原则来调整自己的产量点。厂商应该将生产产量点推进到边际成本与边际收益相等点。即可得出：$P = AR \geq AVC$；$SMC = MR = P$。

### （二）完全竞争厂商的短期供给曲线

前面的分析已经表明使利润最大化的产量是由边际收益等于边际成本决定的，而在完全竞争市场上，厂商根据 $P = MC$ 确定在每一价格水平下能带来利润最大化的产量。在图 6-3 至图 6-7 中可以看到，根据 $P = SMC(Q)$ 或 $MR = SMC(Q)$ 的短期均衡条件，当商品市场价格分别为 $P_1$、$P_2$、$P_3$、$P_4$、$P_5$ 时，则厂商所选择的最优产量分别为 $Q_1$、$Q_2$、$Q_3$、$Q_4$、$Q_5$。由于每一个商品价格水平都是市场给定的，所以在短期均衡点上商品的市场价格与厂商的最优产量之间的对应关系可以明确地表示为以下的函数关系

$$Q_s = f(P) \tag{6-4}$$

式中：$P$ 表示商品的市场价格，$Q_s$ 表示厂商的最优产量或供给量。

同时，在图 6-8 中还可以看到，根据 $P = SMC(Q)$ 或 $MR = SMC(Q)$ 的短期均衡条件，商品的价格和厂商的最优产量的组合点或均衡点 $E_1$、$E_2$、$E_3$、$E_4$、$E_5$，都出现在厂商的边际成本 SMC 曲线上。若进一步严格地说，商品价格与厂商愿意提供的产量的组合点，并非出现在全部的边际成本曲线上。我们知道，边际成本曲线穿过平均可变成本的最低点，价格低于这一点，厂商关闭，产量为零；价格超过这一点，产量与价格的关系由边际成本曲线所决定。既然是通过边际成本曲线来确定厂商在该价格下的产量，因此边际成本曲线反映了产量与市场价格之间的关系。

基于以上分析，可以得到如下结论：完全竞争厂商的短期供给曲线，就是完全竞争厂商的短期边际成本 SMC 曲线上等于和高于平均可变成本 AVC 曲线最低点的部分。毫无疑问，完全竞争厂商的短期供给曲线是向右上方倾斜的。图 6-8 中实线部分所示即为完全竞争厂商短期供给曲线。

完全竞争厂商短期供给函数说明了厂商的产量是如何随着价格变化而变化，但是只有作为价格接受者的厂商其产量才随着价格变化而变化。

从对完全竞争厂商短期供给曲线的推导过程中，可以清楚地看到供给曲线背后的生产者追求最大利润的经济行为。供给曲线不仅仅是表示在其他条件不变的条件下，生产者在每一

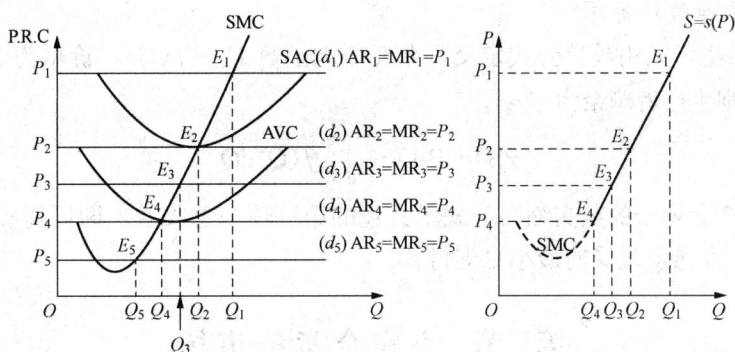

图 6-8　完全竞争厂商短期供给曲线

价格水平愿意而且能够提供的产品的数量，更重要的是，生产者所提供的产品数量是在既定价格水平下能够给他带来最大利润或最小亏损的产品数量。

（三）生产者剩余

1. 生产者剩余的定义

生产者剩余指厂商在提供一定数量的某种产品时实际接受的总价格或总支付与愿意接受的最小总价格或总支付之间的差额。追求利润最大化的厂商从事生产或经营，就是要使 MR＝MC，只要 MR＞MC，厂商就是有利的，由于在完全竞争市场里，MR＝$P$，因此只要价格 $P$ 高于边际成本 MC，厂商进行生产。如图 6-9 所示，价格 $P$ 时，厂商愿意提供的商品数量为 $q$，此时，厂商实际接受的总价格或总支付就是价格线以下的总收益 $OPEq$，而厂商愿意接受的最小总价格或总支付便是总边际成本。用图形来表示，则价格直线和边际成本曲线所围成的面积即为生产者剩余。如图 6-9（a）中阴影部分的面积。

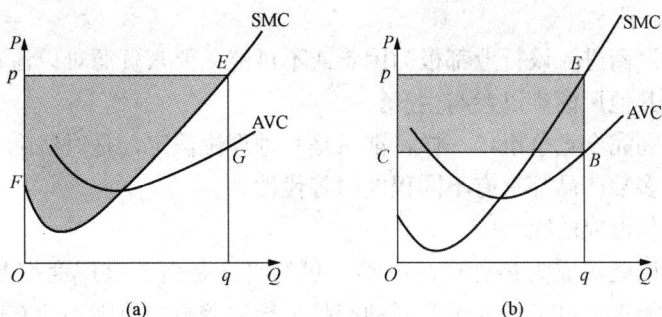

图 6-9　生产者剩余

在短期生产里，生产者剩余还可以用厂商的总收益与总可变成本的差额来衡量。因为在短期里，厂商的固定成本是无法改变的，总边际成本必然等于总可变成本。总可变成本可以用边际成本曲线与横轴之间的面积来表示。短期生产厂商无论生产还是不生产，固定成本都是要支付的，实际上只要价格高于可变成本，厂商生产就是有利的。这时继续生产不仅能收回全部的可变成本，还能够补偿一部分固定成本，可以减少损失，若厂商不生产，将损失全部的固定成本。所以图 6-9（b）中阴影矩形 $CPEB$ 的面积便是生产者剩余，它等于总收益减去总可变成本。

2. 生产者剩余数学推导

生产者剩余也可以用数学公式定义，令反需求函数 $P_d = f(Q)$，价格为 $P_0$ 时的生产者需求量为 $Q_0$，则生产者剩余为

$$PS = P_0 Q_0 - \int_0^{Q_0} f(Q) \, dQ \qquad (6-5)$$

式中：PS 为生产者剩余的英文缩写，式子右边的第一项为总收益，即厂商实际接受的总支付，第二项为厂商愿意接受的最小总支付。

# 第三节　不完全竞争市场

## 一、完全垄断市场

### （一）完全垄断市场结构及其特性

完全垄断又称独占、卖方垄断或纯粹垄断，与完全竞争市场结构相反，完全垄断市场结构是指一家厂商控制了某种产品全部供给的市场结构。在完全垄断市场上，具有以下特征。

（1）厂商数目唯一，一家厂商控制了某种产品的全部供给。完全垄断市场上垄断企业排斥其他竞争对手，独自控制了一个行业的供给。由于整个行业仅存在唯一的供给者，企业就是行业。

（2）完全垄断企业是市场价格的制定者。由于垄断企业控制了整个行业的供给，也就控制了整个行业的价格，成为价格制定者。完全垄断企业可以有两种经营决策：以较高价格出售较少产量，或以较低价格出售较多产量。

（3）完全垄断企业的产品不存在任何相近的替代品。否则，其他企业可以生产替代品来代替垄断企业的产品，完全垄断企业就不可能成为市场上唯一的供给者。因此消费者无其他选择。

（4）其他任何厂商进入该行业都极为困难或不可能，要素资源难以流动。完全垄断市场上存在进入障碍，其他厂商难以参与生产。

完全垄断市场和完全竞争市场一样，都只是一种理论假定，是对实际中某些产品的一种抽象，现实中绝大多数产品都具有不同程度的替代性。

完全垄断是如何形成的呢？

垄断厂商之所以能够成为某种产品的唯一供给者，是由于该厂商控制了这种产品的供给，使其他厂商不能进入该市场并生产同种产品。导致垄断的原因一般有以下几方面。

（1）对资源的独家控制。如果一家厂商控制了用于生产某种产品的全部资源或基本资源的供给，其他厂商就不能生产这种产品，从而该厂商就可能成为一个垄断者。

（2）规模经济的要求形成自然垄断。如果某种商品的生产具有十分明显的规模经济性，需要大量固定资产投资，规模报酬递增阶段要持续到一个很高的产量水平，此时，大规模生产可以使成本大大降低。那么由一个大厂商供给全部市场需求的平均成本最低，两个或两个以上的厂商供给该产品就难以获得利润。这种情况下，该厂商就形成自然垄断。许多公用行业，如电力供应、煤气供应、地铁等是典型的自然垄断行业。

（3）拥有专利权。专利权是政府和法律允许的一种垄断形式。专利权是为促进发明创造、发展新产品和新技术，而以法律的形式赋予发明人的一种权利。专利权禁止其他人生产

某种产品或使用某项技术，除非得到发明人的许可。一家厂商可能因为拥有专利权而成为某种商品的垄断者。不过专利权带来的垄断地位是暂时的，因为专利权有法律时效。

（4）政府特许权。某些情况下，政府通过颁发执照的方式限制进入某一行业的人数，如大城市出租车驾驶执照等。很多情况下，一家厂商可能获得政府的特权，而成为某种产品的唯一供给者，如邮政、公共事业等。执照特权使某行业内现有厂商免受竞争，从而具有垄断的特点。作为政府给予企业特许权的前提，企业同意政府对其经营活动进行管理和控制。

（二）完全垄断厂商的需求曲线和收益曲线

1. 完全垄断厂商的需求曲线

完全垄断条件下，市场上只有一家企业，企业就是行业，企业行为就是该行业的行为。因此，垄断厂商所面临的需求曲线就是整个市场的需求曲线。垄断厂商的需求曲线就是整个行业的需求，因此它是一条向右下方倾斜的曲线，其斜率为负，垄断厂商销售量与价格成反比关系。完全垄断厂商是价格的制定者，垄断者可以通过减少销售量来提高市场价格，或者减低价格来增加产品销量，从而改变销售收入，最终实现利润最大化的目的。

2. 完全垄断厂商的收益曲线

厂商所面临的需求曲线决定了厂商的收益。首先，分析垄断厂商的总收益。垄断厂商的总收益 $TR=P(Q)\times Q$，由于总收益水平与垄断厂商销售的产品数量和产品价格密切相关，而且从函数关系上来看产品销售数量与价格之间存在反向变动关系，因此总收益水平存在一个极大值。

其次，平均收益 AR 曲线。由于厂商的平均收益总是等于厂商的总收益除以商品销售数量，由 AR 定义可知，平均收益为

$$AR = \frac{TR}{Q} = P(Q) \tag{6-6}$$

由此可见，厂商的平均收益曲线与需求曲线重合。

最后，分析垄断厂商的边际收益。由于 AR 曲线向右下方倾斜，说明 AR 呈递减趋势，根据边际量与平均量的关系，可知 MR 曲线在 AR 曲线的下方。为便于理解，假定垄断厂商的需求曲线是线性的，于是就可以确定 MR 的函数形式，进而确定 MR 曲线的位置。

假定垄断厂商面临的反需求函数为 $P=a-bQ$，式中：$a$、$b$ 为常数，$a$、$b>0$，则垄断厂商的总收益和边际收益函数分别为 $TR(Q) = PQ = (a-bQ)Q = aQ - bQ^2$，$MR(Q) = \frac{dTR(Q)}{dQ} = a - 2bQ$。

根据 MR 的函数形式即可得图 6-10 所示的 MR 曲线，MR 曲线的斜率为 $-2b$，在纵坐标轴上的截距与需求曲线相同，在横轴上的截距是需求曲线在横轴上截距的一半。

垄断厂商的边际收益不仅与价格相关，还与需求弹性相关。设反需求函数为 $P=P(Q)$，则 $TR(Q) = P(Q)Q$，

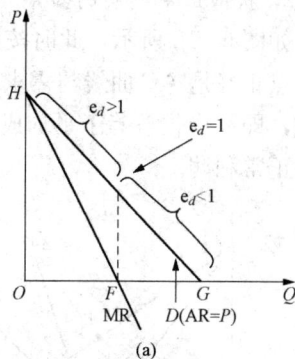

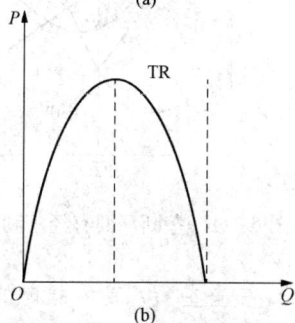

图 6-10 垄断厂商的收益曲线

$$MR(Q) = \frac{dTR(Q)}{dQ} = P + Q\frac{dP}{dQ}。即 MR = P\left(1 - \frac{1}{e_d}\right)。式中 e_d 为需求价格弹性。$$

从上式可以看出：

当需求富有弹性时，即 $e_d > 1$ 时，$MR > 0$，富有弹性的需求曲线意味着产量的增加将使总收益增加；

当需求缺乏弹性时，即 $e_d < 1$ 时，$MR < 0$，缺乏弹性的需求曲线意味着产量的增加将使总收益减少；

当需求具有单位弹性时，即 $e_d = 1$ 时，$MR = 0$，此时垄断厂商的总收益达到最大。

图 6-10 反映了需求价格弹性、边际收益和总收益之间的关系。

**（三）完全垄断厂商的短期均衡**

完全垄断厂商可以通过调整产量和价格来实现利润最大化。与完全竞争市场类似，完全垄断厂商利润最大化时的产量也是由需求状况和成本状况共同决定的。其利润最大化条件为 $MR = MC$，这也是完全垄断厂商短期均衡的条件。在短期内，由于各种原因，完全垄断厂商的短期均衡有 3 种情况：获得经济利润、获得正常利润或蒙受损失。

**1. 获得经济利润时的短期均衡**

图 6-11 反映了垄断厂商获得经济利润时的短期均衡状态。

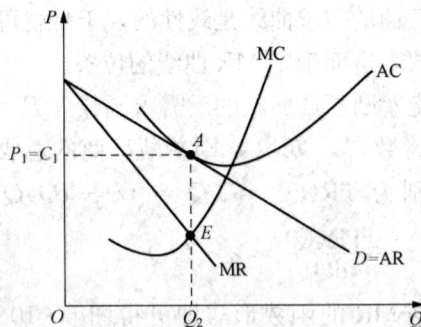

运用边际分析方法，垄断厂商按照 $MR = MC$ 的原则确定产量水平 $Q_1$，与 $Q_1$ 产量水平对应的价格可由需求曲线得到为 $P_1$，对应的成本由 AC 曲线得到为平均成本为 $C_1$，显然 $P_1 > C_1$，厂商存在经济利润。经济利润为矩形 $P_1C_1BA$ 的面积。

从图 6-11 中看，在 $Q_1$ 产量水平上，$MR = MC$，所以 $Q_1$ 是垄断厂商利润最大化时的均衡产量。

**2. 获得正常利润的短期均衡**

如图 6-12 所示。此时按照 $MR = MC$ 确定的产量水平在 $Q_2$，这一产量水平与需求曲线的交点正好是 AC 曲线与需求曲线 $D$ 的切点，因此在这一产量水平上价格 $P$ 与平均成本 $C$ 相等，即平均收益等于平均成本，因而垄断厂商的 TR 等于 TC，厂商的经济利润为零，只获得正常利润。

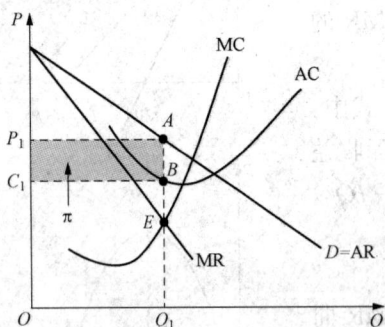

图 6-11　垄断厂商有经济利润时的短期均衡　　图 6-12　垄断厂商收支相抵时的短期均衡

**3. 完全垄断厂商亏损时的短期均衡**

完全垄断厂商虽然可以通过控制产量和价格获得利润，但并不意味着总能获得利润，完全垄断厂商也可能发生亏损。这种情况可能是由于既定生产规模的生产成本过高，也可能是由于面临的市场需求过小。图 6-13 反映垄断厂商亏损时的短期均衡。

垄断厂商按照 MR＝MC 的原则，将产量确定在 $Q_3$ 的水平上，结合需求曲线得到与该产量水平相对应的价格为 $P_3$，又由 AC 曲线可得到相应的平均成本为 $C_3$。从图中可知 $P_3 < C_3$，即平均收益小于平均成本，厂商承受损失，这时的损失额是最小的，等于矩形 $P_3ABC_3$ 的面积。与完全竞争厂商相同，对于垄断厂商而言，由于 $P_3 > AVC$，故垄断厂商将继续进行生产，因为所获得的总收益在补偿了全部可变成本的基础上，还可以补偿部分固定成本；若 $P_3 = AVC$，垄断厂商则认为生产和不生产都一样；若 $P_3 < AVC$，厂商将会停止生产。

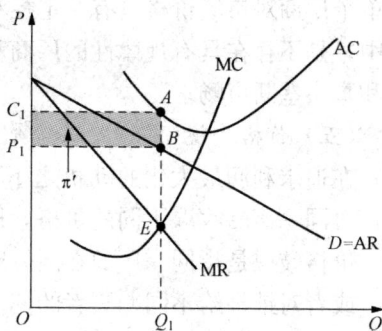

图 6-13　垄断厂商亏损时的短期均衡

从以上分析可知，垄断厂商短期均衡的条件为 MR＝SMC。垄断厂商实现短期均衡时，既有可能是获得利润最大，也可能是出现亏损最小。

（四）完全垄断厂商的供给曲线推导

在完全竞争的条件下，通过对于所有厂商短期供给曲线的加总可以得到行业的供给曲线。由于行业供给曲线的存在，对于每一种产出水平，都有唯一的供给价格与之相对应。在垄断情况下是否也存在类似的供给曲线？答案是否定的，在垄断条件下供给价格将不再唯一。由于垄断者具有某种垄断力量，可以对自己产品的销售实行市场分割，因此在不同的市场上垄断者可能面临不同的需求曲线，若垄断者所面临的需求曲线形状不同，即使在同一数量下，所对应的供给价格也是不同的。我们利用图 6-14 来讨论这种情况。

在图 6-14（a）中，MC 曲线是固定的，当需求曲线为 $D_1$ 时，相应的边际收益曲线为 $MR_1$，按照 MR＝MC 的原则，垄断厂商生产 $Q_1$ 的产量水平，对应的价格是 $P_1$，如果需求曲线由 $D_1$ 移到 $D_2$，相应的边际收益曲线移到 $MR_2$，此时厂商生产的产量为 $Q_2$ 对应的价格仍为 $P_1$。

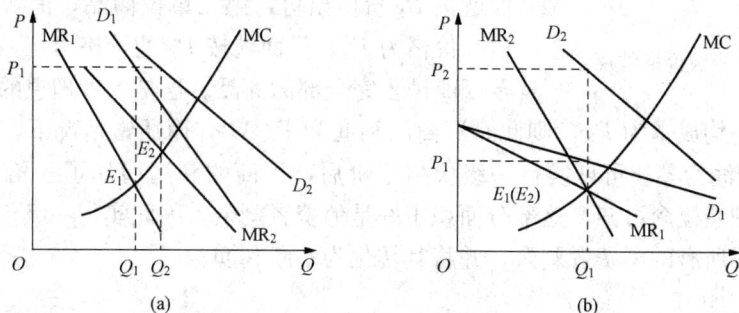

图 6-14　垄断厂商的产量和价格

在图 6-14（b）中，MC 曲线也是固定的，假定需求曲线由 $D_1$ 移到 $D_2$，则相应的边际收益曲线由 $MR_1$ 移到 $MR_2$，产量水平保持不变，仍然生产 $Q_1$ 的产量水平，对应的价格分别为 $P_1$ 和 $P_2$。

由此可知，完全垄断厂商的产量和价格之间不存在唯一的对应关系，因而完全垄断市场上也不存在供给曲线。根本原因在于垄断厂商对其产品具有控制能力。由此还可以得到一个更一般的结论：凡是在或多或少的程度上带有垄断因素的不完全竞争市场中，或者说，凡是在单个厂商对市场价格具有一定控制量力，相应地，单个厂商的需求曲线向右下方倾斜的市场中，是不存在具有规律性的厂商和行业的短期和长期供给曲线的。这一结论适用于垄断竞争和寡头垄断市场。

（五）价格歧视

在追求利润最大化的动机之下，垄断厂商会对出售的商品的价格采取一定的策略，例如，对同一商品收取不同的价格，即对消费者进行价格歧视。

价格歧视是指同一厂商在同一时间对同一产品向不同的购买者索取两种或两种以上的价格，或者对销售给不同购买者的同一产品在成本不同时索取相同的价格。垄断厂商实行价格歧视必须具备以下两个条件。

一是不同市场之间可以有效地分离。否则消费者将在价格低的市场购买商品，或者把低价购进的商品在价格更高的市场上重新出售，从而使价格歧视难以维持。

二是被分隔开的多个市场上需求弹性不同。只有在这种情况下，垄断者根据不同的需求弹性对同一商品索取不同的价格，方能获得多于索取相同价格时的利润，否则最佳策略是对同一商品收取相同价格。

价格歧视通常被分为三大类型，即一级价格歧视、二级价格歧视和三级价格歧视。

1. 一级价格歧视

一级价格歧视，是指垄断厂商对于每一单位产品都按消费者所愿意支付的最高价格制定

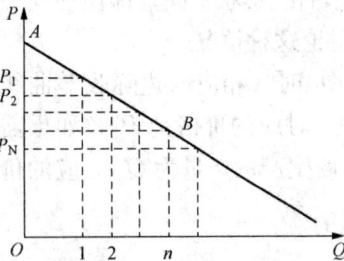

图 6-15  一级价格歧视

不同的销售价格。由于需求曲线能够反映了消费者对每一单位商品愿意并且能够支付的最高价格，如果厂商已知消费者的需求曲线，即已知消费者对每一单位产品愿意并且能够支付的最高价格，厂商就可以按此价格逐个制定商品价格，如图 6-15 所示。

第一单位商品消费者愿意支付的最高价格为 $P_1$，厂商就按 $P_1$ 价格出售，第二单位商品，消费者愿意支付的最高价格为 $P_2$，厂商就按 $P_2$ 的价格出售，依次类推，直至厂商销售完全部的商品。这是一种理想的极端情况。假定厂商生产的平均成本为 $P_N$，则此时厂商的利润为 $P_N AB$，而通常情况下，厂商按单一价格 $P_N$ 销售，利润为零。可见实行一级价格定价后，厂商的利润增加了三角形 $P_N AB$ 的面积。由消费者剩余概念可知，这部分面积正好是消费者剩余，因此实行一级价格歧视的厂商实际上是获得了所有的消费者剩余，并将其转化为垄断利润。

2. 二级价格歧视

二级价格歧视是指垄断厂商根据不同的购买量和消费者群体确定不同的价格。在日常生活中，二级价格歧视比较普遍，如电力公司实行的分段定价等。二级价格歧视主要适用于那些容易度量和记录的劳务，如煤气、电力、水、电话通信等的出售。下面以电力公司分段计价的形式收取电费为例进行说明二级价格歧视，如图 6-16 所示。

假定消费者对电力公司产品的需求曲线为 $D$，当消费

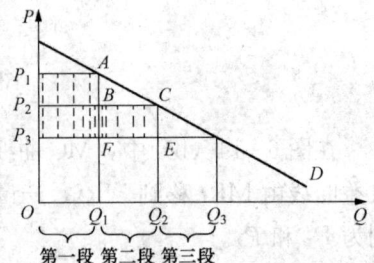

图 6-16  二级价格歧视

者的耗电量低于 $Q_1$ 时，公司按 $P_1$ 价格向消费者收费；当耗电量达到 $Q_2$ 时，增加消费的部分 $Q_1Q_2$ 按 $P_2$ 价格收费；当耗电量达到 $Q_3$ 时，按超过 $Q_2$ 的部分 $Q_2Q_3$ 以更低的价格 $P_3$ 收费。从图中可见，二级价格歧视与一级价格歧视不同，对不同的数量制定不同价格。假设垄断厂商的平均成本为 $P_3$，销售量为 $Q_3$ 时，厂商的收益为图中阴影部分 $ABCEFP_3P_1$ 的面积。当按同一价格，如 $P_3$ 价格销售 $Q_3$ 产量时利润为零。而阴影部分面积属消费者剩余的一部分，在二级价格歧视下，厂商将这部分消费者剩余转化成了垄断利润。

3. 三级价格歧视

三级价格歧视是指垄断厂商对同一种产品在不同的市场上或在同一市场对不同的消费者群体收取不同的价格。实际中的例子很多，如同一种产品，国内市场和国际市场价格不一样，黄金时间和非黄金的广告费不一样等。

下面选择一个最简单的、两个子市场的情况对三级价格歧视进行分析。分析得到的结论，很容易推广到多个市场的情况。

假定厂商的规模报酬不变，则边际成本 MC 曲线为一水平线。假定 A 市场的需求弹性较小，需求曲线较陡峭；B 市场的需求弹性较大，需求曲线较平坦。按照利润最大化原则，当 MR＝MC 时厂商利润最大。由此得出，A 市场的产量为 $Q_A$，价格为 $P_A$；B 市场的产量为 $Q_B$，价格为 $P_B$。由图中可以看出 $P_A＞P_B$，这说明厂商可以根据不同的市场需求状况制定不同的价格，即对需求弹性较小的市场索取较高价格，对需求弹性较大的市场制定较低的价格。具体情况如图 6-17 所示。这一结论适用于复杂三级价格歧视情况。

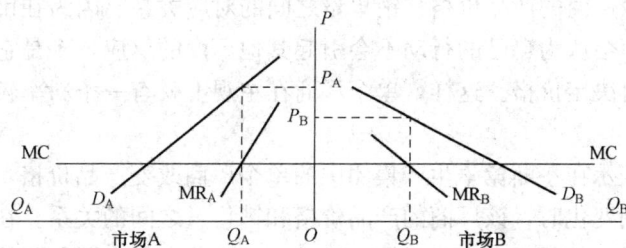

图 6-17 三级价格歧视

## 二、垄断竞争市场

（一）垄断竞争市场的特征

垄断竞争是一种介于完全竞争和完全垄断之间的市场组织形式，在这种市场中，既存在着激烈的竞争，又具有垄断的因素。作为垄断竞争的市场应具有以下几种基本特征。

第一，市场中存在着较多数目的厂商，彼此之间存在着较为激烈的竞争。由于每个厂商都认为自己的产量在整个市场中只占有一个很小的比例，因此厂商会认为自己改变产量和价格，不会导致其竞争对手们相应行动的报复。

第二，厂商所生产的产品是有差别的，或称"异质商品"。至于产品差别是指同一产品在价格、外观、性能、质量、构造、颜色、包装、形象、品牌、服务及商标广告等方面的差别及消费者想象为基础的虚幻的差别。由于存在着这些差别，使得产品成了带有自身特点的"唯一"的产品，也使得消费者有了选择的必然，使得厂商对自己独特产品的生产销售量和价格具有控制力，即具有了一定的垄断能力，而垄断能力的大小则取决于它的产品区别于其他厂商的程度。产品差别程度越大，垄断程度越高。

第三，厂商进入或退出该行业都比较容易。资源流动性较强。垄断竞争市场是常见的一种市场结构，如肥皂、洗发水、毛巾、服装、布匹等日用品市场，餐馆、旅馆、商店等服务业市场，牛奶、火腿等食品类市场，书籍、药品等市场大都属于此类。

（二）垄断竞争厂商的需求曲线与收益曲线

1. 需求曲线

由于垄断竞争厂商生产的是有差别的产品，因而对该产品都具有一定的垄断能力，和完全竞争的厂商只是被动地接受市场的价格不同，垄断竞争厂商对价格有一定的影响力。比如，厂商如果将它的产品的价格提高一定的数额，则习惯于消费该物品的消费者可能不会放弃该物品的消费，该产品的需求不会大幅度下降。但若厂商大幅度提价的话，由于存在着大量的替代品，消费者就可能舍弃这种偏好，转而购买该商品的替代品。因此，垄断竞争厂商所面临的需求曲线相对于完全竞争厂商而言要更陡一些（即更缺乏弹性），而相对于垄断厂商来讲需求曲线要更缓，即更富有弹性。

由于在垄断竞争行业中厂商生产的产品都是有差别的替代品，因而市场对某一厂商产品的需求不仅取决于该厂商的价格—产量决策，而且取决于其他厂商对该厂商的价格—产量决策是否采取对应的措施。比如一个厂商采取降价行动，如果其他厂商不降价，则该厂商的需求量可能上升很多，但如其他厂商也采取降价措施，则该厂商的需求量不会增加很多。这样在分析垄断竞争厂商的需求曲线时，就要分两种情况进行讨论。

（1）d 曲线。表示在垄断竞争生产集团中的单个厂商改变产品价格，而其他厂商的产品价格保持不变时，该厂商的产品价格与销售量之间的对应关系。因为在市场中有大量的企业存在，因而单个厂商会认为自己的行动不会引起其他厂商的反应，于是它便认为自己可以像垄断厂商那样，独自决定价格。这样，单个厂商在主观上就有一条斜率较小的需求曲线，称为主观需求曲线。

（2）D 曲线。表示在垄断竞争生产集团中的单个厂商改变产品价格，而其他所有厂商也使产品价格发生相同变化时，该厂商的产品价格和销售量之间的关系。在现实中，一个垄断竞争厂商降低价格时，其他厂商为了保持自己的市场，势必也会跟着降价，该厂商因而会失去一部分顾客，需求量的上升不会如厂商想象的那么多，因而还存在着另外一条需求曲线，称之为客观需求曲线或比例需求曲线。

在图 6-18 中，垄断竞争厂商的主观需求曲线为 $d_1$，厂商最初的产量为 $Q_1$，最初的价格为 $P_1$，因而位于主观需求曲线上的 A 点。当该厂商将产品的价格由 $P_1$ 下调至 $P_2$ 后，按照其主观需求曲线 $d_1$，厂商预期其销售量将提高至 $Q_2$。但是，由于该厂商降价时，其他厂商也将采取同样的措施，以维护自己的市场占有率，因此该厂商的销售量实际只有 $Q_3$，即介于 $Q_1$ 和 $Q_2$ 之间，厂商实际只能移动到 B 点。当厂商意识到这点之后，厂商的主观需求曲线就会做出相应的调整，改为通过 B 点的 $d_2$。相反，如果厂商将它的价格由 $P_1$ 提高至 $P_3$，厂商按照主观需求曲线 $d_1$ 会预期自己的需求量将降低至 $Q_4$，但由于其他厂商也同样采取提价措施，该厂商需求量的下降并不像预期的那么多，实际的需求量为

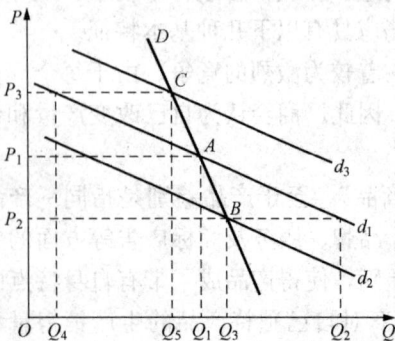

图 6-18 垄断竞争厂商所面临的需求曲线

$Q_5$，即厂商实际移动到 $C$ 点，厂商的主观需求曲线也将随之调整至通过 $C$ 点的 $d_3$。根据客观需求曲线的定义，连接 $A$、$B$、$C$ 三点的曲线 $D$ 即是客观需求曲线。

（3）$d$ 曲线与 $D$ 曲线的关系

当所有厂商同样调整价格时，整个市场价格的变化会使单个垄断竞争 $d$ 曲线沿着 $D$ 曲线上下移动。$d$ 曲线表示单个改变价格时预期的产量，而 $D$ 曲线表示单个厂商在每一价格水平实际面临的市场需求量或销售量，所以 $d$ 曲线与 $D$ 曲线相交，意味着垄断竞争市场的供求平衡状态。客观需求曲线 $D$，更缺乏弹性，所以更陡峭一些，主观需求曲线弹性较大，较平坦些。

2. 收益曲线

由于厂商的平均收益 AR 总是等于该销售量是的价格 $P$，因此平均收益曲线就是厂商的需求曲线。需求曲线向右下方倾斜，则平均收益曲线也是向右下方倾斜的，且两线重合。平均收益递减，则边际收益必定也是递减的，并且小于平均收益。所以与垄断厂商类似，垄断竞争厂商的边际收益（MR）曲线也是位于平均收益 AR 曲线之下且较 AR 曲线更为陡峭。

### 三、垄断竞争厂商的短期均衡

垄断竞争厂商的在短期内会通过调整它的产量和价格来实现它的利润最大化目标。

如图 6-19 所示，SMC 是代表性厂商的边际成本曲线，$d_1$ 是厂商的主观需求曲线，$D$ 是厂商的客观需求曲线。假定厂商一开始处于 $A$ 点，此时产量是 $Q_0$，价格为 $P_0$。厂商为了实现利润最大化，会按照 $MR_1 = MC$ 的原则来调整其价格和产量，即沿着主观需求曲线调整至 $B$ 点，此时价格是 $P_1$，产量为 $Q_1$。由于在行业中的其他厂商也面临着相同的情况，每个厂商都在假定其他厂商不改变产量和价格的条件下根据自己的利润最大化原则降低了价格。于是，当其他厂商都降低自己产品的价格时，代表性厂商实际的需求量不能增加到 $Q_1$，而只能是 $Q_0$ 和 $Q_1$ 之间的一点 $C$，需求量只有 $Q_2$。厂商的主观需求曲线

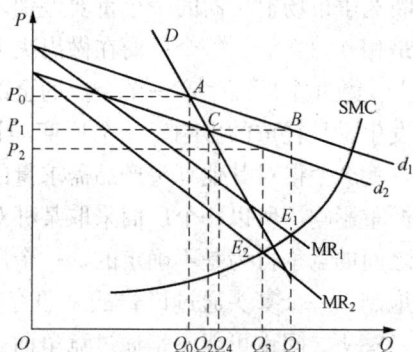

图 6-19 垄断竞争厂商在短期内的生产调整过程

也修正到通过 $C$ 点的 $d_2$，边际收益曲线也相应调整至 $MR_2$。这样该厂商在 $P_1$ 的价格下无法实现最大利润，必须进一步做出调整。按照厂商利润最大化的条件 $MR_2 = MC$，厂商将会把价格进一步降低至 $P_2$，厂商预期自己的需求量将会增加至 $Q_3$。但是由于其他厂商采取同样的行动，该厂商的需求量实际只能沿客观需求曲线增加到 $Q_4$，厂商在 $P_2$ 价格下仍无法实现最大利润。依此类推，厂商的价格还需做出进一步的调整，其主观需求曲线也将沿客观需求曲线不断移动。

上述调整过程实际是一个"试错"的过程，这一"试错"过程不断进行，一直持续到实现短期均衡状态为止。如图 6-20 所示，厂商实现短期均衡时，必须满足如下条件：①厂商的产量 $Q_E$ 符合 $MR = MC$

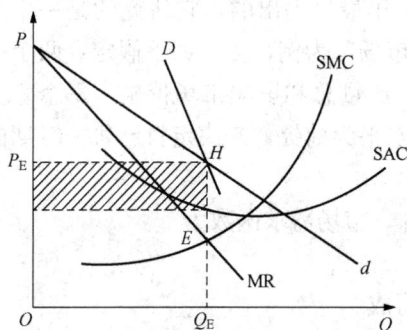

图 6-20 垄断竞争厂商的短期均衡

的原则，厂商实现了利润最大化，因而厂商没有动力改变目前的状态；②厂商此时的产量和价格决策恰位于主观需求曲线与客观需求曲线的交点 $H$，亦即厂商按自己能够感觉到的主观需求曲线所做出的价格产量决策恰和其他厂商也做出同样调整的价格产量决策相一致。

垄断竞争厂商实现短期均衡时的利润如图 6-20 中阴影部分所示。当然，和垄断厂商、完全竞争厂商一样，垄断竞争厂商也可能获得经济利润，也可能经济利润为零，甚至是亏损，经济利润为负。这主要取决于厂商所面临的需求曲线与其平均成本曲线的位置，如果厂商的平均成本曲线位于需求曲线之上，也就是说，厂商的平均成本太高或者需求太低，则厂商在短期内无论如何调整其价格和产量，都无法摆脱亏损的命运。

### 四、寡头垄断市场

#### （一）寡头垄断市场的特征

寡头垄断市场又称寡头市场，它是指少数几个厂商控制整个市场的产品的生产和销售的这样一种市场组织。寡头市场被认为是一种较为普遍的市场组织。西方国家中不少行业都表现出寡头垄断的特点。例如，美国的汽车业、电气设备业、罐头行业等，都被少数几家企业所控制。

寡头垄断市场的重要特征就是寡头间行为相互不独立，这也是与完全竞争、完全垄断和垄断竞争市场上厂商的一个重要差别。在完全竞争、完全垄断和垄断竞争市场上，厂商的行为是相互独立的，每个厂商在做出决策时都无须考虑其他厂商会做出什么反应。由于寡头市场上少数几个厂商生产一个企业的全部或绝大部分产量，因此每一个厂商的行为都会对该市场发生举足轻重的影响。一个厂商通过产品降价或新模式产品的推出而扩大自己产品的市场，就会使得对其他寡头产品需求量的下降。因为一个厂商的行为会对本产业整个产品市场发严重影响，所以一个厂商采取某种对策扩大自己的产量，会遇到其他对手的反对行为。厂商之间的竞争行为是不确定的。一个厂商通过降价来扩大自己的市场份额可能会导致对手如法炮制。一个寡头通过广告战来争夺市场，也会引起对手用相同手法来遏制它的行为。当然，寡头之间也可能不是通过竞争而是通过合作的方式共同谋取好处。

寡头厂商的价格和产量的决定是一个很复杂的问题。当前，在西方经济学中，还没有一个寡头市场模型，可以对寡头市场的价格和产量的决定做出一般性的理论总结。本部分将介绍几种常见的模型，主要包括古诺模型、斯威齐模型、卡特尔等。

#### （二）几种常见模型

##### 1. 古诺模型

古诺模型是由法国经济学家奥古斯丁·古诺于 1838 年最早提出的，它研究的是一个双寡头垄断市场。古诺以"拥有两个零边际成本的矿泉水市场"为例，提出如下假定：两个寡头厂商 A 和 B 生产同一种产品；厂商产量为独立变量，产量总和影响市场价格；每个寡头均以实现利润最大化为目的，以对方产量维持前一时期水平为前提，来决定自己每一时期的产量；两家厂商面临相同的需求曲线。

假设 A 厂商和 B 厂商所生产的产量分别为 $Q_A$ 和 $Q_B$，市场需求函数为

$$P = 90 - Q \tag{6-7}$$

由于市场供给量是 $Q_A + Q_B$，所以需求函数也可以写成

$$P = 90 - Q_A - Q_B \tag{6-8}$$

由于成本为零，厂商 A 的利润可以写成

$$\pi_A = P \cdot Q_A = (90 - Q_A - Q_B)Q_A = 90Q_A - Q_A Q_B - Q^2 A \qquad (6-9)$$

假定厂商 B 的产量不变，则厂商 A 要实现利润最大化，必须要满足一阶条件

$$\partial \pi / \partial Q_A = 90 - Q_B - 2Q_A = 0 \qquad (6-10)$$

可以求出

$$Q_A = 45 - 0.5Q_B \qquad (6-11)$$

该式称为厂商 A 的反应函数。它表示了在厂商 B 的各种产量水平上，厂商 A 在最大利润原则下所要生产的产量组合。也可以说，对于厂商 B 的每一个产量 $Q_B$，厂商 A 都会做出最优反应，确定自己能够带来最大利润的产量 $Q_A$。

同样的方法，可以求得厂商 B 的反应函数为

$$Q_B = 45 - 0.5Q_A \qquad (6-12)$$

可以看出，只要一个厂商变动产量，另一个厂商也必须跟着变动自己的产量。所以市场实现均衡时就意味着两家厂商的产量引起对方的反应是相容的，这时两个厂商都没有变动产量的意愿。所以上述两个反应函数必须同时成立。将两个反应函数联立，即可解得厂商的均衡解为

$$Q_A = Q_B = 30 \qquad (6-13)$$

由于市场总容量是 90，也就是说，两个厂商均衡的产量都是市场容量的 1/3，两个寡头厂商的总产量实际只有市场总容量的 2/3。剩余的 1/3 的市场容量是寡头垄断的市场所无法满足的，因而可以看作是寡头垄断给社会所造成的损失。

推而广之：寡头厂商提供产量=市场容量×1/（厂商数目+1）。

2. 斯威齐模型

斯威齐模型是美国经济学家保罗·斯威齐于 20 世纪 30 年代所建立。由于寡头厂商之间价格战的结果往往是两败俱伤，竞争的双方利润都趋向于零。所以在寡头垄断市场上，产品的价格往往比较稳定，厂商比较喜欢采用非价格竞争方式，即便采用价格战的方式也是非常慎重的。寡头厂商不愿轻易地变动产品价格，价格能够维持一种比较稳定的状态的情况，被称之为价格刚性。斯威齐模型就是解释在寡头垄断市场上出现的这种价格刚性现象。

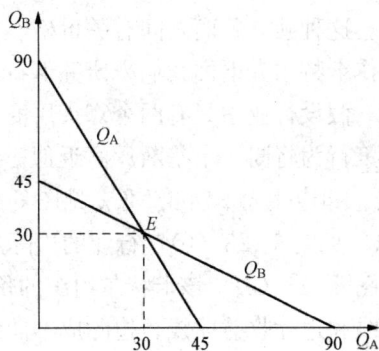

图 6-21　古诺均衡

斯威齐首先假定：当一个寡头厂商降低价格的时候，其他厂商会跟着降价；当一个寡头厂商提高价格的时候，其他厂商会保持价格不变。做这样的假定的原因是，当一个厂商降低它的产品的价格的时候，其他厂商如果不跟着降价，那么其他厂商的市场份额就会减少，从而产量下降，利润下跌；而当一个寡头厂商提高它的产品价格的时候，如果其他厂商价格保持不变，那么提价的厂商的一部分市场份额将会自动被其他厂商瓜分，从而其他厂商的产量会上升，利润会增加。所以需求曲线称呈现弯折的形状，称为弯折的需求曲线。

斯威齐模型的具体形式见图 6-22。假定厂商原来处于 A 点，即产量为 $Q_1$，价格为 $P_1$。按照斯威齐的假定，厂商提价的时候，其他厂商价格不变，因而厂商的需求量将会下降很多，即产品富有弹性，相当于图中 AE 段的需求曲线；当厂商降价的时候，其他厂商的价格也下降，因而厂商的需求量不会增加很多，从而产品是缺乏弹性的，相当于图中 AD 段。与

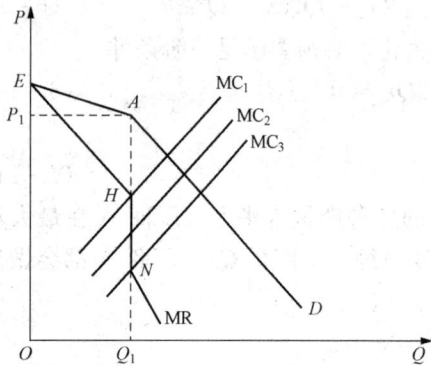

图 6-22 折弯的需求曲线

需求曲线相对应的边际收益曲线也标在图 6-22 中，可以看出，在 $H$ 点与 $N$ 点之间，边际收益曲线有一个较大的落差。如果厂商的边际成本为 $MC_2$ 所代表，厂商的产量和价格分别将是 $Q_1$ 和 $P_1$；如果厂商边际成本提高至 $MC_1$，厂商的产量和价格仍然是 $Q_1$ 和 $P_1$；如果厂商的边际成本降低到 $MC_3$，厂商的利润最大化的产量和价格仍然不变。由此可见，厂商的成本即使在一个很大的范围内发生变动，只要是在 $H$ 和 $N$ 之间，厂商的产量和价格仍将保持稳定。

虽然斯威齐模型有助于说明寡头市场的价格刚性现象，但也有很多的经济学家提出了批评意见。这些批评主要集中在两点：第一，如果按照斯威齐模型，寡头市场应该具有比垄断市场更为刚性的价格，但是实证的结论与此正好相反；第二，斯威齐模型只是解释了价格一旦形成，则不易发生变动，但这个价格是如何形成的，却没有给出说明。

3. 卡特尔的价格与产量决定

通过以上的模型可以知道，寡头厂商之间的竞争会使厂商受到损失，甚至导致厂商亏损或者破产。为了避免出现这种情况，寡头厂商经常会相互勾结（或者称串谋），以期获得更大的利润。厂商之间的勾结形式是多样的，本节只研究厂商之间通过正式协议相互勾结的情况。这种独立厂商之间有关价格、产量和瓜分市场销售区域的明确协议（通常是正式协议），叫作卡特尔。下面我们来研究卡特尔的价格与产量决定问题。

假设行业中只有两个寡头厂商 A 和 B，且两者通过卡特尔协议来瓜分市场，该卡特尔的决策行为将同一个垄断厂商近似。两个厂商具有不同的成本曲线，厂商 A 的平均成本曲线 $AC_A$ 和边际成本曲线 $MC_A$ 见图 6-23 (a)，厂商 B 的平均成本曲线 $MC_B$ 和边际成本曲线 $MC_B$ 见图 6-23 (b)，行业的边际成本曲线 MC 可由两厂商的边际成本曲线横向加总得到，见图 6-23 (c)。该卡特尔组织的价格决策过程可从图 6-23 (c) 得到。根据市场总的需求曲线和边际收益曲线、边际成本曲线，卡特尔组织会按照 $MR＝MC$ 的原则，选择使卡特尔组织利润最大化的产量 $Q^*$ 和价格 $P^*$。在总产量 $Q^*$ 一定的情况下，卡特尔组织会按照边际成本原理来给各个厂商分配产量。图 6-23 (c) 中 MR 与 MC 的交点，确定了厂商分配产量时的边际成本水平，再由这条虚线与各家厂商的边际成本曲线的交点来确定各自的产量 $Q_A$

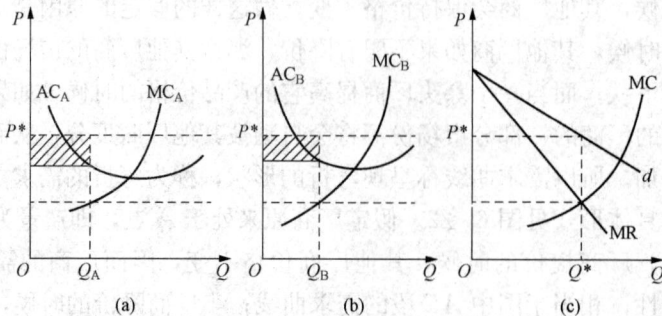

图 6-23 卡特尔的利润最大化决策

和 $Q_B$，结果每个厂商均实现了利润最大化。

如果卡特尔组织并没有垄断整个市场，它的决策行为将稍有不同。以石油输出国组织欧佩克（OPEC）为例。在世界石油市场上，除了欧佩克的石油供给外，还有俄罗斯、英国、美国、中国等国出产石油，因而欧佩克的产量和价格决策必须要把这些因素考虑进去。图6-24是欧佩克作为一个卡特尔组织的决策的示意图。图中 TD 是石油市场的总需求曲线，$S_C$ 是非欧佩克产油国的供给曲线。以 TD 曲线和 $S_C$ 曲线横向相减得到欧佩克所面临的需求曲线 $D_{OPEC}$。

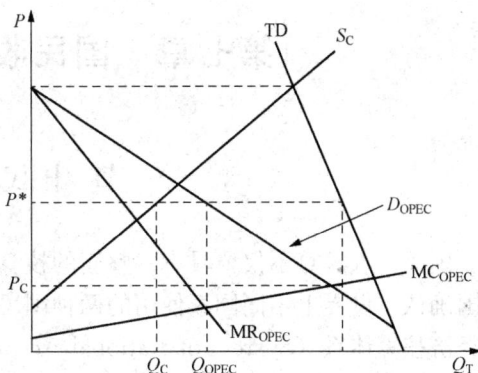

图 6-24 欧佩克卡特尔的价格决定

欧佩克将按照它的利润最大化原则来制定它的价格和产量，产量 $Q_{OPEC}$ 将位于 MC 和 $MR_{OPEC}$ 的交点，从它的需求曲线知道其价格将是 $P^*$，在此价格下，非欧佩克的产量将是 $Q_C$。欧佩克和非欧佩克的总产量将是 $Q_T$。如果没有像欧佩克这样的卡特尔，厂商之间的竞争将使得价格降到 $P_c = MC$。可以看出 $P^*$ 比 $P_c$ 高很多，这也反映出欧佩克具有相当强的垄断能力，可以把价格抬到竞争性价格以上很多。之所以能做到这一点，是因为世界石油市场的总需求是缺乏弹性的，而非欧佩克成员国的石油供给也是缺乏弹性的。

可以看出，卡特尔要成功地控制价格需要具备 3 个条件：①产品的总需求是缺乏弹性的，否则的话卡特尔提价的余地很小；②卡特尔必须控制大部分市场，非卡特尔的供给也是缺乏弹性的；③卡特尔对其成员分配的产量和制定的价格必须能够得到严格遵守。但是要满足这 3 个条件并非容易，所以并不是所有的卡特尔都能成功。首先一个原因，所有的卡特尔成员都是在价格高于边际成本的条件下运行，如果某个成员暗中增加产量，它的利润就将增加，所以卡特尔成员有"越轨"的动机；其次，卡特尔成员之间的生产成本不同、经营目标各异、所要求的价格目标也不相同，因此就难以保证所有成员都能严格地履行协议。如果出现一些成员的"越轨"现象，很容易导致卡特尔的瓦解。所以从总体上说，卡特尔协议是不稳定的。

## 本章思考题

1. 完全竞争厂商的短期供给曲线是它的哪一条成本曲线的哪一个线段，为什么？

2. 某完全竞争行业中单个厂商的短期成本函数为 $STC = 0.1Q^3 - 2Q^2 + 15Q + 10$，求市场价格降为多少时，厂商必须停产？

3. 已知某完全竞争行业的单个厂商的短期成本函数为 $STC = 0.1Q^3 - 2Q^2 + 15Q + 10$，求：（1）当市场上的产品价格为 55 时，厂商的短期均衡产量及其利润；（2）当市场价格下跌到什么时候企业会选择停产？（3）企业的短期供给曲线是什么？

4. 短期均衡时，完全竞争厂商与完全垄断厂商有何不同？

5. 已知一垄断厂商的成本函数为 $TC = 5Q^3 + 20Q^2 + 10$，需求函数为 $Q = 140 - P$，试求该厂商利润最大化的产量、价格、利润。

6. 分析为什么说垄断竞争兼有竞争和垄断的因素？

# 第七章　国民收入核算理论与方法

## 第一节　国民收入核算总量指标

国民收入核算不仅要具有一整套的核算指标，还需要创建一种科学严密的核算体系。联合国确认了世界上不同国家使用的两种国民收入核算体系，一种是适用于市场经济各国的国民经济核算体系（System of National Accounting，SNA）；另一种是适用于中央计划经济各国的物质产品平衡体系（Material Product System，MPS）。作为宏观经济学基础的是国民经济核算体系，在创建这一核算体系中做出重要贡献的是美国经济学家库兹涅茨（S. Kuznets）和英国经济学家斯通（R. Stone）。

国民收入核算体系（national income accounting system）提供特定时期内，一国真实经济活动及其成就的系统记录。美国经济学家库兹涅茨从 20 世纪 20 年代起，就开始研究如何计量国民收入，1934 年出版了《1929—1932 年的国民收入》，计算方法日趋完善。20 世纪 40 年代初英国经济学家斯通对英国的国民收入进行了计算，战后为联合国制定了标准的国民收入核算体系，已为 100 多个国家所采用。

在国民收入核算体系中，国民收入总量是最重要的，也是经常用于表示经济成就的总量，主要有以下 5 个国民收入总量指标：① 国民生产总值（Gross National Product，GNP）；② 国民生产净值（Net National Product，NNP）；③ 国民收入（National Income，NI）；④ 个人收入（Personal Income，PI）；⑤ 个人可支配收入（Personal Disposable Income，PDI）。

### 一、国民生产总值（GNP）与国内生产总值（GDP）

GNP 与 GDP 都是衡量国民收入的总量指标，都是指广义的国民收入，都是反映一个国家在一年内新创造的价值总量。所不同的是前者是国民性概念，后者是地域性概念。GDP 是指在一定时期内（一般是一年内）一个国家境内生产最终产品和劳务的市场价值之和。GNP 是指在一定时期内（一般是一年内）一个国家的全体国民生产最终产品和劳务的市场价值之和。因此海尔纽约分公司的收入要计入美国的 GDP，但不计入美国的 GNP 中，而计入中国的 GNP。反之，通用上海分公司的收入计入中国的 GDP，但构成美国 GNP 的一部分。美国在 1991 年 11 月之前都是采用 GNP 作为对经济总产出的基本测量指标，后来改用 GDP。目前大部分国家都采用 GDP，因此下节中以核算 GDP 为例来介绍国民收入核算的 3 种方法。

### 二、国民收入（NI）

SNA 体系下的国民收入有广义和狭义两个定义。狭义的国民收入是统计意义上的国民收入。统计上使用的 NI 是指一国在一定时期内用于生产的各种要素所得到的全部收入之和。简单地讲，狭义的国民收入体现为各种要素收入之和。根据微观经济学的介绍，经济学中的生产要素为劳动、资本、自然资源和企业家才能。生产要素投入生产获取报酬，不同生产要素所获取的报酬也不同。劳动的报酬体现为工资，资本的报酬体现为利息，自然资源的报酬体现为租金，管理的报酬体现为利润。在这里要注意的是，要素的报酬采用的是机会成本的概念，无论出处在哪里，都要用市场价格进行计算。因此，SNA 体系下统计意义上的国民收入是指劳动、资本、自然资源和管理四种生产要素投入生产所获取的各种报酬。

### 三、国民生产净值（NNP）

狭义的国民收入代表了一国国民所创造出来的大部分财富，但是不是财富的全部。实际的经济运行中，还有一部分收入体现为非要素收入。SNA 体系下，国民生产净值是指一个国家在一定时期内所生产的最终产品按市场价格计算的净值，表现为要素收入和非要素收入之和。非要素收入主要包括间接税和企业转移支付。间接税是与直接税相对而言的，是指可以将一部分或全部转移给他人的税收，包括关税、营业税等等。可以看出，间接税是在流通过程中被政府所征收的，在企业中体现为企业的生产成本，不体现为要素收入。所以间接税是一国国民一年中新创造的财富的一部分，而且是要素收入之外的那部分。企业的转移支付是指企业的各种捐赠活动，如希望工程、抗震救灾等等。企业的转移支付与间接税具有同样的性质，是一国国民一年中新创造的财富的一部分，体现为非要素收入。

### 四、国民生产总值（GNP）

国民生产净值仍然没有完全体现一国国民一年所创造出来的全部财富，还缺一部分，那就是折旧。SNA 体系下，GNP 是指一个国家一定时期内生产出来的最终产品的市场价值之和，表现为国民生产净值加上折旧。严格意义上，折旧并不全部是一国国民所创造出来的财富，是在生产过程中，固定资产一次性投入后逐步回收的一部分成本。但是在现实经济生活中，折旧包括自然损耗和精神损耗。精神损耗是由技术进步造成的，包含了一部分新创造的价值，体现为一国国民新创造财富的一部分。由于统计过程中很难区分折旧是由那种损耗形成的，因此规定折旧全部构成一国国民所新创造的财富。GNP 也被称为广义的国民收入，通常所说的国民收入也是这种广义的国民收入。

### 五、个人收入（PI）

PI 是指一个国家一定时期内个人从各种来源所得到的所有收入之和。个人收入不等同于国民收入。一部分包含在国民收入中的收入并不体现为个人收入，比如企业利润。企业利润包括个人红利、企业所得税和为用于分配的利润等 3 部分。显然个人收入只包含个人红利，企业所得税和未用于分配的利润属于国民收入，不属于个人收入。另外一部分包含在个人收入中的收入不体现为国民收入，比如企业的转移支付和政府发放给个人的各种福利补贴。

### 六、个人可支配收入（DPI）

DPI 是 SNA 体系下进行经济分析的一个非常重要的总量指标，表示了一国国民可以实际运用、消费和投资的资源的数量。个人可支配收入是指个人收入除去所缴纳个人所得税后的收入，是人们可以直接用来消费或储蓄的收入。下面我们用 2002 年美国的材料说明上述 5 个总量指标，见表 7-1。

**表 7-1**　　　　　　　　**美国 2002 年 GDP 和个人可支配收入**　　　　　　　单位：10 亿美元

| 指标 | 加减数额 | 总额 |
| --- | --- | --- |
| 国民生产总值（GNP） |  | **10 436.7** |
| 减：固定资本消耗 | 1393.5 |  |

续表

| 指标 | 加减数额 | 总额 |
|---|---|---|
| 等于：国民生产净值（NNP） | | **9043.2** |
| 减：企业间接税及非税支付 | 800.4 | |
| 企业转移支付 | 44.1 | |
| 统计误差 | −116.7 | |
| 加：政府补助金 | 32.5 | |
| 等于：国民收入（NI） | | **8347.9** |
| 减：公司留利、社会保险税等 | 2219.1 | |
| 加：个人利息和红利收入 | 1512.3 | |
| 政府和企业对个人的转移支付 | 1288.0 | |
| 等于：个人收入（PI） | | **8929.1** |
| 减：个人所得税及非税支付 | 1113.6 | |
| 等于：个人可支配收入（DPI） | | **7815.5** |

## 第二节　国民收入的核算方法

国民收入的核算方法是国民收入核算体系中的重要内容。世界各国采用的核算方法不尽相同，有支出法、收入法（生产要素法）和生产法（最终产品法）3 种，下面分别加以介绍。

### 一、用生产法核算 GDP

生产法又称最终产品法，它是直接按照循环流动模型进行计算的。从宏观经济学来说也是一种最有用的计算国民生产总值的方法。这种方法是从产品的使用出发，把一年内购买各项最终产品的支出加总起来，计算出该年内生产出来的产品与劳务的市场价值，也就是把购买各种最终产品所支出的货币价值加在一起，得出社会最终产品流量的货币价值总和。如果用 $Q_1$、$Q_2$、$Q_3 \cdots Q_N$ 来表示各产品与劳务的产量，用 $P_1$、$P_2$、$P_3 \cdots P_N$ 表示各种产品与劳务的价格，其计算公式是

$$\text{国内生产总值} = P_1 \cdot Q_1 + P_2 \cdot Q_2 + P_3 \cdot Q_3 + \cdots + P_N \cdot Q_N \qquad (7-1)$$

用这种方法计算国内生产总值，要注意以下几点。

（1）GDP 是指最终产品的价值，而不是中间产品价值。目的在于避免重复计算（double counting）。所谓最终产品（final products）是指最终供人们使用或消费而不是为了转卖或为进一步加工所购买的商品和服务。中间产品（intermediate products）并不是供人们最终使用的产品，他们是在生产各阶段中投入生产的产品或劳务，还须经过若干次加工才能成为最终产品。因此最终产品的价值，已经包括了为制造它而投入的中间产品的价值。如果在计算国内生产总值时，把中间产品的价值也包括在内，必然产生重复计算产值的情况。例如，矿工开采铁矿石以后，矿业主将它卖给钢铁公司。该公司将铁矿石冶炼成钢并卖给机器制造公司，假定由它制成小汽车卖给消费者。按最终产品法计算国民生产总值，就不能将铁

矿石的价值、钢的价值和小汽车的价值加在一起计算，因为这样一来，铁矿石的价值重复计算 3 次，钢的价值重复计算两次，只能是计算最终产品小汽车的价值。由于最终产品的价值包括所用的原料、劳动和其他生产劳务的全部价值在内，一年之中，任何中间产品所使用的生产要素的价值必然会表现在最终产品之中。企业购置的机器之类的生产资料，不像原材料那样直接地加入到最终产品中去，因此只是当这些机器和其他生产资料达到它们的最终使用者手中时才计算在国内生产总值中。

（2）GDP 是指当年内生产出来的最终产品的市场价值，因此在计算时不应包括以前某一时期生产的最终产品的市场价值。若某人于 2009 年花 30 万元买了一套二手房，这 30 万元不能计入 2009 年的 GDP，因为它在生产年份已经计算过了，但买卖这套二手房的中介费用可计入 2009 年的 GDP，因为这费用是中介公司在买卖二手房中提供的劳务报酬。

（3）GDP 是一定时期内所生产而不是所售出的最终产品的价值。生产出来而未售出的部分可以看作是企业自己买下来的部分，因而是存货投资，也计入 GDP。从量上来看，生产出的产品价值与售出的产品价值可能相等，也可能不相等。

（4）GDP 一般仅指市场活动导致的价值。不经过市场销售的最终产品不计入 GDP 中。例如，家务劳动、自给性生产等非市场活动不计入 GDP 中。

（5）GDP 中的最终产品不仅包括有形的最终产品，而且包括无形的最终产品——劳务。例如，旅游、服务、卫生、教育等行业提供的劳务，按其所获得的报酬计入国内生产总值中。

在实际的统计过程中，最终产品的确定存在一定的难度，有些产品可能既是最终产品，又是中间产品。比如棉布，在市场上直接销售就是最终产品，如果被制衣厂买来做成衣，就是中间产品。因此实际核算中总是计算产品的增加值，结果与计算最终产品是一样的。以一件衬衣的生产为例。假设一件衬衣的生产要经过 4 个生产阶段：种棉、纺纱、织布、制衣。假设棉花的价值是 20 元，且全部为当年新生产的价值。再假定棉花纺成纱售价 25 元，于是纺纱厂生产的价值是 5 元，也就是棉纱在棉花的基础上新增加了 5 元的价值。25 元的棉纱织成布售价 35 元，于是织布厂生产的价值是 10 元，也就是棉布在棉纱的基础上新增加了 10 元的价值。棉布制成衬衣售价 50 元，于是制衣厂生产的价值是 15 元。现在我们通过核算全部产品新增加的价值来计算 GDP＝20＋5＋10＋15＝50，刚好是最终产品衬衣的价值 50 元。因此一件最终产品的价值等于这件产品在整个生产过程中价值的增值。因此 GDP 也可以计算所有产品的价值增值来进行核算。

实际核算中，通常是指按提供物质产品与劳务的各个部门的产值来计算国内生产总值。各生产部门要把使用的中间产品的产值扣除，只计算所增加的价值。商业和服务等部门也按增值法计算。卫生、教育、行政、家庭服务等部门无法计算其增值，就按工资收入来计算其服务的价值。

按生产法核算国内生产总值，可以分为下列部门：农林渔业；矿业；建筑业；制造业；运输业；邮电和公共事业；电、煤气、自来水业；批发、零售商业；金融、保险、不动产；服务业；政府服务和政府企业。把以上部门生产的国内生产总值加总，再与国外要素净收入相加，考虑统计误差项，就可以得到用生产法计算的 GDP 了。

**二、用支出法核算 GDP**

在现实生活中，产品和劳务的最后使用，主要是居民消费、企业投资、政府购买和出口。因此，用支出法核算 GDP，就是核算一个国家或地区在一定时期内居民消费、企业投资、政府购买和出口这几方面支出的总和。

（1）居民消费（用字母 C 表示），包括所有家庭对国内生产的和进口的商品和劳务的总消费，主要分为耐用消费品、非耐用消费品和劳务 3 种。能使用一年以上的消费品如汽车、电视机、家具等称为耐用消费品，一年以下的是非耐用消费品，如食物、肥皂、汽油等。在不易划清两者的界限时，只能加以硬性规定，如衣服一概视为非耐用消费品。劳务中包括租房的租金。

在消费的商品和服务中有少数项目并不通过市场途径到达消费者手中，这包括农民自产农产品的自行消费部分和自有房屋估算的租金价值。这一部分产值不能计入国内生产总值。

（2）企业投资（用字母 I 表示），是指增加或更新资本资产（包括厂房、机器设备、住宅及存货）的支出。投资包括固定资产投资和存货投资两大类。固定资产投资指新造厂房、购买新设备、建筑新住宅的投资等，主要分为住宅投资和非住宅投资。为什么住宅建筑属于投资而不属于消费呢？因为住宅像别的固定资产一样是长期使用、慢慢地被消耗的。存货投资是企业掌握的存货价值的增加（或减少），表现为期末的存货减去期初的存货。如果年初全国企业存货为 2000 亿美元而年末为 2200 亿美元，则存货投资为 200 亿美元。存货投资可能是正值，也可能是负值，因为年末存货价值可能大于也可能小于年初存货。企业存货之所以被视为投资，是因为它能产生收入。

计入 GDP 中的投资是指总投资，即重置投资与净投资之和，重置投资也就是折旧。

投资和消费的划分不是绝对的，具体的分类则取决于实际统计中的规定。

（3）政府购买（用字母 G 来表示），是指各级政府购买物品和劳务的支出，它包括政府购买军火、军队和警察的服务、政府机关办公用品与办公设施、举办诸如道路等公共工程、开办学校等方面的支出。政府支付给政府雇员的工资也属于政府购买。政府购买是一种实质性的支出，表现出商品、劳务与货币的双向运动，直接形成社会需求，成为国内生产总值的组成部分。政府购买只是政府支出的一部分，政府支出的另一部分如政府转移支付、公债利息等都不计入 GDP。政府转移支付是政府不以取得本年生产出来的商品与劳务的作为报偿的支出，包括政府在社会福利、社会保险、失业救济、贫困补助、老年保障、卫生保健、对农业的补贴等方面的支出。政府转移支付是政府通过其职能将收入在不同的社会成员间进行转移和重新分配，将一部分人的收入转移到另一部分人手中，其实质是一种财富的再分配。有政府转移支付发生时，即政府付出这些支出时，并不相应得到什么商品与劳务，政府转移支付是一种货币性支出，整个社会的总收入并没有发生改变。因此，政府转移支付不计入国内生产总值中。

（4）净出口（用字母 X−M 表示，X 表示出口，M 表示进口）是指进出口的差额。进口应从本国总购买中减去，因为它表示收入流到国外，同时，也不是用于购买本国产品的支出；出口则应加进本国总购买量之中，因为出口表示收入从外国流入，是用于购买本国产品的支出，因此净出口应计入总支出。净出口可能是正值，也可能是负值。

把上述 4 个项目加起来，就是用支出法计算 GDP 的公式为

$$GDP = C + I + G + (X - M)$$ （7-2）

### 三、用收入法核算 GDP

生产要素法又称要素收入法（factor income approach）或称对要素支付法（factor payments approach）。一件产品的销售收益中，除了包括工资、利息、租金、利润等各项收入外，还包括从其他厂商购进的原材料和零部件的价值。这些产品是中间产品，因此自销售总收益中减去从其他厂商购买的量，剩下的必然是最终产品的销售量。同时，销售收益减去向其他厂商购买的量又等于工资、利息、租金和利润的总和。因此，收入法是从收入的角度出发，把生产销售收益中所形成的各种收入加起来，即把工人劳动得到的工资、土地建筑物等财产所有人得到的租金、贷款者得到的利息和股东得到的利润加起来，就能计算出国民收入，再经过调整就得出国内生产总值。在没有政府的简单经济中，企业的增加值即其创造的国内生产总值，就等于要素收入加上折旧。前面提到了，要素收入主要表现为工资、利息、利润和租金。工资和薪水及补助项目，表示生产中劳动投入的费用，其中补助项目中，包括雇主按法律所应支付的职工社会保险金、医疗保险金、养老金等。租金收入是土地、建筑物所有人得到的租金收入和专利权使用费等的收入及自己住房的租金估算等。净利息收入包括家庭收入的利息和付出的利息的净值。公司利润是公司股东名下的全部收入，其中股息是股东实际分得的，公司利润税是上缴政府的，未分配的公司利润是保留在公司中作为扩大投资之用，其余是用来调整存货和折旧数量的，最后一项业主收入是独立业主和非公司企业所有人的收入。政府介入后，政府往往征收间接税，这时的 GDP 还应包括间接税和企业转移支付。间接税是对产品销售征收的税，它包括货物税、周转税。这种税收名义上是对企业征收，但企业可以把它打入生产成本之中，最终转嫁到消费者身上，故也应视为成本。同样，还有企业转移支付（即企业对非营利组织的社会慈善捐款和消费者呆账），它也不是生产要素创造的收入，但要通过产品价格转移给消费者，故也应看作成本。

这样，按收入法计算的公式就是：GDP＝工资＋利息＋利润＋租金＋间接税和企业转移支付＋折旧。

从理论上说，按支出法、收入法与生产法计算的 GDP 在量上是相等的，但实际核算中常有误差，因而要加上一个统计误差项来进行调整，使其达到一致。实际统计中，一般以国民经济核算体系的支出法为基本方法，即以支出法所计算出的国内生产总值为标准。

## 第三节 国民收入的基本公式

从支出法、收入法与生产法所得出的国内生产总值的一致性，可以说明国民经济中的一个基本平衡关系。总支出代表了社会对最终产品的总需求，而总收入和总产量代表了社会对最终产品的总供给。因此，从国内生产总值的核算方法中可以得出这样一个恒等式：总需求＝总供给。

这种恒等关系在宏观经济学中是十分重要的，是宏观经济学的理论精髓，它不但是储蓄—投资恒等式的基础，而且也是国名收入决定理论的基础。我们可以从国民经济的运行，即国民经济的收入流量循环模型，来分析这个恒等式。

理论研究是从简单到复杂、从抽象到具体的，所以从两部门经济入手研究国民经济的收入流量循环模型与国民经济中的恒等关系，进而研究三部门经济与四部门经济。

### 一、两部门经济中的收入流量循环模型与恒等关系

两部门经济指由企业和家庭这两种经济单位所组成的经济社会，这是一种最简单的经济。由于一个国家只有企业（厂商）和家庭（消费者）两个经济部门，没有政府活动，也没

有国际贸易活动,因此也就没有税收,没有进出口。为使分析简化,先不考虑折旧,这样就有 GDP＝NDP＝NI,都用 $Y$ 代表,国民收入的构成就可以从支出(总需求)和收入(总供给)两个方面来加以分析。

在两部门经济中,居民户向厂商提供各种生产要素、得到相应的收入,并用这些收入购买与消费各种产品与劳务;厂商购买居民户提供的各种生产要素进行生产,并向居民户提供各种产品与劳务。

在包括居民户与厂商的两部门经济中,总需求分为居民户的消费需求与厂商的投资需求。消费需求与投资需求可以分别用消费支出与投资支出来代表,消费支出即为消费,投资支出即为投资。所以:总需求＝消费＋投资。

如果以 AD 代表总需求,以 $C$ 代表消费,以 $I$ 代表投资,则可以把上式写为

$$Y = \text{AD} = C + I \tag{7-3}$$

总供给是全部产品与劳务供给的总和,产品与劳务是由各种生产要素生产出来的,所以,总供给是各种生产要素供给的总和,即劳动、资本、土地和企业家才能供给的总和。生产要素供给的总和可以用各种生产要素相应得到收入的总和来表示,即用工资、利息、地租和利润的总和来表示。工资、利息、地租和利润是居民户所得到的收入,假设居民户的总收入只有两种用途,不是用于消费,就是用于储蓄。所以总供给＝消费＋储蓄。

如果以 AS 代表总供给,以 $C$ 代表消费,以 $S$ 代表储蓄,则可以把式 7-3 写为

$$Y = \text{AS} = C + S \tag{7-4}$$

总需求与总供给的恒等式就是:

$$Y = \text{AD} = \text{AS} \tag{7-5}$$

即

$$C + I = C + S \tag{7-6}$$

如果两边同时消去 $C$,则可以写为:$I=S$,这就是储蓄—投资恒等式。其循环模型如图7-1所示。

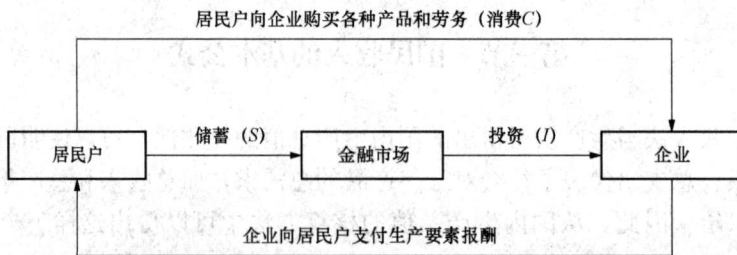

图 7-1　两部门经济收入流量循环图

## 二、三部门经济中的收入流量循环模型与恒等关系

三部门经济是指由厂商、居民户与政府这3种经济单位所组成的经济社会。政府的经济活动表现在:一方面有政府收入(主要是征税);另一方面,有政府支出(包括政府购买和政府转移支付)。国民收入的构成也可以从支出(总需求)和收入(总供给)两个方面来加以分析。

三部门经济的总需求中,由于政府转移支付已经在居民消费中进行计算,因此国民收入

就等于消费加投资再加上政府购买，即 $Y=AD=C+I+G$。

　　三部门经济的总供给中，除了居民户供给的各种生产要素之外，还有政府的供给。政府的供给是指政府为整个社会提供了国防、立法、基础设施等"公共物品"。政府要提供这些"公共物品"，必须得到相应的收入——税收。所以，可以用政府税收来代表政府的供给。从收入的角度来说，居民户的总收入只有在交完税以后才能用于消费或储蓄。因此：总供给＝消费＋储蓄＋税收。

　　如果以 $T$ 代表政府税收，则可以把上式写为

$$Y = AS = C + S + T \tag{7-7}$$

　　三部门经济中总需求与总供给的恒等就是

$$Y = AD = AS \tag{7-8}$$

即 $I+G=S+T$，或 $I=S+(T-G)$。$S$ 是居民储蓄，$(T-G)$ 是政府储蓄，这就是三部门经济中储蓄—投资恒等式。其循环模型如图7-2所示。

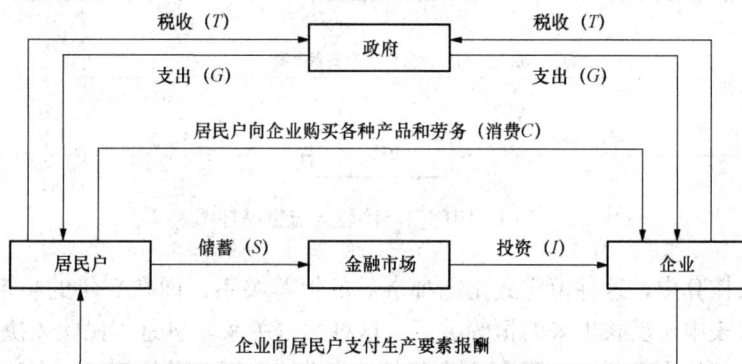

图7-2　三部门经济收入流量循环图

### 三、四部门经济中的收入流量循环模型与恒等关系

　　四部门经济是指由厂商、居民、政府和国外这四种经济单位所组成的经济社会。

　　在四部门经济中，国外部门的作用是：作为国外生产要素的供给者，向国内各部门提供产品与劳务，对国内来说，这就是进口；作为国内产品与劳务的需求者，向国内进行购买，对国内来说，这就是出口。四部门经济中国民收入的构成也可以从支出和收入两个方面来加以分析。

　　四部门经济的总需求不仅包括居民户的消费需求、厂商的投资需求与政府的需求，而且还包括国外的需求。国外的需求对国内来说就是出口，所以可以用出口来代表国外的需求。这样：总需求＝消费＋投资＋政府支出＋出口。

　　如果以 $X$ 代表出口，则可以把式写为

$$Y = AD = C + I + G + X \tag{7-9}$$

　　四部门经济的总供给中，除了居民户供给的各种生产要素和政府的供给外，还有国外的供给。国外的供给对国内来说就是进口，所以可以用进口来代表国外的供给。这样：总供给＝消费＋储蓄＋政府税收＋进口。

　　如果以 $M$ 代表进口，则可以把式7-9写为

$$Y = AS = C + S + T + M \tag{7-10}$$

四部门经济中总需求与总供给的恒等就是：

$$Y = AD = AS \qquad (7-11)$$

即

$$I + G + X = S + T + M \qquad (7-12)$$

其循环模型如图 7-3 所示。

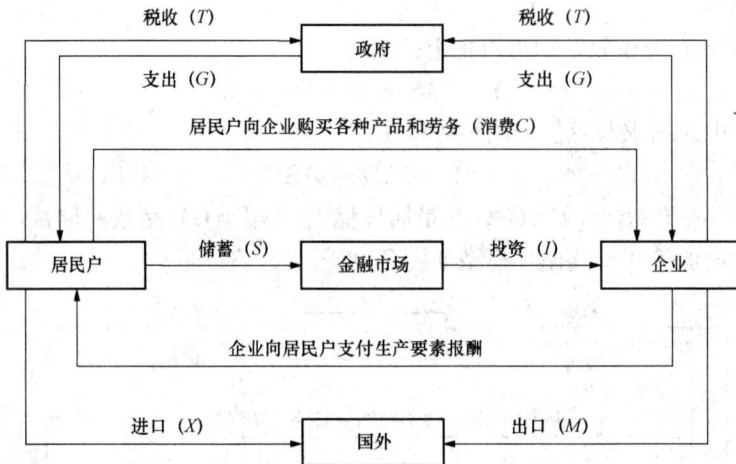

图 7-3  四部门经济收入流量循环图

在国民收入核算中，这种恒等式是一种事后的恒等关系，即在一年的生产与消费之后，从国民收入核算表中所反映出来的恒等关系。这种恒等关系，也是国民收入决定理论的出发点。但是，在一年的生产活动过程中，总需求与总供给并不总是相等的。有时总需求大于总供给，也有时总供给大于总需求。

## 第四节  名义 GDP 与实际 GDP

国内生产总值是最终产品市场价值的总和。因此，国内生产总值还要受价格水平的影响。同样的最终产品量按不同的价格会计算出不同的国内生产总值。按当年价格计算的国内生产总值称为名义国内生产总值。按不变价格计算的某一年的国内生产总值，称为实际国内生产总值。不变价格是指统计时确定的某一年（称为基年）的价格。假设某国最终产品以苹果和猪肉为代表，两种商品和 2009 年（现期）和 2000 年（基期）的价格和产量分别见表 7-2。

表 7-2                          名义 GDP 和实际 GDP

| | 2000 年名义 GDP | 2009 年名义 GDP | 2009 年实际 GDP |
|---|---|---|---|
| 苹果 | 10 万公斤×1 美元=10 万美元 | 20 万公斤×1.2 美元=24 万美元 | 20 万公斤×1 美元=20 万美元 |
| 猪肉 | 5 万公斤×10 美元=50 万美元 | 10 万公斤×15 美元=150 万美元 | 10 万公斤×10 美元=100 万美元 |
| 合计 | 60 万美元 | 174 万美元 | 120 万美元 |

可见，在同一时期生产销售同样数量的商品分别用现期价格和基期价格计算会得出不同

的总产值，只有当现期价格与基期价格相等时，总产值才能相同，即名义 GDP 才能等于实际 GDP。

名义国内生产总值是指按当年价格计算的国内生产总值，实际国内生产总值是指按以前某一年作为基期的价格计算的国内生产总值。

名义国内生产总值与实际国内生产总值之比，称为国内生产总值折算指数，即

$$GDP\ 折算指数 = \frac{某年名义\ GDP}{某年实际\ GDP} = \frac{\sum P_t Q_t}{\sum P_0 Q_t} \times 100\% \qquad (7-13)$$

式中：$P_t$ 为当年价格；$P_0$ 为基期价格；$Q_t$ 为当年产量；$\sum P_t Q_t$ 为当年名义 GDP；$\sum P_0 Q_t$ 为当年实际 GDP。在上例中，$174 \div 120 = 145\%$，即 GDP 折算数为 145%，说明从 2000 年到 2009 年该国价格水平上升了 45%。

国内生产总值折算数是重要的物价指数之一，能反映通货膨胀的程度。

在进行经济分析时，要注意区分名义国内生产总值与实际国内生产总值。例如，在研究经济增长率时，要根据实际国内生产总值。这是因为名义国内生产总值既反映了实际产量的变动，又反映了价格的变动。实际国内生产总值只反映产量的变动。只有根据实际国内生产总值，才能准确地反映国民经济的实际增长情况。

## 本章思考题

1. 在计算 GDP 时，必须注意哪几个问题？

2. 计算国内生产总值时，为什么要把中间产品剔除在外？如果计算了这些商品，结果会如何？试解释一种能解决中间产品问题的计算方法。

3. 试比较实际 GDP、名义 GDP 和人均 GDP 的概念。

4. 已知某一经济社会的如下数据：

工资 100 亿元　　　　利息 10 亿元　　　租金 30 亿元

消费支出 90 亿元　　　利润 30 亿元　　　投资支出 60 亿元

出口额 60 亿元　　　　进口额 70 亿元　　所得税 30 亿元

政府转移支付 5 亿元　政府用于商品的支出 30 亿元

试求：（1）按收入法计算 GNP；（2）按支出法计算 GNP；（3）计算政府预算赤字；（4）计算储蓄额；（5）计算净出口。

5. 假定国民生产总值是 5000，个人可支配收入是 4100，政府预算赤字是 200，消费是 3800，贸易赤字是 100（单位：亿美元）。试计算：（1）储蓄；（2）投资；（3）政府支出。

6. 假定某经济社会有 A、B、C 三个厂商，A 厂商年产出 5000 美元，卖给 B、C 和消费者。其中 B 买 A 的产出 200 美元，C 买 2000 美元，其余 2800 美元卖给消费者。B 年产出 500 美元，直接卖给消费者，C 年产出 6000 美元，其中 3000 美元由 A 买，其余由消费者买。

（1）假设投入在生产中用光，计算价值增加多少？

（2）计算 GDP 为多少？

（3）如果只有 C 有 500 美元折旧，计算国民收入。

# 第八章 失业与通货膨胀

## 第一节 失 业

### 一、失业的定义与衡量

失业是一种社会经济现象，是劳动力失去工作的状态。劳动力是指具有劳动能力的人。凡在法定的工作年龄范围内愿意并能够工作而没有工作，并正在寻找工作的人都是失业者。按《现代经济学词典》的解释，失业是"所有那些未曾受雇以及正在调往新工作岗位或未能按当时通行的实际工资率找到工作的人"。

各国对工作年龄和失业的范围都有不同的规定。在美国，工作年龄是 16~65 岁，在中国，工作年龄是 18~60 岁。属于失业范围的人包括：第一，新加入劳动力队伍第一次寻找工作，或重新加入劳动力队伍正在寻找工作已达 4 周以上的人；第二，为了寻找其他工作而离职，在找工作期间作为失业者登记注册的人；第三，被暂时辞退并等待重返工作岗位而连续 7 天未得到工资的人；第四，被企业解雇而且无法回到原工作岗位的人，即非自愿离职者。

衡量一个经济中失业状况的最基本指标是失业率。失业率是失业的劳动力占劳动力总数的百分比，用公式表示为

$$失业率＝失业人数/劳动力总数×100\% \qquad (8-1)$$

失业人数指属于上述失业范围，并到有关部门登记注册的失业者人数。劳动力总数指失业人数与就业人数之和。

### 二、失业的类型

按照不同的标准，可以对失业进行不同的分类。根据失业者的意愿，可以把失业分为自愿失业和非自愿失业。自愿失业是指社会上存在就业机会，但由于劳动者拒绝现有工资水平和劳动就业条件而不愿就业，从而引起失业。非自愿失业则是劳动者愿意接受现行工资水平和劳动就业条件，但由于种种条件的限制而找不到工作，从而引起失业。

依据失业的性质不同，可以分为自然失业和周期性失业。

（一）自然失业

自然失业（natural unemployment）是指由于经济中某些难以避免的原因所引起的失业，在任何动态市场经济中这种失业都是必然存在的。新古典经济学派和凯恩斯把这类失业归为摩擦性失业和自愿失业，现代经济学家按引起失业的具体原因把自然失业分成这样一些具体类型。

1. 摩擦性失业

摩擦性失业（frictional unemployment）是指经济中由于正常的劳动力流动而引起的失业。在一个动态经济中，各行业、各部门与各地区间劳动需求的变动是经常发生的。这种变动必然导致劳动力的流动，在劳动力的流动过程中总有部分工人处于失业状态，这就形成了摩擦性失业。一般还把新加入劳动力队伍正在寻找工作而造成的失业，也归入摩擦性失业的

范围之内。经济中劳动力的流动是正常的，所以，这种失业的存在也是正常的。

2. 求职性失业

求职性失业（search unemployment）是工人不满意现有的工作，离职去寻找更理想的工作所造成的失业。这种失业的存在主要是因为劳动力市场不是同质的，即使是完全相同的工作也存在着工资与其他条件的差异，而且，劳动力市场信息又是不充分的，并不是每一个工人都可以得到完全的工作信息。工人在劳动市场上得到的信息越充分，就越能找到理想的工作。如果好工作的收益大于寻找这种工作的成本，工人就宁愿失业去找工作。工人在寻找理想工作期间的失业就是求职性失业。这种失业也是劳动力流动的结果，但它又不同于摩擦性失业。因为这种劳动力的流动，不是经济中难以避免的原因所引起的，而是工人自己所造成的，属于自愿性质的失业。失业补助的存在也在一定程度上助长了这种失业。在这种失业中，青年人占的比例相当大，因为青年人往往不满现状，渴望找到更适合于自己的工作。

3. 结构性失业

结构性失业（structural employment）是由于劳动力市场结构的特点，劳动力的流动不能适应劳动力需求变动所引起的失业。经济结构的变动（例如，有些部门发展迅速，而有些部门正在收缩；有些地区正在开发，而有些地区已经衰落）要求劳动力的流动能迅速适应这些变动。但由于劳动力有其一时难以改变的技术结构、地区结构和性别结构，很难适应经济结构的这种变动，从而就会出现失业。在这种情况下，往往是"失业与空位"并存，即一方面存在着有工作无人作的"空位"，另一方面又存在着有人无工作的"失业"。

4. 技术性失业

技术性失业（technical unemployment）是由于技术进步所引起的失业。在经济增长过程中，技术进步的必然趋势是生产中愈来愈广泛地采用了资本密集性技术，越来越先进的设备代替了工人的劳动。这样，对劳动力需求的相对缩小就会使失业增加。此外，在经济增长过程中，资本品相对价格的下降和劳动力相对价格的上升加剧了机器取代工人的趋势，从而也就加重了这种失业。属于这种失业的工人大都是文化技术水平低、不能适应现代化技术要求的工人。

5. 季节性失业

季节性失业（seasonal unemployment）是由于某些行业生产的季节性变动所引起的失业。某些行业的生产具有季节性，生产繁忙的季节所需的工人多，生产淡季所需的工人少，这样就会引起具有季节性变动特点的失业。这些行业生产的季节性是自然条件决定的，很难改变。因此，这种失业也是正常的。农业、建筑业、旅游业等行业的季节性失业最为严重。

6. 古典失业

古典失业（classical unemployment）是由于工资刚性所引起的失业。按照古典经济学家的假设，如果工资具有完全的伸缩性，通过工资的调节能实现人人都有工作。这也就是说，如果劳动的需求小于供给，则工资下降，直至全部工人都被雇用为止，从而不会有失业。但由于人类的本性不愿使工资下降，而工会的存在与最低工资法又限制了工资的下降，这就形成工资能升不能降的工资刚性。这种工资刚性的存在，使部分工人无法受雇，从而形成失业。这种失业是古典经济学家提出的，所以称为古典失业，凯恩斯也把这种失业称为自愿失业。

由于自然失业的存在，能作为劳动后备军随时满足经济对劳动的需求，这种威胁迫使就业者提高生产效率。另外，失业保障的存在使自然失业不会影响社会安定，是社会能够接受的失业。自然失业情况的严重程度，可以用自然失业率来表示。自然失业率是失业率围绕其波动的平均水平，是经济在长期中趋近的失业率，可以作为稳定状态的失业率。

与自然失业率相联系的一个概念是充分就业。充分就业不是指人人都有工作，而是指处在自然失业率状态下的就业。也就是说充分就业时的失业率即是自然失业率，也被称为充分就业的失业率，或长期均衡的失业率。

（二）周期性失业

周期性失业是指经济周期中的衰退或萧条时，因社会总需求下降而造成的失业。当经济发展处于一个周期中的衰退期时，社会总需求不足，因而厂商的生产规模也缩小，从而导致较为普遍的失业现象。周期性失业对于不同行业的影响是不同的，一般来说，需求的收入弹性越大的行业，周期性失业的影响越严重。

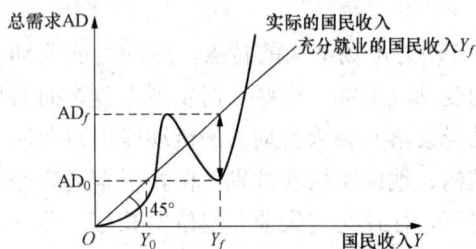

图 8-1　紧缩性缺口与周期性失业

也就是说，人们收入下降，产品需求大幅度下降的行业，周期性失业情况比较严重。通常用紧缩性缺口来说明这种失业产生的原因。紧缩性缺口是指实际总需求小于充分就业的总需求时，实际总需求与充分就业总需求之间的差额，图 8-1 说明了紧缩性缺口与周期性失业之间的关系。

图中，横轴 $OY$ 代表国民收入，纵轴 AD 代表总需求。当国民收入为 $Y_f$ 时，经济中实现了充分就业，$Y_f$ 为充分就业的国民收入。实现这一国民收入水平所要求的总需求水平为 $AD_f$，即充分就业的总需求。但现在的实际总需求为 $AD_0$，这一总需求水平决定的国民收入为 $Y_0$，$Y_0 < Y_f$，这就必然引起失业。$Y_0 < Y_f$ 是由于 $AD_0 < AD_f$ 造成的。因此，实际总需求 $AD_0$ 与充分就业总需求 $AD_f$ 之间的差额（图中的 $FK$），就是造成这种周期性失业的根源。这种失业是由于总需求不足引起的，故而也称为"需求不足的失业"。

**三、失业的影响**

就整个社会而言，失业意味着人力资源的浪费，如果一个社会达到充分就业，就意味着对生产资源的充分利用，全社会的国民收入达到潜在的国民收入水平。对失业的个人来说，失业意味着生活水平下降和心理上的痛苦。另外，失业也是一个严重的社会问题，失业本身可以造成除国民收入减少以外的社会代价。因为失业的人更容易犯罪，或形成身体上和心理上的病态。

1. 奥肯定律（Okun's Law）

劳动是一种非常重要的社会资源，而且不像机器那样不怕搁置。当机器闲置一年时，其可用年限一般不会减少；而当劳动力闲置时，劳动力所能创造的收入却会完全失去（因为劳动力的寿命是不可延长的）。除了劳动资源损失外，失业也给市场带来巨大损失。工人失业意味着商品消费量减少，它导致失业→需求减少→商品积压→企业减产→失业的恶性循环。

美国经济学家奥肯在研究美国经济时发现：失业率每降低 1 个百分点，产出能够增加 2.5 到 3 个百分点；或者说当失业率每提高 1 个百分点，产出将下降 2.5 到 3 个百分点。这一理论后来被称为"奥肯定律"。奥肯定律可以用下面的公式表示：

$$\frac{Y - Y_f}{Y_f} = -\alpha(u - u^*) \tag{8-2}$$

式中：$Y$ 为实际产出；$Y_f$ 为潜在产出；$u$ 为失业率；$u^*$ 为自然失业率；$\alpha$ 为大于零的参数。

奥肯定律从理论上肯定了就业对国民经济的重要影响：即就业的增长可以带来更大幅度的国民收入的增长，而就业率下降则会使得国民收入更大幅度下跌。

奥肯定律的一个重要结论是：在 GDP 没有达到充分就业水平时，实际 GDP 必须保持与潜在 GDP 同样快的增长速度，以防止失业率的上升。也就是说，实际 GDP 必须不断增长才能保持失业率停留在原来水平上。如果政府想让失业率下降，那么该经济社会的实际 GDP 的增长必须快于潜在 GDP 的增长速度。

2. 失业对生活水平的影响

失业意味着手里可用的钱明显减少了，家庭的生活水平将显著下降。人们要把大屋换成小屋，要放弃度假，孩子的大学梦变成泡影，失业会使许多人陷入贫困。在社会福利较少的发展中国家，失业可能让人饥寒交迫、无家可归、有病无钱治、被迫乞讨或偷窃。当劳动者无法就业时，精神也会蒙受巨大打击。失去工作会使失业者的自尊心和自信心受到伤害，心理往往出现不平衡甚至自暴自弃的现象。研究人员在对失业者的健康状况进行调查时发现，因企业倒闭而失业的人出现高血压、心脏病等健康问题的概率增加 83%；被解雇或裁员的失业者出现健康问题的概率增加 43%。失业压力超出其心理承受能力后则可能导致失业者自杀。

3. 失业对财政的影响

世界大多数国家的政府必须为失业人员提供社会福利，庞大失业人口对政府构成了巨大财政压力。当政府通过税收转嫁这种压力时，又会进一步压抑社会创造财富的积极性，从而阻碍经济增长。

当前我国失业的主体是农民，他们的社会福利待遇较少，从而不会构成财政压力。庞大失业人口又使我国农民工工资较低，产品国际竞争力较强，所以在高失业背景下我国也能实现高增长。

4. 失业对社会的影响

失业有时不是失业者的原因造成的，经营失败、企业倒闭、经济萧条等现象都可能导致工人被解聘。如果失业者心理素质差，他们有可能走极端，对原企业或社会进行报复。

失业也激化了家庭矛盾。家庭中有工作的一方可能抱怨失业一方，引起离婚率上升。无工作的一方也可能把对企业、对政府的怨恨加向家庭成员，导致酗酒、家庭暴力增加。

失业还加大了贫富的差距。一方面有大量的失业人员生活艰苦；另一方面富起来的人则利用经济萧条的时机，大量购买别墅、豪华轿车、送子女到国外去读书。社会各阶层的生活反差越大，社会矛盾也就越大。

失业给不同年龄段的人带来不同的问题。年轻人长期失业，不仅浪费了人力资源，同时也降低了他们今后就业的竞争力；犯罪和吸毒者将增加。失业对中年人的后果更为严重，一旦失业，可能就没有翻身机会，企业很少雇佣 40～50 岁的失业者。

失业者可领取一定的失业救济金，但其数额少于就业时的工资水平，其生活相对恶化。但是失业也有积极作用，它可以强化劳动纪律。

**四、降低失业的措施**

针对失业的劳动力供给大于劳动力需求的状况，可以大致从劳动力供给和劳动力需求两方面采取措施降低失业率。

### （一）劳动力供给方面的措施

一国政府要想采取措施降低失业率，首先应使劳动力的供给在数量、结构和质量上与劳动力的需求相符合。控制劳动力的供给规模，政府可以通过延长劳动力的受教育时间，推迟青年人进入劳动大军的时间，从而延缓失业状况。另外，延长受教育时间，还可以提高劳动力的素质，从而降低结构性失业。

针对容易失业的劳动者群体，包括青年人、妇女、低技能劳动者及缺乏劳动经验的人等，可以通过降低最低工资，加强职业培训来降低他们的失业率。

### （二）劳动需求方面的措施

可以提供就业的信息服务，加强劳动力的流动性。还可以通过完善失业保障制度，使失业者能维持基本的生活水平，达到社会公平的目的。但是，失业保障制度会对一国就业水平产生负效应。首先，失业保障制度能使人们有更多的时间求职。这都会提高整个社会的失业率。其次，失业保障制度会产生就业稳定性效应。尤其是在萧条时期，失业救济能刺激企业暂时解雇工人而不再保留工人职位。针对这种效应，政府可以通过经验评级制度对失业率高的企业征收较高的失业保险税，从而刺激企业走向更加稳定的就业水平。最后，由于有人实际上并不需要工作，但为了领取失业救济金又必须是寻找工作的"在册劳动力"，所以失业保障制度能提高失业率。

由此可见，在失业保障制度的设计过程中，必须权衡失业者的痛苦和高失业救济金能提高失业率的可能性二者之间的利弊。政府对失业保障制度进行改革时，必须尽可能地减少其负面影响。

## 第二节 通 货 膨 胀

通货膨胀是当今世界各国普遍关注的经济难题。20 世纪 70 年代，美国总统福特曾将通货膨胀问题列为"头号公敌"。经济学家已经对通货膨胀的成因、通货膨胀对经济主体造成的社会成本，以及治理通货膨胀的有关措施做了大量的研究。

### 一、通货膨胀理论

（一）通货膨胀的含义

通货膨胀（inflation）是指物价水平普遍而持续的上升。经济学界对通货膨胀的解释并不完全一致。例如，弗里德曼说："物价普遍的上涨就叫作通货膨胀。"而萨缪尔森则说："通货膨胀的意思是：物品和生产要素的价格普遍上升的时期，面包，汽车，理发的价格上升；工资，租金等也都上升。"对通货膨胀概念的理解应该注意以下几点。

（1）通货膨胀现象指的是商品和劳务价格的上涨，即实体经济中资产价格的上涨，而不是指虚拟经济中资产价格的上涨，诸如有价证券等价格的上涨并不包括在通货膨胀范畴之中。

（2）通货膨胀反映的是整个社会商品和劳务的价格上升，即物价总水平的上升，而不是指个别或部分商品和劳务价格的上升。

（3）通货膨胀指的是商品和劳务价格的持续性上涨，而不是由于季节性的价格调整或其他偶然因素造成供不应求时出现的价格的暂时上涨。

（4）通货膨胀是一个动态的概念，因为人们关注的是物价总水平的上涨率，即通货膨胀为从一个时期到另一个时期价格水平变动的百分比。

（二）通货膨胀的衡量

衡量通货膨胀的指标是物价指数。物价指数（price index）是表明某些商品的价格从一个时期到下一时期变动程度的指数。物价指数不是各种商品简单的算术平均数，而是所有商品和劳务与本期价格乘积总额除以所有商品和劳务与基期价格乘积总额之商。计算物价指数的一般公式为

$$物价指数 = \frac{\sum P_t Q_t}{\sum P_0 Q_t} \times 100 \qquad (8-3)$$

式中：$P_t$、$P_0$ 是和本期和基期的价格水平；$Q_t$ 是本期商品量。

根据计算物价指数时包括的商品品种的不同，主要有 3 种物价指数。

第一，消费物价指数（CPI），又称零售物价指数或生活费用指数，是衡量各个时期居民个人消费的商品和劳务零售价格变化的指标。

第二，批发物价指数（PPI），是衡量各个时期生产资料（资本品）与消费资料（消费品）批发价格变化的指标。

第三，国内生产总值折算指数，是衡量各个时期一切商品与劳务价格变化的指标。

有了价格水平（价格指数）的概念，就可以将通货膨胀更精确地描述为经济社会在一定时期内价格水平持续和显著地上涨。通货膨胀的程度通常用通货膨胀率来衡量。通货膨胀率被定义为从一个时期到另一个时期价格水平变动的百分比，用公式表示为

$$\pi_t = \frac{P_t - P_{t-1}}{P_{t-1}} \times 100\% \qquad (8-4)$$

式中：$\pi_t$ 表示为 $t$ 时期的通货膨胀率；$P_t$，$P_{t-1}$ 表示为 $t$ 时期和 $t-1$ 时期的价格水平（物价指数）。

这三种物价指数都能反映出基本相同的通货膨胀率变动趋势，但由于各种指数所包括的范围不同，所以数值并不相同。例如，美国 1971—1980 年的平均通货膨胀率，按消费物价指数是 7.9%，按批发物价指数是 8.5%，按国民生产总值折算数是 6.9%。在这三种指数中，消费物价指数与人民生活水平关系最密切，因此一般都用消费物价指数来衡量通货膨胀。

（三）通货膨胀的类型

按照不同的划分标准，西方经济学家把错综复杂的通货膨胀划分为不同的类型。

1. 按通货膨胀率的高低分类

按通货膨胀率的高低，可以将通货膨胀分为爬行的通货膨胀、温和的通货膨胀、奔腾或急剧的通货膨胀和恶性或超级的通货膨胀 4 种类型。

第一，爬行的通货膨胀，其特点是通货膨胀率低而且比较稳定，对经济发展和人们的生活影响不大，反而有利于实现充分就业。通货膨胀率不超过 2%～3%。

第二，温和的通货膨胀，其特点是通货膨胀率不高，通货膨胀率为 3%～10%，人们对物价的上涨有所反应，但对人民生活产生的影响不大。

第三，奔腾的通货膨胀，其特点是通货膨胀率较高，人们对物价的上涨有所反应，对人民生活产生不利的影响。通货膨胀率达到 10%～40%，而且还在加剧。

第四，恶性通货膨胀，其特点是通货膨胀率非常高，通货膨胀率持续为 50％ 左右，而且完全失去了控制。这种通货膨胀会引起物价体系和金融体系完全崩溃、经济崩溃，以致政权的更迭。例如，第一次世界大战后德国的通货膨胀与国民党政府垮台前旧中国的通货膨胀就属于这种通货膨胀。

2. 按价格总水平上升的持续时间分类

按照价格总水平上升的持续时间，可以将通货膨胀分为一次性通货膨胀和持续性通货膨胀两种类型。

第一，一次性通货膨胀是指价格水平的一次上升。但价格水平的一次上升并不是说价格总水平在瞬间上身一定的幅度，随后不再上升。一次性的通货膨胀也需要一定的时间跨度，只不过持续时间较短。

第二，持续性通货膨胀是指价格水平的持续上涨。有些经济学认为一次性的价格上升不是通货膨胀，只有持续的价格水平的上涨才是通货膨胀。

3. 按人们的预料程度分类

按照人们的预料程度，可以将通货膨胀分为预期到的通货膨胀和未预期到的通货膨胀两种类型。

第一，预期到的通货膨胀是指通货膨胀完全在人们的意料当中，从而可以采取某些措施来抵消通货膨胀的影响。预期到的通货膨胀由于被纳入利率、经济合同、协议以及各种关于未来的经济决策之中而被保存下来，从而具有自我维持的特点，因而又被称为惯性通货膨胀。通货膨胀的惯性大小取决于人们调整预期通货膨胀的速度，而这又取决于人们预期的形成方式。如果人们在形成预期时是"向后看"的，即根据过去的价格来预测未来的价格，则称为"适应性预期"，这时人们对预期通货膨胀率的调整速度较慢，通货膨胀的惯性较大。如果人们在形成预期时是"向前看"的，即根据将来各方面的信息来预测未来，则称为"合理的"或"理性的"预期，这时人们对预期通货膨胀率的调整速度较快，通货膨胀的惯性较小。

第二，未预期到的通货膨胀是指价格水平的上升幅度完全在人们的意料之外。如国际市场上某种原材料价格的突然上升所引起的国内物价水平的上升，或在长时期物价水平不变的情况下突然出现的价格上升等。

4. 按通货膨胀的表现不同分类

按照通货膨胀的表现不同，可以将通货膨胀分为显性的通货膨胀和隐性的通货膨胀两种类型。

第一，当通货膨胀表现为物价上涨时，被称为显性的通货膨胀或公开的通货膨胀。

第二，隐性的通货膨胀是指政府对经济有较多干预，采取价格管制、配给制、计划资金调控等手段，压制社会购买力，强制储蓄，控制价格的上涨，市场机制不能发挥作用。这时市场上出现商品短缺，黑市交易活跃，投机行为增多等现象。

（四）通货膨胀的成因

通货膨胀是一种世界性现象。不同的国家，在不同的时期里都出现过不同程度的通货膨胀。这里所介绍的通货膨胀理论是用以分析西方发达国家的通货膨胀的发生机理。

1. 需求拉动的通货膨胀

需求拉动的通货膨胀（demand－pull inflation）是指物价水平的上涨是由于产品市场上

的总需求过度增长引起的。从总需求的角度来分析，认为通货膨胀的原因在于总需求过度增长，总供给不足，即"太多的货币追逐较少的货物"，或者是"因为物品与劳务的需求超过按现行价格可得到的供给，所以一般物价水平便上涨"。总之，就是总需求大于总供给所引起的通货膨胀。对于引起总需求过大的原因又有两种解释：其一是凯恩斯主义的解释，强调实际因素对总需求的影响；其二是货币主义的解释，强调货币因素对总需求的影响。与此相应，就有两种需求拉上的通货膨胀理论。

凯恩斯认为，当经济中实现了充分就业时，表明资源已经得到了充分利用。这时，如果总需求仍然增加，就会由于过度总需求的存在而引起通货膨胀。可以用膨胀性缺口这一概念来说明这种通货膨胀产生的原因。膨胀性缺口是指实际总需求大于充分就业总需求时，实际总需求与充分就业总需求之间的差额，可用图 8-2 来说明。

在图中，$AD_e$ 为充分就业的总需求，这时决定的国民收入 $Y_f$ 为充分就业的国民收入。但这时实际总需求为 $AD_f$，因为国民收入已经达到了充分就业的水平，无法再增加，所以，实际总需求 $AD_f$ 与充分就业总需求 $AD_e$ 之间的差额 $ef$ 就形成了膨胀性缺口。

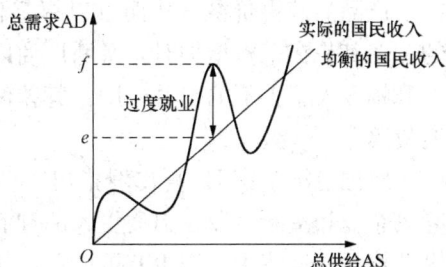

图 8-2　通胀性缺口

2. 供给推动的通货膨胀

这是从总供给的角度来分析通货膨胀的原因。供给就是生产，根据生产函数，生产取决于成本。因此，从总供给的角度看，引起通货膨胀的原因在于成本的增加。成本的增加意味着只有在高于从前的价格水平时，才能达到与以前同样的产量水平，即总供给曲线向左上方移动。在总需求不变的情况下，总供给曲线向左上方移动使国民收入减少，价格水平上升，这种价格上升就是成本推动的通货膨胀。可用图 8-3 来说明这种情况。

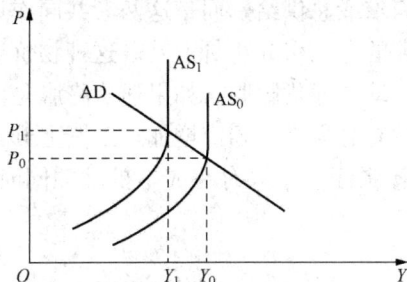

图 8-3　供给推进的通货膨胀

图中，原来的总供给曲线 $AS_0$ 与总需求曲线 $AD$ 决定了国民收入为 $Y_0$，价格水平为 $P_0$。总供给曲线向左上方移动到 $AS_1$，这时总需求曲线没变，决定了国民收入 $Y_1$，价格水平为 $P_1$，价格水平由 $P_0$ 上升到 $P_1$ 是由于总供给减少所引起的。这就是供给推动的通货膨胀。

引起总供给减少的因素也是多方面的，如原材料价格提高，成本增加，天灾人祸，产量下降，垄断因素导致产量受限等，其中成本增加是引起总供给减少的主要原因。成本推动的通货膨胀又可以根据其原因的不同而分为以下几种。

(1) 工资成本推动的通货膨胀。许多经济学家认为，工资是成本中的主要部分。工资的提高会使生产成本增加，从而价格水平上升。在劳动市场存在着工会的卖方垄断的情况下，工会利用其垄断地位要求提高工资，雇主迫于压力提高了工资之后，就把提高的工资加入成本，提高产品的价格，从而引起通货膨胀。美国经济学家 G. 哈伯勒就认为："有组织的劳工要求提高工资……的经常威胁，这就助成了一种趋势，要走向长期的、断续的或不断的、迁迎的或急促的通货膨胀。"工资的增加往往是从个别部门开始的，但由于各部门之间工资的攀比行为，个别部门工资的增加往往会导致整个社会的工资水平上升，从而引起普遍的通货膨胀。而且，这种通货膨胀一旦开始，还会形成"工资—物价螺旋式上升"，即工资上升引起物价上升，物价上升又引起工资上升。这样，工资与物价不断互相推动，形成严重的通货膨胀。

（2）利润推动的通货膨胀。又称价格推动的通货膨胀，指市场上具有垄断地位的厂商为了增加利润而提高价格所引起的通货膨胀。在不完全竞争的市场上，具有垄断地位的厂商控制了产品的销售价格，从而可以提高价格以增加利润。通货膨胀是由于利润的推动而产生的。尤其是在工资增加时，垄断厂商以工资的增加为借口，更大幅度地提高物价，使物价的上升幅度大于工资的上升幅度，其差额就是利润的增加。这种利润的增加使物价上升，形成通货膨胀。

美国经济学家 E. 夏皮罗指出："正如工会可以行使其市场权利来迫使工资增长一样，寡头企业和垄断企业在追逐更大的利润时，也可能提高价格，……在一个大量存在所谓'操纵价格'的经济中，至少有可能可以操纵这些价格以大于成本增长的速度上涨，以便赚取较多的利润。如果这一过程得以推广，于是就会产生利润推动通货膨胀。"

经济学家认为，工资推动和利润推动实际上都是操纵价格的上升，其根源在于经济中的垄断，即工会的垄断形成工资推动，厂商的垄断引起利润推动。

（3）进口成本推动的通货膨胀。这是指在开放经济中，由于进口的原材料价格上升而引起的通货膨胀。在这种情况下，一国的通货膨胀通过国际贸易渠道而影响到其他国家。例如，20 世纪 70 年代初，西方国家通货膨胀严重的重要原因之一就是世界市场石油价格的大幅度上升。这种通货膨胀发生时，物价的上升会导致生产减少，从而又引起萧条。

与这种通货膨胀相对应的是出口性通货膨胀，即由于出口迅速增加，以致出口生产部门成本增加，国内产品供给不足，引起通货膨胀。

（4）供求混合推动的通货膨胀。这种理论把总需求与总供给结合起来分析通货膨胀的原因。许多经济学家认为，通货膨胀的根源不是单一的总需求或总供给，而是这两者共同作用的结果。如果通货膨胀是由需求拉动开始的，即过度需求的存在引起物价上升，这种物价上升又会使工资增加，从而供给成本的增加又引起了成本推动的通货膨胀。如果通货膨胀是由成本推动开始的，即成本增加引起物价上升。这时如果没有总需求的相应增加，工资上升最终会减少生产，增加失业，从而使成本推动引起的通货膨胀停止。只有在成本推动的同时，又有总需求的增加，这种通货膨胀才能持续下去。

3. 结构性的通货膨胀

结构性的通货膨胀（structural inflation）是指由产业结构和就业结构发生变化引起成本上升、物价上涨的情况。一般是在总需求并不过多的情况下，而对某些部门的产品需求过多造成部分产品的价格上涨现象，如钢铁、猪肉、楼市、食用油等。如果结构性通胀没能有效抑制就会变成成本推动型通胀，进而造成全面通胀。结构性的通货膨胀主要包括以下几种类型。

（1）需求结构转移型通货膨胀。需求结构转移型通货膨胀是在总需求不变的情况下，某个部门的一部分需求转移到其他部门引起的物价普遍上涨。需求增加的部门产品会涨价，同时工资和利润会上升。而需求减少的部门一般会裁员，工资和产品价格不会下降。这样从社会来看物价总水平上升。

（2）部门差异型通货膨胀。部门差异型通货膨胀指部门间生产率差异造成的物价普遍上涨。例如，工农业部门生产率的增长快于服务业部门，生产率提高使企业可以在不涨价前提下提高工资和利润。但服务业的工人和资本家产生攀比倾向，在这种压力下，服务部门工资和利润增长速度便超过其生产率的增长速度；企业只能通过涨价满足工人和资本家的要求。服务涨价带动一般物价水平上涨。

（3）小型开放经济通货膨胀。小型开放经济通货膨胀指对外开放的小国会受到世界通货膨胀影响使本国出现物价普遍上涨。小国是指该国只是世界市场价格接受者，它不是根据国土和人口决定的。小国开放经济模型将一国经济划成开放经济部门和非开放经济部门（如服务业、建筑业等）。当世界市场价格上涨时，开放经济部门的产品价格随之上涨，也会使开放经济部门的工资相应上涨。非开放经济部门中会出现攀比倾向，企业会向开放经济部门看齐而提高工资。其结果是非开放经济部门的生产成本上升，其产品价格也必然随之提高。这样就导致小国全面的通货膨胀。

（4）落后经济的结构型通货膨胀。落后经济的结构型通货膨胀指发展中国家落后的经济结构不适应经济发展的需要，尤其是农业、外贸和政府部门具有的体制性刚性（Institutional Rigidities）导致物价水平随着经济发展而上涨。第一，在农业部门，过时的土地所有制限制了农业投资增长和农业技术改进，导致农业生产率低下，农产品不能经济发展需要，导致农产品价格上涨。第二，发展中国家出口部门生产率低下，出口收入增长赶不上进口支出增加，导致国际收支逆差和本币对外贬值；贬值造成进口品国内价格上升，推动国内生产成本提高和物价水平的上涨。第三，发展中国家人均收入低，政府税收增长速度赶不上国民收入增长速度。同时，政府必须不断扩大支出以推动经济的增长，形成越来越大的财政赤字；它最终以增发货币加以弥补，造成通货膨胀。

**二、通货膨胀对经济的影响**

如果通货膨胀率相当稳定，人们可以完全预期，那么，通货膨胀对经济影响很小。因为在这种可预期的通货膨胀之下，各种名义变量（名义工资、名义利息率等）都可以根据通货膨胀率进行调整，从而使实际变量（实际工资、实际利息率等）不变。这时，通货膨胀的唯一影响是人们将减少他们所持有的现金量。

在通货膨胀不能完全预期的情况下，通货膨胀将影响收入分配及经济活动。因为这时无法准确地根据通货膨胀率来调整各种名义变量以及相应的经济行为。可以从以下3方面来分析这一问题。

（1）在债务人与债权人之间，通货膨胀将有利于债务人而不利于债权人。这是因为，债务契约根据签约时的通货膨胀率来确定名义利息率。当发生了未预期到的通货膨胀之后，债务契约无法更改，从而就使实际利息率下降，债务人受益，而债权人受损。这样就会对贷款，特别是长期贷款带来不利的影响，使债权人不愿意发放贷款。贷款的减少会使投资减少。这种不可预期的通货膨胀对住房建设贷款这类长期贷款最不利，从而也就会减少住房投资等长期投资。

（2）在雇主与工人之间，通货膨胀将有利于雇主而不利于工人。这是因为，在不可预期的通货膨胀之下，工资不能迅速地根据通货膨胀率来调整，从而就在名义工资不变或略有增长的情况下使实际工资下降。实际工资的下降就会使利润增加，而利润的增加是有利于刺激投资的。这正是一些经济学家主张以通货膨胀来刺激经济发展的理由。

（3）在政府与公众之间，通货膨胀将有利于政府而不利于公众。这是因为，在不可预期的通货膨胀之下，名义工资总会有所增加（尽管并不一定能保持原有的实际工资水平），随着名义工资的提高，达到纳税起征点的人增加了，还有许多人进入了更高的税率等级，这样，政府的税收增加，而公众纳税数额增加，实际收入减少。政府由这种通货膨胀中所得到的税收称为"通货膨胀税"。这实际上是政府对公众的掠夺。这种通货膨胀税的存在，不利于储蓄的增加，也影响了私人与企业投资的积极性。

那么，通货膨胀对经济发展究竟是有利还是不利呢？经济学家对这个问题并没有一致的看法。大体上可以分为以下3种观点。

（1）通货膨胀促进论。少数人认为通货膨胀能促进经济增长。其理由是：①在通货膨胀的情况下，由于商品价格的提高一般快于工资的提高，结果导致实际工资降低，厂商的利润增加，这样就会刺激厂商扩大投资，进而促进经济增长；②在货币经济中，通货膨胀是一种有利于高收入阶层（利润收入阶层）而不利于低收入阶层（工资收入阶层）的收入再分配，由于高收入阶层的边际储蓄倾向较高，因此通货膨胀会促使社会储蓄率的提高，从而有利于经济增长；③通货膨胀实际上是货币发行者（政府部门）从货币持有者（私人部门）手中获得收入的过程。政府通过发行货币使政府收入增加。如果政府将所获得的这种通货膨胀税用于投资，则将提高社会的投资率，从而推动经济增长。

（2）通货膨胀促退论。多数人认为通货膨胀会损害经济增长。其理由是：①在持续性的通货膨胀过程中，市场价格机制将遭到严重破坏，由于市场价格机制失去了其应有的调节功能，这就往往会促使消费者和生产者做出错误的决策，从而导致经济资源的不合理配置和严重浪费，使经济效率大大下降；②通货膨胀意味着货币购买力的下降，在预期物价会进一步上涨的心理支配下，公众为避免将来物价上涨所造成的经济损失而增加目前消费，这就会使社会储蓄率下降，从而使投资率和经济增长率下降；③通货膨胀会动摇人们对货币的信心，并促使人们更多地持有那些价格随通货膨胀不断上涨的实物资产、囤积货物、抢购黄金、外汇及各种奢侈品或从事房地产等投机活动，而不去从事正常的生产性活动，结果将严重地阻碍了经济的增长；④如果本国通货膨胀长期高于外国，则使本国产品相对于外国产品的价格上升，从而不利于本国的出口，并刺激进口的增加。本国通货膨胀率长期高于外国，还会促使人们将国内储蓄转移到国外，这样就势必导致本国国际收支的逆差，并使黄金和外汇外流，从而给各国经济增长带来压力。

（3）货币中性论。货币中性指货币主义强调的观点，货币供应量变动从长期来看不会影响实体经济的运行。人们对通货膨胀会产生预期，它最终会抵消通货膨胀对经济的各种效应。例如，在无预期前提下，通货膨胀使实际工资下降，从而促进投资和经济增长。但是，在有预期前提下，物价上升伴随工资上涨，成本不会下降，投资也不会增加。

以上3种观点各有自己的理论与实际依据，很难说哪种观点绝对正确。应该说，在不同国家的不同历史时期，通货膨胀有不同的作用。只有把通货膨胀与经济增长放在具体的历史条件下进行分析才有意义。但从战后的情况来看，通货膨胀的弊大于利，借助于通货膨胀来发展经济决非上策。

**三、治理通货膨胀的措施**

**（一）采取紧缩性的需求管理政策**

在政策上，可以通过实施紧缩性的财政政策和货币政策来抑制通货膨胀。也就是政府抑制经济发展的速度，人为制造衰退来治理通货膨胀。政府制造衰退程度的大小决定了通货膨胀下降的速度，衰退幅度越大，通货膨胀率下降越快。在实践中，存在两种不同的政策选择，即渐进主义政策和激进主义政策。渐进主义政策是政府不断紧缩总需求，以较小的失业率和较长时间来降低通货膨胀率；激进主义政策主张政府采取突然性的、大规模的紧缩性的需求管理政策，以较高的失业率和较短的时间来降低通货膨胀率。这种政策会使通货膨胀率迅速下降，但会造成严重的经济衰退。

（二）收入政策

收入政策是指通过降低工资、其他收入和物价的增长速度，采取法律上的工资—物价控制手段或通过道德劝说的方式降低通货膨胀率。道德劝说的方式是指通过劝说企业和工会不会涨价和提高工资，政府可以通过编制物价和工资的指导线，希望企业和工人能够遵守。另外，政府还可以通过不购买企业的产品来威胁不听从劝告的企业。

战后许多发达国家都实行过收入政策，主要手段有两种：一是对工资和物价实行管制，即企业和工会未经政府有关部门同意，不得提高工资和物价，这是最强硬的措施；二是对工资和物价进行指导，即由政府下达工资和物价的指导指标，要求工会和企业参照执行，这种措施比较软弱。

由于收入政策人为的限制商品和劳务的价格，使市场经济丧失了价格信号的功能，会造成经济中资源配置的损失；另一方面，对工资的过度压制，会导致劳动力尤其是某些特殊劳动力的短缺加剧。如果说紧缩性的宏观经济政策主要是用来应付需求拉动的通货膨胀的话，那么收入政策主要是用来应对成本推动的通货膨胀。实行收入政策的目标主要是通过使短期内的总供给曲线向下移动来降低通货膨胀。但是，若在总供给曲线下移的同时没有总需求曲线的向下移动相伴随的话，那么工资和物价控制只能增加通货膨胀的压力，并且这种压力最终会爆发出来。

（三）指数化政策

指数化政策是指使货币支付与某一指数相联系，从而使实际购买力不受到损失。例如，通过指数化，可以使货币工资、社会保障计划、储蓄、贷款及所得税等能够随着通货膨胀水平而自动调整。人们大都认为实行指数化政策，不是防止发生通货膨胀的措施，而是应对通货膨胀的对策。指数化能消除通货膨胀预期，消除未来式人的真实价值的不确定性。但是反对者认为，指数化是自动的通货膨胀过程，它不断地引入成本—价格螺旋形上升，实行指数化会削弱反通货膨胀的努力。

# 第三节　失业与通货膨胀的关系

失业与通货膨胀是经济中的两个主要问题，那么，这两者之间有什么关系呢？这是许多经济学家所关心的问题。不同学派的经济学家对这一问题做出了不同的回答。

**一、凯恩斯的观点：失业与通货膨胀不会并存**

凯恩斯认为，在未实现充分就业，即资源闲置的情况下，总需求的增加只会使国民收入增加，而不会引起价格水平上升。这也就是说，在未实现充分就业的情况下，不会发生通货膨胀。在充分就业实现，即资源得到充分利用之后，总需求的增加无法使国民收入增加，而只会引起价格上升。这也就是说，在发生了通货膨胀时，一定已经实现了充分就业。这种通货膨胀是由于总需求过度而引起的，即需求拉动的通货膨胀。

凯恩斯对失业与通货膨胀关系的这种论述，适用于 30 年代大萧条时的情况，但并不符合战后各国的实际情况。这样，经济学家就试图对这一关系做出新的解释。

**二、菲利浦斯曲线：失业与通货膨胀之间的交替关系**

菲利浦斯曲线（the Phillips curve）是用来表示失业与通货膨胀之间交替关系的曲线，由新西兰经济学家 W. 菲利浦斯提出。

1958 年，菲利浦斯根据英国 1861—1957 年间失业率和货币工资变动率的经验统计资料，提出了一条用以表示失业率和货币工资变动率之间交替关系的曲线。这条曲线表明：当失业率较低时，货币工资增长率较高；反之，当失业率较高时，货币工资增长率较低，甚至是负数。根据成本推动的通货膨胀理论，货币工资增长率可以表示通货膨胀率。因此，这条曲线就可以表示失业率与通货膨胀率之间的交替关系，即失业率高，则通货膨胀率低；失业率低，则通货膨胀率高。这就是说，失业率高表明经济处于萧条阶段，这时工资与物价水平都较低，从而通货膨胀率也就低；反之，失业率低表明经济处于繁荣阶段，这时工资与物价水平都较高，从而通货膨胀率也就高。失业率与通货膨胀率之间存在反方向变动关系，是因为通货膨胀使实际工资下降，从而能刺激生产，增加

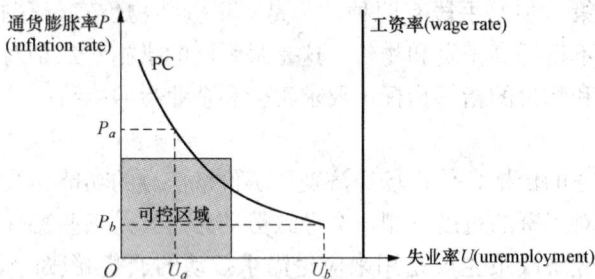

图 8-4　菲利浦斯曲线

劳动的需求，减少失业。可以用图 8-4 来说明菲利浦斯曲线。

图 8-4 中，横轴 $OU$ 代表失业率，纵轴 $OP$ 代表通货膨胀率，向右下方倾斜的曲线 PC 即为菲利浦斯曲线。这条曲线表明，当失业率 $U_a$ 较低时，通货膨胀率 $P_a$ 较高；当失业率 $U_b$ 较高时，通货膨胀率 $P_b$ 较低。

菲利浦斯曲线提出了这样几个重要的观点。

第一，通货膨胀是由于工资成本推动所引起的，这就是成本推动通货膨胀理论。正是根据这一理论把货币工资增长率与通货膨胀率联系了起来。

第二，承认了通货膨胀与失业的交替关系。这就否定了凯恩斯关于失业与通货膨胀不会并存的观点。

第三，当失业率为自然失业率 $U'$ 时，通货膨胀率为零。因此，也可以把自然失业率定义为通货膨胀率为零时的失业率。

第四，为政策选择提供了理论依据。这就是可以运用扩张性宏观经济政策，以较高的通货膨胀率来换取较低的失业率；也可以运用紧缩性宏观经济政策，以较高的失业率来换取较低的通货膨胀率，这也是菲利浦斯曲线的政策含义。

菲利浦斯曲线所反映的失业与通货膨胀之间的交替关系基本符合 20 世纪五六十年代西方国家的实际情况。以美国为例，战后失业率与通货膨胀率一直是上升的。20 世纪 50 年代，失业率平均为 4.9%，通货膨胀率平均为 1.4%；20 世纪 60 年代失业率平均为 4.7%，通货膨胀率平均为 2.6%；20 世纪 70 年代失业率平均为 6.4%，通货膨胀率平均为 8%。尤其是 20 世纪 70 年代初，出现了高失业率与高通货膨胀率并存的"滞胀"局面，失业率与通

货膨胀率都高达百分之十几以上。进入 20 世纪 80 年代后，通货膨胀率与失业率都有所下降，但并没有得到根本解决。

### 三、按预期扩大的菲利浦斯曲线

西方国家自 20 世纪 70 年代以来，菲利浦斯曲线所描述的失业率和通货膨胀的交替关系发生了新的变化，即菲利浦斯曲线向右上方移动了，表现为只有用比过去更高的通货膨胀率为代价，才能把失业率降低到一定有水平，假如以前用 3％的通货膨胀率就能把失业率降到 3％，那么现在必须用 6％的通货膨胀率才能做到这一点，从图 8-5 可以看出。在图 8-5 中有两条菲利浦斯曲线，PC$_2$ 为向右上方移动了的菲利浦斯曲线。这条菲利浦

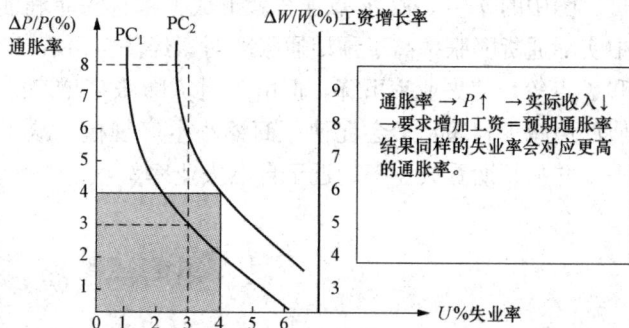

图 8-5 按预期扩大的菲利浦斯曲线

斯曲线与 4％的临界点划出的区域已不能相交，这条向右上方移动了的菲利浦斯曲线被称为按预期扩大的菲利浦斯曲线。

菲利浦斯曲线向右上方移动是由于通货膨胀已被人们预期到了。如果通货膨胀连年上升，政府又习惯于用高通货膨胀率来换取低失业率的话，就会产生对增加工资的预期，依据通货膨胀率上涨趋势工人就会相应地要求增加工资以弥补通货膨胀造成的损失。如果人们预期通货膨胀为 5％，当货币工资率上升 5％，人们就会认为实际工资没有变化，因而不会增加就业减少失业。只有当人们预期通货膨胀为 5％，而货币工资率上升大于 5％时，才能产生降低失业率的效果。如果不发生预期时 3％的通货膨胀率就能把失业率降到 3％，而现在则需要 8％（3％＋5％）的通货膨胀率才能把失业率降到 3％。正如凯恩斯主义者认为的那样，按预期扩大的菲利浦斯曲线依然表现为失业与通货膨胀之间的依存关系，只不过现有的交替关系表现为用更高的通货膨胀率来换取一定的失业率。

### 四、短期与长期菲利浦斯曲线

货币主义者认为：菲利浦斯曲线所表示的失业与通货膨胀之间的此消彼长的交替关系，只有在短期才存在，在长期，菲利浦斯曲线变成了一条垂直线，失业率与通货膨胀率之间不存在依存关系。

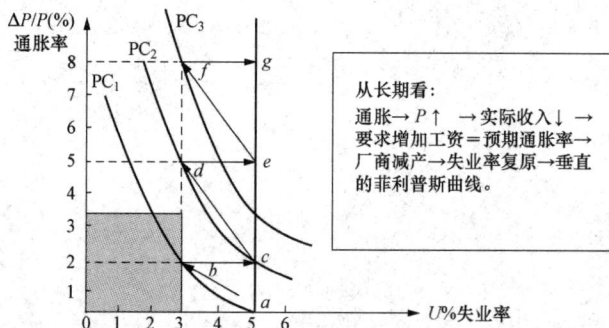

图 8-6 长期菲利浦斯曲线

为什么在长期内失业率与通货膨胀率之间不存在交替关系呢？从长期看，当工人预期物价要上涨 5％时，便会要求工资增加 5％，并要求写入工资合同中。这样即使厂商保持原有的用工量，失业率也会回到原来的水平；而政府为了降低失业率就必须以更高的通货膨胀率，若通货膨胀率超过 5％，使工资增长再次滞后于物价上涨，使厂商有利可图，厂商会扩大生

产，增加雇工，如果所有的厂商都如此行动，就会增加就业率而减少失业率，其结果是更高的通货膨胀率带来了较低的失业率，这种关系在图上表现为向右移了的菲利浦斯曲线 PC₂。这种过程不断地交替下去，菲利浦斯曲线不断地向右移，最终演变成一条垂直的菲利浦斯曲线。这条垂直的菲利浦斯曲线就是长期菲利浦斯曲线，其形成的过程可用图 8-6 来说明。

　　图中的 $a$、$c$、$e$、$g$ 点连线就形成了垂直的菲利浦斯曲线，即长期菲利浦斯曲线。短期中实际通货膨胀率高于预期通胀率时，经济会沿着短期菲利浦斯曲线向上移动到 $b$ 点、$d$ 点和 $f$ 点等，使失业率下降，但由于通货膨胀率增高，工人会要求增加工资，工资的增加会使厂商减少利润，又会促使厂商缩小生产规模，减少雇用工人，使失业率反弹回起先的水平，并从长期看失业率趋近于自然失业率。

## 本章思考题

1. 简述自然失业率的含义和成因。
2. 失业类型有哪些？
3. 通货膨胀的类型有哪些？
4. 衡量通货膨胀的指标有哪些？
5. 试述成本推动型通货膨胀。
6. 凯恩斯学派怎样解释菲利普斯曲线？

# 第九章  经济增长与经济周期

经济增长与经济周期理论也是现代宏观经济学的重要理论。它涉及的主要问题有：什么是经济增长、经济增长的源泉经济周期的含义及原因等。一般认为，经济增长由供给能力在长期中变动决定，而经济周期由总需求在短期中变动决定。

## 第一节  经 济 增 长

### 一、经济增长的含义与衡量

(一)经济增长的含义与特征

一般说来，经济增长是指一个国家或一个地区生产商品和劳务的能力的增长。如果考虑到人口增加和价格变动情况，经济增长应当包括人均福利的增长。库兹涅茨（S. Kuznets）给经济增长下了这样一个定义：一个国家的经济增长，可以定义为给居民提供日益繁多的经济产品能力的长期上升，这种不断增长的能力是建立在先进技术及所需要的制度和思想意识之相应的调整的基础上的。他认为，这个定义有 3 个组成部分：① 提供产品能力的长期上升，因而不断提高国民生活水平，是经济增长的结果，也是经济增长的标志；② 先进技术是经济增长的基础或者说必要条件；③ 制度与意识的调整是技术得以发挥作用的充分条件。

库兹涅茨还总结了现代经济增长的 6 个特征：

第一，按人口计算的产量、人口及资本形成的高增长率；

第二，生产率本身增长的程度也是很高的；

第三，经济结构的快速变革，例如，由农业转向非农业，由工业转向服务业也是很迅速的，生产规模的变化，单个私人企业转向全国性或跨国公司等；

第四，社会结构与意识形态的迅速改变，表现在社会城市化和移风易俗上；

第五，增长在世界范围内的迅速扩大，经济发达国家要向其他国家争取市场和原料；

第六，世界各国经济增长不平衡，先进国家和落后国家之间人均产出水平有很大差距。

库兹涅茨对经济增长的数量与结构问题的研究在当代西方经济学中很有影响。从上述理论中可见，所谓经济增长，不但指人均国民收入增加，也包括社会制度结构的变化。但不少西方经济学家实际上还是将经济增长和经济发展加以区别，认为经济增长和经济发展虽然都指人均国民收入增加，但经济增长一般是指经济发达国家人均实际国民收入的增加，而经济发展的含义要更广一些，它不仅指人均国民收入的增加，还包括适应这种增长的社会制度的变化问题。因此，经济增长理论专门研究发达国家经济增长问题，而经济发展理论则专门研究一个国家如何由不发达状态过渡到发达状态，因而其主要研究发展中国家经济。

(二)经济增长的衡量指标

西方经济学家一般采用国内生产总值（GDP）作为衡量商品和劳务生产总量的标准。然而，国内生产总值增长率不能完全看作就是经济增长率。

第一，国内生产总值增长中含有的物价上涨因素必须剔除。前面说过，国内生产总值有名义和实际之分。真实衡量经济增长的只能是实际国内生产总值的变动。如某年国内生产总值增长 20％，但物价水平也上升 20％，则实际国内生产总值并没有增加。

第二，应考虑人口变动因素。假如某一国家某一时期 GDP 增长 3％，人口增长也是 3％，则按人口平均计算的 GDP 根本没有增加。如人口增长率超过 GDP 增长率，人均 GDP 就要下降，从而人们实际生活水平就要下降。

第三，有些经济学家认为，衡量经济增长，不应以实际的 GDP 为标准，而应以国家的生产能力即潜在的 GDP 为标准，方可抽去总需求变动因素。假定失业率为 4％时的产量水平是潜在 GDP 水平，若某年总需求水平很低，实际失业率是 8％，则实际 GDP 低于潜在 GDP。如果下一年总需求增加使失业率达到 4％，则实际 GDP 似乎增加很多，但这实际上不是提高生产能力本身获得的，而仅是提高生产能力利用率而已。因此，实际 GDP 不能作为衡量经济增长的真实标准。实际 GDP 在经济周期中的扩张，不能看作是经济增长，而只能看作是经济波动中的膨胀。

第四，一些经济学家认为，不管是用实际的 GDP 还是潜在的 GDP 来作为衡量经济标准，都有缺陷。若经济增长局限在物质产出上，则会忽视人类其他方面福利的增进，如工作时间缩短，产品质量改进，医疗进步等都难以得到反映；又如，不经过市场的许多活动无法统计到经济增长中去；此外，对增长给社会带来的环境污染、资源枯竭等也难以计算进去。

**二、经济增长的源泉**

经济增长问题重要的是解释国家在一段时间内的经济增长率及不同国家增长率的差异。从 17 世纪开始，经济增长问题就已受到人们的重视，并逐步得到较为系统的论述。人们运用经济增长模型来解释人均实际 GDP，真正把经济增长作为一个中心问题来分析和研究始于 20 世纪中期。20 世纪 40 年代末，英国经济学家哈罗德和美国经济学家多马几乎在同一年各自独立提出增长理论模型，引起人们对长期经济增长问题的普遍关注，使这一领域的研究在主流经济学中沉寂 100 多年之后又重新恢复生机和活力。经济学家对增长问题的研究和认识经历了一个不断深化的过程。从单要素的增长模型到多要素的增长模型；从外生的经济增长模型到内生的经济增长模型；从注重有形资本到注重无形资本，增长理论和模型也在不断发展和完善。

**（一）生产率的决定因素**

劳动生产率即单位时间所生产的物品和劳务的数量，它决定着人们的生活水平，也就是说人的生产能力决定他的收入水平。那么哪些因素决定生产率呢？经济学家认为主要包括物质资本、人力资本、自然资源和技术知识。

**1. 物质资本**

人们进行生产要有一定的资本投入，如借助工具进行生产能提高生产率。物质资本是指用于生产物品与劳务的机器设备和厂房建筑物等有形的资本。如家具厂用的锯、电钻等都是物质资本，工具越多就越能做出更多更精致的产品，而运用精密专业木工设备的工人比运用基本手工工具的工人一天能生产数量更多和质量更好的产品。

**2. 人力资本**

人力资本是指工人通过教育、培训和经验而获得的知识和技能，包括从小接受的家庭教育、学校教育和在职培训中所积累的技能。随着工人们通过教育和在工作中的培训增加其人力资本，他们的劳动生产率也会提高，工人所受教育越多，人力资本越高。

3. 自然资源

自然资源是自然界提供的生产投入，如土地、河流、矿产及气候等。自然资源可分为可再生资源和不可再生资源。例如，树木是可再生资源，用完可以再培育生长；而石油矿产是不可再生资源，需要几千万年的形成过程，供给有限。自然资源的差别引起了世界许多国家生活水平的差别。如一些中东国家富有的主要原因就是其拥有丰富的石油资源。

4. 技术知识

很久以前，农田里的活主要是靠劳动投入和简单的劳动工具和技术，自给自足，然后随着农业技术的进步，现在只要少数人进行农业生产就可以生产足以养活整个国家的农产品。因此生产率的一个重要决定因素就是技术知识，即懂得生产物品与劳务的最好方法。技术知识包括不具保密性的普通技术和私人所有技术，前者是指一旦有人使用后其他人都会了解这种技术，后一种技术是私人拥有，如可口可乐公司的配方或其公司的专利。

技术变革还能通过改进物质资本和提高人力资本而对劳动生产率发生作用。物质资本是一种生产出来的生产要素，计算机技术、工厂机器设备及发电机的日益进展及其他机器的改进都有利于生产率的提高。而人力资本则是掌握了技术知识的劳动力，当技术变革产生新的技术知识，劳动力掌握新的技术知识就可以提高劳动生产率。

（二）经济增长的核算

美国经济学家丹尼森（E. F. Dennimn）认为，对经济长期发生作用并且能影响增长率变动的主要有 7 类经济增长因素，它们分别是：① 就业人数和他们的年龄、性别构成；② 包括非全日制工作的工人在内的工时数；③ 就业人员的受教育年限；④ 资本存量大小；⑤ 资源配置，主要指低效率使用的劳动力比重的减少；⑥ 规模的节约，以市场的扩大来衡量，即规模经济；⑦ 知识的进展。前 4 种因素属于生产要素的供给增长，其中①、②、③项为劳动要素的增长，④ 项为资本要素的增长，后 3 种因素属于生产要素的生产率范畴。可归纳为技术进步。在这 7 个因素中，知识进展属于最重要的因素。

下面对生产要素供给和生产要素的生产率对经济增长所起作用分别加以分析。

1. 生产要素供给的增长

大多数经济的生产要素的供给一直在增加着，劳动力在增长，资本存量在增加。那么，产出的增长中有多少是直接依靠要素供给的增长而取得的呢？

为了使这个问题的分析简单明白，可以假设经济只生产一种产品，假定生产要素只有劳动和资本，而且劳动是单一的工种，资本设备是单一的机器，还假定要素的数量在增长，但质量没有改进，已存在的生产方法也没有变化。

在以上假定的条件下，投入和产出关系如何呢？如果劳动和资本的投入按相同的比例增加，产出也按相同比例增加，例如，劳动和资本供给各增加 1%，则产出也增加 1%，这就是前文一再说过的规模报酬不变。在这样的情况下，经济增长率取决于劳动和资本组合起来的增长，即取决于总要素的投入。

"产出的增长率取决于劳动和资本组合起来的增长"，这句话如何理解呢？要理解这句话，首先要明确劳动和资本如何量度。劳动一般用劳动小时量度，比方说，今年投入的劳动比去年增加 1%，是指投入的劳动小时数比去年增加 1%。资本一般用资本设备总量来测量，比方说，今年投入的资本比去年增加 1%，是指资本设备总量增加了 1%。生产必须有劳动和资本相结合，然而，劳动和资本对产出所起的作用并不相同。劳动和资本对产出的增加所做的贡献用每一要素所获得的国民收入份额来测量。因此，如果劳动得到 3/4 的国民收入而资本得到 1/4 的国民收入，我们就说，劳动比资本"重要"两倍，在计算综合的增长率时，劳动的增长率占 3/4，而资本增长率占 1/4。这个原理可用公式表示。

令：

$\Delta Y/Y$＝产出增长率

$\Delta K/K$＝资本供给增加率

$\Delta L/L$＝劳动供给增加率

$\alpha$＝资本产出占国民收入份额

$\beta$＝劳动产出占国民收入份额

劳动和资本的综合增长率是：资本收入份额×资本增长率＋劳动收入份额×劳动增长率，用符号表示是

$$\alpha \times \Delta K/K + \beta \times \Delta L/L$$

由于假定规模报酬不变，所以：

$$\Delta Y/Y = \alpha \times \Delta K/K + \beta \times \Delta L/L$$

这个方程的含义是，在一个规模报酬不变和没有技术进步的经济中，产出的增长率是资本和劳动增长率的加权总和。

假如，假设劳动得到 3/4 而资本得到 1/4 的国民收入，劳动供给每年增长 1%，而资本供给增长 3%，则产出的增长率 $\Delta Y/Y$＝1/4×3%＋3/4×1%＝1.5%。

2. 生产要素的生产率剩余

美国经济学家约翰·肯德里克（J. Kendrick）在测算一些国家长时期投入和产出的增加时，发现产出的增长率一般大大高于投入的增加率。比方说，某国一年实际投入增长 2%，产出会增长 4%。产出的实际增长和根据要素投入增加而预测的增长之间的差距可称为剩余。它这说明，生产要素的生产效率如何，它是一个除劳动和资本增加以外的一切产出增长的源泉。

约翰·肯德里克曾经考察 1889—1957 年期间美国经济的产出增长情形，见表 9 - 1。

表 9 - 1　　　　　　　　美国产出和投入的增长（1889—1957 年）

| 年度百分数增加 | | | |
|---|---|---|---|
| 时　期 | 国民生产总值增长率<br>$\Delta Y/Y$ | 投入要素增长率<br>$(\alpha\Delta K/K+\beta\Delta L/L)$ | 剩　余 |
| 1889—1919 | 3.9 | 2.6 | 1.3 |
| 1919—1957 | 3.2 | 1.1 | 2.1 |

资料来源：约翰·肯德里克《美国生产率的趋势》（Productivity Trends in States），普林斯顿 1961 年，转引自 [美] 劳埃德·雷诺兹著《宏观经济分析和政策》，商务印书馆 1986 年第 402 页。

从表中明显看出，产出增加率 $\Delta Y/Y \neq \alpha\Delta K/K+\beta\Delta L/L$，而 $\Delta Y/Y > \alpha\Delta K/K+\beta\Delta L/L$，两者的差额，即要素生产率的增长率。在 1889—1919 年，美国国民生产总值的年度增加率（3.9%）中约有 2/3 由于较多的要素投入，要素的生产率提高的贡献占 1/3。但自 1919 年以后，这两个增长的来源相对的贡献改变了。投入的增长率下降而生产率的贡献增加。在 1919 年和 1957 年间，总的要素投入每年只增加 1.1%，但要素生产率从 1919 年到 1957 年间每年增加 2.1%，大大快于过去。在这 40 年里，每年产出增加 3.2%，其中，要素生产率

增加的贡献约占 2/3，而要素投入增加的贡献仅是 1/3。这是技术进步的结果。

研究发现大部分产出增长归因于总的要素生产率的增长，这推动了对要素生产率增加原因的研究。差不多近一个世纪以来，生产要素生产效率大大增进的原因是什么呢？

一是资本品积累（投资）的增加。工人拥有的资本品越多，越是用先进的工具和机器设备把自己武装起来，他们的产出就会越大。在欠发达的国家，农民种的粮食仅够养家糊口，而今天在美国，占人口 3％ 的农业工作者所生产的农产品在足够美国人消费之外还大大有余，可供出口，原因就是农业机械化使美国农民今天工作一小时相当于他们在 50 年前或 75 年前工作一周。

二是劳动力质量提高。劳动者愈有技能，其生产率就愈高。先进的技术设备，必须有高素质的劳动者来操纵，劳动者如果没有受到良好教育，别说现代知识经济，就是过去的工业经济也难以运转。现代的高科技对劳动者素质的要求更高了。

三是资源从低生产率部门不断转移到高生产率部门的重新配置。例如，劳动力从生产率低的传统农业部门转移到生产率高的现代工业部门，社会生产率就大大提高。今天，在美国，这一资源重新配置的趋势正在加速。一个以高科技产业为龙头的"新经济"浪潮正在崛起，信息产业在迅速发展，20 世纪 90 年代以来，其销售额增长 57％，超过了建筑、食品加工和汽车业，一跃成为美国第一产业。

四是技术变革尤其是高新技术转化为现实的生产力。技术的进步体现在更高的产品质量、更好的生产方法和组织生产的更好方式上。当年亨利·福特开发的流水线在一年之内把生产率提高好几倍。今天，在美国，由于有风险资本的介入和支持，使一批又一批具有高度不确定性的中小型高新技术企业迅速成长，推动了新技术的采用，尤其是信息产业的发展，使整个社会的劳动生产率大大提高。过去几年中，美国经济增长中，差不多有 27％ 应归于高科技企业。

### 三、经济增长的方式

经济增长方式是指一个国家（或地区）经济增长的实现模式，它可分为两种形式：粗放型和集约型。粗放型增长方式是指产出的增长主要依靠扩大资本和劳动等生产要素的投入来实现的增长方式，由于不依赖技术进步，表现在投入产出比上的效益指标没有明显的提高；集约型增长方式指的是产出的增长主要依靠技术进步、提高要素生产率来实现的增长方式，表现为投入产出指标的不断提高。根据总量生产函数分析和资本产出弹性与劳动产出弹性的计算，可将一个时期的经济增长率进行分解，即由生产要素投入量增加导致的经济增长和由要素生产率提高导致的部分。如果要素投入量增加引起的经济增长比重大，则为粗放型增长方式；如果要素生产率提高引起的经济增长比重大，则为集约型增长方式。但经济增长方式的区分只是相对的，不是绝对的，二者有时还是互相交叉的。

经济增长方式转变，是指经济增长方式从粗放型增长方式为主转向集约型增长方式为主。这种转变是渐进的，需要有一个过程，是全局性的，不排斥某些地区、城市、企业在某些条件下实行粗放型增长。各地区和城市受其所处环境、市场条件、技术发展水平及就业状况等因素的制约，经济增长方式可能存在很大差异，增长方式的转变也不会步调一致。经济增长方式的选择应坚持以下 3 条原则：① 是否有利于持续、协调的经济增长；② 是否有利于投入产出效益的提高；③ 是否有利于满足社会需要，即有利于经济结构优化、社会福利改善和使环境得到保护等。

那么，如何实现经济增长方式的转变呢？第二次世界大战结束以后，世界各国为了提高经济效益和国际竞争力，促进经济发展，不同程度地实现了经济增长方式的转变。从各国的经验看，实现经济增长方式由粗放型向集约型转变的途径主要有以下3个方面：

第一，加快科技进步，提高科技进步对经济增长的贡献率；

第二，提高劳动者素质，大力发展教育事业；

第三，完善竞争性市场体系。

## 四、经济增长政策

人们的生活水平取决于生产物品与劳务的能力，用实际 GDP 表示，而经济增长则是总的或人均的实际 GDP 的增长。总产出的增长与人均产出的增长区别在于人口的增长，当人口不变时，二者的增长是相同的。人口的增长有利于总产出的增长和促进技术进步，但同时也会使自然资源紧张、人均资本量下降。只有人均生产更多的产品和服务，每个人才能购买更多的产品和服务，而每个人在单位时间里生产的产品和服务的数量指的是劳动生产率。因此，劳动生产率是解释经济增长的关键。而影响劳动生产率的因素取决于物质资本、人力资本、自然资源和技术知识，因此促进经济增长的政策主要是如何提高劳动生产率和生活水平。

### （一）促进储蓄和投资的政策

#### 1. 储蓄和投资的重要性

理解长期的产出必须理解产出和资本的关系。首先，资本存量决定所生产的产出数量；其次，产出数量意味着收入的高低，收入则决定了储蓄和投资的数量，当储蓄和投资量变化时，所积累的资本数量也会发生变化。

根据增长核算，资本存量的上升会促进经济增长。从直观的角度看，由于资本是被生产出来的生产要素，因此一个社会可以改变它所拥有的资本量。如果今天经济生产了大量新资本品，则明天它将拥有大量资本存量，并能生产出更多的各种物品和劳务。另一方面，资本存量的增长是储蓄和投资推动的。当人们得到收入时，可将收入用于消费和储蓄，资源的稀缺，人们面临两者的权衡取舍。当将更多的资源用于生产资本时就会有较少资源用于生产消费的物品和劳务，或者说将社会资源更多地投资于资本，就必然会少消费并把更多的现期收入储蓄起来，因此鼓励资本形成便主要归结于鼓励储蓄和投资。这是政府可以促进经济增长的一种方法，而且在长期中，这也是提高一国公民生活水平的一种方法。

#### 2. 国外投资的作用

国外储蓄和投资的增加会改变资本存量，从而促进产出。然而在发展中国家，许多居民收入不高，几乎没有储蓄，因为居民储蓄少，企业很难借到资金，资金缺乏，使企业不能投资建厂买机器和设备，经济不能增长，居民收入仍然很低，储蓄也很低，整个经济陷入恶性循环。20 世纪 80 年代以来，许多国家改变政策，贸易和投资越来越开放，全球化程度日益提高。在收入水平较低的国家，国内居民的储蓄和投资低，无法摆脱低收入、低储蓄和投资、低增长的恶性循环。在全球化条件下，国外投资也具有相同的效力。

国外投资的主要形式有：一种是外国直接投资，即给外国企业在本国建立或购买设备，如海尔集团在印度尼西亚建厂；另一种方式是一个中国人可以购买印度尼西亚公司的股票，即购买公司的所有权份额，印度尼西亚公司用卖股票的收入来建一个新工厂。这种用外国货币筹资、国内居民经营的投资称为外国有价证券投资。也就是说中国人用自己的储蓄为印度尼西亚的投资筹资，提供了印度尼西亚资本存量增加所必需的资源。外国人在一个国家投资，增加投资国的资本存量，提高生产率和 GDP，然而投资者的目的是期望投资收益。

因此，来自外国的投资是一国增长的一种方法，这种投资虽然一部分收益要流回外国投资者的手中，但这种投资也增加了一国的资本存量，提高了生产率和收入。同时，来自外国的投资也是穷国学习富国开发并运用先进技术的一种方法。

3. 政府政策

增加储蓄和投资的激励政策可能提高人均实际 GDP，如税收激励能导致储蓄增加，退休储蓄基金允许免税；政府也可利用投资税收减免来增加对企业投资物质资本的激励，企业所得税的税收减少也增加了投资税后回报等。

（二）促进提高教育水平和技术进步的政策

1. 教育与资本存量

教育是对人力资本的投资，人力资本的增加使人均的收入增加，在人力资本稀缺的国家，受过教育的工人与未受过教育的工人之间的工资差距更大。

人力资本对经济增长特别重要。然而对个人而言，人力资本和物质资本的投资都有机会成本。当学生上学时则放弃了本可以赚到的收入，在不发达地区儿童往往小小年纪就退学来用劳动帮助养家糊口。对整个经济而言，人力资本带来外部性，即一个人的行为对旁观者的福利带来影响。如一个受过教育的人会产生一些有关如何最好的生产物品与劳务的新思想。如果这些新思想进入社会的知识宝库，从而使每一个人都可以利用，产生教育的外部收益，这就是得社会收益要远远大于个人收益。

一些受过高水平教育的工人移民到富国，在富国能享有更高的生活水平，这就是欠发达国家面临的人才外流问题，人才外流进一步减少了穷国人力资本存量，使那些留下来的人比原来更穷。相应地，从经济增长上获得的收入增加有助于解决这个问题，近年来我国和印度高速的经济增长吸引许多企业家、工程师和科学家留在本国而不是去更高收入的国家。

2. 研究和开发

经济增长模型的一个重要结论是：技术进步在解释长期经济增长中比资本增长更重要。然而大多数技术进步来自企业和个人发明家所进行的私人研究，但由于很大程度上知识是公共物品，一旦一个人发现了一个新思想，这个思想就会进入社会的知识宝库，他人便可免费使用，因此政府应在鼓励新技术的研究和开发中起作用。

3. 政府促进教育和技术水平的政策

政府政策通过促进教育和技术来提高生活水平，有以下几种方法。

（1）资助研发。政府可以进行补贴来增加研发的数量。我国政府直接进行一些研究，如国家卫生机构进行医疗研究。政府通过国家自然科学和社会科学基金和其他机构为大学或研究院（所）提供资助，还可以给进行研发的企业提供税收优惠。此外，发展中国家获得技术的一种方式是通过外国直接投资，即外国企业被允许建立新厂或购买国内企业，政府可通过放松管制从跨国公司得到技术帮助。

（2）资助教育。研发是由有技术训练的人进行的，如果企业不能获得研发的所有利润，则付给研发人员的工资也会减少，从而降低员工接受研发培训的激励。如有政府资助教育，则能增加接受培训的员工人数。因此，政府应该提供良好的学校，并鼓励人们利用好这些学校。许多经济学家认为，教育的正外部性也要求政府对以公共教育为形式的大量人力资本投资给予补贴，政府资助教育在促进经济增长方面承担了重要角色。

（3）利用专利和版权来保护研究。当一个人或企业发明了一种新产品时可以申请专利，政府授予专利给发明者在规定年限内排他性地生产该产品的权利。在本质上专利给予发明者对其发明的产权，将其新思想从公共物品变为一定时期的私人物品，通过让发明者从中获利来提高个人或企业从事研究的激励。然而专利体系也有弊端，为了专利归档，企业须提供产品和过程的信息，这些信息进入公共记录后，可能有利于竞争企业研发相似的产品。为了避免这一问题，一些企业把研究的结果作为商业秘密，而不是专利。专利保护还必须激励企业从事研发，同时又确保研究成果能广泛传播以对经济产生重大影响。

（三）经济增长的宽松环境

1. 保障财产权和法治

市场经济通过市场价格实现协调企业之间及企业和消费者之间的交易，市场价格是市场中以"看不见的手"来使供求平衡的工具。然而价格制度发生作用的重要前提是财产权得到保障，如此市场体系才能良好运作。如果财产不安全而且会被任意剥夺，则企业不愿用自有资金冒险，投资者也不愿借钱给企业。在有些国家法律规范和财产权被腐败破坏，因为腐败，企业只能在贿赂的情况下被允许建立工厂和经营。这种腐败阻碍了市场的协调能力，还抑制了国内储蓄和来自外国的投资。对产权的威胁，还来自政治不稳定性，当革命和政变很普遍时，产权在未来能否得到保障就值得怀疑了。如果一个政府没收一些企业的资本，国内居民就很少有储蓄、投资和该开办新企业的激励了，同时外国人也很少有在该国投资的激励了。甚至革命的威胁也会是降低一国生活水平的行为。因此，一个有效的法院体系、清廉的政府官员、产权保障和政治稳定的国家的经济增长会更快些。

2. 自由贸易

有些生活水平较低的国家，试图通过实施内向型政策来实现更快的经济增长，这种政策得到一部分企业的支持，提出幼稚产业保护论，认为需要保护避开外国竞争来生存和成长，这些国家的决策者实行关税和其他贸易限制。大多数经济学家认为，实行把穷国与世界经济连为一体的外向型政策，会使这些国家的状况变好。

当一个发展中国家规模不大时，内向型政策的不利影响就更明显，如阿根廷的 GDP 总量的变化。设想一下，如果上海市禁止本市居民与住在市区范围外民众进行贸易会出现什么情况。那么上海的生活水平马上会下降，且会一直恶化下去。这正是阿根廷在 20 世纪大部分时间里实行内向型政策所出现的情况。而实行外向型政策的国家和地区，如韩国、新加坡和中国台湾，都有很高经济增长率。地理环境也会影响贸易量，位于海边或有天然良港的国家比内陆国家更容易开展贸易，所以收入也会高得多。

# 第二节 经 济 周 期

## 一、经济周期的定义和特征

（一）经济周期的定义

经济周期（Business cycle）也称商业周期，它是指经济运行中周期性出现的经济扩张与经济衰退循环往复的一种现象。经济周期主要表现为国民收入和就业的波动，它也可通过投资、企业库存、设备利用率、物价、股票价格、利率、利润率、销售额等指标的波动反映出来。这些指标普遍而同期地上升或下降成为经济周期的特征。经济周期的上升（扩张）阶段通常表现为投资增加、市场需求旺盛、就业率高、经济增长率较高、资金周转灵便、非意愿库存少、设备利用率高、物价上涨、股价上升、利润率高。经济周期的下降（衰退）阶段表现为投资不振、市场需求疲软、就业率较低、生产下降、资金周转不畅、库存积压、设备利用率低、物价下降或物价上涨幅度小、股价下跌、利润率低。经济从一个顶峰（收入最高点）到另一个顶峰，或者从一个谷底（收入最低点）到另一个谷底，构成一次完整的经济周期。

在市场经济条件下，企业家们越来越多地关心经济形势，也就是"经济大气候"的变化。一个企业生产经营状况的好坏，既受其内部条件的影响，又受其外部宏观经济环境和市场环境的影响。一个企业，无力决定它的外部环境，但可以通过内部条件的改善，来积极适应外部环境的变化，充分利用外部环境，并在一定范围内，改变自己的小环境，以增强自身活力，扩大市场占有率。因此，作为企业家对经济周期波动必须了解、把握，并能制订相应的对策来适应周期的波动，否则将在波动中丧失生机。

（二）经济周期的特征

经济周期主要具有以下特征。

（1）经济周期是市场经济中经济运行所不可避免的波动。这种经济周期的主体是商业企业来组织经济活动的国家，即由市场机制来配置资源的国家，他们不可避免要发生经济周期。例如，美国在1973—1975年和1981—1982年经历了严重的经济衰退，从1982年到20世纪末出现了一个"长期繁荣"，2007年由美国次贷危机引发金融危机，又陷入了经济衰退。

（2）经济周期发生时的经济波动是主体经济活动的波动，而不是一国某一个或几个部门、某一个或几个地区所产生的局部波动。正是由于这种波动才引起宏观经济变量诸如价格水平、失业率、利率、进出口额等方面的波动。

（3）一个经济周期可以分为繁荣、衰退、萧条、复苏4个阶段，其中繁荣、萧条是经济周期的两个主要阶段，衰退和复苏是两个过渡阶段。

（4）一个经济周期时间长短存在较大的差别，有的经济周期可能有一年多，有的经济周期可能持续几年甚至十几年，他们并不完全一致。

从宏观经济变量看，可以分为顺周期性、逆周期性和无周期性3类。顺周期变量是指那些在经济扩张时上升，在经济收缩时下降的变量；逆周期变量是指在衰退时上升，在扩张时下降的变量；无周期的变量的变动与经济周期无关。

**二、经济周期的阶段和类型**

（一）经济周期的阶段

尽管各国的经济周期所经历的时间、波动的幅度千差万别，但经济周期大致可分为两个阶段：一是扩张阶段，包括复苏、繁荣，它是整体经济活动的上升时期；二是收缩阶段，包括衰退、萧条，他是总体经济活动的下降时期。图9-1是表示经济周期波动的典型示意图。由于经济在总体上保持着或多或少的增长，所以以经济增长的长期趋势线是正斜率的。

1. 繁荣阶段

繁荣阶段是国民收入与经济活动高于正常水平的一个阶段。其特征是生产迅速增加、投资增加、信用扩张、物价水平上升、就业增加，公众对未来持乐观态度。繁荣的最高点称为

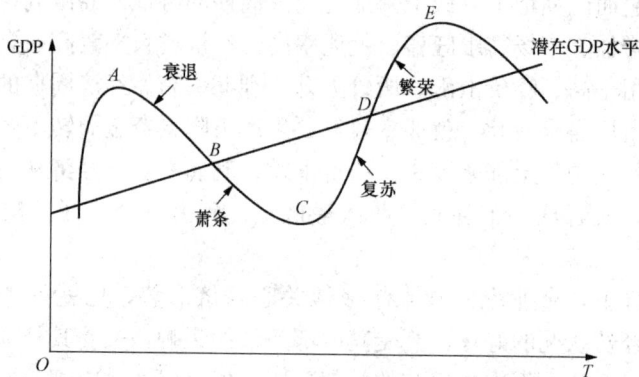

图 9-1　经济周期示意图

顶峰，这时就业与产出水平达到最高，但是股票与商品的价格开始下跌，存货增加，公众的情绪由乐观转为悲观。这是繁荣的极盛时期，也是经济由繁荣转向衰退的开始。

2. 萧条阶段

萧条阶段是国民收入与经济活动低于正常水平的一个阶段。其特征是投资减少、产品滞销、价格下跌、企业利润下降、信用紧缩、生产减少、失业增加，公众对未来持悲观态度。萧条的最低点称为谷底，这时就业与产出水平跌至最低，但是股票与商品的价格开始回升，存货减少，工作的情绪由悲观转为乐观。这是萧条的最严重时期，也是由萧条转向复苏的开始。

3. 衰退阶段

衰退阶段是从繁荣到萧条的过渡时期，这时经济开始从顶峰下降，但仍高于正常水平。

4. 复苏阶段

复苏阶段是从萧条到繁荣的过渡时期，这时经济开始从谷底回升，但仍未达到正常水平。

（二）经济周期的类型

不同的经济学家提出了不同的经济周期理论。美国经济学家熊彼特根据经济周期持续的时间长短，将经济周期分为长周期、中周期和短周期。

1. 康德拉季耶夫周期（长周期）

这是由俄国的经济学家康德拉季耶夫在 1925 年发表的《经济生活中的长期波动》一文中首先提出的。他认为资本主义的经济发展过程可能存在 3 个长波：一是从 1789 年到 1849 年，上升部分为 25 年，下降部分 35 年，共 60 年；二是从 1849 年到 1896 年，上升为 24 年，下降为 23 年，共 47 年；三是从 1896 年起，上升 24 年，1920 年以后是下降趋势。全过程为 140 年，包括了两个半的长周期，显示出经济发展中平均为 50～60 年一个周期的长期波动。

2. 朱格拉周期（中周期）

这是由法国医生、经济学家朱格拉在 1862 年《论法国、英国和美国的商业危机以及发生周期》一书中首次提出的。他认为市场经济存在着 9～10 年的周期波动。

3. 基钦周期（短周期）

这是由美国经济学家基钦在 1923 年发表的《经济因素中的周期与倾向》一文中提出的。

他根据美国、英国 1890—1922 年的利率、物价、生产和就业等统计资料进行分析，认为企业生产过多时就会形成存货，从而减少生产，存货周期为 2 ~ 4 年，故称为短周期。

熊彼特把这种短周期作为分析资本主义经济循环的一种方法，并用存货投资的周期变动和创新的起伏变化，特别是能很快生产出来的设备的变化来说明基钦周期。他认为三个基钦周期构成一个朱格拉周期，18 个基钦周期构成一个康德拉季耶夫周期。

### 三、经济周期理论

西方经济学对经济周期提出过许多解释，其中比较重要的如下。

1. 纯货币理论（pure monetary theory）

纯货币理论是把经济周期原因归结为银行体系交替地扩张和紧缩信用的理论，它认为短期利率波动在经济波动中起着重要的作用。周期过程可归纳为：利率下降→信用扩张→投资增加→就业增加→经济扩张→贷款需求超过供给→利率上升→信用收缩→减少订货→经济衰退→物价下降→投资减少→利率下降。利率下降既是周期起点，又是周期终点。经济转折点出现于贷款需求超过供给，这是由于银行系统不可能永远以低利率扩张信用。

美国的企业主要通过股市融资，其周期过程可归纳为：股价较低→人们购买股票→股价上升→股票发行量增加→企业投资增加→经济扩张→流入股市的社会资金不足→股市泡沫破灭→股价下降→企业投资减少→经济衰退→股价较低。经济转折点出现于流入股市的社会资金不足，这是由于能够投入股市的社会资金数量是有限的，它不可能支持股价永远上升。

2008 年世界金融危机已经引起资本主义国家经济衰退。从现象上看，金融危机是经济危机的源头。但是，这场金融危机的源头是实体经济的危机。西方国家经历了特别长的经济扩张阶段，生产与消费的矛盾加剧，矛盾暂时缓和严重依赖于贷款。一旦政府紧缩银根，提高利率，各种问题立刻暴露，房地产和汽车业只是比较突出的领域。

2. 投资过度理论（over-investment theory）

投资过度理论是把经济周期性循环归因于投资过度。投资过度指与消费品生产相对比，资本品生产发展过快。投资过度理论强调社会生产两大部类（生产资料与消费资料两大生产部门）之间要保持平衡。在一定时期内，资本品生产可优先发展，生产有一个迂回过程，人们首先生产资本品，然后生产消费品。生产资料各部门可以通过相互创造需求，在一定时期推动经济增长。资本品生产的过度发展促使经济进入繁荣阶段。例如，生铁不足→生铁价格上涨→高炉投资→采矿机械投资→生铁需求增加。但是，资金大量投入资本品生产，破坏了生产资料与消费资料的比例关系。人们生产生产资料，归根结底是要用它去生产消费资料。生产资料生产过多就会过剩。例如，纺织业发展慢→纺织机械需求减少→生铁需求减少→生铁价格下降→高炉闲置→炼铁企业倒闭→生产下降→工人失业。这又会促进经济进入萧条阶段。

3. 消费不足理论（under-consumption theory）

消费不足理论是把经济衰退归因于消费品需求赶不上社会消费品生产增长的周期理论。它假设消费资料生产与生产资料生产的比例不变，从而使自己与投资过度理论划清了界限。它强调在经济增长过程中资本家获得国民收入的较大份额，他们为追逐利润产生投资冲动，引起供给大于需求。社会其他阶层在金融市场不断扩张条件下也提高了储蓄倾向并相应降低了消费倾向。在一定时期，政府消费可弥补私人消费不足，但是它会带来财政赤字。一旦财政负担超出社会能够容忍的界限，经济危机就会爆发。危机会导致社会财富的再分配，缓和生产与消费的矛盾，为经济复苏创造条件。

4. 心理预期理论（psychological theory）

心理预期理论是把人们过于乐观或过于悲观的预期作为经济波动原因的周期理论。无论什么原因刺激了投资，人们通常会产生过于乐观的经济增长预期。这种预期使股价上升、信贷扩张、投资过度，形成经济繁荣。当某种原因导致经济出现问题时，人们通常会产生过于悲观的经济萧条预期。这种预期又使股价暴跌、流动性不足、投资急剧下降，形成萧条局面。萧条可缓解生产与消费的矛盾和比例失调，逐步恢复人们的信心，为下一次扩张准备条件。

5. 危机总供求分析（aggregate demand and supply approach）

危机总供求分析认为无论什么原因引起总供给或总需求的变动，在一定条件下它们会引起一系列连锁反应，导致经济波动。在各种连锁反应中比较重要的是：① 后向连锁反应，指某项产出引起对投入的需求并带动投入品行业发展，如房地产行业可带动水泥、钢铁、家具等行业发展；② 乘数效应，指收入与消费相互促进并导致收入增量成倍于自发性支出增量；③ 就业连锁反应，指就业增加引起消费增加，后者又给其他人带来就业机会；④ 财政连锁反应，指收入增加引起税收增加和政府支出增加，后者又引起收入进一步增加；⑤ 前向连锁反应，指某项产出成为其他领域的投入并带动该领域发展的作用，如石油→化肥→粮食→食品加工；⑥ 旁侧连锁反应，即某企业发展会带动地区经济发展，如造船厂的建立会带动周围医院、学校、商店、交通、房地产的发展，这种连锁反应是双向的，它既可能引起经济扩张，又有可能带来经济衰退。

6. 实际经济周期理论

实际周期理论认为经济波动是随机的、不可预测的。因为波动的原因不来自经济内在力量，而来自实际的、外生的事件，如某种重要的投入（如石油）价格变动、自然灾害或技术冲击（如新发明），因此实际经济周期理论强调的不是对需求方的冲击，而是对供给一方的冲击。例如，认为石油价格大幅度上升会导致与石油有关的各种商品价格上升，从而引起成本推进的通货膨胀，并进而引起经济的衰退。这种理论受到一些经济学家的批评。他们认为，即使石油成本翻一番，也不足以引起经济大幅波动，因为石油进口在 GDP 中所占比例甚小。

7. 货币主义者和新古典主义的观点

货币主义者（如弗里德曼）和新古典经济学家（如卢卡斯）认为，引起经济波动的重大干扰来自政府，尤其是政府的货币政策。其中，新古典主义者强调预期和未预期的货币政策变动对经济的不同影响。例如，当人们预期到政府要增加货币供给时，就会预期物价水平要上升，从而要相应增加工资和提高利率，于是名义货币供给量虽增加了，实际货币供给（以真实购买力计算的货币供给）并未变化，实际工资、利率和实际产出都不会变化，从而货币政策没有什么效果。相反，如果货币供给增加或减少未被预期到，厂商就不会同比例变动价格水平，因而实际货币供给就会变动，并影响产出水平。

例如，假定政府实行扩张的货币政策使货币供给增加并使一切商品价格上升 5%，在短时期内，厂商只看到自己经营的商品的价格上升 5%，未来得及认识到其他商品价格的上升情况，因此会把自己产品价格的上升当作市场对自己产品需求增加，从而增加生产。而劳动者也只看到自己货币工资增加，以为是实际工资增加，因而会提供更多劳动量，于是生产和就业就会增加。当然，这种情况只会在短期内存在，因为经营者和劳动者迟早会认识到自己的商品的实际价格和实际工资并没有增加，生产和就业会回到原来的状态。对于货币供给减少在短期内引起生产和就业的收缩，情况也是如此。可见，新古典主义者对经济波动的看法不但强调预期与否，还强调时期长短，即认为未被预期的政策变动虽能引起经济波动，但经过一定时期，经济总会回到自然率水平，用不着政府干预，相反，政府干预反而会引起经济波动。

8. 新凯恩斯主义的观点

新凯恩斯主义者认为，供给方面的干扰（如实际经济周期理论所认为的）和货币方面的干扰（如新古典主义者所认为的）都可能成为引起经济波动的冲击。他们和实际经济周期理论与新古典理论的区别在于，他们不相信市场经济总能吸收各种冲击的影响而恢复充分就业，相反，在大多数情况下，经济中存在一种机制扩大这些冲击并使冲击的作用持续。例如，假定外在冲击使投资需求下降，会使产出有乘数作用地下降；反之，当干扰使投资增加时会使产出有若干倍地增加。经济要恢复到原来局面，需要有一相当长的过程。例如，经济也许要花费几年时间才会恢复到没有发生衰退时应有的水平，社会因此付出沉重代价。

由于各个学派的经济学家对引起经济周期波动的原因有不同看法，因此，对如何治理经济波动的经济政策也有不同主张。

实际经济周期理论家认为，经济波动的根源是外生的冲击，经济会迅速有效地对这些冲击做出反应，因而用不着政府干预，市场本身会做出最好解决办法。例如，他们认为，失业问题不难解决，只要失业者降低工资和非货币报酬的要求，总会找到工作。

同样，新古典主义和货币主义者也相信市场会对经济波动做出迅速反应，因而政府干预的政策完全无效，经济中存在着自然失业率，扩张的货币政策至多只会在短期内把失业率降到自然率以下，但为此要付出通货膨胀的沉重代价。

与上述两种理论相反，新凯恩斯主义者不认为市场会自动消除经济波动，因而需要政府干预。新凯恩斯主义者尽管承认具有理性预期的个人反应常常确实会部分抵消政府的行动，但不可能永远完全抵消政府政策的影响。政府在稳定经济方面有必要采取斟酌使用的政策，即经济不景气时实行扩张总需求的政策，经济过热时实行紧缩的政策。

## 本章思考题

1. 经济增长的特征有哪些？
2. 简述经济增长的含义。
3. 经济增长的源泉是什么？
4. 简述经济周期的特征。
5. 经济周期的阶段怎么划分？
6. 经济增长的方式有哪些？

# 第 十 章　宏 观 经 济 政 策

## 第 一 节　宏 观 经 济 政 策 目 标

### 一、宏观经济政策目标体系

宏观经济政策目标是政府进行经济调节之前必须解决的问题，它一般包括充分就业、物价稳定、经济持续稳定发展和国际收支平衡。

**（一）稳定物价**

稳定物价目标是中央银行货币政策的首要目标，而物价稳定的实质是币值的稳定。所谓币值，原指单位货币的含金量，在现代信用货币流通条件下，衡量币值稳定与否，已经不再是根据单位货币的含金量，而是根据单位货币的购买力，即在一定条件下单位货币购买商品的能力。它通常以一揽子商品的物价指数，或综合物价指数来表示。目前各国政府和经济学家通常采用综合物价指数来衡量币值是否稳定。物价指数上升，表示货币贬值；物价指数下降，则表示货币升值。稳定物价是一个相对概念，就是要控制通货膨胀，使一般物价水平在短期内不发生急剧的波动。

需要注意的是，除了通货膨胀以外，还有一些属于正常范围内的因素，如季节性因素、消费者嗜好的改变、经济与工业结构的改变等等，也会引起物价的变化。总之，在动态的经济社会里，要将物价冻结在一个绝对的水平上是不可能的，问题在于能否把物价控制在经济增长所允许的限度内。这个限度的确定，各个国家不尽相同，主要取决于各国经济发展情况。另外，传统习惯也有很大的影响。有人认为，物价水平最好是不增不减，或者只能允许在1%的幅度内波动，这就是物价稳定；也有人认为，物价水平不增不减是不可能的，只要我们能把物价的上涨幅度控制在1%～2%就算稳定了；还有人认为，物价每年上涨在3%左右就可以称之为物价稳定。

**（二）充分就业**

所谓充分就业，在西方经济学中有两种含义：一是广泛意义上的含义，指一切生产要素（包含劳动）都有机会以自己愿意的报酬参加生产的状态，也就是劳动力和生产设备都达到充分利用的状态；二在狭义上是指总失业率等于自然失业率的状态。

在本书的第八章分析了失业的影响，指出高失业率不仅给失业者个人造成经济损失而且损害其身心健康，同时造成社会经济资源的浪费和产出量的下降，甚至会引发社会的动荡。所以第二次世界大战以后，各国政府越来越重视就业问题，把实现充分就业作为政府宏观经济政策的首要目标。例如，英国政府的主要政策目标一直是"维持高度的和稳定的就业水平"。美国国会在1946年1月通过的第二次世界大战后第一部就业法，提出通过相应的财政与货币政策，防止经济衰退，刺激经济复兴，以实现最大限度的就业，由此正式确立了政府就业政策体系。

**（三）经济增长**

经济增长是指在一个较长时间跨度内一国人均产出（或人均收入）水平持续增加。萨缪尔森在《经济学》中给出的经济增长含义是，一国潜在的 GDP 或者国民产出的增加。也可以说，当一国生产可能性边界向外推移时就实现了经济增长。库兹涅茨将一国的经济增长定义为向它的国民提供品种日益增加的经济商品的能力长期上升。

经济的合理增长需要多种因素的配合，最重要的是要增加各种经济资源，如人力、财力、物力，并且要求各种经济资源实现最佳配置。中央银行作为国民经济中的货币主管部门，直接影响到其中的财力部分，对资本的供给与配置产生巨大作用。因此，中央银行以经济增长为目标，指的是中央银行在接受既定目标的前提下，通过其所能操纵的工具对资源的运用加以组合和协调。一般来说，中央银行可以用增加货币供给或降低实际利率水平的办法来促进投资增加；或者通过控制通货膨胀率，以消除其所产生的不确定性和预期效应对投资的影响。

虽然目前世界上大多数国家的中央银行普遍将经济增长列为货币政策目标之一，但由于它在各国货币政策目标中所处的地位不同，其重要程度不尽相同，就一国而言，在各个历史时期也并不一样。从美国来看，高度重视经济增长是在 20 世纪 30～50 年代，因为当时美国面临第二次世界大战之后的生产严重下降，以及随后出现的 50 年代初的经济衰退。而自 70 年代以来，尤其是 1981 年里根担任总统之后，货币政策目标则以反通货膨胀为重点。日本在第二次世界大战后也同样提出了发展经济的目标，但那是基于战后的生产极度衰退而言，实际上，在经济增长与稳定物价这两个目标的重点选择上，日本始终以稳定物价为主。联邦德国由于吸取两次世界大战之后爆发恶性通货膨胀的惨痛教训，因而虽把经济增长也列入政策目标之一，但在实际执行中宁愿以牺牲经济增长来换取马克的稳定。不过也有例外，如韩国的货币政策目标曾一度是以经济增长为主，稳定物价被置于次要位置。

（四）国际收支平衡

根据国际货币基金组织的定义，国际收支是某一时期一国对外经济往来的统计表，它表明：①某一经济体同世界其他地方之间在商品、劳务和收入方面的交易；②该经济体的货币性黄金、特别提款权及对世界其他地方的债权、债务的所有权等的变化；③从会计意义上讲，为平衡不能相互抵消的上述交易和变化的任何账目所需的无偿转让和对应项目。

就国际收支平衡表上经济交易的性质而言，经济交易主要可分为两种：一种是自主性交易，或叫事前交易，它是出于经济上的目的、政治上的考虑及道义上的动机而自动进行的经济交易，如贸易、援助、赠予、汇兑等；另一种是调节性交易，或叫事后交易，它是为弥补自主性交易的差额而进行的，如获得国际金融机构的短期资金融通、动用本国黄金储备、外汇储备以弥补差额等。若一国国际收支中的自主性交易收支自动相等，说明该国国际收支平衡；若自主性交易收入大于支出，称之为顺差；若自主性交易支出大于收入，则称之为逆差。

判断一国的国际收支平衡与否，就是看自主性交易平衡与否，是否需要调节性交易来弥补。如果不需要调节性交易来弥补，则称之为国际收支平衡；反之，如果需要调节性交易来弥补，则称之为国际收支失衡。

所谓平衡国际收支目标，简言之，就是采取各种措施纠正国际收支差额，使其趋于平衡。因为一国国际收支出现失衡，无论是顺差或逆差，都会对本国经济造成不利影响，长时期的巨额逆差会使本国外汇储备急剧下降，并承受沉重的债务和利息负担；而长时期的巨额顺差，又会造成本国资源使用上的浪费，使一部分外汇闲置，特别是如果因大量购进外汇而增发本国货币，则可能引起或加剧国内通货膨胀。当然，相比之下，逆差的危害尤甚，因此各国调节国际收支失衡一般着力于减少以致消除逆差。

从各国平衡国际收支目标的建立来看，一般都与该国国际收支出现问题有关。美国开始并未将平衡国际收支列入政策目标，直到 20 世纪 60 年代初，美国国际收支出现长期逆差。从 1969—1971 年 3 年期间，国际收支逆差累计达到 400 亿美元，黄金储备大量流失，这时平衡国际收支才成为货币政策的第四个目标。日本的情况与美国类似。20 世纪 50 年代以后，日本对外贸易和国际收支经常出现逆差，严重影响国内经济的发展，因此才将平衡国际收支列为政策目标。1965 年以前，日本银行在国际收支方面主要解决逆差问题，此后日本国际收支呈现出完全顺差的趋势。当时日本因致力于国内物价稳定而忽视了对顺差的关注，结果导致顺差的进一步扩大，并由此引起了 1971 年 12 月的日元升值，之后日本银行转而解决国际收支顺差长期化问题。英国的情况有所不同，因其国内资源比较缺乏，对外经济在整个国民经济中占有较大的比重，所以国际收支状况对国内经济发展影响很大，特别是国际收支失衡会使国内经济和货币流通产生较大的波动，因此战后英国一直把国际收支平衡列为货币政策的重要目标。

**二、宏观经济政策目标的抉择**

（一）宏观经济政策目标的一致性和冲突

从根本上说宏观经济政策的四个目标，具有一致性和互补性，但也存在着矛盾和冲突。了解这种关系对宏观经济政策的决策是十分必要的。

从宏观经济政策目标的一致性和互补性看，对某一目标的追求和某一目标的实现，同时也能够促进或影响其他目标实现，这就是宏观经济政策目标的一致性。比如，如果因顺差过大、外汇收入增加，导致国际收支失衡，为收购这些外汇，就必然要增加国内货币供应量，从而导致物价上升；而如果逆差过大，则可能形成国内货币紧缩的形势，影响经济增长并导致失业增加。从互补关系看，主要表现在：一国经济能长期持续均衡增长，就业率就高，失业率就低；反之，亦然。即使是短期的经济波动也是这样，当一国经济处于复苏和繁荣的景气上升时期，随着经济增长率的提高和经济总量的增加，就业机会随之增加；相反，当一国经济处在衰退和萧条的景气下降时期，随着经济规模的收缩，就业机会就会减少，失业率就会上升。

从宏观经济政策目标的矛盾和冲突来看，任何一种政策手段都有其副作用，都会对其他目标的实现产生不利的影响。西方经济学者也明确指出，要同时实现以上所有目标会造成困难。米德认为，以财政政策和货币政策实现内部均衡，以汇率政策实现外部均衡的政策组合，可能会因固定汇率制度下汇率工具无效而无法使用。要利用财政政策和货币政策来达到内、外部同时均衡，在政策取向上常常存在冲突。当国际收支逆差与国内经济疲软并存，或是国际收支顺差与国内通货膨胀并存时，财政、货币政策都会左右为难，这就是经济学上著名的"米德冲突"。从稳定物价与充分就业这两个目标来看，二者之间也经常发生冲突。若要降低失业率，增加就业人数，就必须增加货币工资，这样会使货币工资上涨率超过劳动生产率的增长，容易形成成本推进型通货膨胀。

（二）宏观经济政策目标抉择的不同主张

宏观调控的经济政策目标之间存在着一定的矛盾和冲突。因此，有必要在各种不同的主要经济政策目标之间进行抉择。可以说，宏观经济调控目标的选择是宏观经济政策的核心，是各国宏观经济政策制定者必然会面临的问题。

对于如何选择目标，西方不同的经济学流派有不同的主张。凯恩斯主义认为，宏观经济政策的目标抉择主要是短期稳定。短期稳定政策的目的是在短期内不改变一个国家的潜在生产能力，而尽可能使得总需求与潜在总供给之间同步增长。他们认为短期稳定是强有力的长期经济发展的基本条件。由于有效需求不足是市场经济的必然现象，政府可以通过扩张总需求的政策来缩小供求缺口，缓和经济的周期性波动，提高总体经济效率。总之，他们主张通过相机抉择的总需求管理政策来实现低通货膨胀率，减少经济受到冲击之后产量、就业的大幅下降。

20 世纪 70 年代初期，西方发达国家陷入"滞胀"的困境。现代货币主义学派对凯恩斯主义的短期稳定目标政策提出质疑，认为他们在实现短期稳定与"短期成效"的过程中，实际上把菲利浦斯曲线的位置不断地推向远离原点的方向，因而只能在更高的失业率和更高的通胀率之间去寻找新的平衡。也就是说，虽然在短期内扩张政策能够影响产量和就业，但从长期看，菲利普斯曲线是一条与自然失业率一致的垂直线，任何总需求扩张，都只能加将速通货膨胀。相机抉择的总需求管理政策会使经济陷入更大的不稳定之中，宏观经济政策目标应该选择长期的目标，也就是保持长期价格稳定。

客观地看，政府的宏观经济政策目标选择必须考虑经济运行周期的特征和社会所面临的主要问题。当经济运行处于过热状态并导致严重的通货膨胀时，政府的经济政策目标应该是稳定物价；当经济运行处于衰退阶段，经济增长出现停滞并导致失业率上升时，政府的经济政策目标则应该是促进经济增长或增加就业。

此外，宏观经济政策目标的确定是一个公共选择过程，或许还是一个政治过程。经济政策问题涉及一些"超经济"因素，尤其是目标的选择问题，在某种程度上政策工具的选择问题也是如此。西方一些国家实行的是任期制，政治家不得不顾及他的选票。为了得到更多的选票，他们往往难以选择长远的宏观经济政策目标，而更多的是选择多数选民的目标和短期的政策目标。

## 第二节 财 政 政 策

### 一、财政构成

财政可以理解为政府部门经济活动的资金体现，每个国家和地区都会有专门的财政部门来安排政府部门的资金收支活动，以保障政府公共服务职能的提供和对整体经济运行的调控。而财政政策则可以理解为建构财政活动之上的，旨在消除宏观经济波动的政策措施，财政政策的运行必须以政府的财政活动和安排为依托，因此要理解财政政策离不开对财政构成的理解。作为对政府活动的资金衡量，可以根据财政资金的来源和流向，将其分为财政收入、财政支出和财政盈余 3 个基本组成部分。

（一）财政收入

财政收入是政府所得到的可以运用的资金，税收是最重要的收入来源。税收来自于微观主体的经营活动，由政府税务部门对征税对象依据税率乘以计税依据的总和来进行计征，而征收的税种、征税对象、征税范围、适用税率、减免税的安排等都有相应立法部门所通过的税法作为计征层的依据，这也使得税收获得了法律所体现出来的强制性和稳定性。税收可以按照多种方式进行分类，如按照税率的不同可以分为从量税和从价税；按照征税对象可以分为财产税、所得税和流转税。

政府还可以通过资产收益及资产出让获得收入，这在政府拥有大量资产的情况下将更加显著。资产收益的一个来源是国有企业利润所得，在政府具有数量庞大、种类繁多的国有企业的情况下，国有企业利润所得在政府收入中也占据重要比重。在我国计划经济的情形下，由于经济体系中大部分企业都是国有或集体企业，公有制企业的利润所得比税收的规模更大。与此相联系的是，政府也可以将自己所拥有的资产出售以获得收入。随着我国房地产市场的繁荣和房价不断高涨，在我国部分地区政府出让土地所获得的收益已经成为地方政府的重要财政资金来源。

政府管理活动中也会产生一定的收入，不过一般情况下其规模较小。其中之一是行政罚没和服务收费，前者如交通违章罚款，后者如住房所有权登记费、城市施工道路占用费等。

另一种方式是将某些权力出让给一些经济个体并得到一定的收入，如进出口配额的招标拍卖、特许经营权等，如西班牙在历史上就曾将按照熟悉线路迁移的权利，出售给牧人以得到收入，当然在现代国家，用这种方式来获得财政收入的情形相对少见。此外，政府还可以募集一定的收入用于特定用途如发行福利彩票等。

（二）财政支出

财政支出是指各级政府支出总和，由许多具体的支出项目构成，主要可分为政府购买和转移支付两类。

（1）政府购买指政府利用财政资金购买的商品和劳务，如武器弹药、办公用品、政府雇员工资、公共工程和活动等。从来源看，政府购买的商品和劳务都来自于市场上，从而成为社会最终需求的一个重要组成部分，在现代经济活动中，由于许多国家的财政支出已经占GDP的1/3以上，财政支出在影响总需求方面具有重要的影响。从去向看，政府购买的商品和劳务最终体现为政府在经济社会中发挥的职能，如通过修建军事设施、购买武器弹药、给军事人员发放薪金等方式，政府提供被称为"国防"的公共服务。

（2）转移支付和政府购买不同，转移支付并不直接导致支出的发生，而是将资金转移到其他个体手中，由其进行支配。社会保障制度是转移支付的一个重要组成部分，其既包括养老、医疗、失业、工伤等社会保险制度，也包括救灾、扶贫、最低生活保障等社会救助制度。除此之外，为了保障特定行业，如高科技产业、农业等的稳定和发展，政府也对特定行业进行财政补贴或价格支持，如在西方国家广泛存在的农产品价格补贴等。如果说政府购买主要体现了政府所提供的公共产品和服务，转移支付则主要体现为政府进行收入再分配、消除收入分配差异过大方面的作用。

（三）财政赤字或盈余

一般情况下，财政收入很难会和财政支出刚好相等，从而会出现一定的差额，当财政收入超过财政支出就会产生财政盈余，当财政收入小于财政支出就会出现财政赤字，若二者刚好相等则称财政预算平衡。在财政活动对宏观经济运行的作用被意识到之前，财政预算平衡是政府财政活动追求的主要目标之一。对政府部门而言，最良好的状况是财政收入和财政支出刚好相等的财政预算平衡，出现财政盈余意味着向公众征收了过多的税收，造成民众过大的税收负担，也有可能是政府提供了较少和不足的公共产品和服务，如道路、桥梁等的缺乏也将对经济体系的运行产生瓶颈和阻碍作用，大量持续性的财政盈余并不意味着是一种可取的现象，但事实上更经常发生的不是财政盈余而是财政赤字。如何解决收入低于支出的财政赤字成为政府部门更经常遇到的问题，财政赤字融资也往往成为财政部门需要更经常考虑的问题。

最容易想到的而且是最根本的削减财政赤字的方式是开源节流的征税和削减支出。但征税往往遇到居民部门的反对，尤其在领导人由选民选举产生的西方国家，无论是谋求当选还是连任，如果将增税作为未来的施政方案之一，都意味完全丧失当选的希望，这就意味着增税在西方世界具有非常小的可能性。除此之外，而且无论开征新税种还是调高税率的提案一般都需要经过立法部门的审议，即使在立法机构能够被通过，也往往需要耗费相当长的时间，这使得这种增税在应对短期的财政赤字或宏观经济波动方面不具有时效上的可行性。所有上述因素都使得通过增税来应对削减财政赤字面对层层困难，即使主要通过增加收入的方式来弥补赤字，也多采用行政收费等更加隐蔽和临时性的方法。

相对而言，现在财政主要通过减少财政支出的方式来谋求降低财政赤字。除了通过预算的方式增加对滥用财政资金的控制，严肃财政资金使用纪律外，大幅度削减财政支出的方案往往也会遇到一定的困难。

第二种用来弥补财政赤字的方法是借债，根据其来源也可分为内债和外债。内债方面比较多用的是面向公众发行债券，政府债券有政府信用作为基础，又有税收作为保障，因此具有风险小、收益稳定的特征，在资本市场上具有较大吸引力，这使得政府能够比较方便地融通到所需要的资金。另外，内债是本国居民向政府提供借贷，而政府再将财政资金通过公共产品和服务提供给全国居民，或者通过转移支付提供给另一部分居民，整体上是发生在一国内部的债务问题，从而一般不会形成难以偿还的债务风险。而且由于政府一般拥有发行货币的职能，这使得政府在债务到期的时候总可以通过印发钞票的方式来应对还本付息的压力，虽然这可能会导致通货膨胀，但这也意味着政府所借的内债不存在到期无法偿还的信用风险。

相对而言，举借外债则可能发展成到期无法偿还的债务风险，而这种债务危机又可能对本国的整体经济运行产生一定的负面影响，从而具有较大的危险性。这主要是外债主要采用世界通用货币如美元、欧元、英镑等计价，而较少采用本国货币计价。一方面，本国货币与计价货币之间的汇率波动会导致本国债务负担水平发生相应波动，增加了最终难以偿还时发生危机的可能性。另一方面，采用外币计价也使得货币印刷机这一最终手段完全失效，使得政府财政为偿还债务面临更加严苛的约束。

最后一种手段就是印刷货币。存在多大数量的财政赤字就印刷并发行多大规模的货币。显然这是一种非常危险的方式，因为多印刷货币最终必将导致通货膨胀，而通货膨胀只是一种将资源从民众手中转移到政府手中的隐形渠道，货币只是一张政府打出来的白条。

总体而言，财政赤字不仅更容易发生，而且财政赤字也往往难以消除，削减财政赤字的方式也可能会衍生通货膨胀、外债危机等其他问题，这些因素都使得确保财政预算平衡、避免财政赤字成为政府财政部门需要考虑的重要目标。

## 二、财政政策工具及其效果

财政政策（fiscal policy）是政府运用支出和收入来调节总需求确保财政预算平衡，控制失业和通货膨胀，并实现经济稳定增长和国际收支平衡的宏观经济政策。从政府实施的主动性上来看，可分为自动稳定器和相机抉择的财政政策两类。

（一）自动稳定器

西方经济学家认为，由于财政制度本身的特点，政府一些收入和支出制度本身就具有某种自动调整经济的灵活性，这种灵活性有助于经济的稳定。这些财政制度就是自动的或内在的稳定器。自动稳定器（automatic stabilizers）是指国家财政预算中根据经济状况而自动发生变化的收入和支出项目，如税收、转移支付、最低生活保障金等。

税收，尤其是比例所得税是最重要的一个自动稳定器。当经济繁荣，通货膨胀率较高时，税收会随人们收入增加而自动增加，这样，人们税后的可支配收入上升幅度就会小于收入增加的幅度，从而使消费需求增长自动得到抑制。显然，税率越高，税收的自动稳定作用就越显著。如实行累进所得税，自动稳定效果将更大。当经济萧条时，税收将自动减少，这使可支配收入下降比收入下降的幅度要小一些，从而消费支出下降幅度也会小一些。可见，比例所得税可使总需求波动自动得到某种程度的控制。

政府转移支付是又一自动稳定器。当经济出现衰退和萧条时，劳动者失业增加，有条件领取失业救济金和其他福利费的人数增加，这就可以抑制人们可支配收入的下降，进而抑制消费需求下降。当经济繁荣时，失业人数减少，失业救济金和其他福利费支出自然减少，因而就抑制了可支配收入和消费的增长。

最低生活保障金也是自动稳定器。当经济出现衰退和萧条时，劳动者失业增加，工资收入减少，达到最低生活保障金发放标准的人数就会增加，这也可以抑制人们可支配收入下降，进而抑制消费需求下降。当经济繁荣时，失业人数减少，工资收入增加，达到最低生活保障金发放标准的人数就会减少，因而就抑制了可支配收入和消费的增长。

（二）相机抉择的财政政策

只要政府支出和收入这些制度存在，各种自动稳定器就会起作用。但这种作用只能减轻和缓和经济波动，不可能消除波动。例如，若边际消费倾向为 0.75，这使自发支出增加 1 美元时消费需求就会增加 0.75 美元，通过乘数作用，收入最终可增加 4 美元，而有了税率为 0.2 的比例所得税，则自发支出（比方说投资或政府支出）增加 1 美元时，通过乘数作用，收入最终可增加 2.5 美元。可见，增加 1 美元自发支出时，有了比例所得税，总需求增加幅度变小了，从 4 美元变为 2.5 美元，但并没有消除总需求的波动，因为收入毕竟还是增加了 2.5 美元。这说明，消除经济波动，仅靠自动稳定器是不够的，还要靠政府审时度势，主动采取变更收入或支出的财政政策。当认为总需求水平过低，即经济出现衰退时，政府应通过削减税收、增加支出或双管齐下来刺激经济；反之，当认为总需求水平过高，出现严重通货膨胀时，政府应增加税收或减少支出，以抑制过热的经济势头。前者称扩张性财政政策（expansionary fiscal policy），后者称紧缩性财政政策（contractionary fiscal policy）。究竟什么时候采用膨胀性财政政策，什么时候采用紧缩性财政政策，应由政府对经济形势加以分析权衡，相机抉择，以逆经济风向行事。

（三）财政政策效果

积极的、权衡性的财政政策（discretionary fiscal policy）在实行过程中会受到种种因素的制约，使其作用大打折扣。首先是因为时滞性。认识经济形势，提出政策建议，经过讨论，最后做出决定加以实施，直到政策起作用，要有一个相当长的过程。其次是不确定性。例如，各种乘数就难以确定。比方说，政府减税 1 美元从而使人们可支配收入增加 1 美元时，人们是否一定按边际消费倾向增加消费就难以确定。当人们认为减税如果是暂时的而不是持久的，则减税可能并不会增加消费，这时税收乘数就可能不起作用。还有，如减税 1 美元时人们可能并不将由此增加的 1 美元可支配收入用来增加消费，而是用来增加储蓄，国民收入也无法按税收乘数增加。此外，财政政策作用的大小还要受挤出效应的影响。挤出效应怎样影响财政政策效果呢？

挤出效应（effectiveness of crowding out）指当政府增加支出或减少税收时，货币需求会增加，在货币供给既定情况下，利率会上升，私人部门（厂商）的投资会受到抑制，产生政府支出挤出私人投资的现象，这就是所谓"挤出效应"。要弄清什么是挤出效应、它怎样影响财政政策效果，要从政府支出乘数和税收乘数说起。我们曾经指出，在有比例所得税的情况下，政府支出乘数会变小，举个例子说，假定潜在国内生产总值或者说充分就业国民收入为 12 000 亿美元，而实际国内收入为 10 000 亿美元，则 GDP 缺口为 2000 亿美元，再假定边际消费倾向为 0.75，所得税率为 0.2，则要实现充分就业，用的方法可以是增加政府支出 800 亿美元，从而使通货紧缩缺口 2000 亿美元得以消除（2000＝800×2.5）。同样，如果存在通货膨胀缺口，可用同样的方法加以消除。

然而，上述运用财政政策调节总需求和国民收入时，并未考虑货币市场供求的因素。事实上，当政府支出增加或税收减少时，货币需求会增加，在货币供给既定情况下，利率会上升，私人部门（厂商）的投资会受到抑制，产生政府支出挤出私人投资的现象。挤出效应的大小关系到财政政策效果的大小，而影响挤出效应及财政政策效果大小的因素可用以下几点来加以概括。

第一，一项扩张（或紧缩）的财政政策（如增加或减少一笔政府购买），如果由于货币需求增加（或减少）而使利率大幅度上升（或下降），挤出效应就很大，财政政策效果就很小；反之，财政政策效果就很大。

第二，私人投资需求对利率变动越敏感（即利率上升时投资会大幅度减少），挤出效应就越大，从而财政政策效果就越小。

一般认为，经济较热、通货膨胀率较高时，人们对经济前景普遍看好，即使增税或削减政府支出，私人消费和投资需求仍旺盛，因而紧缩财政的效果较差，只有靠紧缩的货币政策才会抑制总需求从而降低通货膨胀率。相反，在经济不景气时，扩张的货币政策对刺激经济效果甚微，只能主要靠扩张财政的政策才能拉动经济走出低谷或避免经济衰退。

上面所说的财政政策及其效果都是凯恩斯主义财政政策思想。这种财政称为功能财政。功能财政思想是对传统的预算平衡思想的否定。西方政府在历史上曾长期重视和信奉财政预算平衡。历史上预算平衡思想曾经过 3 个发展阶段。第一阶段是强调年度平衡预算，即主张每年预算应力求平衡，或量入为出，或量出为入。第二阶段是周期平衡预算，认为政府应随着经济周期波动，在衰退时产生预算赤字，在繁荣时产生预算盈余，以盈余补赤字，从整个周期看，预算还是平衡的。第三阶段是充分就业平衡预算，认为政府应当使支出保持在充分就业条件下所能达到的净税收水平。若某年经济萧条，税收水平较低，支出可不必等于该年收入，而可等于预计充分就业时会有的税收水平。

功能财政思想一反上述平衡预算政策观念，主张财政预算不在于追求政府收支平衡，而在于追求无通货膨胀的充分就业。为实现这一目标，预算可以是盈余，也可以是赤字。当均衡收入低于充分就业水平时，政府有义务实行膨胀性财政政策以实现充分就业。如果预算起初是盈余，政府可减少盈余甚至造成赤字，如起初预算是赤字，政府可允许有更大的赤字。

反之，当存在通货膨胀缺口时，政府应实行紧缩性财政政策。总之，按功能财政思想，政府应当关心经济比关心预算平衡更多一些。这种功能财政思想就是权衡性财政政策的指导思想。

按功能财政政策，预算可能要赤字，也可能要盈余，但多数情况下是赤字。财政赤字如何弥补？可否减少支出？不可。如果减少支出，就达不到克服经济萧条和提高就业水平的目标。可否增加税收？不可。如果增加税收，可支配收入和消费支出就会下降，也达不到提高就业水平、克服萧条的目的。有一个办法就是发行公债（national debt）。这是西方国家弥补赤字最常用的方法。但对于公债的利弊得失，人们看法不一。许多经济学家认为，国债是个累赘，甚至是经济活动的障碍。其一，国债虽然是政府的债务，但归根到底都是由纳税者负担的。公债不仅是加在当代人身上的负担，而且是加给下一代人的负担。其二，由于提高税收方面的困难，政府不得不举新债还旧债、债台高筑，最终可能迫使政府多印纸币，造成通货膨胀。其三，国债增加意味着公众以国库券和公债形式占有财富比重增加而以不动产的形式占有财富的比重减少，而人们拥有的实物资本减少，不利于经济的长期增长。

然而，一些经济学家却认为，国债的问题比想象中要小得多。其一，对公众而言，作为公债的购买者，他们拥有国债的债权，作为纳税人，又欠下自己的债务，在这样的基础上，除向外国借的部分债务外，所有债务、债权都可以看作自己欠自己的债，一笔勾销。其二，国家会长期存在，完全可以用发行新债偿还旧债，不存在一次性偿还债务的压力。对公众而言，只要国家长存，就能确保每期债务兑现，因此公债是一种安全的个人投资方式。其三，美国的统计资料表明，美国国债的绝对值在急剧增加，但是随着时间的推移，经济也在逐渐增长，特别在和平时期，国债占国内生产总值的比例在逐渐下降。可见，公债并不可怕，关键是国债的用途，只要政府不用于战争和浪费，而是潜心用于刺激经济发展，只要经济增长速度高于国债增长速度，举债是值得的。

# 第三节　货　币　政　策

货币政策（monetary policy）指中央银行通过控制货币供应量来调节利率，进而影响投资和整个经济，以达到一定经济目标的经济政策。当然，这主要是凯恩斯主义者的观点，他们认为，货币政策和财政政策一样，也是为调节国民收入以达到稳定物价、充分就业的目标，实现经济稳定增长。两者的不同之处在于，财政政策直接影响总需求的规模，这种直接作用是没有任何中间变量的，而货币政策则还要通过利率的变动来对总需求产生影响，因而是间接地发挥作用。

货币政策一般也分为扩张性的和紧缩性的。前者是通过增加货币供给来带动总需求的增长。货币供给增加时，利息率会降低，取得信贷更为容易，因此经济萧条时多采用扩张性货币政策。反之，紧缩性货币政策是通过削减货币供给的增长来降低总需求水平，在这种情况下，取得信贷比较困难，利率也随之提高，因此在通货膨胀严重时，宜多采用紧缩性货币政策。

## 一、货币政策工具

### （一）再贴现率政策

这是中央银行最早运用的货币政策工具。再贴现率是中央银行对商业银行及其他金融机构的放款利率。本来，这种贴现是指商业银行把商业票据出售给当地的联邦储备银行（美国中央银行），联邦储备银行按贴现率扣除一定利息后再把所贷款项加到商业银行的准备金账户上作为增加的准备金。但当前美国的主要办法已经是银行用自己持有的政府债券作担保向联邦储备银行借款。所以现在都把中央银行给商业银行的借款称为"贴现"。在美国，中央银行作为最后贷款者，主要是为了协助商业银行及其他金融机构对存款备有足够的准备金。如果一家存款机构（当然主要指商业银行）的准备金临时感到不足，比方说某一银行客户出乎意料地要把一大笔存款转到其他银行时，就会出现临时的准备金不够的困难，这时该银行就可用它持有的政府债券或合格的客户票据向联邦储备银行的贴现窗口（办理这类贴现业务的地点）办理再贴现或申请借款。当这种贴现增加时，意味着商业银行准备金增加，进而引起货币供给量多倍增加。当这种贴现减少时，会引起货币供给量多倍减少。贴现率政策是中央银行通过变动给商业银行及其他金融机构的贷款利率来调节货币供应量的。贴现率提高，商业银行向中央银行借款就会减少，准备金减少，从而货币供给量就会减少；贴现率降低，向中央银行借款就会增加，准备金增加，从而货币供给量就会增加。但实际上，美国联邦储备银行并不经常使用贴现率来控制货币供给，因为贴现窗口的主要作用是允许商业银行和其他金融机构对其短期的现金压力做出反应，对临时发生的准备金不足做适当调整。根据规定，银行不能依赖贴现窗口进行超过一个较短时期的借款，在贴现窗口的借款大多数是一天到期，但它们确实需要时可续借。对于超过一个较短时期的借款，银行可以向有超额储备的其他银行进行拆借。正因为贴现窗口主要用于满足银行临时准备金的不足，因此，目前变动贴现率在货币政策中的重要性和早先相比已大大减弱。事实上，银行和其他金融机构也尽量避免去贴现窗口借款，只将它作为紧急求援手段，平时少加利用，以免被人误认为自己的财务状况有问题。每个储备银行的贴现窗口也执行关于银行和金融机构可以借款的数量和次数的规定。这些为适应储蓄机构在不同环境下的需求而制定的规定，并不随货币政策的变动而变动。还需指出，通过变动贴现率控制货币供给本身也存在一些问题，例如，当银行十分缺乏准备金时，即使贴现率很高，银行依然会从储备银行贴现窗口借款。可见，通过贴现率变动来控制银行准备金的效果是相当有限的。

（二）公开市场业务

这是目前中央银行控制货币供给最重要也是最常用的工具。公开市场业务是指中央银行在金融市场上公开买卖政府证券以控制货币供给和利率的政策行为。在美国，货币政策包括公开市场业务是由联邦储备系统中的公开市场委员会（FOMC）决定，由公开市场办公室具体实施的。政府证券是政府为筹措弥补财政赤字资金而发行支付利息的国库券、债券，这些被初次卖出的证券在普通居民、厂商、银行、养老基金等单位中反复被买卖。联储可参加这种交易，在这种交易中扩大或收缩货币供给。当联储在公开市场上购买政府证券时，商业银行和其他金融机构的准备金将会以两种方式增加：如果联储向个人或公司等非银行机构买进证券，则会开出支票，证券出售者将该支票存入自己的银行账户，该银行则将支票交回联邦储备系统作为自己在联储账户上增加的准备金存款；如果联储直接从各银行买进证券，则可直接按证券金额增加各银行在联邦储备系统中的准备金存款。当联储售出政府证券时，情况则相反。准备金的变动就会引起货币供给按乘数发生变动。准备金变动了，银行客户取得信贷变得容易或困难了，这本身就会影响经济。同时，联储买卖政府债券的行为，也会引起证券市场上需求和供给的变动，因而影响到债券价格即市场利率。有价证券的市场是一个完全竞争性的市场,其证券价格由供求关系决定。当中央银行要购买证券时,对有价证券的市场需求就增加,证券价格会上升即利率下降,反之亦然。显然,联储买进证券就是去创造货币,因为当它把比方说 10 万美元的证券从某银行买进时,它只要通知那家已卖出证券的银行,说明准备金存款账户上已增加 10 万美元就行了。因此,联储可根据自己意愿创造货币。

公开市场业务之所以能成为中央银行控制货币供给最主要的手段,是因为运用这种政策手段有着比用其他手段更多的优点。例如,在公开市场业务中,中央银行可及时地按照一定规模买卖政府证券,从而准确地控制银行体系的准备金。如果联储只希望少量地变动货币供给,就只要少量地买进或卖出政府证券;如果希望大量地变动货币供给,就只要买进或卖出大量政府证券即可。由于公开市场操作很灵活,因而便于为中央银行及时用来改变货币供给变动的方向,变买进为卖出证券,立即就能使增加货币供给为减少货币供给。正是中央银行可以连续地、灵活地进行公开市场操作,自由决定有价证券的数量、时间和方向,因而会有一种连续性效果,使社会不易对公开市场业务做出强烈反应,而且中央银行即使有时会出现某些政策失误,也可以及时得到纠正,这是贴现率政策和准备金率政策所没有的长处。公开市场业务的优点还表现在这一业务对货币供给的影响可以比较准确地预测出来。例如,一旦买进一定金额的证券,就可以大体上按货币乘数估计出货币供给增加了多少。

(三)变动法定准备金率

中央银行有权决定商业银行和其他金融机构的法定准备金率,如果中央银行认为需要增加货币供给,就可以降低法定准备金率,使所有金融机构对每一笔客户的存款只要留出更少的准备金,或反过来说,让每 1 美元的准备金可支撑更多的存款。假定原来法定准备金率为 20%,则 100 美元存款必须留出 20 美元准备金,可贷款金额为 80 美元,这样,增加 1 万美元的准备金就可以派生出 5 万美元的存款。若中央银行把法定准备金率降低到 10%,则 100 美元存款只需 10 美元准备金就行了,可贷金额为 90 美元,这样,增加 1 万美元的准备金就可以派生出 10 万美元的存款,货币供给就增加了一倍。可见,降低法定准备金率,实际上等于减少了银行准备金,增加了可贷款金额,而提高法定准备金率,就等于增加了银行准备金,减少了可贷款金额。从理论上说,变动法定准备金率是中央银行调整货币供给最简单的办法,然而,中央银行一般不愿轻易使用变动法定准备金率这一手段。这是因为,银行去向中央银行报告它们的准备金和存款状况时有一个时滞,因此今天变动的准备金率一般要到一段日子以后(比方说两周以后)才起作用。此外,变动法定准备金率的作用十分猛烈,一旦准备金率变动,所有银行的信用都必须扩张或收缩。因此,这一政策手段很少使用,一般几年才改变一次准备金率。如果准备金率变动频繁,会使商业银行和所有金融机构的正常信贷业务受到干扰而感到无所适从。

上述三大货币政策工具常常需要配合使用。例如,当中央银行在公开市场操作中出售政府债券使市场利率上升(即债券价格下降)后,再贴现率必须相应提高,以防止商业银行增加贴现。于是,商业银行向它的顾客的贷款利率也将提高,以免产生亏损。相反,当中央银行认为需要扩大信用时,在公开市场操作中买进债券的同时,也可同时降低再贴现率。贴现率政策和公开市场业务虽然都能使商业银行准备金变动,但变动方式和作用还是有区别的。当中央银行在市场出售证券时能一般地减少银行准备金,但究竟哪个银行会减少以及减少多少却无法事先知道,因而究竟会给哪些银行造成严重影响也无法事先知道。原来超额准备金多的银行可能没有什么影响,即使其客户提取较多存款去买证券时,也只会使超额准备金减少一些而已。然而，那些本来就没有什么超额准备金的银行马上就会感到准备金不足，因此其客户提取存款后，准备金就会降到法定准备金率以下。在这种情况下，中央银行之所以还大胆进行公开市场业务，就是因为有再贴现政策作补充。当中央银行售卖证券使一些银行缺乏准备金时，这些银行就可向中央银行办理贴现以克服困难。

货币政策除了以上三种主要工具外，还有一些其他工具，道义劝告就是其中之一。所谓道义劝告，是指中央银行运用自己在金融体系中的特殊地位和威望，通过对银行及其他金融机构的劝告，影响其贷款和投资方向，以达到控制信用的目的。如大衰退时期，鼓励银行扩大贷款；在通货膨胀时期，劝导银行限制扩大信用，也往往收到一定效果。但由于道义劝告没有可靠的法律地位，因而并不是强有力的控制措施。

**二、货币政策效果**

货币政策既然是通过变动货币供给量来调节利率进而影响投资和国民收入的，那么，影响货币政策效果的因素也就可以用这样几点来概括。

第一，如果货币需求对利率变动反应很灵敏，即利率稍有变动，货币需求就会有大幅度变动，比方说，利率稍有一点下降，货币需求就增加很多，在这样的情况下，中央银行增加货币供给量时，利率就只会有很小幅度的下跌，从而投资增加幅度就不大，国民收入增加也不多，即货币政策效果会小。反之，中央银行增加货币供给时，利率会大幅度下降的话，货币政策效果就大。

第二，如果投资对利率变动反应很灵敏，即利率稍有降低，投资就会增加很多的话，则中央银行变动货币供给对投资和国民收入变化的影响就大，即货币政策效果就大。反之，则政策效果就小。

西方国家实行货币政策，常常是为了稳定经济，减少经济波动，但在实践中也存在一些局限性。

第一，从反衰退的作用看，由于存在所谓流动性陷阱，因此在通货膨胀时期实行紧缩的货币政策可能效果比较显著，但在经济衰退时期，实行扩张的货币政策效果就不明显。那时候，厂商对经济前景普遍悲观，即使中央银行松动银根，降低利率，投资者也不肯增加贷款从事投资活动，银行为安全起见，也不肯轻易贷款。这样，货币政策作为反衰退的政策，其效果就甚微。

进一步说，即使从反通货膨胀方面看，货币政策的作用也主要表现于反对需求拉上的通货膨胀，而对成本推进的通货膨胀，货币政策效果就很小。因为物价的上升若是由工资上涨超过劳动生产率上升幅度引起或由垄断厂商为获取高额利润引起，则中央银行想通过控制货币供给来抑制通货膨胀就比较困难。

第二，从货币市场均衡的情况看，增加或减少货币供给要影响利率的话，必须以货币流通速度不变为前提，如果这一前提不存在，货币供给变动对经济的影响就要打折扣。在经济繁荣时期，中央银行为抑制通货膨胀需要紧缩货币供给，或者说放慢货币供给的增长率，然而，那时公众一般说来会增加支出，而且物价上升越快，公众越不愿把货币持在手上，而希望快快花费出去，从而货币流通速度会加快，在一定时期内本来的1美元也许可完成2美元交易的任务，这无疑在流通领域增加了1倍货币供给量。这时候，即使中央银行把货币供给减少一倍，也无法使通货膨胀率降下来。反过来说，当经济衰退时，货币流通速度下降，这时中央银行增加货币供给对经济的影响也就可能被货币流通速度下降所抵消。货币流通速度加快，就是货币需求增加；流通速度放慢，就是货币需求减少。如果货币供给增加量和货币需求增加量相等，LM曲线就不会移动，因而利率和收入也不会变动。

第三，货币政策作用的外部时滞也影响政策效果。中央银行变动货币供给量，要通过影响利率，再影响投资，然后再影响就业和国民收入，因而货币政策的作用要经过相当长一段时间才会充分得到发挥。尤其是市场利率变动以后，投资规模并不会很快发生相应变动。利率下降以后，厂商扩大生产规模，需要一个过程，利率上升以后，厂商缩小生产规模更不是一件容易的事，已经上马在建的工程难以下马，已经雇用的职工要解雇也不是轻而易举的事。总之，货币政策即使在开始采用时不要花很长时间，但执行后产生效果却要有一个相当长的过程，在此过程中，经济情况有可能发生与人们原先预料的相反变化。比方说，经济衰退时中央扩大货币供给，但未到这一政策效果完全发挥出来经济就已转入繁荣，物价已开始较快地上升，则原来扩张性货币政策不是反衰退，却为加剧通货膨胀起了火上浇油的作用。

货币政策在实践中存在的问题远不止这些，但仅从这些方面看，货币政策作为平抑经济波动的手段，作用也是有限的。

## 第四节　财政政策和货币政策的混合

财政政策和货币政策都可以调节总需求，还会对总需求结构产生不同的影响。例如，若经济处于萧条状态，政府可用扩张性财政政策，也可用扩张性货币政策。但用扩张性财政政策的话，会使利率上升，排挤私人投资，尤其是受利率影响大的住宅投资，从而使政府购买和消费在总需求结构中比重增加。相反，若用扩张性货币政策，则会使利率下降，投资增加。再者，就扩张性财政政策而言，不同的扩张项目也会带来不同的影响。若增加政府购买，除了会使政府购买在总需求结构中比重上升，消费也会增加，但私人投资受到抑制。若用减税或增加转移支付，则一上来增加的就是私人消费。若采用投资补贴的财政扩张，则不但消费会增加，投资也会增加。可见，政府在决定选择哪一种政策时，首先要考虑主要是要刺激总需求中的哪一部分。如果萧条主要是由于私人投资不足引起的，则宜用货币政策或投资补贴；如果主要应刺激住宅投资，最好用货币政策；如果主要是要刺激其他私人投资，则也许用投资补贴办法更为有效；如果主要是要刺激消费，则可用减税和增加转移支付。

由于财政政策和货币政策会对国民收入和利率产生不同影响，对总需求结构产生不同影响，因此对总需求调节时，常常需要把两种政策搭配起来使用。财政政策和货币政策的搭配方式不同，产生的政策效果不同，适用的经济环境也不同。

扩张性的财政政策和紧缩性的货币政策混合会导致利率的上升，产生"挤出效应"。当经济萧条但又不太严重时可采取这种组合，一方面用扩张性的财政政策刺激需求，另一方面用紧缩性的货币政策控制通货膨胀。

紧缩性的财政政策和紧缩性的货币政策混合会使总需求减少。国民收入水平下降，导致国民经济发展缓慢，甚至开始衰退，当经济发生严重的通货膨胀时，可采用这种组合，一方面用紧缩性的财政政策压缩总需求，另一方面用紧缩性的货币政策提高利率，抑制通货膨胀。

紧缩性的财政政策和膨胀性的货币政策混合会引起利率的下降，投资增加，以防止总需求过多减少。当经济出现通货膨胀但又不太严重时，可采用这种组合，一方面用紧缩性的财政政策压缩总需求。另一方面用膨胀性的货币政策，降低利率，刺激投资，遏制经济的衰退。

扩张性的财政政策和膨胀性的货币政策混合会引起总需求增加，从而促使经济的复苏、高涨。当经济严重萧条时，可采用这种组合，一方面用扩张性的财政政策增加总需求，另一方面用膨胀性货币政策降低利率，减少"挤出效应"。

如何选用财政政策和货币政策的混合，不仅取决于经济因素，而且取决于政治等因素。因为财政政策和货币政策作用的结果，会使国内生产总值的组成比例发生变化，从而对不同阶层和不同集团的利益产生不同的影响。比如，政府在经济过热时，实行紧缩性的财政政策，提高税率，这对中产阶级以上的那部分人来说，他们收入中的较多部分上缴国家财政，国家利用税收进行公共投资，如用来改善公共交通，这时不论穷人还是富人都可共同享受这些公共物品。即在一定的经济社会中，国民收入的分配会发生变化。因此，政府在做出混合使用财政政策和货币政策的决策时，必须统筹兼顾，充分考虑各方面的利益。

## 本章思考题

1. 宏观经济政策的目标是什么？为达到这些目标可采用的政策工具有哪些？
2. 财政政策与货币政策有何区别？
3. 如何理解财政的内在稳定器的作用？以所得税为例加以说明。
4. 扩张财政对萧条经济会产生怎样的影响？
5. 在经济发展的不同时期应如何运用经济政策？
6. 政府采取扩张性财政政策和货币政策对利率的影响有何不同？

# 第十一章 国际经济学常识

## 第一节 前 言

### 一、国际经济学的研究对象和主要内容

国际经济学是一门独特的经济学科，与其他经济学科不同，它是以各国间的经济活动及国际经济关系为研究对象，研究国际范围内资源的最优配置及国际经济关系对资源配置的影响。今天，随着国际商品和劳务贸易的发展及国际货币流动，不同国家之间的经济联系变得比以往任何时候都更加紧密。与此同时，世界经济的不稳定性也大大增强。在经济全球化趋势日益凸显的背景下，国际经济学的研究具有十分重要的意义。

国际经济学包括微观和宏观两部分：微观部分，又称为国际贸易部分，在研究方法上主要使用微观经济分析的基本工具，如供求曲线、生产可能性曲线、无差异曲线、边际替代率、边际转换率等，属于实物层面（real side）的研究；宏观部分，又称为国际金融部分，在研究方法上主要使用宏观经济分析的工具，如国民收入恒等式、货币方程式、货币乘数、外贸乘数等，属于货币层面（monetary side）的研究，因此国际金融理论又称为开放经济的宏观经济学（open economy macroeconomics）或国际货币经济学（international monetary economics）。

国际贸易部分又分为理论和政策两大部分。国际贸易理论主要说明国际贸易产生的原因或基础、均衡国际交换比率的确定、贸易利益在国与国之间以及一国内部的分配、贸易与经济增长的相互关系等问题；国际贸易政策主要说明贸易政策的依据和观点、各种贸易政策工具的福利效应、贸易政策的政治经济学分析等问题。

国际金融部分主要说明国际经济活动（如商品、劳务贸易和资本、劳动力的国际流动）在各国国民收入决定中的作用，以及各种国内经济活动对国际经济关系的影响，包括汇率理论与制度、国际收支调节理论与政策及国际货币制度等。

### 二、国际经济学的特征

国际经济学研究的是国际范围内资源的最优配置，研究国际经济关系对资源配置的影响。从资源配置的角度来看，国际经济学的研究体现了经济学的一般特征，即研究稀缺资源的配置问题。然而，国际经济学的研究是在国际范围内进行的，研究的主要内容从一个经济社会的运行转到两个或两个以上经济社会的相互联系。因此，国际经济学又有其自身的特殊性，主要表现在以下两个方面。

（1）国际经济学在研究资源配置时，以国家或独立的行政区域为单位，其研究对象是跨国界的。因此，国际交易不同于国内交易，在国际交易中存在着对商品贸易和要素流动的自然的和人为的障碍。例如，劳动力和资本在国家间的流动程度远远要低于在一国之内的自由流动程度；国际贸易中的关税与非关税壁垒在一国范围之内一般也是不存在的；由于各国使用不同的货币，这涉及国际交易中货币的转换，因此必须考虑本国货币对外币的价格即汇率，以及如何保持国际收支平衡等问题。国际交易与国内交易的差异表明，需要有一套专门

的理论来解释国际交易活动。

（2）国际经济关系是发生在各个独立的国家或行政区域之间的。在国家存在的条件下，各国的对外经济政策从本质上说都是自利的，一国在制定对外经济政策时，通常考虑的只是本国的利益而并非世界整体的利益。不同国家之间利益的相互冲突和政策目标的差异，往往导致某项政策对一国而言可以使福利增加，而对他国和世界整体而言则会使福利受损。另一方面，国际经济的相互联系使得一国的经济政策，如财政政策和货币政策，不仅会影响本国的资源配置，而且还会影响到其他国家的资源配置。特别是在经济一体化、全球化发展的背景下，一国政府在制定政策时，必须考虑国与国之间经济活动的传递性及相互影响。因此，在研究与国际经济问题相联系的政策时，也需要有一种不同于一般国内经济政策的解释。

## 第二节 国际贸易理论

国际贸易理论的起源可追溯到 15 世纪末 16 世纪初的重商主义学说。传统国际贸易理论产生于 18 世纪中叶，完成于 20 世纪 30 年代。在亚当·斯密的绝对优势理论和李嘉图的比较优势理论中，劳动是唯一的生产要素，生产技术是给定的，生产规模报酬不变。亚当·斯密与李嘉图的贸易理论是古典经济学理论体系的一部分，被称为古典贸易理论。20 世纪初，瑞典经济学家赫克歇尔和俄林提出了要素禀赋理论。在赫克歇尔和俄林的模型中，劳动不再是唯一的投入，但生产的技术条件及规模报酬仍然不变。要素禀赋理论被称为新古典贸易理论，曾经在很长时期内成为国际贸易的主流理论。

### 一、重商主义及其贸易观点

从 15 世纪初到 18 世纪中叶，在国际贸易和国际收支理论方面占据主导地位的是重商主义。重商主义认为，金银货币是财富的唯一形式。在一国范围内，由于一人所得就是他人所失，因此国内贸易不会使这种财富增加。一国要使财富的绝对量增加，必须进行国际贸易，并且在贸易中保持出口大于进口。当出口大于进口时，外国就要向本国支付金银货币，金银货币的流入标志着一国财富的增加。因此，重商主义者主张实行贸易保护，通过补贴等方式奖励出口，对进口则采取征税的方法加以限制。

重商主义关于财富的观点，反映了资本原始积累时期商业资本家对金银货币的认识。因为商业资本家手中的货币资本可以在一年内周转多次，不断地给他们带来利润。因此，在重商主义者看来，在当时的经济活动中，没有任何东西比获得贵金属更重要了。建立在这种财富观念之上的贸易观是一种典型的"零和"理论，认为在国际贸易中，你之所得就是我之所失，因此各国在贸易中的利弊得失是完全相反的。由这种观点出发，重商主义主张贸易保护政策是毫不足怪的。

在国际贸易理论发展的历史上，重商主义的贸易观反映了当时对国际贸易的认识水平。其重要的启示意义在于，将贸易政策的制定置于一定的理论基础上。但是该理论的局限性也是非常明显的。18 世纪中叶，古典经济学家提出重商主义存在两大缺陷——金银货币财富观和贸易保护主义。英国经济学家大卫·休谟指出：在金本位制度下，金银货币的流入会增加一国的货币供应量，在不考虑货币储存的条件下，如果该国的商品供给没有增加，国内的物价水平就会上升，出口商品的价格提高，结果该国的出口就会减少；相反，进口商品价格相对低廉，因而该国的进口就会增加。如果进口大于出口，该国就要向外国支付金银货币，金银货币就会流出。休谟的"价格—铸币流动机制"说明，金银货币会随着各国贸易收支的变化呈反方向变动，而不会在一个国家永远停留下去。

重商主义的另一个重大缺陷是由著名的英国经济学家亚当·斯密指出的。斯密在《国民财富的性质和原因的研究》中指出：一国的实际财富不是金银货币的存量。金银货币只是获得物质财富的手段或媒介，真正的财富是该国国民所能消费的本国和外国的商品数量和种类。因此，金银货币的增减变动，并不代表财富的增减。各国进行贸易的目的不是获得金银货币，而是获得物质财富。出口是为了取得收入从而获得进口的支付手段，进口则是为了扩大本国消费商品的范围和规模。

## 二、绝对优势理论与比较优势理论

亚当·斯密在批驳重商主义基本观点的同时，提出了绝对优势理论。绝对优势理论（absolute advantage theory）的主要内容可以概括为：在两国生产两种商品的情况下，其中一国在一种商品的生产中具有较高效率，另一国在另一种商品的生产中具有较高效率，则两国在不同商品的生产上分别拥有绝对优势，此时如果两国根据各自的绝对优势进行专业化分工，并相互进行交换，双方均能从中获益。作为劳动价值论的倡导者，亚当·斯密认为，绝对优势应当通过商品生产所投入的劳动成本加以衡量。因此，绝对优势理论又称为绝对成本理论。

假定世界上只有两个国家——本国和外国，它们都生产小麦和布，而且没有质量差异。进一步假定，本国如果将一个单位的劳动时间（一般为1小时）用于生产布，可以生产4码；如果全部用于生产小麦，可以生产6公斤。外国如果将一个单位的劳动时间全部用来生产布，可以生产5码；如果全部用于生产小麦，可以生产1公斤。因此，在小麦生产上，本国有绝对优势，而在布的生产上，外国有绝对优势。本国可专门生产小麦，通过贸易交换所需的布匹，而外国则相反。见表11-1。

表 11-1                          绝 对 优 势

|  | 本国 | 外国 |
|---|---|---|
| 小麦（公斤/劳动小时） | 6 | 1 |
| 布（码/劳动小时） | 4 | 5 |

如果本国用6公斤小麦（6W）去交换外国6码布（6C），本国获利2C或是节约0.5小时劳动（由于本国国内只可以用6公斤小麦去交换4码布）。同样，外国从本国获得的6公斤小麦若在外国生产需6小时劳动，6小时劳动可在外国生产30码布。由于可用6码布（需要约1个多小时生产时间）来与本国交换6公斤小麦，外国获利24码布，相当于节约了5小时的劳动。

由绝对优势理论可知，参加贸易的原因在于两国同种商品的价格存在差别（本国：1W=2/3C；外国：1W=5C），这种差价使参加贸易的双方有利可得。只要贸易的国际价格在两个参加贸易的国家贸易前的国内比价之间（2/3C，5C），参加国就可以从贸易中获利，各国间建立在各自绝对优势基础上的国际分工就可以形成。各国的绝对优势以及由此带来的国际分工，是国际贸易利益的根本来源。

然而，当一国在两种商品生产中均居于优势地位，而另一国在两种商品生产中均居于劣势地位，即没有绝对优势时，两国间能否开展贸易？这是绝对优势理论所无法回答的。另一位著名的英国经济学家大卫·李嘉图将亚当·斯密的绝对优势理论向前推进了一步，提出了比较优势理论。

比较优势理论（comparative advantage theory）的基本观点是：在两国生产两种商品的情形下，其中一国在两种商品生产上均占据绝对优势，另一国在两种商品生产上均处于绝对劣势，则优势国可以专门生产其优势较大的那种商品（这是其具有比较优势的商品），劣势国可以专门生产其劣势较小的那种商品（这是其具有比较优势的商品），通过专业化分工和国际交换，双方仍能从中获益。简而言之，"两利相权取其重，两弊相权取其轻"。

下面以表11-2来表示比较优势理论。表11-2与表11-1的唯一不同在于外国在1小时劳动时间里仅能生产2码而不是5码布。因此，外国在小麦和布的生产上与本国相比均处于绝对劣势。

表11-2              比 较 优 势

|  | 本国 | 外国 |
| --- | --- | --- |
| 小麦（公斤/劳动小时） | 6 | 1 |
| 布（码/劳动小时） | 4 | 2 |

然而，由于外国劳动生产率在布的生产上是本国的$1/2$，而在小麦生产上仅是本国的$1/6$，因此，外国在布的生产上具有相对优势。另一方面，本国在布和小麦生产上都有绝对优势，但由于小麦的绝对优势（6:1）比布的绝对优势（2:1）大，因此本国在小麦生产上存在相对优势。根据比较优势理论，如果本国专门生产小麦并出口一部分换取外国布，同时，外国专门生产并出口布，则两国都会获利。

从比较优势理论可以看出，即使一国处于绝对优势地位，另一国处于绝对劣势地位，国际分工和贸易的基础仍然存在，国际分工和贸易仍然可以给参加国带来物质消费水平增进的利益。

斯密和李嘉图的主张都包含着这样一个基本命题：国际贸易对所有的参加国都是有利的，因此政府应该采取支持自由贸易政策或不干预的对外贸易政策。正因为如此，这一理论就成为自由贸易的基本出发点。

### 三、相互需求理论

李嘉图的比较优势理论没能说明两国间实际的交换比率如何确定，也没能说明贸易利益在贸易双方是如何进行分配的。原因在于，李嘉图所论述的是国际贸易的供给和成本方面，而忽视了决定国际贸易的需求方面。约翰·穆勒在李嘉图理论的基础上，提出了相互需求理论。

相互需求理论（reciprocal demand theory）认为，两国两种产品的国内交换比率（反映了两国的比较成本优势）决定了两国两种产品国际交换比率的上下限，实际的国际交换比率必定介于由两国国内交换比率所确定的界限之内，而这一比率是由两国对各自商品的需求强度决定的。在上面说明比较优势的例子中，（根据劳动生产率与价格的关系）在没有国际贸易的情况下，本国小麦与布的国内交换为6W＝4C，外国小麦与布的国内交换为1W＝2C。因此，对于外国来说，如果小麦的价格高于2单位布，外国就不愿进口小麦；同样，对本国来说，如果小麦的价格低于 2/3 单位布，本国就不愿进口布，而宁愿自己生产。由此可见，小麦的国际交换比率必定处在（2/3，2）单位布之间。

至于在这个区间的哪一个具体比率上，穆勒认为这取决于双方对各自商品的需求强度。如果本国对布的需求越大，布的国际交换价格就越高；相反，如果外国对小麦的需求越大，则小麦的国际交换价格就越高。

在两国商品国际交换比率确定的同时，也就确定了国际贸易的规模和贸易的双方从国际贸易中获得利益的相对大小。外国对本国商品的需求强度越大于本国对外国商品的需求强度，国际交换比率越接近于外国的国内两种商品的交换比率，这一比率对本国就越有利，反之则相反。相互需求理论使比较优势理论更加趋于完善。

**四、要素禀赋理论**

以李嘉图模型为核心的古典贸易理论围绕比较优势论证了国际贸易的基础。然而，比较优势又是如何产生的呢？古典贸易理论简单地认为比较优势源于各国劳动生产率的差异，并没有深入说明产生这种差异的原因。20 世纪 30 年代，瑞典经济学家赫克歇尔及其学生俄林在继承古典理论的基础上创立了 H-O 模型，从生产要素禀赋的角度解释了比较优势的根源。

H-O 模型理论的基本观点在俄林出版的著作《区间贸易与国际贸易》中得到了全面地反映：一个国家应当分工生产并出口密集使用其相对丰裕要素所生产的商品，进口密集使用其相对稀缺要素所生产的商品。例如，在投入劳动和资本两种生产要素的情况下，劳动丰裕的国家应当生产并出口劳动密集型商品，进口资本密集型商品，而资本丰裕的国家则恰好相反。通过分工和国际贸易，将会使各国的福利都得到增进。

生产要素禀赋理论用各国生产要素禀赋的差异来解释国际贸易产生的原因。各国生产要素的相对存量不同，供求关系不同，因而商品的生产成本也不同，从而形成各国的相对价格优势。贸易使各国生产要素的优势得到比较充分的发挥。因此，其结论与亚当·斯密和李嘉图一样，认为自由贸易对于各个贸易参加国都是有利的。赫克歇尔和俄林的贡献在于进一步丰富了传统国际贸易理论体系。

**五、现代国际贸易理论的发展**

（一）现代国际贸易理论产生的背景

第二次世界大战结束后，第三次科技革命（或新技术革命）的重大影响和跨国公司的迅速发展极大地促进了国际分工向世界范围内的全球分工发展。在经济全球化浪潮的推动下，以关贸总协定和世界贸易组织为代表的多边贸易体制逐步形成和发展。在国际贸易实践发生的重大变化面前，传统的国际贸易理论遇到了新的挑战：国际贸易中的许多新现象，不仅无法用传统理论来加以解释，甚至与传统理论相悖。例如，为什么跨国公司子公司之间的产业内贸易已经部分地取代了产业间贸易？为什么美国有最昂贵的劳务和最密集的资本，理应出口资本密集型产品而却出口劳动密集型产品？为什么国际贸易中非价格竞争因素的重要性日益增强？对于这些问题，传统的国际贸易理论难以做出科学的回答。

传统国际贸易理论出现的危机，说明其理论依据的假设在现实中已发生了很大变化。无论是古典的比较优势理论，还是新古典的要素禀赋理论，都是以一系列严格的假设条件为前提的。但是，这种假设对于当今国际贸易中的许多问题，却无法给予科学的解释，如果改变其中的某一假设条件，就会导致完全不同的结论。20 世纪 60 年代后特别是 80 年代以来，在世界贸易格局中，不仅工业发达国之间的工业制成品出口贸易量大大增加，而且在工业发达国家之间，同类工业制成品的双向贸易量也大大增加，即许多国家不仅出口工业品，还进口大量的相似工业品，这种产业内贸易和发达工业国之间的贸易现象是要素禀赋理论所无法解释的。此外，传统理论所假设的生产技术不变、规模报酬不变、完全竞争市场结构及生产要素在国际不能自由流动的情况在现实中已经不复存在。

（二）现代国际贸易理论发展的过程

在 20 世纪前半期，以新古典模型为表达形式的要素禀赋理论在国际贸易理论中占据着绝对的统治地位。20 世纪 50 年代，里昂惕夫的实证检验结果使得这一理论的追随者产生了怀疑。20 世纪 60 年代，林德（Linder）和雷蒙德·维农（R. Vernon）等人从动态的角度提出了不同于比较优势的新的贸易基础，但要素禀赋理论并未受到真正的挑战。直到 20 世纪 70 年代末，国际贸易理论的发展才真正出现了重大的突破。

20 世纪 70 年代末 80 年代初，以美国经济学家保罗·克鲁格曼（Paul Krugman）为代表的一批经济学家提出所谓的"新贸易理论"（new trade theory）。新贸易理论认为除资源差异外，规模经济亦是国际贸易起因和贸易利益来源的另一个独立的决定因素。正如克鲁格曼所指出的，"即使在缺少偏好、技术和资源禀赋方面差异的情况下规模经济也可以引导各国开展专业化分工和贸易"。新贸易理论引入了规模经济的假设，从而打破了比较优势理论规模收益不变和完全竞争这两条基本假设，使得研究的重心由国家间的差异转向市场结构和厂商行为方面。如果将以新古典学派一般均衡分析为基础的比较优势理论冠以"国际贸易的完全竞争理论模型"，那么新贸易理论则可称之为"国际贸易的不完全竞争理论模型"。

由于不完全竞争理论至今没有形成统一的分析模式，所以新贸易理论至今还没有像比较优势理论那样在表达形式上达到完美的地步。不过，这并不妨碍该理论巨大应用价值的发挥。迄今为止，新贸易理论经历了 30 余年的发展，已经成为西方国际经济学或国际贸易教科书中的重要组成部分。

新贸易理论的产生有两大渊源。一是随着时代的发展，传统的贸易理论已不能很好地解释许多重要的国际贸易现象（见上述背景介绍）；二是产业组织理论的发展为新贸易理论的产生奠定了坚实的理论基础。实际上，早在斯密关于贸易扩大市场规模从而提高劳动生产率的著名论断中，就已经提出了规模经济的思想。但后来随着新古典学派的兴起，规模经济由于与完全竞争市场结构相对立，所以一直被排除在以竞争性均衡为核心的一般均衡理论之外。虽然古诺、张伯伦等经济学家在不完全竞争分析方面做出了巨大的贡献，但长期以来，不完全竞争分析一直游离于主流经济学之外。20 世纪 40 年代兴起的产业组织理论可以看作是微观经济学中市场结构理论的一个后续发展，它以不完全竞争的市场结构为考察对象，主要分析市场结构、厂商行为和市场绩效三者之间的因果关系。20 世纪 70 年代中期，博弈论的方法被引入分析后，对于不完全竞争市场结构下（主要针对寡头市场）厂商行为的描述与研究取得了重大的突破。1978 年，克鲁格曼提出将差异产品和（内部）规模经济考虑在内的垄断竞争模型（该模型又称为"新张伯伦模型"）推广到开放经济条件下，首次证明了规模经济是国际贸易的另一起因，以及差异产品决定了贸易模式为产业内贸易。

（三）现代国际贸易理论与传统理论的关系

新贸易理论的出现并不意味着它取代了传统的比较优势理论。从解释对象上看，它们分别解释的是不同的贸易现象，前者主要解释发生在发达国家之间的产业内贸易，而后者则着重解释发达国家与发展中国家之间的产业间贸易；从理论基础上看，前者以规模经济和不完全竞争为前提，建立在不完全竞争理论基础之上，而后者则以规模收益不变和完全竞争为前提，建立在完全竞争理论基础之上。因此，二者不是替代的关系，而是互补的关系，它们共同丰富和完善了国际贸易的理论体系。

综合传统国际贸易理论（李嘉图模型、标准贸易模型和要素禀赋模型）的基本假设，可以概括成以下 5 个条件：①两国同一商品的生产函数相同；②两国的相对要素禀赋相同；③两国的消费偏好相同；④规模收益不变；⑤两国的商品市场和要素市场都是完全竞争的，并且不存在外部经济性。

上述 5 个条件保证了两国在封闭条件下的相对价格完全相同，因此在这些条件下国际贸易是不可能发生的。这 5 个条件所描述的没有贸易的世界虽然在现实中根本就不存在，但以此为起点，可以很容易地引出国际贸易的各种起因。

传统国际贸易模型通常使用两个国家、两种产品（或部门）和两种要素。在完全竞争的假设前提下，封闭条件下的相对价格差异是国际贸易产生的基础，相对价格差异决定了比较优势的表现。国家间的供给、需求方面的差异是造成相对价格差异的根源。贸易后，国际均衡价格由两国的供需共同决定，国际均衡价格处于两国封闭条件下的相对价格之间，国际贸易对参加贸易的各方都有好处。可见，如果缺少 5 个条件中的任何一个，原来不存在贸易的假想状态就会被打破，贸易基础就产生了。例如，在规模收益不变、处于完全竞争市场中的前提下，具有相同技术、要素禀赋和偏好的国家，将会有相同的封闭条件下的相对价格，因而也就没有进行贸易的动机。因此，各个国家必须在这些方面（至少一个方面）有所差别，才能产生比较优势，从而引发国际贸易。

下面，我们依次去掉前面的各项假设条件，分别探讨国际贸易的起因及其影响。具体方法如下。

如果去掉第①项假设条件，保持其他条件假设不变，这时两国间的生产技术就不再是相同的了，生产可能性边界的形状也将随之不同。由于社会无差异曲线的形状仍是相同的，所以两国在封闭条件下的相对价格肯定不同，两国开展贸易的基础也就产生了。因此，在这种情形下，生产技术差异便是国际贸易的一个重要起因。

若去掉第②项条件，其他条件不变，这时两国生产可能性边界形状就会不同，相对价格差异就会出现，因此相对要素禀赋差异便成为国际贸易的另一个重要起因。生产技术差异或相对要素禀赋差异反映了两国供给方面的差异。在国际贸易理论的发展史上，从供给方面，即从生产技术差异和要素禀赋差异这两个方面来解释国际贸易的起因和影响的贸易理论占据着主要的地位。当然，如果两国的供给条件一样，需求方面的差异也同样可引起国际贸易的发生。

需要指出的是，当去掉第③项或第④项假设条件时，会遇到一些新问题。在规模收益递增或不完全竞争条件下，相对价格差异不再是国际贸易的唯一基础。在这种情形下，即使两国不存在相对价格差异，国际贸易仍可发生，因为规模经济会导致国际分工的完全专业化，不同的国家可以选择生产不同品种的商品，然后互相交换。此外，在不完全竞争情况下，传统国际贸易理论基于完全竞争的分析方法和模型也不再适用。因此，国际贸易理论实际上包括两类不同的理论体系：国际贸易完全竞争理论和国际贸易的不完全竞争理论。

## 第三节 国际贸易政策

在国际贸易的现实中，各国政府都采取了一定的政策措施来干预对外贸易，以达到保护国内产业和市场、促进本国产品出口的目的。贸易政策包括限制进口和鼓励出口两个方面。限制进口的贸易政策工具主要有两类：一类以保护关税为主要手段；另一类则是非关税保护手段。鼓励出口的手段主要有出口补贴和倾销。

### 一、关税壁垒

关税（tariff）是一个国家对通过该国国境的贸易商品所课征的税收。关税是一种间接税，它在贸易商品过境时由进出口商支付，最终作为成本转移到进出口商品价格上由消费者负担。按照不同的标准，关税可以分为不同的种类。

1. 按照征收目的，关税可分为两类

（1）财政关税（revenue tariff）。把关税作为政府财政收入的一个重要源泉是早期征收关税的主要目的。由于高税率会限制进出口商品的贸易量，从而减少关税征收的税源，因而财政关税的税率一般较低。财政关税多为经济发展水平较低的国家所采用。

（2）保护关税（protective tariff）。是指以保护本国同类产品的竞争力为主要目的而对进口商品征收的关税。与财政关税相比，保护关税的税率一般较高，这样可以提高进口商品的国内销售价格，削弱其价格竞争能力，从而达到保护本国产业的目的。

2. 按照征税对象，关税可分为3类

（1）进口关税（import duty）。进口关税是指进口国在外国商品输入时，对本国进口商征收的关税，它使得进口商品的国内市场价格提高，以达到保护国内同类产品免受国外产品竞争的目的，因此又被称为"关税壁垒"（tariff barrier）。本章主要分析进口关税。

（2）出口关税（export duty）。出口关税是出口国在本国商品输出时，对本国出口商征收的关税。各国为了鼓励出口，一般很少征收出口税。

（3）过境税（transit duty）。过境税是一国对途经本国关境，运往他国的外国商品所征收的关税。

3. 按照征收方法，关税可分为3类

（1）从量税（specific duty）。从量税是按照商品的实物计量单位如重量、数量、容量等为标准计征的关税。由于从量税与商品价格无关，所以当商品价格上涨时，关税的保护作用就会降低；反之则会增强。

（2）从价税（advalerem duty）。从价税是按照商品的价格为标准计征的关税。从价税的保护作用不随价格变化而变化，税负较为公平，但缺点是计征手续较复杂。

（3）复合税（compound duty）。是指同时采用从价、从量两种方法计征的关税。

征收关税将产生一系列的经济效应。总的来看，征收关税的经济效应与自由贸易的作用正好相反，它虽然会增加政府的财政收入，但却会导致资源配置效率的降低，并在国内不同集团及贸易国之间引发收入的再分配。

### 二、非关税壁垒

非关税壁垒（non-tariff barrier）是指除了关税以外的所有限制进口的措施，它们包括进口配额、自愿出口限制、歧视性政府采购政策、国产化程度要求、产品标准、复杂的外汇管制等。战后，代表贸易自由化趋向的多边贸易体制及其国际协定曾经成功地削减了关税，但它们在取消非关税壁垒方面却进展缓慢。随着关税水平的降低，非关税壁垒的重要性大大增强了。

（一）进口配额

1. 进口配额及其种类

进口配额（import quota）是最重要的非关税贸易壁垒，它是指一国政府在一定时期内对某种进口商品的总量实行直接限制。政府以各种不同的方式发放有限数量的进口许可证，并严禁无证进口。当许可进口的数量小于该国意愿进口的数量时，配额会使国内市场价格高于国际市场价格，而许可证的持有者是按国际价格进口的。

按照配额的分配办法，进口配额分为全球配额（global quota）和国别配额（country quota）。全球配额适用于来自任何国家的进口商品；国别配额是对来自不同国家的进口商品规定不同数量的配额。

按照配额的实施方法，进口配额分为绝对配额（absolute quota）和关税配额（tariff quota）。绝对配额指在一定时期内对某种商品的进口量规定一个最高数额，达到这个数额后便不准进口；关税配额是对一定时期内所规定的配额以内的进口商品，给予关税的优惠待遇，而对超过配额的进口商品则提高关税。

2. 进口配额与关税的比较

虽然进口配额与关税产生的经济效应和对进口国的福利影响都很相似，但二者实施的内在机制却截然不同：关税是通过扭曲国内价格进而抑制进口需求来限制进口（扭曲价格机制），而进口配额是通过直接控制进口数量达到减少进口的目的（取代价格机制）。除此之外，二者在实施中还存在许多不同之处。

（1）进口配额将进口限定到一个确定的水平，而进口关税的贸易效果则不确定。原因是进口品的供给和需求曲线的弹性或形状常常难以确定，从而很难通过关税将进口限定在要求的水平上。再者，外国出口商可以通过提高效率或接受低利润率来全部或部分降低关税的影响。而配额对进口的限制作用比关税要有力得多，因为允许进口的数量是由配额明确限定的，这使得外国出口商无机可乘。

（2）对于给定的进口配额，当需求增加时，会比同等的关税导致更高的国内价格和国内生产的进一步增加；而对于给定的进口关税，当需求增加时，国内价格并不发生变化，会比同等的进口配额导致更高的消费量和进口量，故进口配额对进口国福利造成的损失较之关税更大。

（3）进口配额涉及进口许可证的发放，而关税则没有。进口许可证的不同发放形式会导致配额租金的不同分配。如果政府在竞争性的市场上公开拍卖许可证，则租金由政府获得，这种情况下的收益分配与关税最为相似。如果政府将进口许可证无偿发放给进口商，那么配额租金将由持有许可证的进口商获得，这样进口商为了获得许可证，就会花费大量精力来游说甚至贿赂政府官员，产生经济学所称的"寻租"（rent-seeking）行为，从而滋生腐败，造成社会资源的浪费。最差的分配方式就是政府将配额分配的权限交给出口国，这样配额租金将归属于外国出口商，进口国的净损失又增加了。

（二）自愿出口限制

自愿出口限制（voluntary export restraints，VER）是一种与进口配额相类似的贸易保护措施，但不是由进口国对进口商品实行配额，而是由出口国对出口商品实行配额。它是指出口国在进口国的要求和压力下，"自愿"地在规定的时间内限制本国商品的出口数额。由于这种"自愿"是在进口国的要求和压力下实施的，因此自愿出口限制是进口配额的一种特殊形式。

自愿出口限制对进口国国内市场的价格、生产、消费和进口的影响与进口配额相似。唯一不同的是，在进口配额下，数量限制所产生的租金往往由进口国持有许可证的进口商获得，而在自愿出口限制下，这块租金往往转化为外国出口商的收入。因此，对进口国而言，后者的代价更加高昂。

实行这类贸易政策的典型事例是 1981 年以来日本对向美国出口的汽车所实行的自愿出口限制。20 世纪 70 年代末，由于本国汽车工业受到日本进口汽车的冲击，美国政府强烈要求日本限制出口。两国通过谈判达成协议，1981 年至 1983 年日本对美国的汽车出口限制在每年 168 万辆，1984 年至 1985 年提高到 185 万辆。在自愿出口限制下，美国国内汽车产量有所增加，缓解了汽车工业工人的失业问题，而日本通过出口高价汽车也受益匪浅。

出口国之所以"同意"接受出口限制，一方面是为了避免与进口国的贸易摩擦，防止其更为严厉的贸易限制；另一方面它们可以通过将配额用在高质量、高价格的出口产品上来增加租金收入。

（三）其他非关税壁垒

1. 歧视性政府采购政策

歧视性政府采购政策（discriminatory government policy）是指国家通过法令或实际上要求本国政府机构在招标采购时必须优先购买本国产品，从而导致对外国产品歧视与限制的做法。

2. 国产化程度要求

国产化程度要求是指政府通过法令或实际上要求在本国组装或生产的产品必须含有特定数量的本国增值，如必须使用本国生产的原材料和零配件等。国产化程度要求限制了本来可以用于本国产品生产的外国原材料和零配件的进口。这方面典型的例子是汽车制造业，国产化程度要求迫使汽车制造企业更多地采用本国生产的汽车组件或零件，严格的国产化程度要求甚至可以迫使像发动机或变速箱一类昂贵的部件在本国生产。

一种与国产化程度要求有密切联系的非关税壁垒是混合购买要求（mixing requirement），即规定进口者在进口国外商品的同时，必须购买一定比例的本国产品。

国产化要求以及混合购买要求并不能给进口国政府带来任何收入。商品价格上升的收益由被保护产品的国内生产者得到，而由于本国产品或者成本升高，或者需求下降，进口国及世界整体遭受了无谓的损失。

3. 限制性产品质量标准

国际贸易还受到各种产品质量标准的阻碍。自 20 世纪 70 年代新贸易保护主义开始盛行以来，以各种有关产品技术、健康、安全、环境等限制性的产品质量标准及其相应的法规为代表的新贸易保护手段，逐渐取代了传统的关税、配额等保护手段，占据着重要的地位。当然，这些方面的标准可以是真正为了提高社会福利而不一定是限制进口。然而，如果政府的目的是要保护国内生产者，它总是能够制定出一些只有本国生产者才可以满足的规定，而将外国进口产品轻易地拒之门外。

产品质量标准不会给进口国政府带来财政收入，相反，通过海关检查实施这些标准还会增加政府的支出。这种贸易保护手段的特点在于它的隐蔽性：从真正保护环境、健康与安全的角度来说它会给世界整体带来收益，但政府很容易在合理的形式下隐藏代价高昂的贸易保护政策。

### 三、出口鼓励政策

#### （一）出口补贴

出口补贴（export subsidy）是一国政府为了促进出口，在出口商品时给予出口企业的现金补贴或财政上的优惠。出口补贴分直接补贴和间接补贴两种：直接补贴是指政府给予出口企业以直接的现金补贴；间接补贴是政府给予出口企业财政上的优惠，如出口退税、延期付税、补贴贷款，或给外国购买者以低息贷款，以此来刺激本国出口。

#### （二）倾销

1. 倾销及其类型

倾销（dumping）是一项促进出口的贸易政策。在开放条件下，垄断企业为了达到规模经济效果，市场扩展成为其极力追求的目标。当其在国内市场上占有一定份额以后，垄断企业就会将目光转向国外市场。一般来说，垄断企业会以低于国内市场的价格向国外销售商品。在国际贸易中，垄断企业的这种价格差异战略或价格歧视战略被称为倾销。

根据目的和时间的不同，倾销可分为掠夺性倾销和持续性倾销。掠夺性倾销（predatory dumping）是指垄断企业暂时以低于国内市场的价格向国外市场出口，其目的在于削弱或挤垮竞争者，将其逐出市场，一旦占领市场后再利用垄断力量重新提高价格，以获取垄断利润。因此，掠夺性倾销通常被认为是一种"不公平贸易"行为。

持续性倾销（persistent dumping）是指垄断企业出于利润最大化的目的，在市场分隔的情况下，运用其拥有的市场垄断力量，长期以低于国内市场的价格向国外市场出口商品。只要市场差别仍然存在，这种行为就可以一直延续下去。以下我们主要分析这种类型的倾销。

2. 实施倾销需具备的条件

（1）市场必须是不完全竞争的。采取倾销行为的企业在本国市场上具有一定的垄断力量，不再是价格的被动接受者，而是价格的制定者，因而能够在很大程度上操纵市场价格。

（2）国内外市场必须是相互隔离的。倾销的一个重要条件是国内的居民不能购买到出口到国外市场的商品，或出口商品不能回流到国内。即出口国与进口国之间能保持价差，从而不存在从一国到另一国的商品套购以拉平价格❶。

（3）国内市场和国外市场具有不同的需求价格弹性。出口国企业在国内垄断地位较强，需求的价格弹性较低，因此可以制定高价；而国外的竞争较国内激烈，需求的价格弹性较高，具备压低价格的条件。

虽然倾销有利于进口国的消费者，但是却会损害进口国同类商品生产者的利益。在进口国生产者的压力下，进口国的政府一般都会采取反倾销（anti-dumping）政策。反倾销的一

---

❶ 如果国内外市场不是相互隔离的，在国外市场同类商品的价格低于国内市场价格的条件下，为利益动机驱使进口商会以低价从国外市场购买商品，再运回国内市场以高价销售，从中赚取差价。这种国际商品套购活动会改变国内外市场商品的供给状况，使得在国内外需求一定的条件下，国外市场商品供给减少而国内市场商品供给增加，从而拉平国内外市场同类商品的价格。在这种情况下，就不具备实行倾销的条件。

般措施是对被认定倾销的商品征收反倾销税。

## 第四节 国际金融理论

国际贸易部分侧重分析开放经济对于资源配置和分配等微观经济问题的影响，着重分析贸易基础、贸易条件和贸易利益的分配问题。在国际贸易实施过程中需要货币进行交易，由于不同国家之间使用不同种的货币，这就产生了货币兑换的比率即汇率问题，由此衍生出一系列国际金融问题。

### 一、国际收支

（一）国际收支的概念

国际收支是一国宏观经济变量中反映对外经济关系的最主要的指标。它衡量的是一国居民与他国居民从事国际交易所发生的货币收入和货币支出的状况。国际收支的概念经历了一个不断演化的过程，伴随国际交往范围的扩大及国际货币制度的发展，国际收支的内容日趋丰富。

国际货币基金组织（IMF）在其所编制的《国际收支手册》中，对国际收支做了如下解释："国际收支是某一事件的统计表，它表明：①某一经济体同世界其余地方之间在商品、劳务以及收入方面的交易；②该经济体的货币黄金、特别提款权以及对世界其余地方的债权、债务的所有权的变化和其他变化；③从会计意义上讲，对平衡不能相互抵消的上述交易和变化的任何账目所需的无偿转让和对应项目。"

国际收支定义中的经济交易是指一国居民与外国居民间的商品、劳务和资产所有权的交换。一项交易一般要伴随着一笔货币收付，而一项国际交易则通常要伴随着一笔国际货币收付。当然也不全是如此，在易货贸易中，商品和商品直接交换，没有伴随相应的货币收付；在对外无偿援助中，输出商品和劳务也没有取得相应的货币收入，但这些交易仍需记入国际收支。

（二）国际收支平衡表

1. 国际收支平衡表的概念

一国国际收支的内容集中反映在该国的国际收支平衡表上。国际收支平衡表是按复式簿记原理，采用借贷记账法，运用货币计量单位编制的，是系统记录与反映一国全部国际经济交易的报告文件。每笔经济交易都必须用"借"和"贷"为记账符号，用价值完全相等的两个项目或账目进行登载。所以国际收支平衡表又称为国际收支账户，是系统记录一国居民与外国居民在一定时期内（通常为一年）发生的所有的国际交易的统计文件。记入此账户的是不同国家居民间的交易，但不包括外汇交易，尽管完成有关国际交易通常需要进行外汇买卖。国际收支平衡表所包含的信息对于政府的宏观决策及居民的微观经济行为都具有重要的参考价值。

2. 国际收支平衡表标准组成部分及结构

国际收支是对一国所有国际经济交易的汇总记录。由于国际交易内容和形式在不同的历史阶段具有不同的特点，因此，在世界经济发展的不同阶段，国际收支平衡表所包含的内容也不同。20世纪50年代以前，国际资本流量不大，国际收支主要反映一国对外贸易收支，即主要反映商品进出口。其后随着各国放松对资本流动的管制，资本国际流动迅速发展，现在国际交易额的 2/3 以上属于资本项目。于是，人们认识到了资本项目的重要性。今天，国际收支平衡表已经比较全面，包括了贸易收支、资本收支及其他国际转移在内的全部经济交易。

按照国际交易的性质和内容的不同，国际收支账户所记录的交易项目可概括为三大类，即经常项目、资本项目和平衡项目。

（1）经常项目。经常项目反映实际资源的国际转移，涉及居民与非居民之间非金融性交易在内的所有的交易，也包括未涉及任何回报而提供或获得的经常性经济价值的转移。具体地讲，经常账户包括贸易收支、劳务收支、转移收支。

1）贸易收支。指进出口商品发生的收支。由于输出或输入的商品是看得见、摸得着的实物，所以贸易收支又称为有形贸易收支。贸易收支不仅是经常项目中，而且也是整个国际收支平衡表中最重要的项目，其收支数额及其差额的多少，对整个经常项目差额和国际收支差额关系极大。贸易收支包括大部分居民与非居民间所有权变更的交易，其中国际黄金交易区分为货币性黄金交易，只有非货币性黄金交易才记入贸易收支项目。

2）劳务收支。指一国对外提供或接受劳务所发生的收支。劳务收支包括运输、保险、旅游、港口服务等各项费用的收支；资本借贷或投资所引起的利息、股息或利润的收支；外交、文化交流以及广告、专利等项目引起的费用收支。劳务收支同国际进出口商品一样都是价值的交换，但它不像商品交换那样有具体的实物往来，因此劳务收支又称为无形贸易收支。此项目主要记录因生产要素的使用而产生的要素报酬收支。

3）转移收支。指与外国进行的没有对等、无须偿还的货币收入或支出。由于这种收支是单方面的，发生后不产生相应的偿还义务，所以也称为单方面转移或无偿还转移。转移收支包括商品、劳务、现金等的单方面转移，分为私人转移与政府转移两类。私人转移包括侨民汇款、钱物赠予等；政府转移包括赠予、捐款、经济援助、军事援助、战争赔款等。

（2）资本项目。资本项目反映金融资产的国际转移，或者说资本账户记录居民与非居民之间的资本交易。战后，国际资本流动发展神速，资本项目在国际收支中所处的地位日益重要。对于一个国家而言，资本流动存在两个方向：一是资本流入，表现为本国持有的国外资产减少或者本国的对外负债的增加；二是资本流出，表现为本国持有的国外资产增加或者本国对外负债减少。从内容上区分，资本账户包括以下两个方面。

1）长期资本。指借贷期限在一年以上的资本，分为政府长期资本和私人长期资本两类。政府长期资本包括政府间贷款、政府投资及向国际金融机构借款等，但国际货币基金组织与成员国之间的相互贷款不在此列，而是列入官方储备；私人长期资本包括直接投资、证券投资、企业借贷等。

2）短期资本。指借贷期限在一年或一年以下的资本，分为政府短期和私人短期资本两类。短期资本流动原因与种类繁多，包括各国银行间资金调拨与拆借、短期贸易资金融通与结算、外汇保值、外汇投机活动等资本流动，具体内容将在本书第十三章中展开论述。

（3）平衡项目。平衡项目是用来平衡经常项目和资本项目收支差额的项目，反映储备资产的变动状况及国际收支账户的会计要求，通常由误差和遗漏、特别提款权分配、官方储备等项目组成。

1）净误差和遗漏。这是为了轧平国际收支平衡表中借方和贷方的总额而人为设立的一个平衡项目。从理论上讲，国际收支平衡表按复式记账原理编制，每笔业务交易同时分记借贷双方，数额相等，结果应总是平衡的。但是，由于国际收支统计数据来源不一、资料不全与错漏、统计或计算口径不同或差错及一些其他原因，使得国际收支账户借贷双方总额难以平衡，需要人为设置这一平衡项目加以平衡。产生误差与遗漏的主要原因有：①数据来源或计算口径不统一，例如，有关资料或者来自海关统计，或者来自企业和民间报表，从而在数据收集和统计中发生重复或偏差；②资料不齐全，大量的边境民间贸易、非法的商品走私和资金套逃难以进入官方的统计视野；③资料真实性和准确性欠缺。

净误差和遗漏项目的入账方法是：当国际收支平衡表中的收入数字大于支出数字时，出现贷方余额，就在"净误差和遗漏"这个项目的支出方面加上相差的数字，即借记差额数字；当国际收支平衡表的支出数字大于收入数字时，出现贷方余额，就在这个项目的收入方面加上相差的数字，即贷记差额数字。

2）特别提款权分配。这是国际货币基金组织根据成员国在基金组织中所认缴的份额按比例分配给成员国使用资金的一种权利，是基金组织发行的记账单位。它可以用于归还基金组织的贷款和支付基金组织的利息费用；可以用于偿还国际收支逆差或换回在国外的本国货币，但是不能用它兑换黄金，不能把它直接用于贸易、非贸易支付。由于特别提款权是各国政府用来弥补国际收支逆差的账面资产，因此它是各国政府官方储备中的重要构成项目之一。

3）官方储备。这是一国货币当局所持有的国际储备资产和对外债权。官方储备包括黄金储备、外汇储备、基金组织分配而又未动用的特别提款权和在国际货币基金组织的储备头寸。在基金组织的储备头寸，一般又称为普通提款权，是基金组织按成员国认缴的基金份额提供给成员国使用的普通贷款的权利，用以解决成员国因一般的国际收支逆差而产生的短期资金需要。官方储备项目的净余额数与经常项目、资本项目、特别提款权、误差和遗漏项目的净差额相等。

目前，当发生国际收支逆差时，一国货币当局并不能直接以黄金对外直接支付，而是只能在黄金市场上出售黄金，换成可兑换的货币，所以黄金已不属于真正的国际储备资产，而只是潜在的储备资产。外汇储备是国际储备资产的主体，在世界储备资产总额中所占的比重现已达到八成以上。

总之，能够充当储备资产的必须是货币当局可有效控制的资产且具有充足的流动性，货币当局可以在无任何附加条件下随时动用。一国储备资产存量的变化同经常项目和资本项目的差额相对应，一国国际收支出现逆差或顺差时，最终须通过增加或减少其官方储备来获得平衡，或通过变动其对外债权债务达到平衡。另外，外汇储备作为一种储备资产，除了投资于外国银行存款或短期证券等流动性资产而取得一定的收益外，并不会直接进入生产和消费过程，或者说，持有储备资产存在机会成本，因此，一国应当根据本国的汇率制度和对外经济的具体状况确定一个合理的外汇储备水平。

## 二、外汇与汇率

### （一）外汇的概念

外汇是国际经济活动得以进行的基本手段，是国际金融的基本概念之一。国家与国家之间的经济往来，必然产生复杂的债权债务关系，而债权和债务的清算是通过国际汇兑机制来实现的。国际汇兑是指通过国际信用工具（货币兑换和汇款）来清偿国际债权、债务的活动。一般有两种清算方式，即现金结算和非现金结算。现金结算是指通过运送现金的方式来了结债权债务关系，此方法时间长、成本高、风险大；而非现金结算则是指采用双方共同接受的支付工具，通过委托或债权转让等形式，来实现各国间债权债务的清算。无论采取哪一种结算方式，都需要有外汇的收付。而理解与把握外汇的角度的不同，会得到具有不同内涵和外延的外汇概念。

外汇（foreign exchange）是国际汇兑的简称。它有动态（dynamic）和静态（static）两种含义。动态的含义，是指把一国货币兑换成另一国货币，借以清偿国际债权债务关系的一种专门性的经营活动，即国际结算活动；静态的含义，是指可以以外币表示的在国际结算中使用的各种支付手段或工具和各种对外债权，即等同于外汇资产。前者强调的是两种货币兑换的交易过程，后者强调的是国际进行结算的支付手段和工具。本文所使用的"外汇"一词是指它的静态含义。国际货币基金组织对外汇的解释为："外汇是货币当局（中央银行、货币管理机构、外汇平准基金及财政部）以银行存款、国库券、长短期政府债券等形式保有的在国际收支逆差时可以用作支付使用的国际支付手段或债权"。

判断一种外币资产是否为外汇一般有以下 3 个标准。

（1）可偿性。外汇必须是在国外可以得到偿付的债权，被拒付的信用工具或有价证券不能视为外汇。

（2）可兑换性。外汇必须能够自由地兑换为其他外币资产。

（3）国际通用性。作为外汇的外币资产在国际经济交易中能被各国普遍接受和使用。

《中华人民共和国外汇管理条例》规定，外汇的具体形式有以下几种。

（1）外国货币，包括纸币、铸币等。

（2）外币支付凭证，包括票据、银行存款凭证、邮政储蓄凭证等。

（3）外币有价证券，包括政府债券、公司债券、股票等。

（4）特别提款权、欧洲货币单位（现被欧元取代）。

（5）其他外汇资产。

（二）外汇的种类

通常按照外汇自由兑换程度的差异，将外汇分成自由外汇和记账外汇两类。

1. 自由外汇

所谓自由外汇，即指不需货币发行国批准，即可自由兑换成其他国家货币，或是可以向第三国办理支付的外汇。根据国际货币基金组织提供的资料，目前有 40 多个国家和地区的货币是可自由兑换的货币。主要的可自由兑换货币包括美元、英镑、日元、瑞士法郎、德国马克、法国法郎、加拿大元、港元等。从 2002 年 1 月 1 日起欧元纸币和铸币正式开始流通，两种重要的国际货币德国马克和法国法郎退出流通，将逐渐消失。一般说来，自由外汇应具备以下 3 个条件。

（1）在国际收支（BOP）经常项目（current account）下的资金流动不加限制。

（2）实行单一汇率制。

（3）在其他国家提出要求时，有责任以对方可接受的货币或黄金回购对方经常项目下所积存的本国货币。

2. 记账外汇

所谓记账外汇是指不经货币发行国批准，不能自由兑换成其他货币，或对第三国支付的外汇。该种外汇只能在一定条件下可以作为两国交往中的清算工具。例如，我国曾与苏联、东欧及部分第三世界国家签订有关支付协定，规定双方进出口货款仅在双方指定银行的账户上记载，使用本币、对方货币或者第三国货币，在规定时期集中冲销双方债权债务，有关差额双方协商处理。这种在双方银行账户中记载的外汇，既不能兑换成自由外汇，也不能转给第三国使用，故称之为记账外汇。

(三) 汇率的概念及其标价方法

外汇汇率 (exchange rate) 是不同货币之间兑换的比率或比价，也可理解为用一国货币表示的另一国货币的价格。如果把外汇看作一种商品，汇率就是这种特殊商品的"特殊价格"。在国际汇兑中，不同的货币之间可以互相表示对方的价格，因此汇率具有双向表示的特点。

由于汇率是两种货币的交换比价，因此在计算和使用汇率时，首先要确定是以本国货币还是以外国货币为标准。标准不同，汇率的计算方法就不同，而汇率变动对经济的影响也不同。一般而言，汇率的标价方法有两种，即直接标价法 (direct quotation) 和间接标价法 (indirect quotation)。

(1) 直接标价法。它以外币为计算标准，本币为计算单位，也就是单位外币折合的本币数量，即单位外币的本币价格。例如，2002 年 1 月 21 日，我国外汇管理局公布的人民币对美元的官方汇率为 100 美元＝827 元人民币，就是直接标价法。这种标价法的特点是：外币数额固定不变，折合为本币的数额根据外国货币与本国货币币值的变化而变化。如果一定单位的外币折合为本币数额增加，即外币升值，本币贬值；反之，则外币贬值，本币升值。目前世界上大多数国家（除英国、美国等少数国家外）都采用直接标价法。

(2) 间接标价法。它以本币为计算标准，外币为计算单位，也就是单位本币折合的外币数量，即单位本币的外币价格。例如，2002 年 1 月 21 日，伦敦外汇市场公布 1 英镑＝1.6219 美元，就是间接标价法。这种标价法的特点是：本币为数额固定不变，折合为外币的数额根据本币与外币币值的变化而变化。如果一定单位本币折合外币的数额增加，即本币升值，外币贬值。反之，则本币贬值，外币升值。最早实行间接标价法的国家是英国及其殖民地国家。第二次世界大战后，由于美国的经济实力迅速扩大，美元逐渐成为国际结算、国际储备的主要货币。为便于计价结算，从 1978 年 9 月 1 日开始，纽约外汇市场也改用间接标价法，即以美元为标准公布美元与其他货币之间的汇率，但是对英镑仍沿用直接标价法。

20 世纪 60 年代，欧洲货币市场迅速发展起来，国际金融市场间的外汇交易量迅猛增加，为便于国际进行外汇交易，银行间的报价普遍采用"美元标价法"，即以美元为标准来表示各国货币的价格，至今已成习惯。世界各金融中心的国际银行所公布的外汇牌价都是美元对其他主要货币的汇率，非美元货币之间的汇率则通过各自对美元的汇率套算，作为报价的基础。

在各种标价法下，数量固定不变的货币为基础货币，相当于直接标价法中的外币或间接标价法中的本币。数量不断变化的货币叫标价货币，即直接标价法中的本币或间接标价法中的外币。由于直接标价法下汇率涨跌的含义与间接标价法下汇率涨跌的含义正好相反，所以在引用某种货币的汇率和说明其汇率高低涨跌时，必须明确采用哪种标价法，以免混淆。在本书中，以下的分析采用直接标价法表示的汇率，汇率数额增加意味着本币贬值，汇率数额减少意味着本币升值。

（四）汇率的种类

汇率的种类很多，从不同的角度划分，有各种不同的汇率。大体说来，汇率种类主要有以下几种。

1. 固定汇率与浮动汇率

固定汇率（fixed rate）是指一国货币与另一国货币的汇率基本固定，汇率波动幅度被限制在较小的范围之间的汇率。在金本位制下，决定汇率的基础是两国铸币含金量的对比，汇率波动的界限是黄金输送点，汇率变化的幅度很小，基本上是固定的。在布雷顿森林体系（Bretton Woods System）下，两国货币的法定含金量的对比决定着两种货币的汇率，汇率的波动被限制在一定范围之内，也称为固定汇率制度。

浮动汇率（floating rate）是指各国货币之间的汇率波动不受限制，而根据外汇市场供求状况自由波动的汇率。当外币供过于求时，外币就贬值或本币升值，外币汇率就下浮（floating downward）；当外币供不应求时，外币就升值或本币贬值，外币汇率就上浮（floating upward）。

2. 名义汇率、真实汇率和有效汇率

名义汇率（normal exchange rate）是指外币的本币价格。我们通常所说的用一国货币表示的另一国货币的价格实际上都是名义汇率。

真实汇率（real exchange rate），也称实际汇率，是对名义汇率进行物价因素调整之后得到的汇率。

3. 即期汇率和远期汇率

即期汇率（spot rate），也称现汇汇率，是指买卖外汇的双方在成交的当天或第二个营业日进行交割所使用的汇率。

远期汇率（forward rate），也称期汇汇率，是指买卖外汇成交后签订外汇交易合同，按约定的时间进行交割所使用的汇率。买卖远期外汇的期限一般为1、3、6、9、12个月等。

远期汇率的报价通常有两种形式：一是直接报出远期外汇的买价和卖价，这种直接报价法用于银行与一般客户之间；二是以远期差价表示的报价法，用于银行同业之间，是在即期汇率的基础上加减一定差额形成的，这个差额就称为远期差价（forward margin）。即：

远期汇率＝即期汇率±远期差价

4. 单一汇率与复汇率

单一汇率（uniform rate）是指一国的货币对一种外币只有一种汇率，各种支付均按此汇率进行外汇买卖，无论对贸易或非贸易用途，还是经常项目或资本项目的交易。

复汇率（multiple rate）是指一国货币对一种外币同时存在两种以上的汇率，有双重汇率和多重汇率两种形式。双重汇率是指对一种外币同时存在两种汇率（贸易汇率和金融汇率）。多重汇率是指对一种外币同时存在多种汇率，针对不同商品、不同交易性质乃至不同国家和地区加以区别对待。复汇率是外汇管制的产物，具有不公平性和歧视性，目前只有一些发展中国家实施。按照国际货币基金组织的要求，根据需要只能使用简单的复汇率，严格限制实行复杂的复汇率。

**三、国际货币体系**

（一）国际货币体系的含义和基本内容

国际货币体系是指国际货币制度、国际金融机构及由习惯和历史沿革形成的约定俗成的国际货币秩序的总和。它是有关国际货币关系的有规则的组合体，既包括相关的有法律约束力的制度，也包括有关经济体在实践中遵守的规则，而在国际货币关系中起协调监督作用的国际金融机构也包括在内。国际货币体系是规范国家间货币行为的准则，是在世界范围内需要各国共同遵守的货币制度。它包括根据某种国际协定或国际惯例对国际经济往来的货币汇兑、债务清算、资本转移、国际收支调节、储备资产供应等问题所做出的安排措施，也包括相应的管理国际货币体系的组织机构。国际货币体系是国际货币关系的集中反映，是国际金融活动的总框架，是各国开展对外金融活动的重要依据。

国际货币体系，一般包括以下 3 个方面的内容。

（1）国际储备资产的确定，即用什么货币作为国际间的支付货币，一国政府持有何种资产用以维持国际支付原则和满足调节国际收支的需要。

（2）汇率制度的确定，即一国货币与其他货币之间的汇率应如何决定和维持，能否自由兑换成国际的支付货币，货币兑换时采取固定还是浮动汇率制度。

（3）国际收支调节的方式，即当出现国际收支不平衡时，各国政府应采取什么方式弥补这一缺口，各国之间的政策又如何协调。

理想的国际货币制度应能够促进国际贸易和国际资本流动的发展，主要体现在能够提供足够的国际清偿力并保持国际储备资产的信心，保证国际收支的失衡能得到有效而稳定的调节。

（二）国际货币体系的类型

货币本位和汇率安排是划分国际货币体系类型的两项重要标准。货币本位涉及储备资产的性质。一般地说，国际货币储备可以分为两个大类，即商品储备和信用储备。根据上述储备的性质，可将国际货币体系分为 3 类。

（1）纯粹商品本位，如金本位制度，即以黄金作为国际储备资产或国际本位货币。

（2）纯粹信用本位，如不可兑换纸币本位，即以外汇（美元、英镑等）作为国际储备资产，与黄金无联系。

（3）混合本位，如金汇兑本位制度，即同时以黄金和可直接自由兑换的货币作为国际储备资产。

随着世界政治经济形势的发展，国际货币制度在不同的历史时期也表现出不同的特征，大体上可将国际货币制度划分为国际金本位制、布雷顿森林体系、牙买加体系。伴随着国际货币制度的变迁，汇率制度也经历了几次变革，可以按照汇率的弹性大小将在不同货币体系下的汇率制度分为固定汇率制和浮动汇率制两种。

（三）国际货币体系的演变

国际货币体系是随着历史的发展而不断演变的。从时间先后来看，国际货币体系大体上可分为 3 个阶段，即国际金本位阶段、布雷顿森林体系阶段及现行的牙买加体系阶段。

1. 国际金本位

国际金本位是指主要国家以黄金为本位货币的一种货币制度，它包括金币本位制、金块本位制和金汇兑本位制。金币本位制是典型的金本位制。

（1）国际金本位的基本内容。

1）黄金充当国际货币。在金本位制度下，各国对本国货币都规定了含金量，国际货币兑换以货币的含金量为基础，黄金作为国际支付手段和流通手段被各国所普遍接受，从而使黄金具有国际货币的性质。

为什么各国货币都与黄金挂钩呢？这是因为黄金是最适合的世界货币。人类最早的货币有牛羊、兽皮、贝壳、布帛和金属等各种物品。由于黄金的自然属性，它逐渐取代了其他各种实物货币而成为真正的货币。黄金天然很纯，虽说金无足赤，但相对于其他金属而言可以说是近乎足赤的。黄金的质地均匀，而且易于切割。更何况黄金的数量不多，难以开采，因而它具有较高的价值。随着世界范围商品交换的发展，黄金也就成了最理想的世界货币。

黄金成了世界货币之后，各国的货币都与黄金挂钩，确立了金本位。英国是在 1816 年实行金本位的。法国虽说是 1928 年正式实行金本位制，但在 1873 年限制银币自由铸造时在事实上已是金本位制了。美国在 1900 年正式实行金本位制，但实际上在 1873 年也已经停止铸造银圆。德国在 1871 年，日本在 1897 年也都相继实行了金本位制。不发达国家实行金本位制稍晚于发达国家。埃及是在南非发现大金矿后的第二年（1885 年）实行金本位的，是不发达国家中最早实行金本位制的国家之一。墨西哥于 1904 年实行金本位制，印度到 1927 年才实行金本位制。

2）汇率由货币的含金量决定。在金本位制下，汇率基础是铸币平价。两种货币的含金量之比，就是铸币平价。如：1 英镑＝4.86 美元，意味着 1 个英镑的含金量等于 4.86 个美元的含金量。在金本位下，汇率在一定范围内有规律地自由波动，不需任何干预。假如市场汇率 1 英镑＝4.90 美元，高于 1 英镑＝4.86＋0.03＝4.89（0.03 是黄金运费）的黄金输出点，对美国进口商，即债务人来说，付汇时愿意把美元兑换成黄金，输出黄金。而收汇时债权人（英国出口商）愿意接收英镑，在美国外汇市场兑换美元，而不要输入黄金。这样英镑需求减少，供应增加，汇率将下滑。假如市场汇率 1 英镑＝4.81 美元，低于 1 英镑＝4.86－0.03＝4.83 的黄金输出点（0.03 是黄金运费）时，则正好相反。这样，市场汇率超过输出或输入点，就引起黄金输出或输入，因此，市场汇率就会在黄金输入与输出点之间有规律地自由波动，政府不需干预，属于严格的固定汇率制。

3）国际金本位具有自动调节国际收支的机制。在金本位下，各国的国际收支可以通过"物价—现金流动机制"自动进行调节。这一自动调节机制是由英国经济学家大卫·休谟最早提出的，其调节过程如下：假定一国国际收支出现赤字，这就意味着本国的黄金净输出。由于黄金外流，国内黄金存量下降，货币供给就会减少，从而引起国内物价水平下跌。物价下跌后，又会导致本国货币的实际汇率下跌，本国商品在国际市场上的竞争力就会提高，于是出口增加、进口减少，国际收支赤字降低，直至最终消除。当出现国际收支盈余时，调整过程正好相反。

（2）金块本位制与金汇兑本位制。第一次世界大战以后，随着国际政治、经济关系的发展，国际结算增多，各国越来越意识到用黄金作为支付手段携带十分不方便，各国政府都逐渐过渡为使用信用货币，不过当时的信用货币仍是以金币为本位货币，银行券等各种信用货币可以自由兑换金币或黄金。但由于大多数国家的黄金储备日益减少，这种制度无法再维持下去。到了 20 世纪 20 年代，金本位制进入了一个新的阶段，即金块本位制和金汇兑本位制的阶段。金块本位制和金汇兑本位制都是由金本位制衍生出来的，是金本位制的两个分支。

在金块本位制之下，国内不流通金币，银行券在一定数额以上才能按含金量兑换金块。第一次世界大战后，英国、法国、比利时、荷兰等国曾相继采用这种制度。如英国在 1925 年规定，银行券只能兑换净重 400 盎司的金块。这是一种残缺不全的金本位，很不稳定，实行不过几年就崩溃了。

金汇兑本位制又称"虚金本位制"。在这种制度下，国内不流通金币，只流通银行券。银行券可以兑换外汇，但这种外汇只能到国外才能兑换黄金。这种制度，是把本国货币同另一金本位国家的货币保持固定比价，并在该国存放大量黄金或外汇基金，以备随时出售外汇。

第一次世界大战的战败国德、意、奥等曾以国外借款作为外汇基金实行金汇兑本位制。除这些经济实力薄弱的资本主义国家外，实行金汇兑本位制的主要是国外殖民地。爪哇、印度、暹罗、菲律宾分别于1877年、1893年、1902年和1903年实行这种制度。清朝末年荷兰中央银行总裁卫士林曾主张在中国实行这种制度。

采用金汇兑本位制的国家在对外贸易和财政金融上受到与其相联系的金本位或金块本位制的国家的控制，在本质上是一种附庸的货币制度。实行金块本位制或金本位制的发达国家可以视其需要将货币贬值，也就是降低其流通的银行券的含金量，降低价格标准，这样，实行金汇兑本位制的落后国家由于要在发达国家存放大量外汇准备金，就会白白丧失部分价值。那些发达国家在20世纪30年代经济危机中，经常贬值货币以增加其输出。此外，因为实行金汇兑本位制的国家，其银行券只能购买外汇，再用外汇到国外才能兑换黄金，外汇行市下跌又会使金汇兑本位制国家受到损失。金汇兑本位制与金块本位制一样也很不稳定，因此1929年世界经济危机以后，许多国家都相继实行纸币制度。

（3）国际金本位的崩溃。金本位制虽然是一种比较稳定的国际货币体系，对世界经济的发展起到过重要的促进作用，但它同时也存在着明显的缺陷。首先，黄金供应不稳定，难以适应世界经济深入发展的需要。世界经济增长对黄金作为货币商品和普通商品的需求量大大超过黄金的生产量，黄金不能充分满足需要。其次，金本位的自动调节机制要求各国必须自觉遵守比赛规则，否则会使金本位制带有紧缩倾向，往往会加速一国经济的衰退。再次，会形成资源的浪费。因货币的缘故，需要花费大量的人力和物力，将黄金挖掘出来再窖藏在国库中，形成不必要的资源浪费。最后，国家对货币流通的调节受到约束。金本位制使货币数量严格受到黄金数量的限制，使国家在不同的经济周期阶段对货币流通的调节受到很大约束。上述诸多缺陷都不利于商品经济和金本位货币制度本身的进一步发展。任何国际货币体系若不能适应世界经济发展的需要，则必然要走上崩溃的道路。

1929年至1933年世界经济危机爆发以后，金块本位制、金汇兑本位制和仅存在于美国的金本位制都无法继续维持下去了。许多国家改为实行不能兑换黄金的纸币本位制。美国则稍有不同，虽也改为纸币本位制，但在1971年以前，对外国银行持有的美元还始终允许以官价35美元换1盎司黄金的比率兑换黄金。在纸币本位制的基础上，主要发达国家又把一些在贸易、金融上与其密切联系的国家以及国外殖民地联在一起，组成货币集团，建立其内部的依附性的汇率制度。主要的货币集团有英镑集团、美元集团和法郎集团，后来这些集团又先后发展为英镑区、美元区和法郎区。

由于英镑区、法郎区和美元区的存在，世界上出现了以英镑、法郎和美元为中心的3个依附性汇率体系。这样世界外汇活动就主要集中在英镑、法郎和美元之间，世界各国五花八门的外汇交易就简化为以几个大国货币为主的体系。而这些大国则利用各自的货币集团控制成员国，对抗其他货币集团，使外汇交易向有利于这些大国的方向发展。

总之，1929年至1933年的世界经济危机结束了20世纪20年代西方国家的相对稳定时期，相对稳定的货币制度——金本位制也随之瓦解了，各种对立的、排他性的货币集团及其依附的汇率制随之出现，以帝国特惠制为代表的贸易保护主义盛行一时。这一切使得国际贸易和金融关系受到严重影响而处于混乱和动荡之中。

2. 布雷顿森林体系

（1）布雷顿森林体系建立的历史背景。第二次世界大战以后，世界政治、经济格局发生了重大变化，建立一个世界统一的货币汇率体系迫在眉睫。经过两次世界大战，美国取代了英国在全球长期的首富地位，成为世界的政治、经济霸主。西欧国家曾经是国际政治、经济中的主宰力量，现在已沦为二三等国家。在欧洲和日本忙于清理战争的废墟瓦砾的时候，美国的经济影响则在进一步扩大。它一方面担负起援建盟国的任务，另一方面又乘机扩展它的世界霸权。这些任务当然牵涉到巨额资金在国际范围内的流动。于是，美国作为西方世界的霸主，迫切需要建立一个世界统一的货币汇率体系以便于外汇的流通和结算。

另外，第二次世界大战既严重地破坏了社会生产力，又对战后社会生产力的迅速发展产生了巨大影响。战争破坏带来了固定资本的大规模更新和扩大。战时发展起来的军事工业也大批转入民用工业，为整个工业带来了新技术、新工艺、新设备和新材料，许多新兴工业部门应运而生。资本主义世界出现了一个比历史上工业革命更为广泛深刻的科技革命。在这一背景之下，世界各国经济联系更为紧密了，国际资本的流动也迅速增加。这也是迫切需要建立一个统一的货币汇率体系的原因之一。

同时，20世纪30年代经济与社会的动荡以及两次世界大战的教训，给40年代的经济学家和政治家们留下了深刻的影响。他们总结经验，决心要建立一个新的货币汇率体系，以避免经济混乱和减少大萧条的影响。

为构建一个新的国际经济秩序，1944年7月，美、英、苏、法等44个国家的代表在美国新罕布什尔州布雷顿森林举行"联合国货币金融会议"，又称"布雷顿森林会议"，讨论重建国际货币制度。根据这个会议上通过的《国际货币基金组织协定》（Bretton Woods Agreements），产生了以美元为中心的国际货币制度，因此被称为布雷顿森林体系，并根据会议协议条款产生了维持布雷顿森林制度运行的机构——国际货币基金组织（IMF）。

（2）布雷顿森林体系的基本内容。

1）美元与黄金挂钩。规定1盎司黄金等于35美元的官定价格，每一美元的含金量为0.888 671克黄金，以黄金为价值基础，各国政府或中央银行可用美元按官价向美国兑换黄金，即美元黄金本位制。其形成的原因在于：第二次世界大战后，在国际贸易中的大部分交易都用美元结算；在外汇市场上，美元是主要货币；在国际资本市场上，美元债券的发行占了绝大部分；各国央行持有的外汇储备，也主要是美元；20世纪50年代美国国内通胀率不高，物价稳定，储存美元不致贬值，还有利息收入。所以，储存美元比储存黄金有利。

2）其他国家的货币与美元挂钩。把美元的含金量作为各国规定货币平价的标准，各国货币与美元的汇率可按各国货币含金量与美元含金量之比来确定，这称为法定汇率。例如，1946年1英镑的含金量为3.581 34克，1美元的含金量为0.888 671克，则英镑和美元的含金量之比1英镑=4.03美元就是法定汇率。

3）实行可调整的固定汇率制。即其他货币与美元保持固定的汇率，间接与黄金建立联系，进而决定各成员国货币与美元的汇率，如发生波动，不能超过平价的±1％。如果超过1％的波动幅度，除美国外，每一会员国的央行均有义务在外汇市场买卖美元和本国货币，以维持各国货币同美元汇率的稳定。但在出现国际收支基本不平衡时，经 IMF 批准可以进行汇率调整，而不必紧缩或膨胀国内经济，所以叫可调整的固定汇率制。

4）通过 IMF 调节国际收支。如果会员国出现国际收支逆差，可向国际货币基金组织申请取得贷款来进行调节，但贷款是有条件的，贷款的资金来源是会员国向国际货币基金组织交纳的份额，贷款的数量也与份额的大小有联系。

由此可见，布雷顿森林体系主要体现在两个方面：第一，美元与黄金直接挂钩；第二，其他会员国货币与美元挂钩，即同美元保持固定汇率关系。布雷顿森林体系实际上是一种国际金汇兑本位制，又称美元—黄金本位制。它使美元在战后国际货币体系中处于中心地位，美元成了黄金的"等价物"，各国货币只有通过美元才能同黄金发生关系。从此，美元就成了国际清算的支付手段和各国的主要储备货币。

（3）布雷顿森林体系的历史作用。

1）布雷顿森林体系的形成，暂时结束了战前货币金融领域里的混乱局面，维持了战后世界货币体系的正常运转。固定汇率制是布雷顿森林体系的支柱之一，但它不同于金本位下汇率的相对稳定。在典型的金本位下，金币不仅本身具有一定的含金量，可以自由铸造，而且黄金可以自由输出输入，所以汇价的波动受到黄金点制约，波动界限是狭隘的。第一次世界大战后，各国通货膨胀严重，金市的自由兑换和黄金的自由移动受到阻碍，金本位制陷入严重危机。1929—1933 年的资本主义世界经济危机引起了货币制度危机，导致金本位制崩溃，使世界的货币金融关系失去了统一的标准和基础，它是世界货币体系的第一次危机。各国先后组成了相互对立的货币集团，加强外汇管制，实行外汇倾销，进行激烈的货币战，国际货币金融关系呈现出一片混乱局面。而以美元为中心的布雷顿森林体系的建立，则使国际货币金融关系又有了统一的标准和基础，混乱局面暂时得以稳定。

2）布雷顿森林体系的形成，在相对稳定的情况下扩大了世界贸易。美国以其丰富的黄金储备为背景，通过赠予、信贷、购买外国商品和劳务等形式，向世界散发了大量美元，客观上起到扩大世界购买力的作用。同时，固定汇率制在很大程度上消除了由于汇率波动而引起的动荡，在一定程度上稳定了主要国家的货币汇率，这有利于国际贸易的发展。据统计，世界出口贸易总额年平均增长率，1948—1960 年为 6.8％，1960—1965 年为 7.9％，1965—1970 年为 11％；世界出口贸易年平均增长率，1948—1976 年为 7.7％，而战前的 1913—1938 年，平均每年只增长 0.7％。国际货币基金组织要求成员国取消外汇管制，也有利于国际贸易和国际金融的发展，因为它可以使国际贸易和国际金融在实务中减少许多干扰或障碍。

3）布雷顿森林体系形成后，国际货币基金组织和世界银行的活动对世界经济的恢复和发展起了一定的积极作用。一方面，国际货币基金组织提供的短期贷款暂时缓和了国际收支危机。战后初期，许多国家由于黄金外汇储备枯竭，纷纷实行货币贬值，造成国际收支困难，而国际货币基金组织的贷款不同程度地解决了这一难题。1947—1969 年，国际货币基金组织贷款总额为 202 亿特别提款权。另一方面，世界银行提供和组织的长期贷款和投资不同程度地解决了会员国战后恢复和发展经济的资金需要。世界银行成立初期，贷款也主要集中于欧洲国家，总数约 5 亿美元。后来，世界银行的贷款方向主要转向发展中国家，以解决开发资金的需要。此外，国际货币基金组织和世界银行在提供技术援助、建立国际经济货币的研究资料及交换资料情报等方面对世界经济的恢复与发展也起到了一定作用。

（4）布雷顿森林体系的缺陷及其崩溃。美国对布雷顿森林体系有两个基本的责任：第一，要保证美国按固定官价兑换黄金，维持各国对美元的信心；第二，要提供足够的国际清偿力即美元。然而信心和清偿力是有矛盾的，美元供应太多就会有不能兑换黄金的危险，从而发生信心问题；而美元太少则又会发生清偿力不足的问题，即"特里芬难题"。它表明要满足世界经济和国际贸易增长的需要，国际储备必须有相应的增长，而这必须由储备货币的供应国——美国的国际收支赤字才行。但是各国手中持有的美元数量越多，则对美元与黄金之间的兑换关系越缺乏信心，并且越要将美元兑换成黄金。这个矛盾终将使布雷顿森林体系无法维持。20世纪60年代，美国国际收支存在逆差，各国信心下降，大规模抛售美元，抢购黄金。但美国的短期债务已经超过黄金储备额，美元信用基础发生动摇。

此外，由于美元的特殊地位，美国可以利用美元负债来弥补其国际收支赤字，从而使持有美元储备的国家的实际资产资源向美国转移。这种想象称之为"铸币税"或货币发行利益，即货币面值与造币费用之间的差额。因此，面对持续性的国际收支赤字，美国绝对不会像其他国家那样必须为此付出调整国内经济的代价。所以，在布雷顿森林体系中，国际收支失衡难以依靠市场的力量自发调节。

3. 牙买加体系

牙买加体系是现行的国际货币体系，是以美元为中心的国际储备货币多元化的浮动汇率体系。1971年8月15日，美国宣布实施新经济政策，停止美元对黄金的兑换，并放弃维持美元平价的义务，任由美元汇率在外汇市场上自由浮动；而英国也于1972年宣布改为采用浮动汇率制，布雷顿森林体系最终崩溃。国际货币金融关系动荡混乱，美元的国际地位不断下降，出现了国际储备多元化的状况，许多国家实行浮动汇率制，汇率波动剧烈，全球性国际收支失衡现象日益严重。西方发达国家之间以及发达国家与发展中国家之间矛盾重重，斗争激烈。

为研究国际货币制度改革问题，1976年，国际货币基金组织"国际货币制度临时委员会"在牙买加首都金斯敦召开会议，并达成《牙买加协议》。同年4月，国际货币基金组织理事会通过了国际货币基金协定的第二次修正案，从而形成了国际货币关系的新格局。牙买加协议后，国际货币制度实际上是以美元为中心的多元化国际储备和浮动汇率的体系。在这个体系中，黄金的国际货币地位趋于消失，美元在诸多储备货币中仍居主导地位，但它的地位在不断削弱，而德国马克、日元的地位则不断在加强。此外，特别提款权和欧洲货币单位在国际储备中的地位也在提高。在这个体系中，各国所采用的汇率制度可以自由安排，主要发达国家实行单独或联合浮动，多数发展中国家采取钉住浮动的汇率制度，把本国货币钉住美元、法国法郎或特别提款权和欧洲货币单位。在这个体系中，国际收支不平衡可通过多种渠道进行调节，汇率机制和国际金融市场将发挥重要作用。

（1）牙买加体系的基本内容。

1）浮动汇率合法化。各国可以自由选择决定汇率制度。汇率主要根据外汇市场的供求状况自发形成与浮动，既可以自由浮动，也可以有管理地浮动；既可以单独浮动，也可以联合浮动；既可以钉住单一货币浮动，也可以钉住一揽子货币浮动。

2）黄金非货币化。黄金脱去了国际货币的外衣，黄金不再是各国货币的评价基础，也不能用于官方之间的国际清算。各国中央银行可按市价从事黄金交易。国际货币基金组织的黄金逐步加以处理，其中1/6（2500万盎司）按市价出售，以其超过官价（每盎司42.22美元）部分作为援助发展中国家的资金；1/6 由会员国按官价买回；剩余的黄金须经投票决定向市场出售或由会员国买回。

3）提高特别提款权的国际储备地位。在未来的货币体系中，应以特别提款权作为主要的储备资产，并作为各国货币定值的基础。凡有特别提款权账户的国家，可以通过账户用特别提款权进行借贷以及用来偿还 IMF 的债务。IMF 要加强对国际清偿能力的监督。

4）扩大对发展中国家的资金融通。用在市场上出售黄金超过官价部分的所得收入建立信托基金，向最贫穷的发展中国家发放最优惠的贷款，帮助他们解决国际收支方面的困难。同时扩大 IMF 的信用贷款总额，由占会员国份额的 100％提高到 145％。

5）增加各会员国对国际货币基金组织缴纳的份额。各会员国对国际货币基金组织缴纳的份额由原来的 292 亿特别提款权增加到 390 亿特别提款权，增加了 33.6％。同时，各会员国应交纳份额所占的份额也有所改变，石油输出国的比重上升，除日本、西德外的西方主要工业国的份额均有所降低。

（2）对牙买加体系的评价。牙买加协议后的国际货币制度基本上摆脱了布雷顿森林体系时期基准货币国家与依附国家相互牵连的弊端，使以主要汇率为主的多种汇率安排能够比较灵活地适应世界形势多变的状况，建立了能够相互补充的多种国际收支调节机制，总体上能够适应世界经济发展的需要，对世界经济的正常运转起到了重要的积极作用。

第一，牙买加体系是以实施浮动汇率制为主的货币制度，浮动汇率不仅可以比较灵敏、准确地反映出不断变化的国际经济状况，而且还可以调节外汇市场的供求关系，从而促进国际贸易和世界经济的发展。主要表现在以下几个方面。

1）各主要国家货币的汇率可以根据市场供求状况自发调整，可以灵敏地反映瞬息万变的客观经济情况。

2）硬通货币国家不负有类似固定汇率制下维持汇率稳定的义务，因此可以缓解市场上大量游资对这些货币的冲击，从而有利于外汇市场和国际货币秩序的稳定。

3）灵活的以浮动汇率为主的混合汇率体制可以使宏观经济政策更具有独立性和有效性。

4）可以促进国际金融的创新和发展。

第二，牙买加体系实际上是储备货币多元化的国际货币制度，基本上克服了布雷顿森林体系下基准通货国家与依附国家相互牵连、对单一货币及对美元过度依赖的弊端，缓解了国际清偿力不足的压力，在一定程度上克服了先前的美元两难困境。

第三，牙买加体系采取多种调节机制互相补充的办法来调节国际收支，在一定程度上改变了布雷顿森林体系调节失灵的状况。除 IMF 和变动汇率外，还可以通过利率及国际金融市场的媒介作用、国际商业银行活动、外汇储备变动等渠道进行，多种调节手段还可以结合起来运用，从而对世界经济的发展起到积极的作用。

尽管牙买加体系对国际贸易与经济的正常运行起到了积极的作用，但它毕竟是布雷顿森林体系解体后国际金融领域较为动荡时期的产物，从建立伊始就有许多不完善之处。随着国际经济关系的发展变化，特别是亚洲金融危机之后，牙买加体系的某些弊端已经日益显露出来。

## 本章思考题

1. 各国间为什么会发生贸易？国际贸易理论是如何加以解释的？

2. 在分析中国加入世界贸易组织的利弊时，有人说"为了能够打开出口市场，我们不得不降低关税，进口一些外国产品。这是我们不得不付出的代价"，请分析这种评论。

3. 简评亚当·斯密的国际贸易理论。

4. 李嘉图的比较成本说有什么重大意义？试联系实际加以说明。

5. 在古典贸易模型中，假设 A 国有 120 名劳动力，B 国有 50 名劳动力，如果生产棉花的话，A 国的人均产量是 2 吨，B 国也是 2 吨；要是生产大米的话，A 国的人均产量是 10 吨，B 国则是 16 吨。画出两国的生产可能性曲线并分析两国中哪一国拥有生产大米的绝对优势？哪一国拥有生产大米的比较优势？

6. 在李嘉图贸易模型中，用生产者剩余和消费者剩余的方法说明一国进口和出口的福利水平变动。

# 第十二章 金融学常识

## 第一节 货币与货币制度

### 一、货币的定义与职能

（一）货币的定义

"货币"一词在人们的日常生活中经常被使用，它的含义于是很明显。但是，在经济学里货币具有特定的含义。为了避免混淆，必须澄清货币的经济学定义与人们日常生活中的习惯用法之间的区别。

货币的通俗定义有多种，其中之一是把货币等同于现金，像"你带钱了吗?"这句话里的钱显然指的就是现金。把货币仅仅定义为现金，对于经济分析而言是过于狭窄了。因为可开列支票的存款在流通领域中与现金一样，都可用以支付所购买的商品与劳务。如果把货币定义为现金，那么就难以把货币与人们所进行的全部购买活动联系起来。事实上，正是因为货币与购买相关联，才使货币问题引起人们极大的兴趣。因此，在现代经济学中必须把可开列支票的存款与现金一起包括在货币的定义之中。货币的另一种通俗定义是把货币等同于财富。比方说"他很有钱"，即意味着他不仅有一大笔现金和存款，还有债券、股票、珠宝、字画、房子、汽车等。把货币定义为财富，从而把货币与股票、债券、不动产等相混同，那么在经济分析中就无法界定货币的基本特性。事实上，货币作为一般等价物，是社会财富的一般性代表，但货币并不等同于社会财富本身，它只是社会财富的一部分。在美国，货币大约只相当于财富总量的2%，即使是最广义的货币也不超过财富总量的10%。可见，把货币定义为财富显然又太宽了。货币的第三个通俗定义是把货币等同于收入，像"他的工作很好，能赚很多钱"这句话里的钱就是指收入。收入是一定期限内的流量，而货币是某一时点上的存量，若把货币定义为收入，那么货币量将无法计量。比如，有人告诉你张三的收入为3万元，那么，你只有在得知他是每年还是每月收入这3万元之后，才能确定他的收入是高还是低。而如果有人告诉你他口袋里有1000元的话，你对这笔钱的量是完全确定的。

经济学家对货币定义的出发点不在于货币的法律性质，而在于货币的职能。从职能出发给货币下定义仍然会产生分歧，主要是执行什么职能的物品才能定义为货币，因为交换媒介是货币最基本的职能，也是唯一为货币所具有的职能。另一种观点则认为只有那些作为价值储藏手段的物品才是货币。马克思也从职能角度给货币下了一个简洁而深刻的定义。马克思认为货币是"价值尺度和流通手段的统一"。他还说："在商品世界起一般等价物的作用就成了它特有的社会职能，从而成了它的社会独占权。"据此，货币在概念上通常被定义为，任何一种在债务清偿、商品和劳务支付中被人们普遍接受的物品。近来，有一部分学者主张从货币的实用性角度给货币下定义。比如，计划经济也好，市场经济也罢，都需要通过对货币状况的剖析来观察经济运行的状况，以决定自己的经济政策和措施；而且也都要通过对货币量的控制实现对整个经济进程的干预和调节。因此，确定货币的目的在于使政策制定者能够控制货币，并通过货币影响经济。从此目的出发，主张定义货币时应把那些可以由货币当局控制并且对经济活动具有重大影响的物品包括进去。这种实用性定义对于研究某些问题是必需的，但这种定义能否具体化取决于能否从货币职能角度确定其界限。因此，货币的职能定义是最基本的。

（二）货币的职能

货币是存在于商品经济中的经济现象，它随着商品经济的产生而产生，又随着商品经济的发展而发展。货币在商品经济运行中发挥着重要的职能。一般而言，货币具有四大职能：交换媒介、价值尺度、支付手段和价值储藏手段。其中，交换媒介和价值尺度这两个职能是货币的基本职能；支付手段职能和价值储藏手段职能则是由基本职能派生出来的，是货币的派生职能。

1. 交换媒介

货币的交换媒介职能是指以货币作为商品和劳务的交换媒介。当购买商品 A 时，人们是用货币进行支付，而不是用商品 B 进行支付；销售商品 C 时，人们接受的是货币而不是商品 D。货币充当着交换的媒介。货币的使用使得商品的购买和销售可以彼此独立地进行，并极大地提高了经济体系的效率。这种作用可以通过物物交换的局限性分析得到认识。

众所周知，人们要生存就要消费，就要生产。在专业化分工协作体系中，每个人的生产活动都是相对单一化的，但其消费需要却是多样化的。为了克服这种单一化生产与多样化需要之间的矛盾，生产者就必须将自己的产品与他人的产品相交换。在货币没有产生之前，这种交换已能通过物物交换的形态进行。

这种物物交换具有两大障碍。其一，需求的双重偶合制约着物物交换的成功率。A 需要 B 的产品，期望与 B 进行交换；但 B 却不想要 A 的产品，希望与 C 交换；而 C 又想和 D 交换，如此等等。在交换过程中，为满足需求双重偶合这一条件，交换的每一方都要耗费相当多的人力、物力和时间，交易费用相当高。随着社会生产力水平的提高，专业化分工协作体系进一步复杂化，人们逐渐较少依靠自给自足而更多地依赖别人所生产的商品和劳务，物物交换中相互搜寻所浪费的人力、物力和时间，将使社会资源蒙受巨大的损失。物物交换的另一个障碍是许多产品具有不可分割性。在物物交换过程中，交换能否实现还取决于双方所提供的产品在数量上是否与对方的需要量相一致。如果不一致，则取决于产品在数量上是否可以分割。

由于直接的物物交换存在上述低效率，间接的物物交易得以产生。人们并不直接用自己的物品去交换他们希望获得的物品，而是去交换他们确信会被拥有自己希望获得的物品的人所需要的物品，再用该物品去换取自己真正需要的物品。一种物品用于间接物物交换的次数越多，人们接受它的愿望也就越强烈，最终它可能主要用于实现交换，成为充当交换媒介的货币。由此可见，专业化分工协作体系的存在是经济运行中由货币充当交换媒介的主要原因，而货币交换媒介职能的发挥又反过来通过交换效率的提高有效地推进了社会专业化分工协作的水平；并通过交换过程中等待和搜寻现象的减少，降低交换中所耗费的时间和资源，提高社会的生产能力和人们的生活水平。

2. 价值尺度

货币的价值尺度职能是指以货币作为衡量一切商品和劳动价值的尺度。在物物交换中，每一种商品的价值都偶然而简单地表现在与其相交换的商品上。1 只绵羊等于 2 把斧子，1 匹布等于 10 担谷子，如此等等。如果商品的总数是 $N$，那么物物交换中商品之间交换比率

的数目为 $R=N\times(N-1)/2$。

在只有少数几种商品的远古社会中，物物交换体系具有可控性。比如只有 10 种商品，只需记住 45 个交换比率，即可保证整个交换体系的顺利运行。但如果商品的总数非常大时，物物交换中的 $R$ 将变成天文数字。在这种情况下，各种商品的价值表现是杂乱无序的，由此所发生的市场信号也无统一标准，生产者和消费者将不可能根据市场信号进行生产和交换的选择。货币产生之后，各种商品的价值可以用货币这一统一尺度加以表现，商品的价值表现种类由 $R$ 减至 $(N-1)$ 种，这将大大减少信息成本并因而大幅度降低交易费用，促进交易量、产量和人均收入水平的上升。

### 3. 支付手段

货币的支付手段职能是指货币可以作为延期付款的手段。货币的支付手段职能最初是由商品的赊购赊销引起的。当货币用于偿还赊购的货款时，货币已不是作为购买的手段。因为商品的让渡同货款的支付在时间上已经分开。这种没有商品同时与之相向运动，而是作为价值的独立存在而偿还债务的货币，执行着支付手段的职能。货币作为支付手段，最初在商品流通领域中起作用。随着商品经济的进一步发展，它扩展到了商品流通领域之外，在财政收入和支出、银行吸收存款和发放贷款、工资、地租、水电费等领域，货币都发挥着支付手段的职能。

货币作为支付手段要能充分发挥作用，必须满足下列条件：第一，货币的购买力不降低。在货币贬值从而购买力降低的情况下，商品的卖者出于对自己利益的关心，常常不愿赊销商品，这样，货币支付手段的作用程度就会受到限制。第二，买者应支付一定数量的利息。在无利或低利的情况下，卖者往往不愿赊销商品，贷者不愿发放贷款，货币支付手段难以充分发挥作用。第三，确保到期偿还债务。在感到买者缺乏偿还债务的能力或到期难以收回款项时，卖方一般也不愿赊销商品，货币也就难以发挥支付手段的职能。只有在上述条件都满足时，货币才能作为支付手段起作用。

### 4. 价值储藏手段

货币的价值储藏手段职能是指货币作为购买力的暂时滞留场所的职能。在物物交换中，任何一种商品的购买同时也意味着另一种商品的销售，买和卖是同时进行的。货币的产生使得这些购买和销售可以在时间上分开彼此独立地进行。这种时间上、空间上的分离，为货币行使价值储藏手段职能提供了基础。在现代经济社会，人们通过出售他们的劳动服务获取收入，但这种收入是在一个比较长的、不连续的时间间隔内获得的，它不可能恰好与更为连续的支出流量在时间上一致。因此，有必要在一段时间内储藏购买力。货币之所以能作为储藏手段，是因为货币作为社会财富的一般代表，它可以在任何时候、任何地点购买到价值相等的商品和劳务。

当然，货币的储藏手段职能要能正常地发挥作用，必须满足一定的条件：第一，货币的价值或购买力稳定。储藏货币并不只是为了满足心理需要，更重要的还在于满足生产和生活的需要。在货币贬值的情况下，同数量货币所能购买到的商品或劳务将减少。人们为了减少损失，就会放弃货币，而以其他资产作为储藏手段。这样，货币的价值储藏功能就将大大削弱甚至丧失。第二，流动性高。货币充当价值储藏手段的一个很重要原因就在于货币具有极高的流动性，能充分满足人们的流动性偏好。如果因某种原因使货币的流动性下降，它将失去充当价值储藏手段的基本条件。第三，安全可靠。储藏货币的基本目的在于满足未来的需要。当货币储藏可能使人们的财富因安全因素而蒙受损失或减少时，人们往往会选择安全性较高的方式来储藏价值，这也将影响货币价值储藏手段职能的发挥。

## 二、货币的形态

货币是商品经济的产物。在商品经济发展中，随着进入交换的商品和劳务的种类增多，数量增加，商品交换地域的扩展，交换关系的复杂化，货币的形态也经历着由最初的商品货币向代用货币、信用货币演变的过程。

### (一) 商品货币

商品货币从形态上来讲是指用商品充当货币，作为一般等价物而存在。像最初的牛、羊、贝壳等普通商品，以及后来的金、银、铜等金属商品都曾充当过商品货币的具体形态。而从实质上来讲，商品货币是足值货币。足值货币是这样一种货币，它作为一种商品供非货币用途的价值，与其作为货币的价值相等。

一般来说，作为货币的商品应具有 4 个特性：其一，价值比较高，这样可用较少的媒介完成较大量的交易；其二，易于分割，即分割之后不会减少它的价值，以便于同价值高低不等的商品进行交换；其三，易于保存，即在保存过程中不会损失价值，支付费用很少等；其四，便于携带，以利于在广大地区之间的交易。最初出现的普通商品货币在不同程度上具有上述特征。如此，作为计量单位不需分割，也便于携带，作为外来商品，价值也高；牲畜则不那么理想，特别是一头牲畜分割之后，部分的价值总和就会远远小于整体的价值。但其价值高，又便于转移则是优点。随着商品交换的进一步发展，上述矛盾越来越尖锐，这使得金属商品在货币演进过程中逐渐淘汰普通商品成为货币商品。

金属商品货币之所以能形成，是因为金属商品具有以下几种特性：其一，金属商品的稀缺性，使得其体积小、价值大、便于携带；其二，金属商品的质地均匀，既可多次分割，也可按不同比例任意分割，分割后还可冶炼还原；其三，金属商品不易腐蚀，便于保存，具有耐用性；其四，金属商品的生产量相对于这些金属商品的现存量而言是比较小的，这种供给上的相对稳定性，使得其价值也具有一定的稳定性。这些特性使得金属商品成为理想的货币商品，世界各国的货币相继演变成金属商品货币。

### (二) 代用货币

代用货币是指代替金属商品货币流通并可随时兑换为金属商品货币的货币。由于金属商品货币是足值货币，代用货币也称为足值代用货币。代用货币之所以能产生，是因为这种货币与金属商品货币相比具有一定的优点。首先，免去了铸造费用。代用货币是用纸张作为材料制成的货币，它当然也会发生一定的费用，但相对于铸造金属货币所需费用而言是微不足道的。其次，避免了日常的磨损，以及铸币在流通中可能遭受的有意熔擦、磨削等损失。金属商品货币在日常流通过程中总会发生一定的磨损，这种磨损构成社会资源的净损失。代用货币产生后，金属商品货币不进入流通，而是由其代表物——纸制的代用货币进入流通，这就有效地避免了稀缺资源的日常磨损。更为重要的是，金属商品货币中的铸币产生之后，一些人利用铸币面值常常与其实际价值并不相符的特点，将重量、成色十足的铸币进行剪削、切割和熔擦后再推入流通，为自己牟取暴利。这种行为造成货币流通体系混乱，而代用货币则避免了这种现象的发生。最后，与金属商品货币相比，代用货币更易于携带、运送。正因为如此，英国在 16 世纪就产生了代用货币。最初这些代用货币是由伦敦的金匠业发行的，作为保管凭证或借据，承认其相当于一定数量的金币或银币的债权，持有人提出要求即可以收回相应数量的金币或银币。代用货币的随时可兑换性使得其迅速成为一种与铸币一样被广泛接受的支付手段。美国在1900——1933年的代用货币则采取了黄金券的形式。这种代用货币代表对金币的法定债权，其持有者有权要求美国财政部将其兑现为金币。当然代用货币与足值货币相比也有缺点，如果代用货币没有显著的特性，就容易被伪造，并且易于被烧毁。

（三）信用货币

信用货币是代用货币进一步发展的产物，而且也是目前世界上几乎所有国家采用的货币形态。信用货币，即只作为信用关系的产物、不再作为金属商品货币的代表物的货币。这种货币的购买力远远大于货币币材的价值，且不能自由兑换金属商品货币。

信用货币之所以能产生，主要有以下几个原因：第一，信用货币是金属货币制崩溃的直接后果。由于世界性的经济危机和金融危机，加之第一次世界大战后，贵金属的分配极不平衡，各主要国家于20世纪30年代先后脱离金属货币制，所发行的代用货币不再能兑换金属商品货币，信用货币便应运而生。第二，货币的性质为信用货币的产生提供了可能性。货币在执行交换媒介职能时，只起着价值符号的作用，商品的卖者用商品换回货币的目的在于，用货币去购买自己所需要的商品。在这个过程中，货币只是转瞬即逝的媒介物，只要能购买到等价的商品，货币为何物，它实际价值是多少，商品的交易者一般是不会深究的。这就使得信用货币本身没有多少价值，但只要其能在商品或劳务的支付中被人们普遍接受，信用货币就能流通。第三，为资源的有限性所决定。金属商品货币和代用货币均受金属商品数量的制约，不能充分满足日益增长的交易需要，而信用货币的发行数量则不受资源约束，这就使得一个国家的货币量可以根据经济运行的实际需要而投放。正因为如此，信用货币逐渐取代金属商品货币和代用货币，成为主要的货币形态。

一般而言，信用货币主要有辅币、纸币、银行券和支票存款4种形式。

**三、货币制度**

货币在随商品生产和交换关系的发展而演变的过程中，不同的货币形式总是和一定的经济制度相联系的，这就形成了不同的货币制度。研究货币制度的演变发展过程，既有助于进一步认识货币演变的一般规律，也有助于理解现代货币体系的运行机制，并能帮助理解信用制度和银行制度的产生和发展过程。

（一）货币制度及其构成

货币制度是国家以法律确定的货币体系和货币流通的组织形式。货币制度产生之前，货币的发行权分散，各种货币的适用区域狭小，充当货币的材料种类繁多，铸币的成色、重量下降，货币流通十分混乱。这种分散、混乱的货币体系，不利于正确计算成本、价格和利润，不利于广泛而稳定的信用关系的建立，也不利于商品流通的扩展以及大市场的形成，成为商品经济顺利发展的一大阻碍。据此，为创造有秩序的、稳定的货币流通体系，以适应商品经济发展的需要，各个国家先后颁布法令和条例，对货币流通做出种种规定，形成统一的、稳定的货币制度。

一个国家的货币制度主要由以下要素构成。

1. 货币种类

确定流通中货币的种类是一国货币制度的重要内容。流通中的货币，即所谓的通货，一般包括本位币与辅币。本位币是一国的基本通货，是法定的计价、结算货币。本位币也称为主币。在金属商品货币流通阶段，本位币是用法定货币金属按照国家规定的规格经国家造币厂铸成的铸币，这种本位币是一种足值货币。铸币的代用货币自然也是本位币。而在信用货币阶段，本位币则表现为不可兑换的银行券与纸币。辅币则是本位币以下的小额通货，主要用于辅助本位币完成小额零星交易以及找零使用。辅币是一种不足值货币，在金属商品货币阶段和信用货币阶段均存在。

2. 货币材料

确定货币材料就是规定用何种商品充当本位币的材料。究竟选择哪一种或几种商品为币材，虽然是由国家通过法律机制确定的，但是这种选择受客观经济需要的制约。货币材料的确定实际上是对已经形成的客观现实从法律上加以肯定。如果把现实生活中起不了币材作用的商品硬性规定为币材，或强制不允许现实生活中正在起着币材作用的商品发挥货币的作用，不仅行不通，而且还会造成混乱。比方说，理论上任何商品（普通商品和金属商品）均可确定为币材，但事实上，除贵金属外，其他商品不充分具有币材的特性，因而在历史沿革中，贵金属成为基本的货币材料。在商品经济初期，白银曾广泛地被各国规定为货币金属。当黄金随着经济发展而大量进入流通后，许多国家排斥白银占据统治地位，大多数发达国家便只将黄金确定为币材。现在各国实行的是信用货币，确定货币材料已没有什么经济意义，只是一种技术上的选择。

3. 货币单位

货币材料一经确定，就必须相应地规定货币单位，这包括规定货币单位的名称与确定货币单位所包含的货币金属量两方面。货币单位的名称最初与货币商品的自然单位和重量单位是一致的。后来，由于以下原因，货币单位的名称日益与自然单位和重量单位相脱离。第一，外国货币流入的影响。比如，20世纪30年代中期以前中国流通的银币是以"元"为单位名称。这是外国银币流入后，中国给它起的单位名称，以别于当时已通用多年的货币单位名称银两。第二，货币材料改变的影响。像英国的货币单位英镑，原来是重一磅的银的货币名称。英国的币材由银改为金之后，由于当时的金银比价为1：15，所以1磅金币就改为代表1/15磅的黄金。第三，历代帝王滥铸不足值铸币，也是两者相背离的一大原因。货币单位名称与自然单位和重量单位相脱离后，有的保持原名，但内容发生了变化；有的则完全摆脱旧名，重立新名。如我国唐代铸的"开元通宝"，"通宝"是钱的名称，单位则叫"文"。一般而言，一国货币单位的名称往往就是该国货币的名称。若几个国家同用一个单位名称，则在前面加上国家名。如法郎，是很多国家采用的货币单位名称，前面加上国名，就成了各该国的货币名称，如法国法郎、瑞士法郎等。里拉是意大利货币单位的名称，也是货币的名称，由于无其他国家采用同名单位，所以不冠国名。中国有些特殊，货币名称是人民币，货币单位的名称是元，两者不一致。

4. 货币发行与流通

货币的发行与流通在金属商品货币制度下，表现为金属商品货币的铸造管理。金属商品货币中的本位币通过自由铸造制度进入流通。所谓自由铸造，是指公民有权把经法令确定的货币金属送到国家造币厂铸成本位币，其数额不受限制。造币厂代公民铸造，不收或只收取很低的费用。同时，公民也有权把本位币熔化成金属条块。但对私自铸造则严格禁止。而且由于铸造技术十分精密，私自铸造合乎法定标准的本位币，极不合算；私自铸造伪劣币，既犯重罪，又很容易被辨认出来。自由铸造既是金属本位币进入流通的程序，又发挥着调节货币流通量的作用。其调节过程在于，当流通中货币量超过货币必要量时，出现本位币的市场价值低于其所包含的金属价值的趋势，这时，公民可以根据自由铸造制度的规定，将本位币熔化成金属条块储藏起来，这相当于使部分货币退出流通；当流通中的货币量少于货币必要量时，出现本位币的市场价值高于其所包含金属的价值的趋势，公民则可把贵金属通过造币厂铸成本位币投入流通，从而增加货币量。这种调节机制使本位币的市场价值与所含金属的价值保持一致，使货币流通量与货币必要量自动地趋于一致。

在信用货币流通阶段，贵金属铸币退出流通，自由铸造制度也就不存在了，辅币的铸造流通制度仍保留下来。纸币和不可兑换的银行券由政府或中央银行印制，通过银行贷款程序进入流通的。一般是中央银行贷款给商业或其他金融机构，银行再贷款给企业和个人。企业和个人从银行得到一笔贷款后，首先是在其账户上增加同样数额的存款。由于有了存款，即可以开出现金支票提取现金，这样铸币、纸币和不可兑换的银行券通过贷款投入流通；由于有了存款，就可以开出转账支票，由银行把一个存款账户上的存款转移到另一个存款账户上去，这样就出现了支票存款通货的流通。可见，无论是现金通货还是存款通货，都是通过银行贷款程序投入流通的，这与金属通过自由铸造投入流通有着根本区别。

5. 货币支付能力

用法律规定货币的支付能力是现代货币制度的重要内容，其形式是所谓的无限法偿与有限法偿。无限法偿，即法律规定某种货币具有无限制支付能力，每次支付的数量无论多大，也不论是属于何种性质的支付，即不论是购买商品或劳务，还是结清债务、缴纳税款等，支付的对方均不能拒绝接受，否则被视为违法。取得这种资格的货币，在金属商品货币流通时是充当本位币的铸币，后来则是纸币和不可兑换的银行券。支票存款虽然是信用货币的主要组成部分，但一般不享有无限法偿的资格。有限法偿，即法律规定某种货币在每次支付中，超过一定的金额，收款人有权拒收，即其支付能力不受法律保护；但在一定的金额内，其支付能力则受法律保护。有限法偿主要是对辅币规定的，这是为了防止辅币充斥市场。比如，美国 10 分以上的银辅币每次的支付限额为 10 元，铜镍铸分币每次的支付限额为 25 分；旧中国曾规定，一次支付镍辅币以法币 20 元为限，铜辅币以 5 元为限。但为了使过多的辅币能自动流回国家手中，有限法偿规定用辅币向国家纳税、向政府或银行兑换主币则不受此规定限制。

6. 金准备

金准备又称黄金储备，是指国家所拥有的金块和金币的总额。世界上大多数国家黄金储备都由中央银行或政府掌握，黄金储备是货币制度的重要构成要素。在金属商品货币流通时，国家利用金准备扩大或收缩金属商品货币的流通，以保证国内货币流通的稳定，同时作为国际支付的准备金和支付存款及兑换银行券的准备金。信用货币进入流通后，金准备不再作为国内金属货币的准备金，以及支付存款和兑付银行券的准备金，只作为国际支付的准备金。

（二）货币本位制

由于货币材料的确定在货币制度中居于核心地位，某种或某几种商品一旦被规定为币材，即称该货币制度为该种或该几种商品的本位制。通过货币本位制的演变分析，即可认识货币制度的演变发展过程。从历史发展过程来看，各国先后曾采用过以下几种货币本位制：银本位制、金银复本位制、金本位制和信用本位制。

1. 银本位制

银本位制是较早的一种货币制度,其内容包括以白银作为本位币币材;银币是本位币、足值货币,可自由铸造,具有无限法偿能力;银行券可自由兑换银币或等量白银;白银和银币可以自由输出输入。在中世纪的相当长时期里,由于那时商品经济不够发达,商品交易主要是小额交易,白银价值较黄金低,适合这种交易的需要,因而,当时许多国家都实行银本位制。在随后的经济发展过程中,银本位制逐渐暴露出两大问题:其一,当社会经济发展到一定阶段后,大宗交易不断增加,而白银价值较小,在大宗交易中使用银币,给计量、运送等带来很多不便;其二,随着勘探、冶炼等技术的发展,白银供应量大幅增加,而需求却有所减少,这导致白银的价值发生了很大变动,金贵银贱,影响着币值的稳定。因此,在19世纪70年代白银价格大幅度下降以后,各国相继放弃银本位制,转而实行金银复本位制或金本位制。我国于1935年11月才废止银本位制。

2. 金银复本位制

金银复本位制是指金币和银币同时作为一国本位币的货币制度。在这种货币本位制中,黄金和白银都可以自由铸造成金币和银币,都具有无限法偿能力,并都可以自由输出输入。16世纪到18世纪,金银复本位制是一种较为典型的货币制度。这种货币本位制,由于黄金与白银并用,使货币材料充足,不至于出现通货不足的现象;金币和银币在交易中可以相互补充,大宗交易使用金币,而小额交易则可以使用银币,大大便利了商品流通。因此这种货币本位制对商品经济的发展起到了一定的促进作用。但是,这种货币本位制在运行中又表现出重大的缺陷。这种缺陷可通过对金银复本位制具体运行过程的分析得到认识。金银复本位制从具体运行过程来看可划分为三种类型:平行本位制、双本位制和跛行本位制。

平行本位制是银币和金币均按其所含金属的实际价值流通和相互兑换的一种复本位制。这就是说,金币、银币的价值由市场上生金银的价值决定;金币银币之间的兑换比率国家不加规定,而是由市场上生金银的比价自由确定。在平行本位制下,市场商品出现了两种价值,由于市场上金银比价频繁变动,金币银币的兑换比率也不断变动,用金币银币表示的商品价格自然也随市场金银比价的波动而波动,这在一定程度上引起价格混乱,金币银币难以很好地发挥价值尺度职能。为克服这一局限性,复本位制改由国家依据市场金银比价为金币银币规定固定的兑换比率。这样,银币金币按法定比率流通,这就是所谓的双本位制。

双本位制在一定程度上解决了平行本位制所造成的价格混乱问题,但又产生了新的矛盾。在双本位制下,当金银法定比价同市场比价不一致时,金属价值高于法定价值的良币就会被熔化或输出国外而退出流通;金属价值低于法定价值的劣币则会充斥市场,发生"劣币驱逐良币"现象。这种现象最初由16世纪的英国铸造局长格雷欣发现,故又称"格雷欣法则"。比如,金银币的法定比价为1:15,而由于种种原因银价跌落使市场比价为1:16。金币的法定价值低于黄金的市场价值,即所谓的良币;银币则相反,即所谓的劣币。在这种情况下,任何一个持有金币的(1个金币)均可将金币熔化为金块,按黄金的市场价值换取白银,再通过铸币厂将其铸成银币(16个),再按法定比用15个银币换回1个金币,从而获取了1个银币的利益。然后再将金币熔化,如此反复,金币逐渐退出流通,市场流通的主要是银币。这种劣币驱逐良币的现象使得银贱则银币充斥市场,金贱则金币充斥市场,这必然造成货币流通的混乱。

复本位末期,英、美等国家为继续维持银币的本位币地位以及金银币之间的法定比价,停止银币的自由铸造，以消除劣币驱逐良币所造成的货币流通混乱。这时，金币和银币都规定为本位币并有法定兑换比率，但金币可以自由铸造而银币则不能自由铸造，这就是所谓的跛行本位制。在跛行本位制下，由于银币限制铸造，银币的币值实际上不再取决于其本身的白银市场价值，而取决于银币与金币的法定比率，银币实际上已演变为金币的符号，起着辅币的作用。从严格意义上来说，跛行本位制已经不是金银复本位制，而是由复本位制向金本位制过渡的一种货币制度。

3. 金本位制

金本位制是一种以黄金为本位币材料的货币制度。18 世纪末至 19 世纪初英国经济迅速发展后首先过渡到金本位制。欧洲其他国家和美国到 19 世纪中叶也开始实行金本位制。金本位制在其发展过程中采取了金币本位制、金块本位制和金汇兑本位制三种具体形式。金币本位是典型的金本位，而金块本位和金汇兑本位则是残缺不全的金本位。

金币本位制有以下特点：①以黄金为币材，金币为本位币；②金币自由铸造，参加流通，具有无限法偿能力；③代用货币可以自由兑换金币，金准备全部是黄金；④黄金可以自由输出输入。金币本位制由于金币可以自由铸造，金币的面值与其所含黄金的价值就可保持一致，金币数量就能自发地满足流通中的需要；由于金币可以自由兑换，各种代用货币就能稳定地代表一定数量的黄金进行流通，从而保证币值的稳定；由于黄金可在各国之间自由转移，这就保证了本国货币与外国货币兑换比价的相对稳定。所以，金币本位制是一种比较稳定、比较健全的货币制度。但是金币本位制也不是十分完善的，在运行中出现了不稳定因素。首先，流通中的货币量要求能随经济运行的需要而变动，而金币本位币受黄金数量的严格约束，缺乏弹性，无法满足经济发展的货币需要。其次，由于各国经济发展的不平衡，引起世界黄金存量分配极不平衡。1913 年末，英、美、法、德、俄 5 国拥有世界黄金存量的 2/3，绝大部分黄金为少数强国所占有，这就削弱了其他国家金币本位制的基础。最后，第一次世界大战爆发后，不少国家为了应付战争的需要，政府支出急剧增长，大量发行银行券，银行券兑换黄金越来越困难。欧洲各参战国首先停止了银行券的可兑换性，以便于把黄金集中于国库用来向国外购买军火，并且依靠发行不兑换的银行券弥补军费开支的不足。以后，其他国家也宣布禁止黄金输出和银行券的兑现。这样，金币本位制崩溃了。

在第一次世界大战期间，各参战国由于货币发行量过度增长，造成了严重的通货膨胀。1918 年战争结束后，由于恢复经济和支付战争赔款等原因，形成巨额财政赤字，各国未能恢复金币本位制。1924 年至 1928 年期间，西方各国经济进入相对稳定时期，各国的货币流通也先后恢复了相对稳定。但由于各国经济发展不平衡，各国黄金存量分配不平衡，各国未能恢复战前那种典型的金本位——金币本位制，它们或是建立金块本位制，或者建立金汇兑本位制。

金块本位制也称生金本位制。在这种制度下，其货币单位规定有含金量，但不铸造、不流通金币，而流通银行券；黄金集中存储于政府；居民可按规定的含金量在一定的限制条件下兑换金块。如英国在 1925 年规定银行券数额在 1700 英镑以上方能兑换金块；法国在 1928 年规定至少必须有 215 000 法郎才能兑换。这种有限制兑换性有效地节省了国内的黄金，使货币量能在一定程度上摆脱黄金数量的约束，满足经济发展对货币量的需要。1924 年至 1928 年，实行金块本位制的国家有英国、法国、荷兰、比利时等。金汇兑本位制又称虚金本位制，其主要内容是：①货币单位仍规定有含金量，但国内不流通金币，以发行的银

行券作为本位币进入流通；②规定本国货币同另一金本位国家的货币的兑换比率，并在该国
存放黄金或外汇作为平准基金，以便随时用来稳定法定的兑换比率；③银行券不能在国内兑
换金块，居民可按法定比率用本国银行券兑换实行金本位国家的货币，再向该国兑换黄金。
这是一种间接使货币与黄金相联系的本位制度，它既节省了一国国内的黄金，也节省了国际
上的黄金，从而大大缓解了黄金量对货币量的制约。第一次世界大战前，菲律宾、印度等国
曾实行过金汇兑本位制。战后，德国于1924年首先实行，奥地利、意大利、丹麦、挪威等
30个国家随后也实行了金汇兑本位制。

　　金块本位制和金汇兑本位制都是削弱了的、残缺不全的金本位制。这是因为，第一，这
两种货币本位制都没有金币流通，金币本位制中金币自由铸造所形成的自发调节货币流通量
并保持币值相对稳定的机制已不复存在。第二，银行券虽仍规定有含金量，但其兑换能力大
为下降。在金块本位制下银行券兑换黄金有一定限制；在金汇兑本位制下银行券的兑换要通
过外汇才能进行，银行券兑换黄金的能力大为下降，这就从根本上动摇了银行券稳定的基
础。第三，实行金汇兑本位制的国家，一般把本国货币依附于美元，并把黄金或外汇存储于
美国，一旦美国经济动荡不安，依附国的货币也将发生波动。这就使得金汇兑本位制具有很
大的不稳定性。这种脆弱的金本位制，经1929年至1933年世界性经济危机的冲击，很快就
瓦解了。各国在20世纪30年代纷纷放弃金本位制转而实行信用本位制。

　　4. 信用本位制

　　信用本位制是一种以信用为基础的货币制度。在这种制度下，流通的是信用货币；货币
不与任何金属保持等价关系，在国内不能兑换金属，输出国外也不能兑换；货币发行不受黄
金数量限制，其流通基础是人们对政府维持币值相对稳定的信心。这就使得政府一方面可以
根据经济发展的实际需要调节货币供应量，不受贵金属对货币发行的约束；另一方面由于信
用货币不受金准备的约束，不存在黄金对货币流通量的自动调节机制，极易导致通货膨胀。
政府必须严格控制货币的发行量，否则将导致货币信用基础的动摇。

# 第二节　金　融　工　具

　　金融工具、金融市场和金融机构构成一个国家的金融体系。金融工具是资金融通的工
具，为资金不足单位与资金有余单位之间的资金融通提供了具有法律效应的契约，加速了二
者之间的融资过程，提高了金融活动的效率。金融市场和金融机构等一切金融活动都是通过
金融工具来实现的。

## 一、金融工具的特征

　　多样化的金融工具构成一个庞大的金融工具系统，不同的金融工具在期限性，流动性，
风险性和收益性等特征上有着不同的表现，从而满足了融资双方多样化的需求。

### （一）期限性

　　期限性是指债务人全部偿清债务之前所经历的时间。以金融工具发行日开始计算的偿还
期限为名义期限，这是发行时就已规定的，但对投资者而言，更具有现实意义的是实际期
限，即从持有金融工具之日起到该金融工具的到期日止所经历的时间。在发行时，多数金融
工具都有明确的期限，从一年到若干年不等，但也存在着例外。在无限期方面，有英国统一
公债或永久性公债。这种债券，借款人同意往后无限期地支付利息，但始终不能偿还本金，

具有无尽的期限。再比如股票也是这样。在短期方面，是要随时偿付的债务，如银行活期存款，任何时候只要持有人想把它兑现，银行作为债务人必须见票即付，因而这种工具就没有特定的期限。各种金融工具有着不同的期限，有的较长，有的较短。不同的期限对债权人和债务人具有不同的意义。对债务人来说，不同的期限决定着借来的资金可供他使用多长的时间。对债权人来说，有的希望较长期限，这样也可以定期获得较多收益；有的希望期限较短，这样他可以在资金闲置时购买金融工具，在需要资金时又可以即时取得资金。具有不同期限的多种金融工具组合在一起，就能满足广大投资者的不同需求。

（二）流动性

金融工具的流动性是指它的迅速变为货币而不遭受损失的能力。货币是完全流动的，它能立即用于支付债务或消费。如果一种资产在转换为货币时需要花费时间，或变现时易受价格波动的损失，或在变现过程中要消费相当的交易成本，那么这种金融工具就有一定程序的不流动性。金融工具的流动性部分地取决于市场对它所提供的便利。一般来说，金融工具的流动性与债务人的信用成正比，债务人的信用好，流动性就大。金融工具的流动性与期限成反比，期限越短，流动性越大，因为期限这么短，市场利率的任何上涨都只能轻微地减少其价值；期限越长，流动性就越小。大多数金融工具的持有者，特别是金融机构，都把流动性作为一项资产所必需的特性，为此愿意放弃一些收入。因为流动性大的金融工具，其收益率往往较低。但不同的投资者对流动性的需要程度以及为获得流动性愿意放弃多大的收益，则有着很大的不同。有些人预料自己近期内的消费要大大超过收入，因而愿意放弃相当大的收益以求得高流动性的金融工具。另一些人预料在最近的将来收入会超过支出，因而只愿意牺牲少量收益以获得低流动性。不同的投资者对金融工具的流动性有着不同的需要。对于持有者来说，流动性强的金融工具相当于货币。在一些国家，这类金融工具往往分别被列入不同层次的货币供给数量的范围之内，并成为中央银行监控的目标。

（三）风险性

风险性是指购买金融工具的本金有否遭受损失的风险。金融工具的风险性有三类：①违约风险。即债务人不履行合约，不按时还本付息的风险。显然这种风险视债务人的信誉而定，政府债券上的这种风险比一个前途未卜的工商企业所发行的债券要低得多。但即使以一特定的债务人而言，其所发行的证券也有不同的风险之分，因为不同的证券对同一债务人索偿权有先后之分，比如债券的索偿权先于优先股股票，优先股股票索偿权又先于普通股股票。②市场风险。即由于利率上升而使证券的市场价格降低的风险。证券的市场价格是其收入的资本化，和证券所带来的收入成正比，和市场利率成反比。当利率下跌时，证券的市场价格就上升；当利率上升时，则下跌。证券距离到期日越远，则其价格受利率变动的影响就越大。由此可知，在其他情况相等的条件下，投资者宁愿要短期的而不愿要长期的证券，因为前者风险较低。只有当较长期的证券提供较高的收益时，投资者才愿意购买。③购买力风险。是指由于通货膨胀的原因物价上涨，使单位货币只能购买比以前较少的东西。通货膨胀的程度，一般都以消费品零售价格指数来衡量。在证券投资中，无论何种证券都要受到通货膨胀的影响。因为投资中的收回本金或挣得收益都以货币来实现的，货币的价值当然要受到通货膨胀的影响而降低。但是，不同的金融工具或不同的时间长短，影响大小是不同的。固定收入的证券和债券，其利率是预先规定不变，它就不能因物价上涨而增高。不固定收入的证券如普通股股票，其股息的支付是不固定的，各期会有所不同，可能随物价上涨而增加，可以抵补一部分损失，但其增加的程度很难赶上物价上涨率。

（四）收益性

收益和风险是投资的中心问题，其他各种问题都围绕这个中心问题而展开，投资者一般都是风险的反对者，讨厌投资中带有风险。但是风险又是不可避免的。要使投资者愿意承担一份风险，必须给一定的收益作为补偿，风险与收益成反比。

收益大小用收益率来表示。收益率指净收益对本金的比率。收益率可从不同的角度来解释。其一为名义收益率，即金融工具的票面与本金的比率。例如，某一债券面值为 100 元，注明年利息为 8 元，或注明年利率 8%，均表明其每年名义收益率为 8%。即期收益率是票面规定的收益与市场价格比率。例如，上述债券能在市场上自由买卖转让，而假定某日该债券的市场价格为 95 元，则该债券即期收益率为 8.42%（即 8/95＝0.0842＝8.42%），即期收益率比名义收益率较为有意义。实际收益率指实际收益与市场价格的比率。这里的实际收益指票面规定的收益与本金损益之和。设某人的第一年年终以 95 元市场价格购入面值为 100 元的十年债券，则偿还期为 9 年。该人如保留该债券到偿还期为止，则 9 年间将除每年得利息 8 元外，还获资本盈利 0.56 元。因此该投资者的实际收益率应为 9%。当然，如该人以高出票面的价格购入该债券，则至偿还期时将遭受资本亏损，因此，实际收益率将也相应减少。总之，实际收益率更准确地反映收益率。不同的金融工具有着不同的收益率，多种金融工具的存在有利于投资者对不同收益率的合理选择。

**二、商业票据**

商业票据主要包含三种：本票、汇票和支票。

本票又称期票，是发票人签发在一定日期及地点无条件支付一定金额给收款人或执票人的一种票据。票面上一般具备表明其为本票的文字、支付金额、签发日期、付票日期、出票人地点和有效印章等要素。本票的发票人为债务人，执票人为债权人。按发票人的不同，本票分为银行本票和商业本票。银行本票是银行签发，向受款人无条件支付一定金额的票据。商业本票是商业信用的一种工具，在工商企业之间发生商业信用时，由工商企业签发，承诺到期付款的票据。根据付款期限不同，本票还可分为即期本票和远期本票。即期本票是指见票即付的本票；远期本票则必须至约定的某一日期才可付款。根据本票票面有否载明受款人姓名，本票又可分为记名本票和不记名本票。记名本票必须到期付给指定的受款人，不记名本票则可付给任何持票的受款人。

汇票是由发票人签发的一定金额，让付款人在指定的到期日无条件付给收款人或执票人的一种票据。汇票的发票人通常为债权人，付款人为债务人。按发票人的不同，汇票可分为商业汇票和银行汇票。商业汇票是由工商企业签发的；银行汇票是银行承办汇兑业务时发出的一种汇兑凭证，它是承汇银行向另一家银行或分行发出的命令，命令后者向持票人支付一定数额的货币。按汇票的付款期限不同，汇票可分为即期汇票和远期汇票。即期汇票是付款人见票即须付款的汇票；远期汇票即在见票或出票后一定期限或特定日期付款的汇票。以收款人有无限定为标准，汇票可分为记名汇票和不记名汇票。记名汇票是汇票上注明收款人为指定收款人，只对指定收款人付款；不记名汇票是可以对任何执票人付款。由于汇票是债权人签发的，这就必须在债务人从承认兑付后才能生效。经过承认兑付的汇票称为承兑汇票。承兑，即承认兑付。当汇票向付款人提示时，付款人在票面上承担到期兑付责任的字样，并签字盖章，这便成了承兑汇票。承兑人在承兑以后承担了不可撤销的到期付款的法律责任。

根据承兑人的不同，承兑汇票可分为商业承兑汇票和银行承兑汇票。商业承兑汇票是由企业为承兑人的承兑汇票。它通常发生在销货方将货物送交购货方时，另附一张销货方的汇票，送交购货方承兑后，销货方将汇票收回保存，到期时向承兑的购货方要求付款。由银行为承兑人的承兑汇票称为银行承兑汇票。主要用于国际贸易，是银行帮助进出口商进行国际贸易而承兑的汇票。

支票是支票存款的存户签发一定金额，委托接受其存款的银行无条件支付给收款人或执票人的票据。支票有三个当事人，即发票人、付款人和收款人。支票的发票人可以自为收款人，付款人一般只限于银行或其他金融机构。银行之所以愿意为支票的付款人，是因为接受了发票人的存款，或在存款之外，事前与存户订有契约，可以透支一定数额的现金。存户所能签发的支票金额以存款金额与透支金额为限。支票的种类很多，以是否记载收款人姓名为标准，支票可分为记名支票和不记名支票。记名支票指在支票上记载受款人姓名，银行只能对支票上指定的受款人付款，又称抬头支票。这种支票必须经持票人背书银行方能付款。无记名支票指不记载受款人的姓名，可以对支票的任何持有人付款，也叫来人支票。这种支票的转让或向银行提现时，无须背书的手续。按支付方式不同，支票可分为现金支票、转账支票和保付支票。现金支票可以用来支取现金。转账支票只能在银行转账而不能提现，因票面划有两道红色平行线来表示，又称划线支票。保付支票由银行签章保证付款的支票。付款银行应发票人或持票人的请求，在支票上记载"保付"或"照付"字样后，即将保付金额，从发票人的存款上划出，另立专户存储，以备随时支付。支票一经银行保付，即由保付银行承担付款责任，所以它与银行本票或银行自为付款人而签发的支票无异。另外还有一种旅行支票。旅行支票，即银行为了方便旅游者携带和使用而发行的一种定额支票。旅游者在出发地向银行缴存一定金额领取支票后，在预先约定的其他城市，就可凭旅行支票向其分行或联络行提取款项。所以，旅行支票的付款地不在存款地，而在其他城市或国外，这是与其他支票不同之处。若旅行者在国外兑付，则兑付银行收到经持票人签字的旅行支票时，即按当日的外汇牌价付给持票人当地的货币。旅行支票也可以转让给接待旅客的旅馆、饭店、航空公司及有关商店，作为偿付旅行费用或购买商品的费用。这些单位再到兑付银行兑现。旅行支票已成为国际旅行者最常用的支付凭证之一。

### 三、股票

股票是股份有限公司发行的、表示其股东按其持有的股份享受权益、承担义务的可转让的凭证。股份有限公司是指全部资本分为等额股份，股东以其所持股份为限对公司承担责任，公司以其全部资产对公司的债务承担有限责任的企业法人。股票则是股份有限公司发行的、表示其股东按其持有的股份享受权益和承担义务的可转让的凭证，是股本、股份、股权的具体体现。

股本是投资人为获得参与公司利润分配权利投入公司的资金，获得上述公司权利的投资人称为公司的股东。股东按其股本在公司股本总额中所占的比重拥有相应的权利，公司则利用股东的股本创造这些权利，一般而言股本有以下4个基本特性。

第一，期限上的永久性。股东可凭股本获得供给资金所应得的权益，但只要公司不解散，不破产清理，那么作为股东就无权向公司索回投入的资金。股东和公司之间是权属关系，而不是债权债务关系。正是在这个意义上可以说股本资金是没有期限的，是无须偿还的。

第二，报酬上的剩余性。所谓剩余性，是指公司在创造利润后要先用利润进行其他支付，在所有其他支付均完成后若还剩余可用以支付对股东承诺的报酬。通常，股份有限公司在经营过程中，要随时兑付公司其他债权人对投资报酬的索取权，其中包括偿付所有对该公司提供商品、劳务者的报酬、债券持有人的到期本息，银行贷款到期本息和政府间接税款。实现利润后，公司还要上缴所得税，并按董事会决定从税后利润中提留一部分作为公司的公积金，以便于公司进一步发展，余下的纯利润才能作为股东的报酬收入分派给全体股东。如果没有剩余则不支付报酬。一般说来，只有剩余越多，股息分配才能越多，股东所得才能越多。

第三，清偿上的附属性。所谓附属性，是指股本并不是必须偿还的。当公司破产或解散，所有债务均需偿还时，对股本来说却是能还则还，不能还则可不还。按照西方国家通常的破产法规定的清偿惯例，股份有限公司宣布清偿时要首先偿还股东外的所有公司债权人的债务，如债券的本息，政府税款、银行贷款以及雇员和工人的未支付工资。只有在上述一系列债权人的债务分别清偿完毕后，法律才允许公司将剩下的（如果有剩余的话）固定资产和其他有形资产变卖成货币来偿还股东的股本金。

第四，责任上的有限性。如果公司向股东以外的其他投资人员负债，则应视为公司代表其所有股东向其他投资人的负债。归根结底，公司的对外负债实际上是股东的对外负债。一旦公司破产倒闭，股东应承担偿还公司对外负债的责任。但对股份有限公司的股东来说，这个还债责任是有限的，一般说来，这个限度在于，股东只承诺用他已经或承诺支付的股东金来偿还公司欠别人的债务。举个例子说，假设他在公司的股本是 100 元，如果公司破产还债，则不管他们多么富有，他最多负责用这 100 元来为公司偿还债务。如果破产时公司的对外负债超过了股本，对超过的部分股东不负责偿还。因此，无论公司的对外负债有多大，股东在公司破产时所能损失的，最多是投入公司的股本。

股份有两方面的含义：其一是公司股本的最基本的计量单位，也就是说，股本由股份构成；其二，股份也是公司在股东之间分配公司权益的最基本的计量单位。这就是说股东的权利大小是以股份计量的，一股一权。股权和股份相互对称，占有股份也就拥有了股权。股权通常包含下列内容：参加并获得股利分配；出席股东大会，行使表决权；公司剩余资产索偿权；检查监督权等。股本、股份、股权构成股票的实质性内容，而股票只是通过证书的形式把股本、股份、股权表现出来，是一种内容与形式的关系。这种关系就决定了股票这一投资工具具有以下特性。

首先，股票投资具有高收益性。持有股票者即拥有公司剩余利润的分配权。所谓剩余利润，是指公司在创造利润后先用利润进行其他支付（税款、公积金等），剩余部分即为剩余利润。剩余利润在股东之间按各自拥有的股票数平等分配，有多少剩余利润便支付给股东多少报酬。剩余利润越多，报酬便越多，股票的收益便越高，股票的收益水平在理论上是不受限制的。这就决定了股票是一种潜在的高收益的投资工具。

其次，股票投资具有高风险性。股票投资的风险性来自股票付酬的剩余性和清偿的附属性。公司如果经营不善，或市场上出现意外情况，使公司剩余利润减少，股票的收益便马上下降，一旦公司倒闭，该公司股票便可能一文不值。因此，股票的价值受公司的经营状况以及所有相关的政治、经济因素的影响最为直接，其价格波动也最为剧烈。

再次，股票是一种可以转让的投资工具。这种转让性来自股本的有限责任性。假如股本具有无限责任，股东投入了股本就要在公司破产时偿还所有的公司欠债，这时的股本便不再代表投入公司的金额，而是代表股东的全部财产。在这种情况下，如果股东把代表股本的股票转让给一个投资人，股票的价值便会因两人的富有程度不同而改变价值。同一张股票，富人持有时价值高，穷人持有时价值低，这样的工具是无法转让的。具有责任有限性的股本则不然，股票的价值完全不取决于谁持有股票，因此股票才成为一种非个人性的工具，才有可能在不同投资人之间转让。

四、债券

债券是一种确定债权债务关系的凭证，或者说是借款人向贷款人出具的对长期债务承担还本付息义务的凭证。债券与一般的借据在本质上是一样的，其区别在于两者的市场性不同。借据是个性化债权债务凭证，而债券是非个性化债权债务凭证。所谓个性化债权债务凭证是指这种凭证只在签订这张凭证的双方之间有效，它的条件只在签订双方之间协商议定，由一方向另一方提供要借入资金，其条件不受第三者是否同意影响，每张个性化债权债务凭证都可以和其他个性化债权债务凭证不一样，没有一个统一的标准规格。比如，一张个性化的债务凭证本金可以是3570，期限可以是二年零三个月，到期如无力偿还还可以安排延期。可见，这种因人而异、因事而异的债务凭证是不可能正常转让的。非个性化的债权债务凭证则不一样。它是一种由借款人给定条件，所有人都同意按照给定的统一条件出借资金的凭证。由于它的条件对所有人都适用，因此，任何人持有它都可以向借款人要求付息和还本。借款人出具这样的债务凭证，是为了同时向很多人借款，因这种凭证的条件是标准化的，规格基本上是统一的。这种标准化，使得这种凭证具有可分割性和可转让性。这种标准化的债权债务凭证，即债券。

债券所规定的资金借贷的权责关系主要包括三点：一是面值，每张债券所含的本金数额，基本上是所借贷的某种货币的数额，但不完全等同；二是期限，债券从发行日起到约定的偿还日止的时间；三是利息和利率，债券发行人向债券持有人借入资金而付给后者的报酬即利息，每年债券利息的数额通常用相当于本金的一定百分比来表示，该百分比即为债券的利率。债券的权利和责任是一个对立面，在贷款者的立场上说它是一种特定的权利，而从借款方面来看，它是一种特定的责任或称义务，但其内涵是一致的，贷方的权利就是借方的责任，借方的责任也就是贷方的权利。但债券所规定的债务人到期偿还的义务，只是对债权人的一种承诺，还不是实际行动，因为还不能充分担保债务人一定能到时如数归还本金和按时支付利息。在一定的条件下，债权人的权利仍会得不到全部或部分的实现因而遭受一定的损失。至此，可以将债券进一步定义为：由借款人发出，贷款人持有期限固定、利率固定、到期还本、约期付息的非个性化的长期债权债务凭证。

债券不同于股票。债券是债权凭证，而股票则是所有权凭证，两者在投资特性上的区别主要在于：①债券有固定的还本期限，而股票的本金则是不返还的；②债券的利率是固定的，它不随举债人剩余利润的增减而变化，而股息的多少则取决于募股人剩余利润的多少；③债券的还本付息是有法律保护的，如果举债公司不能按期支付利息和偿还本金，债券持有人有权对举债公司提起诉讼，使其承担法律责任，而股息的派发则由募股公司的董事会视公司利润状况决定，派发多少和派与不派，不受法律制约；④股票的持有人（主要是普通股票的持有人）有权参与募股公司的经营管理决策，而债券持有人则无此权利；⑤只有股份公司才能发行股票，而任何有还款能力的组织或机构都可以发行债券。

# 第三节 金 融 市 场

金融市场是金融体系中最重要的组成部分。金融市场创造出并不断地创新出各种金融工具供人们选择,最大限度地动员和推动着资金的转移。而且,金融市场将一切融资活动、一切金融机构连接起来,使其成为一个有机的整体。

## 一、金融市场的构成

### (一) 金融市场的定义

金融市场有广义和狭义之分。广义的金融市场包括两种金融市场:一种叫作协议贷款市场 (Negotiated-Loan markets),另一种叫作公开金融市场 (Open financial markets),即狭义的金融市场。协议贷款市场主要包括存款市场、贷款市场、信托市场。其主要特点是:交易价格(即利率)和交易条件由双方协商决定,且决定不适于下次交易以及与他人的交易;交易的工具不具备标准化的转让条件,无法转让流通。公开金融市场即狭义的金融市场包括货币市场、债券市场、股票市场、期货市场、期权市场等。其交易价格和交易条件是通过为数众多的交易者的公开竞争来决定的,且决定适用于任何个人和机构;交易的工具,其期限、交易单位一般都有一个被大家所接受的标准,即具备标准化的转让条件,可以自由买卖。本书所讨论的金融市场即这里所说的狭义金融市场。这种金融市场是指通过金融工具的交易实现资金融通的场所或机制。在金融市场上,资金需求者发行和销售金融工具;资金供应者则用资金交换或购买金融工具。资金需求者通过卖出金融工具取得资金有余单位的资金,为此他承担了一定的金融债务。资金供应者通过买进金融工具把资金转给资金不足单位,为此他获得了相应的金融资产。金融市场通过金融工具的这种交换行为使资金供应者与资金需求者的资金得以融通。

金融市场的基本功能是,从那些支出小于收入的资金剩余方,把资金引导到支出大于收入的资金短缺方,实现储蓄资金向投资资金的转化。金融市场融通资金的具体途径主要有两条:一是资金不足单位发行直接金融工具,通过与资金有余单位直接协商,由其购入所发行的金融工具,从而融入资金有余单位的资金;也可以在公开市场上,通过经纪人或交易商卖给资金有余单位,实现两者之间的资金融通。这种融资途径称为直接融资。二是通过金融机构发行间接金融工具的形式吸收资金有余单位的资金,再由金融机构向资金不足单位融通资金。这种融资途径称为间接融资。两种融资途径构成了金融市场融资活动的基本内容。

### (二) 金融市场的分类

在金融市场上交易的金融工具种类繁多。根据金融工具交易的性质、对象、时间、期限等的不同,金融市场可分为不同的类型。各种类型的金融市场构成金融市场体系。

按金融交易的层次,金融市场可分为发行市场和流通市场。发行市场又称为初级市场、一级市场和新证券市场,指从事金融工具最初发行的市场。流通市场又称为次级市场、二级市场和旧证券市场,指转让买卖已发行的金融工具的市场。

按金融交易的对象,金融市场可分为银行同业拆借市场、票据贴现市场、国库券市场、大额定期存单市场、外汇市场、股票市场、债券市场、期货市场、期权市场等,总之,有一种金融工具的交易,便有一个金融市场存在。

按金融交易成交时约定的付款时间,金融市场可分为即期市场和远期市场。即期市场,即金融工具买卖成交后，按成交价格立即进行交割和清算的市场。远期市场，即金融工具按一定价格成交，交易双方在未来某一约定时间进行交割和清算的市场。

按金融交易的空间划分，有交易场所和交易地域两种情况。就交易场所来说，金融市场可分为有形市场和无形市场。有形市场指有固定交易场所的市场，如证券交易所；无形市场指没有固定的交易场所，交易双方通过电话、电报、电传等现代通信手段联系，讨价还价，达成交易的市场。就地域而言，金融市场可分为国内金融市场和国际金融市场。

按金融交易对象的期限划分，金融市场分为货币市场和资本市场。货币市场又称短期金融市场，指期限在一年以内的短期金融工具交易的市场。该市场筹集的资金主要用于短期资金的周转，期限短、风险小、流动性强，与货币相差无几，往往被作为货币的代用品，故而此类市场称为货币市场。资本市场是指期限在一年以上的长期金融工具交易的市场，所以又称为长期金融市场。该市场筹集的资金主要用于固定资产投资，期限长、风险大，被当作固定资产投资的资本来运用，故而此类市场称为资本市场。由于资本市场上交易的对象主要是股票和债券这样的有价证券，所以资本市场又称为证券市场或股票债券市场。资本市场主要有股票市场、债券市场、期货和期权市场。

**二、货币市场**

货币市场是实现短期资金的市场，主要从事一年以内的短期资金的借贷活动。货币市场的功能是提供短期资金，以满足短期资金需求者由于生产的季节性原因或其他原因，对临时性生产或周转资金的大量需求时。对希望在金融市场上筹措长期资金人而言，他要根据长期利率的变化情况，确定最适当的举债时间，在此之前，可以利用货币市场筹措临时性资金，以满足需要。对资金的供给者来说，在他没有选择好新的投资方向时，可以在短期内，先通过货币充分运用手头闲置的资金。对商业银行来说，货币市场是其调节日常准备状况的重要场所。中央银行则可以通过再贴现业务，参与货币市场，增减市场货币流通量，从而达到一定的政策目标。可见，货币市场的存在能够缓解短期资金供求矛盾以及金融的不确定性。货币市场主要有同业拆借市场、票据贴现市场和国库券市场。

**（一）银行同业拆借市场**

同业拆借是指具有法人资格的金融机构及经法人授权的非法人金融机构分支机构之间进行短期资金融通的行为，目的在于调剂头寸和临时性资金余缺。金融机构在日常经营中，由于存、放款的变化，汇兑的收支增减等原因，会在一个营业日终了时，出现资金收支不平衡的情况，一些金融机构收大于支，另一些金融机构支大于收，资金不足者要向资金多余者融入资金以平衡收支，从而产生了金融机构之间进行短期资金相互拆借的需要。资金不足者向资金多余者借入款项，称为资金拆入；资金多余者向资金不足者借出资金，称为资金拆出。资金拆入大于资金拆出称为净拆入；反之，称为净拆出；这种金融机构之间进行资金拆借活动的市场称为同业拆借市场，简称拆借市场。

**（二）贴现市场和大额定期存单市场**

贴现市场是指通过票据贴现的方法融通短期资金的场所和机制。票据贴现指票据持有者将未到期的票据转让给银行，并向银行贴付一定的利息，以提前获取现款的一种票据转让行为。票据贴现对于持票人来说，等于提前取得了到期支付的票款；对于银行来说，等于向票据持有人提供了一笔相当于票面金额的贷款，只是利息已预先扣除。

贴现市场交易的对象主要有国库券、短期债券、银行承兑汇票及其他商业票据。贴现市场的参与者主要有工商业企业、商业银行和中央银行。工商业企业参与贴现市场，将自己持有的未到期的票据提前转化为现款，可以满足企业对资金的需求。商业银行从事票据贴现业务，表面上是一种票据的购买，实际上是一种放款，而且比一般的短期贷款要优越得多。

大额定期存单市场是指大额定期存单的市场。20 世纪 60 年代以来，商业银行为吸收资金发行了一种新的金融工具，即可转让大额定期存单，简称 CDs 。这种存单与普通存款单不同：一是不记名，二是存单上金额固定且面额较大，三是可以转让和流通。CDs 的期限通常不得少于 14 天，一般都在一年以内，三至六个月的居多。CDs 的持有者到期可向银行提取本息；尚未到期时，如需现金，可以转让。CDs 有这些优良特性使之成为货币市场的重要交易对象。

大额定期存单的发行主要由商业银行签发。从签发银行的角度来看，CDs 为它提供了和定期存款流动性一样的资金，即在到期前不得提取，且利率较低。商业银行发行 CDs 的方式大致有两种：一种是批发式发行。发行机构把准备发行的总额、利率、发行日期、到期日和每张存单的面额预先公布，供投资者认购。另一种是零散式发行。即按投资者的需求随时发行，利率由双方协商决定。大额定期存单流通市场的主要投资者包括大企业、地方政府、商业银行、货币市场互助基金以及一些富裕的个人。从投资者的角度来看，CDs 的上市性强，到期前可以随时变现，因而弥补了它比定期存单利率低的缺点。CDs 发行以后，主要通过交易商进行交易，交易商从中收取佣金；也可以直接在 CDs 市场上进行买卖，购买者需付给出售者以前那段时间的利息。

**三、证券市场**

证券市场是买卖各种可流通有价证券的市场。根据功能不同，证券市场分为发行市场和流通市场。发行市场又称初级市场，是新证券发行的场所。流通市场，又称次级市场，是转让、流通已发行证券的市场，证券交易所是其典型形式。发行市场是流通市场的前提，流通市场是发行市场的保证。

**（一）证券发行市场**

证券发行市场又称初级市场、一级市场和新证券市场，是指发行单位发行新证券所形成的市场。新证券的发行分为公开发行和非公开发行两种方式。公开发行，又称公募，指发行单位不是直接把所要发行的证券卖给一般投资者，而是间接地通过证券承销商面向广大投资者发行新证券的一种形式。非公开发行，又称私募，是指发行单位直接把证券推销给特定的投资者，无须证券承销商介入其间。

**（二）证券流通市场的构成**

证券发行后就进入流通市场。证券流通市场又称证券交易市场、二级市场、次级市场，是指证券买卖和转让的场所或机制。证券流通市场与证券发行市场有着密切的联系，是证券发行市场的重要保证。因为证券的流动性是人们选择投资的主要衡量指标之一，如果证券不能卖出和转让，即不能迅速变现或交易其他证券，则无人愿意持有证券，从而阻碍了证券的发行。只有通过次级市场对新证券提供妥善的组织、良好的服务和各种资料信息，才能引起众多投资者的注意和自由买卖的兴趣，促进新证券的流通。这对长期资金的融通具有重要的意义。证券流通市场一般分为证券交易所和场外市场。证券交易所是一种有组织、有固定场所和有一套严密管理制度的证券交易市场。场外市场是一种组织松散、无固定交易场所和较难管理的证券市场。前者有时也称为有形的证券市场，后者则称为无形的证券市场。除此之外，尚有所谓的第三市场和第四市场。从多数国家来看，证券交易所和场外市场是证券流通市场的主要组成部分。

（三）证券交易的程序

证券交易程序总的可分为五大环节，即委托、成交、清算、交割和过户，每个大环节又包含若干个小环节。

所谓委托，就是顾客向证券经纪商发出表现其愿以某种价格购买或出售一定数量的某种证券的指令或请求，有时这些指令或请求还附带其他条件。证券商在接受客户委托，填写委托书后，就迅速命令其在证交所内的代表或代理人到买卖这种证券的柜台执行委托。所谓清算，就是将买卖同一证券的数量和金额相互抵销，然后通过证交所交割净差额的证券或价款的过程。所谓交割，就是卖方向买方交付证券，买方向卖方支付价款的行为。根据交割的时限可分为以下几种：一是当日交割，即买卖双方同意成交后当日办完交割事宜。二是次日交割，即成交后的下一个营业日正午前办理完交割事宜，逢休假日顺延。三是例行交割，即在成交日起算，第五个营业日内办完交割事宜，这是证券的标准交割方式。四是卖方选择交割，即卖方有权决定交割日期，其期限从成交日5～60天不等。所谓过户，就是指证券所有权从原所有者转移到新的所有者所作记录的过程。过户一般包括两方面的内容：①转让经背书的证券凭证；②把有关所有权的转移事项记入证券发行公司的账簿中。

## 本章思考题

1. 从货币发展的历史来看，以本位币变化为标志，货币制度经历了怎样的演变过程？
2. 货币在商品经济中发挥着哪些职能？
3. 如何理解证券发行市场与流通市场的关系？
4. 试比较商业信用与银行信用的特点并说明两者之间的相互关系。
5. 为什么说资金的直接融通和间接融通是相辅相成、相互促进的？
6. 试分析影响股票行市的因素。

# 第十三章 发展经济学常识

## 第一节 经济增长与经济发展

**一、发展经济学的研究对象与研究内容**

发展经济学，主要以发展中国家的经济发展为研究对象，是研究发展中国家如何由贫穷发展为富足、由落后发展为先进的一门经济科学。

发展经济学的特点在于，着重对经济的长期研究，强调发展中经济的特点，更注重对非经济因素的研究。

发展经济学的研究内容包括：①有关发展中国家特点的描述；②经济发展与经济增长的过程、经济发展和增长理论介绍；③影响经济发展的内生因素和外部条件等发展要素剖析；④宏观调控政策，国际经济政策研究；⑤发展战略和对策研究。

**二、发展中国家**

发展中国家（Developing country）也称作开发中国家、欠发达国家，指经济、技术、人民生活水平程度较低的国家，与发达国家相对。发展中国家的评价标准主要是该国家人均国内生产总值（人均GDP）的高低，诺贝尔经济学奖获得者、发展经济学家刘易斯（Lewis）将发展中国家界定为人均产出低于1980年美元价值2000美元的国家。

虽然发展中国家各国之间在历史、文化、制度以及经济发展水平等各个方面差异很大，但这些国家却拥有某些共同特征。这些特征包括以下几个方面。

（1）低下的生活水平。在发展中国家，大多数人民的生活水平很低。生活水平的低下表现在如下几个方面：人均生活水平很低；作为人口占大多数的穷人与少数富人生活水平的鸿沟也较发达国家大；大范围的贫困，所谓贫困是指缺少达到最低生活水准的能力。

（2）低下的生产率水平。发展中国家由于人力资源素质、资本存量、技术和管理水平等条件的限制，生产率水平比较低下。2002年，发展中国家的劳动生产率仅为发达国家的1/23。

（3）人口高速增长和沉重的赡养负担。发展中国家人口出生率一般都远高于发达国家的人口出生率，同时由于卫生条件的改善和传染病的控制，两类国家在死亡率上的差别要小得多，这便造成了发展中国家的人口快速增长。人口快速增长的一个结果是在发展中国家儿童占总人口的比率较高，因此从业劳动力抚养的儿童和老人的数目也多，这就造成了发展中国家的赡养负担。

（4）高水平的失业和低度就业。发展中国家劳动力中相当大的一部分却未得其用。劳动力利用不充分有两种表现形式。一种是公开失业，指有劳动能力和劳动意愿的人们得不到工作机会；另一种是低度就业或不充分就业，指劳动者形式上虽然就业，但得到的工作时间比他们能够工作的时间少，或指劳动者虽然在形式上得到充分就业的工作时间，但他们的劳动生产率却非常低，甚至接近于0。

（5）对农业生产的严重依赖。从生产结构看，低收入国家（中国和印度除外）农业在

GDP 中份额要远远高于发达国家；从就业结构看，农业劳动力的比重在发展中国家多达50％～70％；从城市化水平看，低收入和中等收入国家城市人口占总人口比例要远低于高收入国家和地区。

（6）在国际关系中处于劣势地位。发达国家与发展中国家在国际关系上是不平等的。发达国家控制着国际贸易的类型，决定着国际关系的规则和形势。而在大多数发展中国家，由于发展水平低，国内储蓄不足，经济建设只能靠出口初级产品取得外汇。同时，发展中国家也需要引进必要的技术、外援和外资，而这些资源的国际转移条件也是由发达国家控制的。因此，发展中国家在经济上受发达国家支配，依附于发达国家。

### 三、经济增长与经济发展

（一）经济增长与经济发展的概念

经济增长（economic growth）是指一国或一个地区社会财富在一定时期（一季度、一年、三年、五年、十年等）即社会总产品量的增加。它一般是用实际的国民生产总值（GNP）或国内生产总值（GDP）的增长率来表示。

经济发展（economic development）意味着随着产出的增长而出现的经济、社会和政治结构的变化。经济发展包括经济增长，还包括经济结构的变化。这些变化包括：第一，投入结构的变化；第二，产出结构的变化；第三，生活水平和分配状况的变化；第四，卫生健康状况的变化；第五，文化教育状况的变化；第六，自然环境与生态的变化。

（二）经济增长与经济发展的区别与联系

经济增长与经济发展的主要区别在于：经济增长的内涵较狭窄，是一个偏重于数量的概念，通用尺度是 GNP 或 GDP；而经济发展的内涵较广，是一个既包含数量又包含质量的概念。可以用实际生活质量指数 PQLI、联合国 16 项综合发展指标、人文发展指数 HDI 等综合评价表示。

二者的联系在于：经济增长是手段，经济发展是目的；经济增长是经济发展的基础，经济发展是经济增长的结果。

一般而言，没有经济增长就不会有经济发展，但有经济增长却不一定就有经济发展。

（三）经济增长与经济发展的衡量

经济增长的衡量一般以国民生产总值或国民收入，即 GNP（GDP）的总量或人均量增长为尺度。

衡量经济发展要比衡量经济增长困难得多。一般认为，发展的中心意义是社会和个人的福利增进，因此，表明发展至少应包括 5 个方面的指标：基本必需品的消费量；收入和分配的均等程度；识字率；健康水平；就业状况。

常用于衡量经济发展的重要指标现有：

1. 实际生活质量指数（Physical Quality of Life Index，PQLI）

实际生活质量指数 1977 年由莫里斯（M. D. Morris）提出，是一个衡量一国人民经济福利和生活水平的综合指标，由识字率、预期寿命、婴儿死亡率三项组成。

该指数以瑞典水平为基准，识字率是与一国经济发展水平相适应的人民生活水平和教育发展程度的反映；预期寿命由营养、公共卫生、收入和一般环境等指数综合而来；婴儿死亡率则反映饮用水的净化程度、居住的环境条件、母亲的健康状况等。

2. 联合国社会发展研究所的 16 项综合发展指标

(1) 出生时的预期寿命。

(2) 2 万人以上地区人口占总人口的比例。

(3) 人均每日消费的动物蛋白质。

(4) 中、小学注册入学人数。

(5) 职业教育入学比例。

(6) 每间居室平均居住人数。

(7) 每千人中读报人数。

(8) 从事经济活动人口中使用电、水、煤等的百分比。

(9) 每个男性农业工人的农业产量。

(10) 农业中成年男性劳动力的百分比。

(11) 人均消费电力的千瓦数。

(12) 人均消费钢的公斤数。

(13) 能源消费（折合成人均消费煤的公斤数）。

(14) 制造业占 GDP 的百分比。

(15) 人均对外贸易额。

(16) 工薪收入者占整个经济活动人口的百分比。

其中，(1)～(7) 属于社会指标，(8)～(16) 属于经济指标。

3. 人文发展指数（Human Development Index HDI）

最有影响的经济发展度量指标是"人类发展指数"，它是由联合国发展计划署（UNDP）在 1990 年首次发表的《人类发展报告》中提出来的。其后发表的人类发展报告对这一指标进行了一些修正。这个指数也是由三个指标构成的：预期寿命、教育程度与生活水准。

这三个指标是按 0 到 1 分级的，0 为最坏，1 为最好。人类发展指数分为三组：低人类发展指数（0～0.50）、中等人类发展指数（0.51～0.79）、高人类发展指数（0.8～1）。

**四、发展经济学的兴起和演变**

(一) 发展经济学的兴起

第二次世界大战结束后的最初几年，由于战后经济重建问题引起了人们的重视，促使了三种早期关于发展问题著作的发表，斯塔利在《世界经济发展》一书中探究了战后许多落后地区急速地、快速地发展对先进工业国可能产生的经济影响；曼德尔鲍姆在《落后地区的工业化》一书中提出了人口过多而又落后的东欧和东南欧地区工业化的数量模式；罗森斯坦·罗丹在《落后地区的工业化》一文中探讨了"过剩农业人口"如何成为发展力量，外在经济如何促进规模效益，基础设施和教育训练何以具有重要性等问题。通常认为，这三本著作的出版标志着发展经济学的诞生，上述三种著作，虽然开始涉及了经济发展问题，但论证还很不系统、很不全面，仍远远没有形成发展经济学。

哈罗德和多马于 1948 年同时提出的理论把短期的、静态的凯恩斯经济周期学说长期化、动态化为经济增长模式，被人们认为开当代经济发展理论的先河，是发展经济学的第一个里程碑。

1950 年左右的非殖民化运动成为各种经济增长模式和经济发展理论的思想源泉，这些模式和理论逐渐系统化成为发展经济学。

**（二）发展经济学的演变**

发展经济学的演变分为三个阶段，20世纪40年代末至60年代中期为第一发展阶段，60年代中期到80年代中期是发展经济学演变的第二发展阶段，80年代中期至今为第三发展阶段。

**1. 第一发展阶段（20世纪40年代末到60年代中期）**

第一发展阶段的主要理论强调，通过迅速的资本积累、工业化、计划化等取得经济的快速增长，即唯资本论、唯工业化论和唯计划论。

其中影响较大的经济发展学说主要有：罗森斯坦·罗丹的大推进理论、刘易斯的二元经济理论、纳克斯的贫困的恶性循环理论、罗斯托的经济起飞理论以及平衡增长与不平衡增长理论等。

第一发展阶段的主要特点包括：①遵循结构主义的经济发展思路；②具有明显的反单一经济倾向；③自认为其经济发展理论连同以此为根据的政策建议，可以适用于一切发展中国家；④强调内向发展战略，国家对外贸易保护的政策。

**2. 第二发展阶段（20世纪60年代中期到80年代中期）**

第二发展阶段的主要理论有以巴兰等人为代表的激进主义的理论、以世界银行经济学家为代表的强调收入再分配的理论、以库兹涅茨为代表的实证分析学派理论、以舒尔茨和加里·贝克为代表的人力资本理论等。

第二发展阶段的主要特点包括：①强调经济发展目标的多维性；②开始重视农村发展；③重新强调市场机制的作用；④提倡外向型发展战略，强调外贸、外资的作用；⑤激进主义和依附理论兴起。

**3. 第三发展阶段（20世纪80年代中期至今）**

在第三发展阶段，比较有影响的理论和模型主要有：新经济增长理论、新国际贸易理论、经济发展的制度分析、农村非农业化问题、经济发展中的寻租理论、金融抑制理论、资本倒流问题等。

第三发展阶段的主要特点包括：①理论不断出现创新，使经济发展理论进一步深入发展，作为一门学科正走向成熟；②发展经济学与主流经济学联系更加紧密，趋向相互影响、交融发展；③自身发展细分化倾向，在发展经济学下出现若干相互独立的子学科；④微观实证化趋势；⑤经济发展理论内部各学派相互融合、相互促进。

# 第二节 经济增长理论

## 一、经济增长模型

**（一）哈罗德-多马模型（Harrod-Domar Growth Model）**

20世纪40年代，英国经济学家哈罗德和美国经济学家多马几乎同时推演出极为相似的长期经济增长理论，即第一个广为流行的经济增长模型，合称为哈罗德-多马模型。

该模型的基本思想是，每一个国家的经济都要替换已经损坏的资本品（建筑、设备或其他物品）以使经济能够按原有的规模持续发展，所以必须把国民收入中的一部分节约下来。要使经济增长，不仅要替换原有的已经损坏的资本品，还必须在现有的资本存量基础上增加新的投资（净投资）。在假定资本—产出比不变的情况下，储蓄即资本的积累是经济长期稳定增长的唯一原因。

哈罗德-多马模型的数学表述：$g=s/K$，其中 $g$ 表示经济增长率，是国民收入增量与国民收入之比；$s$ 表示平均储蓄率，储蓄在国民收入中的比率；$K$ 表示资本—产出比率，即投资系数或加速系数，它是指生产单位产出所需要的资本量。

哈罗德-多马模型的假设前提为：①经济中资本存量与产出之间的关系即资本产出比固定；②假定经济的储蓄率 $s$ 为产出中的一个固定的比率；③假定储蓄全部转化为新投资即投资总是等于储蓄。

（二）新古典经济增长模型（Solow Growth Model）

1956 年，索洛和斯旺分别提出了新古典经济增长模型，该模型修正了哈罗德-多马模型的生产技术假设，采用了资本和劳动可替代的新古典科布-道格拉斯生产函数，从而解决了哈罗德-多马模型中经济增长率与人口增长率不能自发相等的问题。

新古典经济增长模型表明的基本含义是：人均资本拥有量的变化率 $k^*$ 取决于人均储蓄率 $s_f(k)$ 和按照既定的资本劳动比配备每一新增长人口所需资本量 $n_k$ 之间的差额。

新古典经济增长模型的基本假定为：①储蓄全部转化为投资，即储蓄—投资转化率为1；②投资的边际收益率递减，即投资的规模收益是常数；③资本和劳动存在替代关系，因而资本—产出比可变。

（三）新剑桥经济增长模型（Neo Cambridge Growth Model）

新剑桥经济增长模型是由英国的琼·罗宾逊、卡尔多和意大利的帕森奈蒂提出来的。该模型是哈罗德-多马模型的延伸，其基本观点是增长率决定于储蓄率或投资率，而资本—产出比例是固定不变的。

新剑桥经济增长模型把经济增长与收入分配结合起来，说明经济增长过程中收入分配的变化趋势以及收入分配关系对经济增长的影响。

该模型认为，在社会分化为两个阶级的条件下，经济增长加剧了收入分配比例失调，收入分配比例失调反过来又影响经济增长。要解决这一问题，重要的不是简单地谋求经济快速增长，而是消除收入分配比例失调的状况。

新剑桥经济增长模型否定了新古典经济增长模型的思路，认为要实现持续稳定增长必须靠国家政策对分配比例失调进行干预。

**二、新增长理论**

新增长理论在 20 世纪 80 年代中后期产生并迅速形成巨大影响，它将经济增长的源泉完全内在化，因此，这一理论也称为内生增长理论。新增长理论的重要贡献是技术内生化，其代表人物有罗默、卢卡斯等经济学家。

新增长理论的主要思想包括：经济增长不是外部力量（如外生技术变化），而是经济体系的内部力量（如内生技术变化）作用的产物；知识、人力资本等内生技术变化因素的引入，其结果是资本收益率可以不变或递增，人均产出可以无限增长，并且增长率在长期可能单调递增；一国经济长期增长的最终源泉可以归结为人力资本和知识的生产与积累。

（一）技术的内生化

面对现实困境，新增长理论有两种技术内生化的思路。

一种是先把技术进步具体化为人力资本积累。由于人力资本积累的外部效应，也就是说全社会平均的人力资本水平提高，使生产要素的收益和规模收益递增，从而保持长期经济增长。人力资本积累既可以通过脱离生产的学校教育进行，也可以通过不脱离工作岗位的边干边学进行。

另一种技术内生化的尝试是把技术视为一种知识，通过：

（1）知识积累的外部效应，也就是全社会总体知识的提高所带来的技术要素和规模收益递增来说明经济的长期增长；

（2）运用人力资本和已有的知识存量来生产新知识的研究开发部门的投资，不断引入新产品，使劳动分工不断加强所导致的规模收益递增及技术进步自身的溢出效应所带来的收益递增来保证长期的经济增长。

（二）新增长理论的基本理论意义

一国经济长期增长的最终源泉可以归结为人力资本和知识的生产和积累。各国经济增长率的差异和收入水平的差异源自各国对知识和人力资本积累的不同刺激，以及向他人学习的能力。如果一个国家要追赶世界先进水平，最重要的、具有决定意义的是知识、人力资本及向其他国家学习的能力。一个国家运用教育和研究开发，进行直接激励的政策对经济增长最为有效，所以一国政策重点应当放在教育和研究开发上。

新增长理论模型有助于解释国际资本流动是怎样加剧了发达国家和发展中国家财富上的不均衡。发展中国家虽然由于资本—劳动比率较低，因而投资所能提供的回报率可能较高，但是发展中国家由于人力资本、教育以及研究开发或基础设施上的投资不足，潜在的较高的投资回报率不能实现，所以穷国投资的收益低于其他资本支出所能带来的收益，由此引起发达国家和发展中国家财富和收入上越来越大的差距。

新增长理论关于内生技术进步和收益递增的理论分析对经济增长理论、国际贸易理论做出了开创性的发展和贡献，有助于更深入地分析经济增长过程，探寻经济增长的机理、动力和影响因素，主张政府介入经济增长，从而更有效地推动经济增长和发展。

新增长理论非常强调技术因素，也注意到了制度因素，但对制度进行内生化处理及经验性研究是不成熟的。另外，新增长理论在技术和制度的共性方面缺乏研究。

**三、经济增长阶段理论**

1960 年，美国经济学家罗斯托在《经济增长阶段》一书中提出了经济成长阶段理论。他吸收了德国历史学派的经济发展阶段划分方法，熊彼特的创新学说、凯恩斯的宏观经济分析等，从世界经济发展史的角度，把人类社会经济增长的一般过程划分为 5 个阶段，1971年又补充了第六阶段，分别是：①传统社会（traditional society）；②起飞创造前提阶段（preconditions for take off）；③起飞阶段（take-off）；④成熟阶段（the drive to maturity）；⑤大规模高消费阶段（the age of high mass consumption）；⑥追求生活质量阶段。在这 6 个阶段中，第三、六阶段是社会发展的两次"突变"，也是最具有特殊意义的阶段。

在传统社会阶段，没有持续的经济增长。生产主要依靠劳动力，大部分资源用于农业生产，消费水平很低。实行等级制，社会阶层结构有一些变动余地，但是很小，家族和民族起着重大作用。不存在现代意义上的科学技术，经济增长极其缓慢。

（一）起飞阶段

起飞阶段是一国经济从停滞落后向增长发达过渡的重要转折点，是实现"突破"的阶段。罗斯托认为，起飞是一个社会的历史中具有决定性意义的时期，是近代社会生活中的大分水岭。起飞是指一种产业革命，它直接关系到生产方法的剧烈变革，是经济的起飞和社会的起飞。从经济角度讲，起飞意味着工业化的开始或经济发展的开端。

在起飞阶段，随着农业劳动生产率的提高，大量的劳动力从第一产业转移到制造业，外国投资明显增加，以一些快速成长的产业为基础，国家出现了若干区域性的增长极。农村经济走向商品化，劳动力向工业领域的流动加速；资本在部门间的转移加快，大量地向工业领域集中；近代工业和交通运输业带动了其他产业的快速发展，成为推动经济增长的主导力量。

起飞阶段完成的标志是国家在国际贸易中的比较优势从农业出口转向了劳动密集型产品的出口，开始出口大量的服装、鞋、玩具、小工艺品和标准化的家电产品。

一些主要资本主义国家经历起飞阶段的时期如下：英国 1783—1802 年，法国 1830—1860 年，美国 1843—1860 年，德国 1850—1873 年，日本 1878—1900 年。

（二）成熟阶段

成熟阶段指起飞阶段后，正常成长的经济力图把现代技术推广到它的经济活动的全部领域中去，国民收入有 10%～20% 常作投资之用。工业趋向多样化，新的主导部门逐渐成长起来，代替起飞阶段旧的主导部门。

成熟阶段是一个社会已经把现代技术有效地应用于它的大部分部门的时期。国民经济各部门基本上已经实现了现代化的装备，生产不断提高，收入不断增加，社会也随之进入下一个阶段。

在成熟阶段，后起的钢铁、机械、化学等"重化学工业"成为带动经济增长的主导部门；农业虽然还有相当规模，但是劳动力仍然持续向工业部门转移，而且劳动力日益高学历化、熟练化和专业化。同时人口也继续向城市集中。

（三）大规模高消费阶段

大规模高消费阶段指社会的主要注意力转到耐用消费品和服务业方面，社会不再认为进一步推广现代技术是一个比一切都重要的目标。到了这一阶段后，社会有三个可能的发展方向：一是国家追求在国外的势力和影响；二是福利国家，即用国家的力量来实现个人的和社会的目标；三是提高消费水平，使之超越出衣食住的基本需要的范围。此时，各种生活及耐用消费品消费提高；城市人口和办公室工作及熟练工作人员比重增加。

在大规模高消费阶段，人均国民收入水平明显提高，在满足一般生活必需品消费的基础上，人们对耐用消费品和服务的需求空前增长，导致消费结构发生重大变化；为了满足耐用消费品需求的增长，开始生产大量的耐用消费品；企业竞争日益激烈，垄断倾向越来越明显。

由于社会化生产能力逐渐超出了市场需求的增长，需要政府通过财政和金融政策来诱导需求增长，于是就出现了在经济生活中市场调节和政府干预并存的局面。

（四）追求生活质量阶段

追求生活质量阶段指主导部门不再是生产有形产品的工业部门，而是提供劳务和改善生活质量的服务业。这是因为高额消费阶段虽然提高了人们的消费水平，但也带来了诸如环境污染、城市衰败、犯罪增加、年轻人精神空虚厌倦等问题，因而需要解决的主要问题是那些可能妨碍社会顺利发展的社会问题等。

在追求生活质量阶段，当物质生活需求进一步得到满足之后，人们开始追求文化娱乐方面的享受。随着消费倾向的改变，第三产业对经济增长的贡献逐步超过了耐用消费品的生产部门，教育、文化、卫生、住宅、旅游等与提高生活水平有关的部门成为推动经济发展的新主导部门。

（五）经济起飞的先决条件

罗斯托认为，一国经济要实现起飞，必须具有以下先决条件。

第一，科学思想条件。自然科学打破了资源瓶颈对经济增长的束缚，克服了要素边际生产力递减规律对经济增长的限制，开辟了持续增长的可能性。而且，自然科学改造了人们的传统思想，调动了人们的主动性和积极性，进一步推动了科学技术的发展并扩大了持续增长的可能性。

第二，社会条件。起飞有赖于一大批富于创新、冒险和进取精神的企业和全社会的创业精神。

第三，政治条件。要有统一国家的形成；要有一个集中到谋求经济和社会现代化的政治目标；需要强有力的政府发挥领导作用。

第四，经济条件。经济主体是工业，但工业迅速增长必须有农业作基础，同时，需要有较完善的基础设施可供使用，因此，社会分摊资本的投入是必要的；要有较高的资本积累，经济起飞需要大量的资本投入，因此必须大量增加储蓄，提高资本积累率和生产性投资率，使其在国民收入中的比重占到10％以上；要建立能带动整个经济增长的主导部门。

（六）经济起飞的动力和源泉：主导部门

罗斯托认为，经济增长几个阶段出现依次更替的原因，主要是"主导部门"的不断更替和"人类欲望"的不断更替，前者是客观原因，后者是主观原因。因为"主导部门"是经济增长中起主要作用的先导部门，它采用了新技术，本身有很高的增长率，并且能对其他产业部门产生重大影响，因而它的优先发展能够带动其他各部门的发展，进而促进整个经济增长。

主导部门必须在国民经济中占举足轻重的地位，必须拥有雄厚的资金，必须有技术创新和迅速应用新技术的能力，必须能够通过自身的发展对其他产业部门起到带动作用。罗斯托认为，主导部门的带动作用不仅表现在自身能够高速增长，而且能够把这种增长"扩散"到其他部门去，对其他部门产生决定性影响。

这种影响主要有以下3种形式。

（1）规模经济影响。主导部门的建立可以形成规模经济。在内部，可以降低生产和销售成本；在外部，可以把新开发的地区和新的产品纳入商业市场，扩大市场的范围，形成对主导部门产品的有效需求。如铁路业作为主导部门，既降低了运输成本，又将广大的地区纳入了商业市场。

（2）产生新产业和扩大出口部门的影响。主导部门的建立，为新的产业和部门的建立创造了先决条件，有利于新产业和部门的发展；另外，主导部门的发展可以扩大出口，换取外汇，从而为国内经济发展提供必要的国外资源。

（3）带动影响，又称扩散效应。指主导部门的发展可以带动"现代基础工业部门"（modern basic industrial sectors）的发展，从而为国民经济的全面发展奠定基础。如铁路业的发展带动了采掘、钢铁、动力、机械工业等等的发展，这些部门、产业的发展又促进了整个经济的发展。

这种带动影响的作用方式：①回顾影响。指主导部门对某些供给生产资料部门的影响。

②旁侧影响。指主导部门对所在地区的影响。③前瞻影响。指主导部门对新工艺、新技术、新原料、新能源出现的诱导作用。

### 四、经济增长限度理论

20世纪60年代末期，正当西方国家沉溺于高速经济增长之中时，高速增长的恶果已开始显露，其中最显著的问题是高经济增长率伴随着高人口增长率，同时，高经济增长率带来了环境严重污染、生态失衡、资源浪费和耗竭、人的精神危机加重，等等。针对这些问题，一些西方经济学家对经济增长的价值产生了怀疑，发出了"经济增长可取吗?"的疑问。主要的代表有：

#### （一）"反增长"论

1967年，米香的《经济增长的代价》一书，联系社会福利来考察经济增长的后果，认为物质财富的享受不是人类快乐的唯一源泉和目标，人类还需要有闲暇、文化娱乐、美丽的自然风光、幽静整洁的环境等，但经济增长却片面追求国民生产总值指标的增加，忽视了社会福利指标，使人类的居住环境、生存条件、社会福利遭到了破坏，从而为经济增长付出了巨大代价。这一代价使人们的生活质量大大下降，每个人的生活都毫无选择地受到损害。由此他得出结论，认为单纯的经济增长不能使人们享受美好生活，反而造成了生活质量下降，因而这种经济增长是不值得的、令人怀疑的。这种观点被称为"反增长"论或"增长价值怀疑"论。

#### （二）"零增长"论

1968年，由30多位西方学者组成的"罗马俱乐部"专门开会讨论了人类目前的处境与发展前景问题，罗马俱乐部发表了《经济增长的限度》的报告，发出了"经济增长有限度"的警告。并委托梅多斯将讨论情况整理成书，以《增长的限制》为名于1972年出版。与此同时，福雷斯特也在1974年提交了《人类在转折关头》的报告，共同提出了"经济增长有限"理论。

这些理论认为，影响经济增长的有人口增长、粮食供给、资本投资、环境污染和能源消耗五大因素，它们的共同特点都是按指数增长，即按一定百分比递增。

如果世界人口、工业化、污染、粮食生产以及资源消耗按现在的增长趋势不变，经济增长就会在今后一百年内某一年时候达到极限。最可能的结果是人口和工业生产能力这两方面发生突然的、无法控制的衰退或下降。这个理论称为零增长理论。

### 五、论证经济发展问题的基本思路

论证经济发展问题，主要有4种基本思路：结构主义思路，新古典主义思路，新古典政治经济学思路和激进主义思路。

#### （一）结构主义思路

结构主义思路的代表人物主要有罗森斯坦·罗丹、纳克斯、普雷维什、辛格和缪尔达尔等，这些发展经济学家被称为"发展经济学的先驱"。

结构主义思路对两种西方主流经济学派有不同看法。对新古典主义经济学的理论核心"市场—价格"机制进行了批判：发展中国家的特点是长期形成的文化、社会和机构的僵化，商品经济不发达，价格体系还处在萌芽状态，市场分散而破碎，远未形成体系，人们不可能在经济行为中做出合乎逻辑的精明选择，因此需要借助于国家干预或政府计划，来进行经济结构和经济关系的重大调整。

对凯恩斯经济学的批判也进行了批判：凯恩斯把发达国家的劳动力失业和资本闲置归因于储蓄过多，提出增加有效需求促进就业，而发展中国家的贫困和失业的重要原因之一却是储蓄不足，因此应该动员更多的储蓄以增加投资。

结构主义思路强调非均衡状态。发展中国家经济中普遍存在的不是自我均衡的体系，而是持续的不均衡状态，结构主义发展经济学家认为发展中国家的社会经济结构缺乏弹性即存在刚性，在缺乏弹性的经济结构下，价格的相对变动对资源重新配置的推动作用很小，供求均衡状态就不可能自动完成，因此，市场不能结清、缺口无法填平。

经济发展的非均衡状态，必然引起部门间结构上的差异，尽管各个部门都会谋求利润最大化和效用最大化，但对刺激的反应快慢和反应机制，各个部门是不同的，结构主义发展经济学家一般把经济分解为几个构成部分，去剖析经济发展的进程。

结构主义思路在国内经济政策方面，主张从收入结构的特点制定重视分配的政策。结构主义者要求制定重视分配的政策，但并不主张对现有的财产重新分配，而主张对收入增量的重新分配。

（二）新古典主义思路

新古典主义思路的代表人物有发展经济学家舒尔茨、明特、巴拉沙、拉尔、鲍尔、怀纳、哈伯勒等。

新古典主义思路认为经济发展是一个渐进的、持续的过程，是一个自然走向均衡的过程，经济发展的结果是所有阶层都自然而然地均沾利益。由于新技术的引进、货币因素的影响等原因，短期的非均衡失业是可能的，但长期的均衡失业是不可能的。经济增长过程中不会出现阶级冲突。经济发展的前景是值得乐观的，经济的持续不断发展是可能的，经济发展产生的利益会通过纵向的"滴流效应"和横向的"扩散效应"自动地、逐步地分配到社会全体，经济自然而然地形成帕累托最优状态。

经济的发展是以边际调节来实现的，价格机制是经济调节的基本机制，因此，用静态的局部均衡分析就足够了。在市场—价格机制中，高的价格吸引更多供给而抑制需求，低的价格鼓励更多需求而抑制供给。均衡价格使供给与需求达到均衡。

新古典主义发展经济学家认为劳动和资本可以互相替代，资本的增加并不必然有劳动力的增加。

新古典主义发展经济学家以静态分析方法研究国际贸易理论。他们以资源禀赋理论为基础，认为各国应根据各自不同的资源禀赋条件，出口使用低廉投入要素比例大的产品，进口使用昂贵投入要素比例大的产品。这样的国际分工可以使整个世界的资源得到最佳配置。发展中国家应重视国际贸易，因为它能增加实际国民收入，促进储蓄的增长并提高国内资本形成率。

在经济政策方面，新古典主义思路主张保护个人利益，强调私有化的重要性；反对国家干预，校正价格扭曲，倡导自由竞争和自由放任；主张经济自由化，包括贸易自由化和金融自由化。

（三）新古典政治经济学思路

新古典政治经济学思路认为制度是内生的，经济发展最需要的是努力推动制度变迁；新古典政治经济学认为现实世界是正交易成本世界，政治法律等制度体系对于资源配置和经济增长有重大影响。提高经济活动的效率，绝不能单纯依靠市场—价格机制，而必须在不同制度结构中，根据交易成本，产权、契约等的规定，实现最大的经济效率。

新古典政治经济学家认为，如果由于制度变迁而得到的边际利益和维持制度不变而得到的边际收益不相等，则这个完全竞争体系是一个不稳定的体系。

在发展中国家，由于缺乏法律约束，权力机关从事着大量寻租（Rent-Seeking）活动和专制行为，出现贪污腐败现象，以致市场—价格机制不能正常运转。

一些非市场的力量决定了公共政策的制定，这使得公共政策具有了增大价格扭曲的潜在可能性。

新古典政治经济学家认为，政治制度是经济发展的一个内生变量。诺思指出，成功的国家一是设计出一套产权安排程序，以利于经济持续发展；二是在产权制度框架下演进出一组旨在增进效率和国民收入的法律制度。

（四）激进主义思路

比较有影响的激进主义发展经济学家有巴兰、阿明、弗兰克、卡尔多索、桑克尔、桑托斯、伊曼纽尔等。

激进主义思路对经济落后原因认识分为两个阶段：第一阶段是基于依附理论，认为发达国家与发展中国家存在"支配—依附"关系，发达国家的发达正是发展中国家不发达的原因。第二阶段建立在阶级分析上，认为政府从维护统治阶级的利益的角度出发来制定国家政策，不能适应国民经济良性发展的需要，正是发展中国家不发达的原因。

激进主义思路的经济政策主张包括：发展中国家经济的现代化必须走自我主导型发展道路；发展中国家的经济发展离不开与发达国家的经济合作；消除严重的制度障碍是使国民经济获得迅速发展的前提条件；制度变革的成功仅靠政府的作用是不可能达到的，需要更多的阶层和个人的积极参与。

## 第三节　结构演变与经济发展

### 一、农业进步与经济发展

农业发展是经济发展的前提条件，然而正如美国经济学家舒尔茨所说的，传统农业是不能为经济增长做出什么贡献的，它不能成为经济增长的新源泉。因此，只有农业生产发展到一定程度，更确切地说，只有农民生产的产品除自身消费之外还有剩余，农业才有可能成为经济发展的动力。

（一）传统农业的技术停滞及其原因

传统农业的技术停滞是指在一个贫穷的农业社会里，农民世世代代都同样地耕作和生活，他们年复一年地耕种同样类型的土地，播种同样的作物，使用同样的生产要素和技术。

技术停滞是传统农业的最基本特征，也是传统农业贫困、落后的根本原因，不在农业中引入现代技术就不可能把传统农业改变成为现代农业。

传统农业长期不变地使用原始、简单的技术，主要原因在于：第一，缺乏适宜的替代技术；第二，尽管也有适宜的替代技术可以应用，但传统农业中的农民对这些技术缺乏了解；第三，即使知道了一些新技术，且这些技术又是适宜的，但由于采用新技术要承担很大的风险，传统农业中的农民仍然不愿意引进新技术；第四，农民由于贫困无力采用新技术；第五，发展中国家的经济条件往往限制了新技术所需物资的供给，使新技术难以为农民所采用；第六，发展中国家僵化的不平等社会政治体制是传统农业技术难以进步的重大障碍。

（二）农业技术进步

农业发展经济学家速水佑次郎和弗农·拉坦在探讨农业技术进步的路径时，提出了著名的"诱导技术变革"理论。

假定市场价格能够正确有效地反映产品和要素的供需变化，则农业技术进步是由相对要素稀缺性的变化引起的。对于劳动较为稀缺的国家，相对较高的劳动价格将会诱导农民选择农业机械性技术进步模式；对于土地较为稀缺的国家，相对较高的土地价格将会诱导农民选择生物性技术进步模式。此外，政府应该以如何消除缺乏供给弹性的生产要素对农业增长的制约为基本出发点，利用市场价格信号，诱导农民选择能够节约日益稀缺的生产要素的技术方法。诱导的技术创新往往与制度变革联系在一起，因为诱导的技术变革往往受制度的阻碍。

根据"诱导技术变革"理论，一般而言，农业技术进步有两条道路：一是劳动节约型技术，提高劳动生产率；二是土地节约型技术，提高土地生产率。

土地丰富而劳动稀缺的国家，往往采用劳动节约型农业技术。这种技术是通过农业操作机械化以提高人均产出的。它的结果是劳动生产率的提高。

在土地稀缺而劳动丰富的国家，往往采用的是土地节约型技术，它通过增加劳动、化肥等投入以提高土地生产率。

（三）绿色革命

20世纪60年代后期以墨西哥、菲律宾、巴基斯坦、印度、泰国等发展中国家为代表的农业地区以种子改良为中心，矮秆、高产、耐肥的小麦、玉米、水稻新品种在发展中国家推广开来，大规模提高土地生产率，这次农业技术进步被称为"绿色革命"。

绿色革命为所有发展中国家解决人口爆发性增长与粮食供需矛盾带来了转机和希望。绿色革命的技术是规模中性的，无论用于大农场或小农户，新型高产良种都可以获得相等的效益；随着高产良种的大面积推广，化肥的施用量也迅速增加，表明绿色革命采用高产良种的化肥效应很高。

绿色革命给发展中国家带来的经济效益，主要表现在：大大增加了粮食产量；吸收大量农村剩余劳动，缓和了劳动力盲目流动和失业问题，减轻了人口压力；对低收入阶层很有利；缩小了粮食的供需缺口，降低了粮食价格，从而也缓和了通货膨胀。

同时，绿色革命也使得收入分配不均恶化，引起地区之间收入差距的扩大。

（四）农场规模与效率

按照规模报酬递增法则，同一产业中，生产规模较大的单位在效率上要比生产规模较小的单位高。但许多发展经济学家认为不正确，在发展中国家，小农场比大农场更有效率。

第一，在大多数发展中国家，土地相对稀缺，而劳动是相对丰富的，这样，大农场往往不能使资源得到充分而有效的利用，而小农场则倾向于用较多的劳动在狭小的土地上集约耕作。结果，劳动力得到生产性就业，土地生产率也很高。

第二，绿色革命对农场规模没有偏好，生产规模报酬不变。

第三，大农场和小农场的经营目的不同。

第四，小农场比大农场较能激发农民的生产积极性。

（五）发展中国家的政府在农业进步中的作用

（1）进行土地改革。发展中国家土地占有制度的共同特征是制度垄断，这是无地或少地农民长期贫困的根源，必须进行土地改革。

（2）实施价格政策。在唯工业化论影响下，农业部门为工业部门扩张压低农产品价格，提供了尽可能多的剩余。长期实行的这种政策不仅造成了农业发展的停滞，也有害于工业的扩张，因此有必要提高农产品价格。

（3）投资。政府对农业的投资，首先是对农业基本建设投资，其次还包括对农业生产资料工业的投资。

（4）信贷。政府对农民的金融支持，主要是在农村设立由国家管理的农业银行和信贷机构，它们的主要职能是对农民低利贷款，鼓励农民进行农业投资。

（5）新技术研究、推广和农民教育。研究和推广是新技术的供给，私人投资者的成本较高，收益较小，政府应当大力资助从事这方面工作的机构。

农民对新技术是否接受和接受得快慢决定于对新技术经济效益的判断，农民自身对新技术掌握和运用的能力，可以让农民通过从经验中学习、在职培训和正规教育等途径，学习新的知识和技能。

## 二、工业化与经济发展

（一）工业化的含义

工业化指工业在国民收入和劳动人口中的份额连续上升的过程。其基本特征是：第一，来自制造业活动和第二产业的国民收入份额一般上升；第二，从事制造业和第二产业的劳动人口一般也表现为上升的趋势。

工业化具有两点含义：第一，在工业化过程中，一国借助物质资本和人力资源，逐步提高加工原料以制成消费品与资本品和提供劳务的能力。第二，在工业化过程中，经济结构发生重大变化，表现为制造业和服务业在国民收入和就业人口中的比重逐渐上升，农业在国民收入和就业人口中的比重逐渐下降。

（二）工业化的重要性与必要性

（1）根据恩格尔法则（恩格尔消费规律），工业化是经济增长的必然结果，工业化又将大力促进经济增长。随着人均收入水平的不断提高，总支出中用于食物和其他必需品的比例逐渐下降，而用于舒适品和奢侈品的比例逐渐上升。伴随着人均收入水平提高而必然出现的消费需求结构的变化，农业部门将趋于相对萎缩，而制造业和服务业将趋于相对扩大。

（2）根据刘易斯人口流动模式，工业化是二元经济结构改造的必由之路。在发展中国家，农业部门由于大量剩余劳动力的存在，其劳动生产率大大低于工业部门的劳动生产率。把农业剩余劳动转移到工业部门中去，有助于农业劳动生产率的提高，更有利于工业资本的积累，使整个社会生产力上升，实现工业化。

（3）根据贸易条件恶化论，在国际商品交换中，初级产品价格与工业品价格相比有长期下降的趋势，发展中国家主要生产初级产品，发达国家主要生产工业制成品，普雷维什和辛格指出，发达国家和发展中国家在国际贸易格局中形成的这种中心—外围关系使得发展中国家处于不利的地位，发展中国家要改变自己在国际贸易格局中的不利地位，必须努力发展自己的工业，以替代进口的工业品。

（4）根据联系效应论，发展中国家必须发展联系效应较强的工业，才能最有利于有限资本的合理配置。赫希曼认为,发展中国家的资本是稀缺的,要把有限的资本作最有利于经济发展的合理配置,就应当将资本投入到最能带动其他产业的产业。农业部门的联系效应较弱,而工业部门特别是资本品工业部门的联系效应较强,为了取得较好的经济发展效果,发展中国家必须发展工业,进行工业化。

(5)根据库兹涅茨曲线,人均收入水平越高的国家,工业和服务业中的劳动人数和国民收入所占的比重越大。实现工业化是发展中国家摆脱贫困、谋求发展的必由之路。

(三)工业化的三个发展阶段

(1)第一阶段,初级消费品工业如食品加工、纺织、烟草、家具等是主要工业部门,并且以比资本品工业如冶金、化学、机械、汽车等部门更快的速度发展。消费对象仅限于满足衣食等基本欲望的必需品。

(2)第二阶段,资本品工业增长加速进行,资本品工业产值在工业总产值中的比例趋于上升,但这时消费品工业在产值和速度上仍然占主导地位。

(3)第三阶段,资本品工业以比消费品工业更快的速度增长,并渐占优势。

消费者需求的模式、规模经济的效果、生产技术的水平影响工业化发展阶段进程。然而工业化无论开始于何时,一般具有相同的趋势,即在第一阶段,消费品工业占优势;在第二阶段,资本品工业迅速发展,消费品工业优势地位渐趋下降;在第三阶段,消费品工业与资本品工业达到平衡,而资本品工业快于消费品工业增长。

(四)发展中国家政府在工业化中的作用

(1)建立公路、铁路和港口等基础设施,降低运输成本,为工业生产规模扩大准备必要的条件。

(2)制定相关的产业政策,为各时期重点产业的发展创造政策条件。

(3)实行对外开放,充分利用国内和国外两个市场、两种资源。

(4)在保证政府宏观调控职能的前提下,发挥市场机制配置资源的作用。

(五)工业化的模式

1.自由发展型模式

如英、美、法等国家,其主要特点:一是工业化的进展是以企业为主体,以追求利润为目标;二是工业化的基础是市场经济,通过市场机制的作用推动工业化的进程。

2.政府介入型模式

如日本、亚洲"四小龙"等国家,其主要特点:一是市场机制不完善;二是政府成为主体;三是政府对经济介入很深,对经济的直接行政干预程度较强。

**三、城市化与经济发展**

(一)城市化的含义

城市化是指一个国家或一个地区的人口、产业、资本、市场的集中过程;或者说,它是生产、交换、分配和消费等整个经济活动的集中过程,在此过程中包括人口结构、地域分布、经济发展和生活方式的转变。

在城市化进程中,农业人口转化为非农业人口;农村地区逐步演化为城市地域,城镇数目不断增加;城市人口不断膨胀,并在总人口中占据越来越大的比重。

城市化是工业化的重要方面和必然成果。城市化水平就是指城市化率,主要是指一个地区的城镇人口占该地区总人口的比重,是反映工业化水平和经济社会结构的重要指标。

20 世纪 90 年代中等收入国家的城市化水平大致为 50%，中国按照目前的工业化和城市化发展速度，全面建成小康城市化率目标设定值为 55%。

（二）城市化的发展阶段

（1）城市化初期阶段。城市化水平较低，一般在 30% 以下，农业人口占绝对优势，工业生产力水平较低，工业提供就业机会有限，农村剩余劳动力释放缓慢，需要经过几十年甚至上百年城市化水平才能够达到 30%。

（2）城市化加速阶段。城市化水平达到 30%～70% 时，城市工业基础雄厚，经济实力明显增强，农业劳动生产率大幅度提高，大批农业人口转为城市人口，城市化水平可在较短时间内突破 50%，进而上升到 70%。

（3）城市化稳定阶段。城市化水平超过 70% 后，农业现代化基本完成，农村人口相对稳定，城镇人口的增加渐趋缓慢甚至停滞，最终城镇人口比重稳定在 90% 以上的饱和状态，后期城市化不再表现为农村人口向城市人口的转移，而是第二产业向第三产业转移。

（三）发展中国家城市化的特点

与发达国家相比，发展中国家的城市化有以下特点。

（1）城市化水平差异较大。一是不同国家之间城市化水平差异较大，二是同一国家内不同地区的城市化水平也有较大差异。

（2）城市化模式为过度城市化和城市化滞后。过度城市化，又称为虚假城市化，是指城市化水平大大超过了本国的工业化水平和相应的经济发展阶段，表现为没有工业化和没有经济发展的城市化；城市化滞后是指城市化水平落后于工业化和经济发展水平。

（3）在城市布局方面，一个或几个主要的中心城市在人口、生产和服务部门的分布方面占显著优势，城市之间的分工协作有待进一步加强。

（四）发展中国家的城市化问题

（1）工业化和城市化不同步，主要表现为过度城市化和城市化滞后。

（2）大城市特别是特大城市人口问题日益突出，造成严重的社会问题。城市规模的迅速扩张导致城市基础设施的严重不足，加之发展中国家城市规划和管理工作的滞后，造成了环境恶化、失业严重、犯罪率高等一系列社会问题。人口过分集中于大城市还导致经济布局的高度集中，加剧了地区发展的不平衡。

（3）城市就业压力持续增加，城市贫困化和贫富差距日益严重。在城市化进程中，城市发展所创造出的就业机会满足不了不断增加的城市人口的就业需求，导致许多发展中国家的失业率居高不下。失业问题引发了一系列的社会问题，其突出的表现是城市贫困化和严重的贫富差距。

（五）发展中国家城市化问题的解决对策

（1）人口控制。发展中国家普遍人口众多，城市存在贫困化现象，找到切实可行的人口控制途径对于发展中国家来讲是至关重要的。

（2）加大对农村建设的投入，缩小城乡差距。发展中国家农村地区发展滞后，很大程度上与国家投入力度有关，加大对农村建设的投入是解决发展中国家城市化问题的有效方法。城市化问题除人口因素外，多由于城乡差距造成，缩小城乡差距可以有效地解决发展中国家城市化问题。

（3）实施城市分散化计划，发展卫星城市。发展卫星城市就是在发展比较成熟的中心城市周边开发一些农村地区进行建设，以此来分担中心城市的压力。这样做可以达到城市间的横向传递发展，即一个中心城市带动一片卫星城市，待卫星城市发展程度提高后，再相应地发展其自身的卫星城市。

**四、人口流动与经济发展**

第二次世界大战后，发展中国家每年都有成千上万的农村人口流入城市，使发展中国家城市人满为患。由于人口过度集中带来了经济、环境和政治等一系列问题。

（一）人口流动理论

1. 二元经济结构理论

（1）刘易斯模型。刘易斯在《无限劳动供给下的经济发展》一文中建立了一个二元经济的"古典"模型。刘易斯模型认为，发展中国家一般存在着二元经济结构：一元是只能维持最低生活水平的，以土著方式进行生产的，含有大量剩余劳动力的农业部门；另一元是以现代化方法进行生产的城市工业部门，它的劳动生产率和工资水平都比农业部门高。

工业工资水平高于农业劳动者收入水平是促使农业剩余劳动流向工业部门的动因；只要农业存在着剩余劳动，工业就可以得到无限劳动供给，并在工资不变的条件下，扩大生产，积累利润，再扩大生产；农业剩余劳动被工业吸收完之后，劳动生产率将逐步提高，收入水平也将逐步提高，对工业来说，劳动供给将变得有弹性。

刘易斯模型中形成人口流动的良性循环，直到农村剩余劳动力全部被吸收到工业部门时为止，经济活动从传统农业部门向现代工业部门的转移达到平衡，二元经济结构转变为发达的一元经济。

（2）费景汉—拉尼斯模型。费景汉—拉尼斯模型是对刘易斯模型的补充和完善，该模型有三个假设：一是农业部门剩余劳动力的转移速度和城市工业部门就业机会的增长速度，是与工业部门资本积累速度成比例的；二是农业部门中有过剩劳动力，城市中存在着充分就业；三是农业部门过剩劳动力耗竭之前，城市中的实际工资一直保持不动。

费景汉—拉尼斯模型认为劳动力转移可以分为以下三个阶段。

第一阶段，边际劳动生产率为零的农业劳动力向工业部门转移，农业的总产量不受任何影响，农业部门的人均收入没有改变与工业部门的工资也保持不变，这一阶段与刘易斯模型是一致的。

第二阶段，工业部门吸收的劳动力是一些劳动的边际生产率低于农业部门平均产量的剩余劳动力，他们的转移会使农业总产量下降，提供给工业部门的农产品不能保证工业部门劳动力的平均消费水平，这时农产品的短缺造成工农业之间的贸易有利于农业部门。

第三阶段，当农业中全部的剩余劳动力都被吸收到工业部门就业以后，农业开始了资本化，农业部门和工业部门中的工资水平都由其劳动力的边际生产率来决定，当农业部门劳动力的边际产量与工业部门相等时，经济发展进入了一元经济时代。

（3）乔根森模型。乔根森通过将利润最大化和竞争性劳动力市场引入刘易斯的二元结构模型，使之改造成新古典的"农业剩余"理论模型。

乔根森模型将经济发展的生长点由刘易斯模型的现代工业部门转到了农业发展上，用农业剩余取代了隐蔽失业作为资本积累的源泉和劳动力转移的唯一条件，强调了在劳动供给条件发生变化时消费需求对发展进程的重要作用。

（4）迈因特模型。迈因特认为二元现象是一种不发达组织框架的产物，不仅市场网络发育不全，政府行政制度和财政制度也不健全，从而提出了"组织二元结构论"，从更一般的角度分析经济二元性，准确把握二元性的实质——现代经济与小农经济的并存，而不简单地看作城市与乡村、工业与农业的分立。组织形态的不同是区别现代部门与传统部门的关键。

迈因特把现代部门与传统部门间的二元性划分为以下 4 种类型。

一是劳动力的二元性。由于劳动力的不同性质，使得劳动力市场的二元性表现为现代部门的高工资与传统部门的低收入所得间的差异。

二是产品的二元性。在发展中国家，产品市场相对于生产要素市场虽然更健全，但仍然存在产品市场组织的不完备性，这种不完备性体现在产品价格在城乡间的差异、不同地区的差异和季节性差异。

三是资本的二元性。资本在有组织的资本市场上和无组织的资本市场上有很大差异，有组织的资本市场利率较低，无组织的资本市场利率较高，而且支离破碎。

四是政府行政机构和财政机构的二元性。中央政府与乡村经济中的小规模经济单位需要通过一系列的中间层机构才能够实现从中央到地方的双向联系，政府管理的有效性是逐级递减的，财政部门对现代部门征税要比对传统部门容易得多，政府提供给现代部门的服务质量也要比传统部门好得多。

2. 托达罗的人口流动理论

托达罗的人口流动理论要解释的事实是，20 世纪 60 年代以后，许多发展中国家中，尽管城市中的失业和就业不足现象在不断加剧，仍有大量农村劳动力源源不断流入城市。

托达罗理论认为，促使人口流动的基本力量，是比较收益与成本的理性的经济考虑，这种考虑还包括心理因素；使人们作出流入城市决策的，是预期而不是现实的城乡收入差异；农村劳动力获得城市工作机会的概率，与城市失业率成反比；人口流动率超过城市工作机会的增长率，是可能的，而且是合理的，尤其在城乡预期收入差异很大的条件下。

托达罗的人口流动理论不仅具有理论上的意义，还具有政策上的意义，包括：第一，应当尽量减少城乡经济机会不均等现象；第二，努力提高农村收入和增进农村就业机会；第三，不宜过分地扩大对教育事业的投资，否则会出现教育深化现象；第四，要适当控制工资补贴和政府雇用人员的数量；第五，制定综合性政策，重视城市和农村的发展。

（二）发展中国家的人口流动问题

20 世纪 50 年代以来，发展中国家出现了大规模的由农村向城市移民的现象，成千上万的农村人口流入城市。

在发展经济学中，从农村向城市地区移民一直是被作为一个促进经济发展的有利影响因素而考虑的，国内人口从农村流向城市，为城市工业化提供所需劳动力，农村剩余劳动力的转移被认为是一种自然过程。

然而，发展中国家存在的大规模从农村向城市地区的移民，不是促进了发展中国家的经济发展，而是大大超过了工业和城市社会服务的吸收能力，城市规模过于庞大，人口过于集中，就会使原有经济所具有的地理优势、运输便利等优势很快转变为一种劣势，城市化的种种优势就有可能损失殆尽，众多城市人口造成的就业、保险、住房等社会压力必将导致发展中国家生活质量下降、生活环境恶化，城市中贫困人口数目也会大量增加。

从迁移的劳动力的特征看，发展中国家转移到城市的人口一般是 15～24 岁的青年，这些青年一般比农村中其他同龄人受过更高的教育。这种转移把原来农村经济建设中人力资源的主要部分抽走，既减少了优秀农村劳动力的比例，又增加了城市就业负担。如果发展中国家的工业部门在各种压力下不能使工资保持弹性，就有可能使短期劳动力不平衡问题转化为城市剩余劳动力不断增加的长期经济问题。

## 第四节 要素配置与经济发展

### 一、资本形成与经济发展

（一）发展经济学中的资本

1. 资本的类型

西方发展经济学家把资本分为以下 4 种类型。

（1）资本品（capital goods），即传统上所说以机器、厂房为主的耐用品。

（2）人力资本（human capital）：它附着在单个人身体之中，它的使用为个人控制，不管对这种资本的投资来自个人还是来自政府。

（3）社会资本（social capital），也叫集体资本（collective capital），如公共基础设施属于此类。它的特点是免费为单个人提供生产与消费服务，其支出由税收弥补。

（4）智力资本（intellectural capital）或知识，其显著特点是：一旦被创造出来就成为免费品。

现在通常把资本划分为两类：物质资本和人力资本，以上所说的资本品与社会资本可以归于物质资本范畴，而智力资本可以归到人力资本之中。发展经济学中的资本，即指以机器、设备为主的物质资本。

2. 资本形成对经济增长和经济发展的贡献

资本形成是实现经济增长的前提，是发展中国家经济"起飞"的先决条件，是实现工业化的物质基础。在一定的条件下，资本形成的大小决定着经济发展水平的高低，因而资本形成是经济发展的关键或约束条件。

资本投入增长对经济增长的贡献在发展中国家要大于发达国家；资源配置效率的提高对经济增长的贡献在发达国家要大于发展中国家。因此，对发展中国家来说，以技术进步为核心的资源配置效率提高对经济增长的作用相对较小，而资本投入的增加是经济增长最重要的源泉，换言之，资本形成大小是发展中国家经济发展水平高低的关键。

（二）促进资本形成的理论

1. 罗森斯坦·罗丹的"大推进"理论（The "big push" theory）

1943 年，罗森斯坦·罗丹（Rosenstein-Rodan, P. N.）以"东欧和东南欧国家的工业化问题"为题，在《经济学杂志》上发表了自己的研究成果，系统阐述了这一理论。其主要内容包括：

（1）强调工业化对发展中国家的重要作用。罗森斯坦·罗丹认为，发展中国家的显著特征是人口众多、农业劳动力剩余、收入低下和资本投资规模太小。而要摆脱贫困、失业和收入不均等问题，必须大力发展工业，实现工业化。他强调指出：工业化"是以快于富裕地区的发展速度提高经济停滞地区的收入，从而使世界各个地区的收入分配较为均等的唯一方法"。

（2）如何实现工业化。罗森斯坦·罗丹认为，唯一途径是必须增加资本投资，促进资本形成。但他又认为，发展中国家长期经济贫困、工业落后、基础设施不健全、劳动生产率低下、收入水平很低、市场容量狭小、投资规模极小，因而，小量的投资是无法从根本上解决这些问题的，更谈不上工业化了。发展中国家要实现工业化，必须全面地、大规模地在各个工业部门（尤其是基础设施建设方面）投入资本——大推进，来冲破经济贫穷落后和停滞的困境与束缚，"推进"整个工业部门全面地、迅速地实现工业化，达到经济增长、农村剩余劳动力就业、收入水平提高并且均等化的目标。

（3）实行"大推进"的原因。社会分摊资本（social overhead capital）的供给具有"不可分性"。社会分摊资本又称基础设施，即在交通运输、通信、水坝与电站、学校、医院等发展经济所必需的基本条件与设施方面的投资。由于这些项目规模宏大，并且互相联系、互为依存条件，缺一不可，必须同时建成才能发挥作用，因而一开始就需要有最低限度的大量投资作为创始资本。

储蓄也具有"不可分性"。储蓄的增长也不是平稳进行的，而是跳跃性的、阶段性的。每一阶段的投资规模和经济发展水平必须大到足以保证国民收入的增长达到一定限度，使储蓄能够充足地迅速增加，为下一期更大规模的资本形成准备足够的资本资源。

市场需求具有不可分性。这种不可分性产生于投资决策的独立性，即投资者无法确定他的投资项目是否能找到产品销售市场。

此外，罗森斯坦·罗丹还特别强调了"大推进"式的投资对厂商和社会获得"规模经济效应"的重要作用，全面投资以形成充分的市场需求。

2. 利本斯坦的"临界最小努力"（critical minimum efforts）理论

1957 年，美国经济学家利本斯坦提出了经济发展的"临界最小努力"理论，这一理论认为，发展中国家之所以贫穷落后，是因为人均收入过低，资本形成不足，形成了一个"低水平均衡陷阱"或"贫困的恶性循环"。要打破这种困境，必须在经济发展的初始阶段实行大规模投资，使投资水平或投资率大到足以达到国民收入的增长超过人口增长、人均收入大幅度提高的水平，从而产生一个"临界最小努力"，以巨大的投资力量"大力推动"经济走出"低水平均衡陷阱"的泥潭，实现长期、稳定地增长。

利本斯坦认为，因为经济增长过程中存在着提高收入的力量和压低收入的力量两组互相对立、互相制约的力量，所以人均收入不能大幅度提高、低收入均衡陷阱难以冲破。

利本斯坦认为，要实现"临界最小努力"，必须具备一定的条件，如：激发群众的经济增长动机，改变传统观念以鼓励人们敢冒风险、善于追求利润，创造适宜的投资赢利环境，培育经济增长的气氛，培养有创新能力的企业家群体，大力开发和运用新技术等。

（三）资本形成的过程和来源

1. 资本形成的过程

首先，必须增加实际的储蓄数量，以便为投资者积蓄资金；其次，通过金融与信用机制从各种不同来源聚集可投资的资金，并使投资者容易利用这些资金；最后，通过投资使这些资本资源转化为实际的物质资本存量增长。

2. 资本形成的来源

一国的投资能力（即资本形成能力）决定于国内储蓄水平加上国外的净资本流入量。

国内储蓄包括三个部分，一是民间的自愿储蓄，它可以通过银行或其他金融中介贷给企业或政府；二是政府储蓄，即收入超过支出的部分，有时还包括由通货膨胀而取得的"强迫储蓄"，即由政府通过中央银行发行超过商品流通中实际需要的货币量而取得的资源；三是企业储蓄，是指企业以保留利润的形式沉淀下来的资金，企业储蓄在经济中比重的高低明显依存于企业数量和规模。

国外流入资金则包括：国际机构（如世界银行）的长期贷款；外国政府的官方发展援助；外国私人投资，分为直接投资和证券投资；外国商业银行的中期或短期贷款；国际货币基金组织的中期或短期贷款。

## 二、人力资源与经济发展

### （一）人力资源与人力资本

1. 人力资源与人力资本的内涵

人力资源（human resource）是指包含在人体内的一种生产能力，是指能够推动整个经济和社会发展的劳动者的能力。如果发挥出来了，它就变成了现实的劳动生产力；如果这种能力没有发挥出来，这就是潜在的劳动生产力。

人力资本（human capital）是通过投资形成的凝结在人身体内的知识、能力、健康等所构成，能够物化于商品和服务，增加商品和服务供应，并以此获得收益的价值。

2. 人力资源与人力资本的联系与区别

人力资源与人力资本既相互联系又相互区别。其联系在于，它们都是以人的能力的质的规定性为核心，都是人的能力在不同环境下的共同体现，两者在许多场合下可以通用和互换。

两者的差别也很明显：①人力资源是一个关于人力的存量概念，而人力资本则既是存量概念也是流量概念。②人力资源是既定的，即使其再生性也是外在的力量所致，它没有刻画自己的形成过程。而人力资本则不同，是可以通过投资和积累形成的，可以自我增值扩大，同时也必须能够自我增值——这是由资本的特性所规定的。③人力资本涉及具体的投资、积累、形成的回报过程，而人力资源则主要是开发和利用的过程。两者是从不同的角度探讨人力问题的，人力资源强调了人力的客体性方面，而人力资本则强调了人力的主体性方面。

3. 人力资源对经济发展的贡献

早期西方经济发展理论十分强调物质资本在经济发展中的作用，而忽视了人力资源的重要性。20 世纪 60 年代中期以来，越来越多的发展经济学家转而注意人力资源对经济发展的战略意义，甚至有人把它看作是经济发展的决定性因素。

美国经济学家舒尔茨断言："改善穷人福利的决定性生产要素不是空间、能源和耕地，决定性要素是人口质量的改善和知识的增进。"

英国经济学家哈比森则说："人力资源是国民财富的最终基础。资本和自然资源是被动的生产要素；人是积累资本、开发自然资源、建立社会、经济和政治组织并推动国家向前发展的主动力量。显而易见，一个国家如果不能发展人民的技能和知识，就不能发展任何别的东西。"

发展中国家的人力资源问题主要表现在两个方面：从数量上说，大量的人力资源处于不得其用的状况，从质量上说，大量的劳动者素质很差。

### （二）人力资源的闲置

1. 失业的界定

按照西方经济学的解释，失业就是想工作而没有工作。萨缪尔森和诺德豪斯合著的《经济学》对失业的定义是：那些没有就业，但积极寻找工作或等待返回工作岗位的人。

国际劳工组织对失业的界定是：一定年龄以上参考时间内没有工作，目前可以工作正在寻找工作的人。失业主体必须具备三个条件：①有劳动能力；②愿意就业；③现在没有工作。

2. 发展中国家失业的范围

（1）公开失业，包括自愿失业和非自愿失业。劳动力的自愿失业有以下三种类型：一是提前退休，指劳动者还未到退休年龄，便自动提前退休，赋闲在家；二是沮丧的劳动者，有些劳动者长时间找不到工作，因而十分沮丧，最后放弃了寻找工作的念头，退出劳动力市场；三是隐性失业，许多家庭妇女属于此类，他们从事家务劳动仅仅是第二选择，就业才是他们的第一选择，却找不到合适的机会。

劳动力的非自愿失业，包括：摩擦性失业、周期性失业和结构性失业。

（2）就业不足。这是指劳动者实际工作的时间比他愿意而且能够工作的时间要少，这种情况又称劳动力利用的不充分。发展中国家官方发表的失业统计没有反映这种情况。这种劳动力的利用不充分主要有以下几种：打零工、季节性工人、可见的低度就业（如往往有的人每日只做半天工作）、不可见的低度就业（实际上由几个人分担一个人就足以胜任的工作）。

3. 发展中国家失业问题原因分析

发展中国家人力资源大规模闲置的原因，包括供给和需求两个方面。

（1）供给方面。发展中国家高出生率和低死亡率造成劳动力的快速增长；而且由于人力资本投资不足，一方面是高素质人才缺乏，另一方面是大量低素质的和二元经济结构中的农村剩余劳动力导致城市严重失业。

（2）需求方面。要素价格扭曲，由于工会压力实行的最低工资、跨国公司的高工资示范效应、低资金成本等原因，资本相对于劳动力变得较为便宜；促使企业、厂商之间、部门更趋向于选择资本、技术密集型生产，促进机器取代人工，从而城市工业部门创造就业的机会的能力不断变小。

（3）结构性失业。农村劳动力从农村转移到城市，劳动者的技能、经验、知识结构与可供的职位空缺不相适应而导致失业。

4. 发展中国家的就业政策

解决失业问题，发展中国家可以在以下方面实施合理的就业政策：①保持较高的经济增长率和就业弹性系数（就业增长与产出增长比率）；②矫正要素扭曲价格（物质资本与人力资本比率）；③大力发展农村经济，缩小城乡收入差距；④扶持中小企业快速发展，增加就业岗位；⑤整产业结构，大力发展第三产业。

（三）开发人力资源的重要性

人力资源的开发，也称人力资本的形成。

发展中国家不仅人力资源大量闲置，而且人力资源素质也很低。劳动者技术水平低是经济发展的一个十分重要的障碍。因此，增加对人的投资，提高劳动者素质，是经济发展的一个重要战略目标。

对人的投资包括两个方面：一是体力投资，二是智力投资。体力投资主要包括营养和保健条件的改善；智力投资主要包括教育的发展，而强调教育在人力资本形成中的重要性的呼声越来越高了。

1. 舒尔茨的"人力资本投资理论"

舒尔茨的"人力资本投资理论",认为人口素质比人口数量更重要,这是"人力资本投资理论"的立论要点。

人口素质主要指人在后天培育起来的知识水平、劳动技能、自我管理、自我约束、自我发展以及自我完善的能力。这种能力的形成和发展,都是靠后天的教育来实现的,包括父母的家庭教育、社会成员的示范作用、学校教育、在职培训以及成人教育等方面。

在现代社会,衡量人口素质的指标主要是受教育的层次和程度,一国或一地区受教育者的教育层次和教育程度越高,数量越大,说明其素质越高。

2. 发展中国家的教育政策

(1) 教育投资是合算的,不仅要重视正规教育,还应当同等甚至更重视非正规教育。在大多数发展中国家,教育投资收益率较高的,不仅高于发达国家,而且一般高于物质资本投资收益率。

(2) 应加大对基础教育的投入。在发展中国家,尤其是教育十分落后的国家,小学教育的投资收益率在各级教育中是最高的,而且在初级教育还没有普及的低收入国家,其初等教育收益率最高。

(3) 政府对教育尤其是高等教育的补贴很大。在发展中国家,各级教育的私人教育收益率都大于社会教育收益率,在发达国家,中等教育的私人收益率高于社会收益率,但高等教育的私人收益率却低于社会收益率。

(4) 随着经济的不断发展,教育的收益趋向于递减。其原因在于接受某种等级学校教育的劳动者不再稀缺,因此在劳动力市场上只能获得竞争性的工资或较少的垄断差价。

### 三、技术进步与经济发展

(一) 技术进步的含义和类型

1. 技术进步的含义

技术进步是指一定的投入能生产更多的产出,或者一定量的产出只需要更少的投入。

狭义上,技术进步是指工艺上的进步,包括新的生产设施、生产方法、生产程序和新的产品等。广义上,技术进步是指把所有的导致产量增加或成本减少的经济活动都归纳为技术进步。也就是说,凡是影响生产函数、经济增长中不能用资本和劳动等投入要素来解释的任何其他因素,均属于技术进步的范围。

2. 技术进步的类型

根据技术进步对资本和劳动等投入要素影响程度的不同,可分为三大类型:劳动节约型(资本使用型)、资本节约型(劳动使用型)、中性型。

劳动节约型技术进步是指生产中的资本要素的生产效率的增加大于劳动的生产效率的增加。在劳动节约型技术进步下,由资本替代劳动。

资本节约型技术进步是指劳动生产率的提高大于资本生产率的提高。在相对价格(工资率/利率)不变的基础上,生产中的一部分资本被劳动力所替代。

中性型技术进步是指劳动和资本的生产效率同比例增加。发生中性技术进步后,资本/劳动的相对要素价格(工资率/利率)比率不变。

(二) 技术进步的过程

熊彼特认为,技术进步的过程包括研究与开发、技术创新与技术扩散三个相关联的环节。

### 1. 研究与开发

根据联合国教科文组织的定义，研究与开发是指为增加知识总量以及运用这些知识去创造新的应用而进行的系统的创造性工作。

研究与开发进一步分为基础研究、应用研究和实验开发三种类型或三个阶段。基础研究是为获得关于现象和可观察事实的变化发展规律而进行的理论性或实验性研究。应用研究是为探索科学原理在特定技术领域的应用，发现新的技术原理而进行的研究工作。实验开发是利用从研究过程取得的新的技术原理和实际经验知识，为生产新的材料、产品和装置或建立新的工艺、系统和服务而进行的系统性工作。

### 2. 技术创新

技术创新是发明在生产上的应用，是企业家对生产要素与生产条件的"新的组合"。

根据创新形式不同，分为产品创新和过程创新；根据创新中技术变化程度的不同，分为渐进性创新和根本性创新。

### 3. 技术扩散

技术扩散是指新技术和知识通过一定渠道向潜在的采用者转移，并在生产中取得广泛应用的过程。对于发展中国家而言，作为技术扩散过程的技术引进和创新模仿具有特殊的意义。

### （三）"技术创新"与"市场结构"

在熊彼特探讨过的垄断、竞争与"创新"三者之间关系的基础之上，卡曼等着重研究了"市场结构"和"技术创新"的关系，解决什么样的市场结构对技术创新最有利的问题。他们认为，影响技术创新的三个变量是：

（1）竞争程度。竞争程度引起技术创新的必要性。每个企业只有不断地进行技术创新，才能凭借其技术、组织管理上的优势在激烈的竞争中处于有利地位，击败对手，保存与发展自己，取得高额利润。因此，竞争越激烈，技术创新的必要性和紧迫性就越大。

（2）企业规模。企业规模的大小，不仅直接影响着一种技术创新的能力，而且影响所开辟的市场前景的大小。一个企业规模越大，则它在技术上的创新所开辟的市场也就越大。

（3）垄断力量。垄断程度越高，对市场控制越强，越不易被其他企业模仿，技术创新得到的利益就越能持久。

因此，他们得出的结论是：最有利于技术创新的市场结构是介于垄断和完全竞争之间的市场结构，即"中等程度竞争"的市场结构。

### （四）发展中国家的技术引进

按照联合国制定的《国际技术转让行为守则》规定：技术转让是关于制造产品、应用生产方或提供服务所需的系统知识的转让，但不包括货物的单纯买卖或租赁，即仅限于通常所讲的"软技术"的转移。

在进行引进技术选择时，一般应该考虑经济原则、技术进步关联作用的技术创新、推广的可能性等，以卓有成效地促进广大发展中国家实现经济振兴的战略目标。

### 1. 技术引进中的理论

（1）"中间技术论"。所谓中间技术，是介于先进技术与传统技术之间的技术。"中间技术论"是关于在广大发展中国家采用中间技术，发展小规模生产技术系统的理论和政策主张。由德国经济学家舒马赫于 1978 年在其所著《小的是美好的》一书中提出。舒马赫首先指出了在发展中国家普遍存在的"二元经济"现象，提出了只有通过发展小型工业，采用中间技术，为那些最需要帮助的穷人创造数以百万计的就业机会才是消除失业人口，唯有那种劳动密集的、适合于小型企业采用的"中间技术"才能卓有成效地推动贫困国家的经济发展，这是制止向城市的盲目迁移从而最终改变二元经济状况的有效途径。

（2）"适用技术论"。"适用技术"具有以下三重目标特征。

第一，环境目标。节约能源，循环使用各种材料，实现资源的最佳配置，减少环境污染，保护生态环境。

第二，社会目标。最大限度地满足人类最基本的需要，提供富有创造性和引人入胜的工作，能与传统文化交融，促进社会和睦并分权给人民。

第三，经济目标。克服经济发展的非均衡因素，广泛提供就业机会，采用地方资源并生产地方消费品，分散经营。

"适用技术论"强调，适用技术并非落后技术，更不排斥先进技术，它是人类技术发展一条可供选择的道路。技术引进国家在技术选择时，要将自己国家的生产要素现状、市场规模、社会文化环境、吸收创新能力等统筹考虑，以求得技术变动的最佳效益，充分满足人民的基本需要。

2. 技术引进中技术选择的标准和规范理论

由于发展中国家各自的国情极不相同，就某一个具体的发展中国家而言，在经济发展不同发展时期，所面临的发展任务、制定的发展目标也不一样。因此，在技术引进的过程中，必须根据当时当地的实际情况，根据不同的标准和指标体系，来选择引进技术的类型。

（1）高产出标准论。对于任何一个发展中国家，在经济发展的初始阶段，发展资金的匮乏，总是制约经济发展的首要障碍。根据高产出标准论，技术引进国应优先选择在规定投资资本条件下使产出达到最大的技术，实现投入产出的合理配置，增加社会财富的绝对量。

（2）社会极限性生产标准论。即使在一定资本下所适用的技术能使产出达到极大，但是如果收益率低，也不能说是选择了最佳技术，尤其是当需要增加原材料进口使国际收支状况恶化的情况。社会极限性生产标准论强调在引进技术过程中，必须考虑引进国的社会承受能力，因地制宜，量力而行，技术选择标准要服从经济效益法则。

（3）高积累率标准论。如果说前两种标准强调从当前利益出发，重视资本的产生，则高积累率标准论所突出的是资本积累、资本形成，谋求的是经济实力增长的长期效果。根据这一标准，引进的技术应该增强生产能力，扩充基础设施，提高经济实力。

（4）时间系列标准论。即综合上述各种标准的时间历程和阶段论。例如，在经济成长的不同时期，根据经济发展的现状和目标，在某一特定时期引进劳动密集型技术为主，然后伴随经济成长转向资本密集型和知识密集型技术，从而使企业和产业结构不断升级，具有较大的弹性。

**四、资源环境与经济发展**

（一）可持续发展

1. 可持续发展的定义

可持续发展是在不牺牲将来几代人满足其需要的能力的情况下，满足目前需要的发展。可持续发展鼓励人类经济活动的发展，以保护自然为基础，要求经济发展与自然资源和环境的承载能力相适应，可持续发展既要求经济上的持续发展，也要求取得社会持续和生态持续。

2. 可持续发展对发展中国家经济发展模式的重要意义

（1）贫穷和落后不可能实现可持续发展目标，发展中国家要消除贫困必须要把发展经济放在首位。

（2）发展中国家发展经济要以自然资源为前提，同环境承载能力相协调。

（3）发展中国家发展经济要走内涵式扩大再生产的道路，走可持续发展道路。

（二）环境污染对人类的影响

环境污染会给生态系统造成直接的破坏和影响，如沙漠化、森林破坏，也会给生态系统和人类社会造成间接的危害，有时这种间接的环境效应的危害比当时造成的直接危害更大，也更难消除。

环境污染衍生的环境效应具有滞后性，往往在污染发生的当时不易被察觉或预料到，然而一旦发生就表示环境污染已经发展到相当严重的地步。环境污染的最直接、最容易被人所感受的后果是使人类环境的质量下降，影响人类的生活质量、身体健康和生产活动。例如，城市的空气污染造成空气污浊，人们的发病率上升等；水污染使水环境质量恶化，饮用水源的质量普遍下降，威胁人的身体健康。严重的污染事件不仅带来健康问题，也造成社会问题。

总而言之，环境污染对人类福利造成的三种潜在损失：人们的健康会受到损害；经济生产率会下降；优美的环境给人们所带来的愉悦感和舒适感可能会消失。

（三）解决环境与发展问题的对策

要实施环境保护，实现可持续发展，可以使用行政管制手段、经济手段和自愿手段。

实现可持续发展的经济手段，是指从影响成本与收益入手，引导当事人的行为选择，以达到改善环境、永续利用自然资源的目标。它的目标和作用在于纠正导致市场失灵的外部性问题，使外部性内在化，其基本原则就是污染者和使用者支付原则。

经济手段较大的优越性体现在：①可以取得显著的经济效率；②可以提供持续的刺激，使污染减少到所规定的标准之下，并促进新技术、新工艺及新产品的利用和开发；③可以为政府提供管理上的便利和灵活；④可以为政府提供一定的收入，以便进一步支持有关的环境和资源保护项目。

经济手段的主要形式有税收手段、建立和实行收费制度、财政金融手段、建立责任制度等。

**本章思考题**

1. 什么是现代经济增长？现代经济增长有哪些基本特征？
2. 发展中国家有哪些共同特征？
3. 经济发展的含义是什么？经济发展与经济增长是什么关系？
4. 教育在人力资源开发中的作用有哪些？
5. 新增长理论与传统的新古典增长理论相比有何显著特点？
6. 简述发展经济学中涉及论证工业化必要性和重要性的基本理论。

# 第十四章 制度经济学常识

## 第一节 前 言

一般认为，现代西方经济学可分为主流经济学和非主流经济学。主流经济学由亚当·斯密发端，经大卫·李嘉图、西斯蒙第、穆勒、萨伊等，形成了古典经济学体系。在 20 世纪以后，主流经济学又历经了"张伯伦革命"、"凯恩斯革命"和"预期革命"等，形成了以微观经济学和宏观经济学为基本理论框架的新古典经济学体系。新古典经济学发展了以边际分析方法和原则为特征的各种学说，包括马歇尔经济学、奥地利学派、洛桑学派、杰文斯经济学及美国克拉克经济学说等。在发展渊源上，新古典经济学涵盖了从古典经济学到凯恩斯经济学之间西方主流经济学，这种经济学构成后来微观经济学的基础。新古典经济学理论的一切命题和基本分析方法都包括在最初由瓦尔拉斯提出的、至今发展为"阿罗-德布鲁模型"的市场一般均衡体系中。

尽管主流经济学枝繁叶茂，备受青睐，但非主流经济学一直在努力抗争，不断创新，仍获得相当的发展空间。非主流经济学流派很多，制度经济学就是其中的一个流派。制度经济学之所以引人注目，不仅是因为它的理论思想与众不同，更重要的是它的研究方法所具有的独特性质。针对新古典经济学存在的问题，制度经济学代表人物科斯这样评价："主流经济理论把企业描绘成一个'黑箱'，这是非常离奇的事情。在现代经济中，大部分资源是在企业内部使用的，这些资源怎样使用依赖于行政性的决策，而不是直接依赖于市场的运作。结果，经济体系的效率在很大程度上取决于这些组织，当然特别是现代公司，是如何处理它们的事务。更令人惊讶的是，尽管经济学家的兴趣在于价格制度，他们却忽略了市场这种支配着交换过程的更具体的制度安排。由于这些制度安排在很大程度上决定着生产什么，所以我们现在拥有的是一个很不完整的理论。"另外，新古典经济学在制度分析上的欠缺也是历来学者们争论的话题，就新古典经济学忽视制度的领域的问题而言，可以集中在各种可供选用的社会法规（产权）和经济组织如何影响经济行为、资源配置和均衡结果？在同样的法律制度下，经济组织的形式为什么会使经济行为发生变化？概括而言，像企业以及其他一些经济契约的经济逻辑是什么？控制生产与交换的基本社会与政治规则背后的经济逻辑是什么？它们是如何变化的？

为此，以"非主流"为代表的制度经济学家们开始审视市场中普遍存在的非市场因素，诸如制度因素、法律因素、历史因素、社会和伦理因素等，其中尤以制度因素为甚，强调这些非市场因素是影响社会经济生活的主要因素。因此，他们以制度作为视角，研究"制度"和分析"制度因素"在社会经济发展中的作用。这一研究方法论的核心在于，不是以任何客观的指标来衡量经济活动，而是立足于个人之间的互动来理解经济活动。因此，以制度为视角研究经济问题，首先要求确立以人与人之间的关系作为研究的起点，而不是以人与物的关系作为起点。在他们看来，制度经济学所研究的是活生生的、不确定的人，因而无法以一个确定的、总量的标准，对整个经济活动做出安排。正如威廉姆森所说：研究视角的改变推动了诸如产业组织、劳动经济学、经济史、产权分析和比较体制等领域中实证和理论研究的结合——这种结合是有用的，并带来了制度主义的复兴，这是制度经济学在方法论方面的一个显著特点。

本章将以制度经济学的重要代表——新制度经济学先驱人物的主要观点安排内容，以便读者能从较有限的篇幅中了解新制度经济学发展的基本情况。

## 第二节 制 度

这里涉及两个问题，第一，什么是制度经济学所说的制度；第二，如何理解制度的内涵和外延。

### 一、什么是制度？

制度经济学所说的制度就是行为规则、方式，是人们共同遵守的办事规程或行为准则，对人的行为有限制性的规则或规范。通俗地讲，制度就是社会成员的行为规矩。在人类社会中，任何个人、任何组织、任何社团，都生存在特定的制度网络中，受其束缚，受其制约。现实中人们较易识别的一般是与人们的生活直接相关的各种正式的、成文的、微观的制度，但除此之外，还有更多的宏观性的、不成文的、非正式的各种制度；而且有些制度也不是直接可以认定的。

按照上述定义，可以理解为制度是人与人的关系，间接地规定和体现了人与物的关系，即制度并不直接是人与物的关系。同时制度是规则、规范，可以属于观念、意识，但并不是所有的观念、意识都是制度，尽管它对其他观念和意识有非常大的影响。

从经济学的角度，一批制度经济学家也给出了制度的定义。凡勃伦认为，制度实质上就是个人或社会对有关某些关系或某些作用的一般思想习惯；今天的制度，也就是当前公认的某种生活方式。换言之，制度无非是一种自然习俗，由于习惯化和被人广泛地接受，这种习俗已成为一种公理化和必不可少的东西。制度必须随着环境的变化而变化，是生存竞争和淘汰适应过程的结果。在康芒斯眼中，制度无非是集体行动控制个人行动。所谓集体行动的范围很广，从无组织的习俗到有组织的"运营机构"，如家庭、公司、公会、联邦储备银行及政府或国家。一般而言，集体行动在无组织的习惯中比在有组织的团体中还要更普遍一些。进一步地讲，集体行动常同所谓的"工作规则"密不可分，后者告诉个人能够、应该、必须做（或不做）什么。意味深长的是，康芒斯还指出集体行动对个人的控制，是通过所有权关系来施行的，制度经济学分析的基本单位是交易。

凡勃伦和康芒斯的现代追随者对制度的理解比较而言似乎更明确了些。霍奇森认为，制度是通过传统、习惯或法律约束的作用力来创造出持久的、规范化的行为类型的社会组织。他特别强调在一个错综复杂、变幻莫测的世界中，正是这种持久性和规范性，才使得社会科学有可能运用于一切实践。艾尔斯纳对制度的理解有点儿独特。他把制度定义为一种决策或行为规则，后者控制着多次博弈中的个人选择活动，进而为与决策有关的预期提供了基础。布朗利将制度视为对人类活动施加影响的权利与义务的集合。这些权利与义务中的一部分是无条件的和不依赖于任何契约的，它们可能是、也可能不是不可剥夺的；其他的权利与义务则是在自愿基础上签订的协约。制度体系既可用法律、用社会学或社会人类学来表述，又可用经济学来描绘。尼尔对制度特征的归纳比较精细和严谨。在他看来，从广义上讲，制度暗指一种可观察且可遵守的人类事务安排，它同时也含有时间和地点的特殊性而非一般性。具体来说，某一制度可以通过下述三类特征而被识别：存在有大量的人类活动，并且这些活动是可见的和可辨认的；存在有许多规则，从而使人类活动具有重复性、稳定性并提供可预测的秩序；存在有大众习俗，它对人类活动和各种规则加以解释和评价。诺斯认为"制度是社会游戏（博弈）的规则，是人们创造的、用以限制人们相互交流行为的框架"，同时"制度是一个社会的游戏（博弈）规则，更规范地说，它们是为决定人们的相互关系而人为设定的一些制约"。诺斯还说过："制度提供了人类相互影响的框架，它们建立了构成一个社会，或更确切地说一种经济秩序的合作与竞争关系"，因此"制度是一系列被制定出来的规则、守法秩序和行为道德、伦理规范、它旨在约束主体福利或效用最大化利益的个人行为"。

## 二、制度的内涵与外延

纵观不同学者、流派对制度的界定，在以下几个方面是共同的，以此形成了制度的内涵与外延。

首先，制度是行为规则。人类从事各种活动都是社会性的，即使是单个人从事的实践活动也是社会性的，也要自觉或不自觉地遵守一定的规则或行为规范，因为人是社会的人。经济学假定人是"经济人"，但"经济人"也是社会人，经济本身就是社会的活动。从事经济活动，或进行生产、交易、分配或消费，都是一种社会性的实践活动，都必须按一定的行为规则来进行，否则，任何经济活动都不会发生。经济活动如此，推而广之，人类所从事的任何实践活动都是如此。实践活动中必然伴随着各种各样的人与人的物质的、精神的交往关系，这些交往关系，又必须遵从或由习惯自然形成，或由政府制定，或二者的结合而形成的交往与互动规则；不如此，交往关系就不能进行，各种实践活动也无法进行。在人们交往中形成的社会关系，经过一定的时期，慢慢固定下来，再加上政府对某些定型化的社会关系的有意促成，由习惯、习俗逐渐演化为制度。总之，制度是人们所从事各种实践活动不可缺少的行为规则。

其次，制度是公共物品。所谓公共物品，也是公共消费品，它与私人消费品共同组成人们消费的总物品，公共消费品包括实物消费品与服务品。公共物品是单个个人的消费或服务不会有损其他人的消费品。制度作为一种行为规则，并不是针对某一个人的，或者说，在人类历史上还没有一种制度是专为某一个人制定的，而且在一个人的世界里，或一个人的社会里，是不需要任何制度的。制度是一种公共行为规则，但公共的范围有大小的区别。制度是一种公共行为规则，这是就制度的最终状态来说的，但制度在其形成过程中，可能开始并不是作为"公共品"来生产的，如开始为少数人制定的规则后来适用于所有的人。制度作为一种公共物品，又与其他公共物品有一定的区别（如海洋中的灯塔、城市的绿地照明等），作为制度的公共物品是无形的、是具有一定排他性的。

第三，制度是在人们趋利避害的过程中形成的行为规范。社会关系中最重要的是经济关系，因而制度中经济制度是最重要的，其他一切制度都直接或间接地决定于经济制度。当经济活动不能给人带来物质利益时，人们就会丧失从事经济活动的积极性。需要和利益都离不开主体，都是一定主体的需要和利益。因利益的体现者和具体的社会经济条件不同，它能够引起不同的社会后果，在社会发展方面既可以表现为积极的因素，也可以成为消极的因素。所谓落后的生产关系之所以阻碍生产力的发展，就在于这种生产关系不能维护、实现和增进人们的物质利益，或只能维护、实现和增进少数人的物质利益，从而不能调动绝大多数人的积极性。所谓先进的生产关系则恰恰相反，它能维护、实现和增进绝大多数人的物质利益，能够调动绝大多数人的生产或从事经济活动的积极性，从而得到人们的拥护。所谓生产关系变革的实质是新的物质利益关系代替旧的物质利益关系，使人们获得物质利益的方式发生改变，也就是要将落后的生产关系改革为一种先进的、能够明显地、快速地维护、实现和增进人们的物质利益，能够调动人们从事经济活动的积极性的生产关系。

第四，制度是社会关系的定型表现和存在方式。实践活动是形成社会关系的基础，社会关系是制度的真正内涵，实践的变化导致社会关系的变化，社会关系的变迁是制度创新的先导。社会关系不断重复，且对人们有利，那么，它逐渐就会稳定下来，固定地成为人们交往的行为规则；这种稳定的、有序的社会关系，一开始表现为习惯、习俗、不成文的约定等，以后慢慢发展为成文的制度。只要有人类社会存在，人们就要进行生产，进行各种经济与非经济的实践活动，就会发生种种社会关系，这其中必然会演化出有序的、稳定的、固定性的社会关系模式，这就是习惯、习俗或道义；在文字出现之前，制度是不成文的，所以这时调节人们行为规范，延续各种社会关系并保障人类生存和发展的，必然是不成文的、约定性的、普遍默认性的习惯、传统、习俗和道义。它们具有成文的、正式的制度同样的本质，尽管表现形式有很大的差异。制度是社会关系的定型表现和存在方式，同时也须说明，并不是任何社会关系都是制度，偶然的、短暂的、不确定的社会关系是不具有制度的本质的。

第五，制度是顺利实现人们各种实践活动目的的手段。制度在人类社会中是非常重要的，但制度永远只是实现人们实践活动目的的手段，这些目的可能是经济目的，也可能是非经济目的。制度也不是唯一的，从长期来看，客观上人类对基本的社会制度是不可选择的，因为人类社会的发展是一个"自然的历史过程"，但在一定时期内，人类又可以对不同的制度加以选择，如计划经济的制度与市场经济的制度。制度选择的不同，其产生的客观效果也大相径庭。从最终的意义上来说，制度是手段不是目的，这如同生产关系、上层建筑是手段不是目的的道理一样。从具体的实践活动而言，制度有时也会是目的。如一场政治革命，其直接的目的是建立新的社会制度，革除旧的社会制度。总地说来，生产关系始终处于从属于生产力的地位。生产关系自身不能证明其合理性和是否优越性，能否促进生产力的发展则是判定生产关系进步与否的唯一客观依据。脱离生产力说明生产关系的好坏只能是虚假的宣传、空洞的说教。当然从最根本的意义上说，生产力自身也不是目的，最终的目的都是为了满足人的物质的或非物质的需要。服从于人的需要，满足人的各种物质的与精神的需要，从而实现人的自由自觉的活动和生活方式是一切制度的目的。

第六，制度是人们意识到或没有意识到的实践活动规则。从主体的角度来看，有些制度是人们清醒意识到的，如政治法律制度、经济制度等正式的、成文的制度，此外还有许多制度是人们没有自觉到的，即没有清醒意识到的，但在人们的实践活动中，它同样支配着人们行为方式，使人们在实践中、在交往中、在社会关系中达到某种程度的有序状态。任何正式的、成文的制度都不是先天的，而是首先诞生于非正式的、非成文的制度中，后者是正式的、成文制度的产生之源。制度性的传统、文化、价值观念、意识形态等等都是一种非正式的、非成文的，对大多数人来说又是一种在长期的潜移默化中形成无意识的制度。在人类社会尚无市场、国家、政府、军队、法律、文字等的时期，非正式的、不成文的制度在维系人类社会的存在和发展方面发挥了重要作用，在这些产生以后，它依然有其不可忽视的作用。

第七，制度择人与人择制度。这个问题如同劳动与人的关系、生产关系与人一样，解决和理解这一问题也同理解和解决劳动与人的关系一样，把其作为一个动态的辩证过程来理解。每一代人都面临着前人遗留下来的制度，这既约束了后人制度创新的空间，也是后人制度创新的出发点，从这一点来说，是制度择人；每一代人也都会根据客观情况的变化，完善和创新制度，这是人择制度。这如同生产关系与人主观能动性的关系一样。还须指出，前人遗留下来的制度，不仅是指正式的、成文的制度，也包括非正式的、不成文的制度，这些对后人在继承、发展、革新制度方面都有不同程度的制约作用。制度中包含着个人的行为规则，但只有个人的行为不构成制度，制度总是某一集体中人与人相互关系的一个方面。因此，制度的选择总是一个集体的问题。任何一个经济都是由具有不同的特殊利益的行为主体或利益集团构成的，一种制度的选择并不一定对每个人或集团都有好处，因此制度的选择的决定方式问题和选择主体问题就紧密地联系在一起，成为一个问题的两个方面。

第八，制度是具有一定程度强制性、限制性的行为规范。制度不同于一般的社会关系和单纯的观念、思想之处，就在于任何制度都有某种程度的强制性、限制性，都要对人的行为发生一定约束性。另外，制度的存在也意味着某种外在的强制，这种强制可以来自舆论的压力、法律的权威和政府的权力等，丝毫无外在强制性的制度是不可能存在的。从人类社会的各种实践活动来看，要使人类的各种实践活动有序化，仅靠参与者的自觉是远远不够的，也是无法保障的，因而维护制度的权威是必要的，也是必需的。制度一方面是一定的权威，不管它是怎样形成的，另一方面是一定的服从，这二者都是我们所必需的，而不管社会组织以及生产流通赖以进行的物质条件是怎样的。当然从本体论的角度看，制度的生成是一个客观的过程，是由于现实的经济关系所致的。然而从具体的制度发生、维持来看，却是不能没有一定程度的强制的。前人遗留下来的制度遗产对后人就是一种不得不接受的强制，所以，制度虽最终根基于人类社会经济活动，却不能简单地归结为只是经济因素就完全可以说明制度问题，在制度的发生、维持、变迁中人的主观能动性具有很大的作用。

第九，制度与组织的关系。组织也是按一定制度组织起来的、完成特定的任务、实现特定的目标的群体。有政治组织、经济组织（企业）、文化组织、教育组织、司法组织，等等。制度不是一种实体，而组织则是一种实体性的存在。组织靠制度维系，但组织本身并不是制度。组织必须有制度，有制度并不一定就是组织。制度本身是不能独立的，而必须有实际的载体，如市场、学校、企业、军队、政府、国家等，反过来，组织没有制度也是不能存在的。组织是人与人的合作系统，也是人与物的组合、配置系统，要合作成功、配置有效，必须靠制度作保障。组织在制度框架内活动，组织的活动实现着制度的功能；另外组织又可能以与当前制度不一致的方向活动，成为改变制度的力量。制度的变化是由组织所推动的，从制度变迁这个动态的角度讲，制度的变动表现为特定的组织改变社会行为规则的活动。因此，制度创新或制度发展一词将被用于指：第一，一种特定组织的行为的变化；第二，这一组织与环境之间的相互关系的变化；第三，在一种组织的环境中支配行为与相互关系的规则的变化。组织既可成为阻止制度变迁的障碍，也可成为促进制度变迁的力量。这是组织与制度之间的最大区别，也是区分组织与制度两个概念最重要的意义。

## 第三节　交易费用理论

在新古典经济学中，价格机制是一个完美的自动装置，它能够无成本、无摩擦地实现社会资源配置的帕累托最优状态。新制度经济学认为该观点不正确，科斯在 1937 年的论文《企业的性质》中虽然没有直接提出交易费用，但指出企业作为一种交易形式，可以把若干个生产要素的所有者和产品的所有者组成一个单位参加市场交易，从而减少了交易者的数目和交易中摩擦，因而降低了交易成本；另外，在企业之内，市场交易被取消，伴随着市场交易的复杂结构被企业家所替代，企业家指挥生产，因此，企业替代了市场，由此奠定了交易费用理论的基础。另外，他发现市场上的存在交易费用，包括搜寻价格的费用（如寻找价格分布、寻找和考察交易对象等）、交易准备阶段的费用、谈判和签约费用（如讨价还价、订合同、执行合同等）、交易过程中的费用以及其他方面的成本（如由于大宗交易过程不确定性而存在的协调费用），另外就企业本身来说还存在企业组织过程中的费用。在他的 1960 年著作《社会成本问题》中，他提出"市场交易成本"的概念，使交易费用概念一般化。之后的 1969 年阿罗第一个使用"交易费用"这个术语，威廉姆森则系统研究了交易费用理论。

## 一、交易费用的定义

从契约的角度，制度经济学家对于交易费用给出了不同的解释。科斯给出交易费用的最一般内容主要包括度量、界定和保障排他性权利的费用，发现交易对象和交易价格的费用，讨价还价、订立交易合同的费用，督促契约条款严格履行的费用等。但科斯没有将"交易费用"定义成可以操作的概念，也没有说明是那些力量决定着交易费用的大小和交易方式的选择。威廉姆森开始从契约的角度分析交易费用，认为交易费用包括事前的交易费用（如起草、谈判、保证落实某种契约的成本，即达成契约的成本），事后的交易费用（主要指签约之后的成本），退约，因合同有误而更改合同的成本，仲裁费用（如政府、法院、仲裁机构等），以及为确保交易关系的长期化和持续化所付出的费用。并提出影响或决定交易费用的因素主要包括有关市场的环境和交易技术的因素（交易因素），如资产专用性、不确定性、潜在交易对手的数量和交易发生的频率；与交易人相关的因素，如有限理性、机会主义倾向。威廉姆森还指出市场结构与交易费用存在关系：完全竞争市场或垄断竞争市场，交易费用较小；完全垄断市场或寡头垄断市场，交易费用较大。

从纯制度视角，经济学家们提出了交易费用的广义概念。康芒斯的思路为"交易是人与人之间经济活动的基本单位，无数次的交易构成经济制度的实际运转，并受制度框架的制约"。阿罗认为交易费用是经济制度的运行费用，因此交易费用包括：制度的确立或制定成本、制度的运转或实施成本以及制度的监督或维护成本。张五常认为交易成本是一系列制度成本，包括信息成本、谈判成本、界定和控制产权的成本、监督成本和制度结构变化的成本；除了与物质生产过程和运输过程直接相关的成本之外的所有成本都是交易费用；同时交易成本是衡量和明确交易单位特征和实施契约的成本。巴泽尔则从产权角度定义了交易费用，认为交易费用是与转让、获取和保护产权有关的成本。

值得注意的是，交易费用不能和生产成本混淆。交易费用是仅与交换有关的成本，它是在交易过程中所损耗的资源，而这种损耗既不创造产品，也不增加产品的效用。而生产成果主要是指购买、利用各种生产要素的直接费用，如工资、租金、利息、企业家分红、运输费用等。对企业而言，一切成本都是生产成本，无所谓交易费用；而就经济分析而言，交易费用概念就十分重要。

另外，交易费用不能与机会成本混淆。机会成本是将一定的资源用于某种用途所放弃的运用该资源到另一种用途所能带来的收入。从企业的角度来说，是指企业把一定的资源用于某种用途获得一定收入时所放弃的另一种用途的收入。广义地说，是指人们利用一定的资源和时间去获得某项收益，或得到某种利益时，所放弃的以同样的资源和时间从事其他而获得的利益。简言之，就是人们进行决策或进行某种计划、方案选择时所付出的代价，人们得到的同时也有失去，失去的就是得到的代价，得失比较对于决策有重要的意义。因此，机会成本只有决策的意义，不是会计意义上的成本，也不是一种实际的成本支出或货币支出。机会成本不是唯一的，但一般是指最大的一种。但交易费用既可以是一种实际支出的费用，是一种会计成本，也有时是在机会成本的意义上来使用。

### 二、交易费用存在的原因

第一，是信息不对称，表现为私人信息的存在，或者人为的误导、歪曲、封锁、掩盖、混淆、复杂化、稀缺，而且有时信息本身就是一种有偿的商品。信息不对称产生的原因，或者客观造成的，或者是主观造成的（有意地隐瞒、撒谎、歪曲、增减等，还有个人专业知识文化的限制）。

第二，是人的有限理性。人不可能拥有完全的理性、拥有完全的信息，而信息的搜寻是需要成本的，人们只能追求适当的信息以达到"满意程度"的答案，而不可能、也永远达不到"最优、最理想程度"。

第三，是经济活动中的不确定性（如存在各种各样的偶然性：自然的、社会的、技术的、交易过程中的等）与风险（经济的、政治的等）。

第四，是败德行为与机会主义行为。由于这些行为的存在，使得违约、违规、违法、违纪等常常发生。例如，市场越大，机会主义的可能性越高；参与交易的人越多，机会主义的可能性越大；交易的环节越多，机会主义的可能性越大。

第五，是权利界限不清晰，经济关系中则是产权不清晰。

第六，是人的自觉性也是有限的。人都有非理性的一面（如违规以利己），人们对制度、约定、契约等理解的不同造成的各种争议及解决争议的各种费用。

第七，是技术限制。技术水平总是有限的，获得信息的物质手段与工具的作用总是有限的。

第八，是垄断。垄断造成信息失真，因此越是完全竞争的行业、制度安排，其交易费用越低；反之，则越高。

### 三、交易费用理论的应用

交易费用理论能够解释企业存在的原因。由于市场交易中的信息不完全性、不确定性（因资产专用性、机会主义行为等原因引起），企业的存在是为了节约市场交易费用，即用较低的企业内交易费用替代较高的市场交易费用。当市场交易费用过大时，即市场交易费用大于企业内部的管理交易费用时，企业会考虑并购行为。当企业内部的管理交易费用过大时，企业会考虑分拆、转让或出售资产等行为。

企业内交易费用是决定企业规模的原因之一。企业内的交易费用包括组织与管理人员的协调成本、获取各种内在信息的费用、委托代理成本、激励成本等。企业内交易费用过大，必然导致规模收益递减（例如，计划经济的实质是全国的企业都是车间，导致国家作为一个公司的管理交易费用过大）。当企业内交易费用大于市场交易费用时，表明企业的规模已经过大，应该缩减规模，反之扩大规模。

交易费用与制度存在很强的关系。制度经济学认为，没有零交易费用的制度，只有交易费用大小不同的制度。制度功能之一就是为了降低交易费用，制度使人们行为有序、有预期、有激励导向，从而减少混乱无序，以节约交易费用。统一的制度实施空间越大，即制度越是在更大的空间实施，越是有更多的人遵守统一的制度，其交易费用越小，越有利于经济与社会的发展；从市场的角度来说，越有利于市场半径的扩大，而市场越统一、范围越大越有利于分工、效率的提高与经济的增长。对一个制度安排来说，其制度的成本是交易费用，和一切成本、费用一样，也要尽量使得交易费用降到最低点，即也要遵循经济学的最小最大原则。制度本身的激励功能是否能够使得人们自动地去寻找各种降低交易费用的途径、机会，并能从降低交易费用的努力中获得相应的收益。由此，制度经济学经典理论认为，如果各种制度安排都没有交易费用，或交易费用都一样，那么，制度就是不重要的，或什么样的制度安排都是一样的。相应地，如果交易费用不为零，即交易费用为正的情况下，那么，不同的制度安排就会有不同的交易费用，那么，选择什么样的制度就是十分重要的。

# 第四节　产　权　理　论

## 一、产权的定义

在经济世界里，由于资源是稀缺的，因而就存在如何将稀缺资源进行最合理的配置问题。这意味着各种用途之间存在着冲突，这种冲突是通过竞争来解决的。如果这种竞争是有效的，那么需要满足三个条件：一是必须决定赢输，二是存在决定赢输的规则，三是需要足够证据证明这种规则比其他规则更为合理。在这种竞争要求下，产权作为一个核心概念被引入制度经济学体系。

在经济社会里，基本的游戏规则是产权，即产权是约束了人们行为的规则，产权不同安排决定了基本的游戏规则。《新帕尔格雷夫经济学大辞典》对产权的定义是"一种通过社会强制而实现的对某种经济物品的多种用途进行选择的权利"。巴泽尔认为个人对资产的产权由消费这些资产、从这些资产中取得收入和让渡这些资产的权利或权力构成。而德姆塞茨将产权物化为一种权利，认为产权是指使自己或他人受益或受损的权利。阿尔钦对产权的定义是"一个社会所强制实施的一种经济品的使用的权利"。利贝卡普从制度的角度解释了产权的含义，认为产权是一些社会制度，即界定或划定了个人对某些特定财产，如土地和水所拥有的特权范围。

综合上述定义，会发现产权不是指人与物之间的关系，而是指由物的存在及关于它们的使用所引起的人们之间相互认可的行为关系。它不仅是人们对财产使用的一束权利，而且确定了人们的行为规范，是一些社会制度。

在该定义下，对产权的内涵可以进行深入发掘。首先，作为行为规则的产权，是基于与生产要素或经济资源、财产的关系而产生的各种经济权利的统称。简言之，产权就是一种排他性的财产权，它是人们围绕或通过财产而形成的经济权利，其直接的关系是人与物的关系，间接的关系是产权主体与非产权主体的关系，即人与人的关系。其次，产权利用是有限的，即产权受法律、社会公德、各种非正式制度，即各种正式制度与非正式制度的限制。最后，产权具有排他性，具备排斥他人拥有和使用产权客体的性质。

## 二、产权的结构

产权被视为人们对物的使用所引起的相互关系，即是一种人与人之间的基本关系，而不是人对物的关系，产权将某一物品所附着的权利数量及其强度视为该物品经济价值大小的决定性因素，因此产权是一组行为性权利，即一个"权利束"。

（一）所有权

所有权是指在法律范围内，产权主体把财产（产权客体）当作自己的专有物，排斥他人随意加以侵夺的权利。它表明产权主体对客体的归属、领有关系，排斥他人违背其意志和利益侵犯他的所有物（有形财产或无形财产）。所有者对他的所有物可以设置法律许可的其他权利，即对他的所有权进行分解的权利。利用所有者权能收取一定的经济利益。

（二）使用权

使用权是指产权主体使用财产的权利。由于对财产的使用方式不同，财产使用有以下三种情况：使用而不改变其原有形态和性质；部分改变其形态，而根本性质不变；完全改变，甚至使其原有形态完全消失，转换成其他的存在形式。

（三）受益权

财产的受益权是指获得资产收益的权利。受益权的所有者仅对财产的果实拥有排他权，不拥有带来果实的资产。在实施受益权的过程中需要遵守某些限制（如承包土地）。

（四）让渡权

让渡权是指以双方一致同意的价格把所有或部分上述权利转让给其他人的权利。让渡权是体现产权完整性的最为重要的组成部分，它确定了产权主体承担资产价值的变化的权利。

值得注意的是，产权是可以分割的。由于物品的产权是一束权利，存在多种权能结构形式。如果一束权利全部归同一人所有，并不一定最有效率。把同一物品的产权分解开，归不同人所有，可能效率会更高，从而导致单一资产分割的产权的形成。如常见的股份公司就是通过公司法界定相关主体的权利与责任。产权的分割保证了社会分工及合作性生产组织的形成，从而有利于专业化比较优势及规模经济的产生，这是经济发展和社会进步的源泉。当然这更要求进行明确的产权界定，避免可能在不同的所有者之间发生的侵权行为。

**三、产权制度的功能**

产权制度不是从人类社会一开始就有的，只有当社会经济资源的稀缺程度达到了必须由社会的强制力量来组织和规范其财产关系的时候，产权制度才有了产生的经济根源。同时，由于社会分工的存在就产生了一个如何协调行动和对生产出的产品如何分配的问题，现代社会的产权制度就此产生了。产权制度是以产权为依托，对各种经济主体在产权关系中的权利、责任和义务进行合理有效的组合、调节的制度安排。简单地说，就是允许产权主体能干什么以及不能干什么的一种规则。产权制度具有以下功能。

（一）界区功能

产权制度具有界定产权主体之间、产权主体与非产权主体之间的权利和义务的功能。拥有了产权，就界定了产权主体与非产权主体之间的权利和责任界区，主体才可能与非主体之间彼此独立，并可能平等地进行商品交换。产权制度的界区功能是在确定产权的归属的过程中发挥出来的，产权的确定过程也就是界定产权主体权利和责任的过程。界区功能是产权制度最基本的功能。

（二）激励功能

产权制度的激励功能是指由于产权的确立而使产权主体积极努力行为的功能。产权的确立意味着产权主体利益和责任界限明确了，产权主体可以使用产权来谋求自身利益的扩大。

这种激励不同于一般的经济利益刺激，它对产权主体的激励程度大大高于一般收入分配所产生的经济刺激，而且，由于产权的持久性会使产权主体更多地追求长远利益。

（三）约束功能

产权制度的约束功能是指产权确立之后，对产权主体行为所产生的约束力。产权的确立既然明确了主体的权利和责任界区，产生了激励功能，由此也必然产生约束功能。这种约束表现为：一是投资者对法人的条件约束，如通过股东大会约束法人的行为；二是法人以财产权利来约束自己的冒险行为，因为法人所支配的财产既是它进行生产和经营的基础，同时也是其承担风险的能力界限。所以，产权的确立能对企业形成强有力的约束。

（四）交易功能

产权具有可交易性。产权制度的交易功能具有两重含义：一是塑造了市场经济的主体——商品生产者和经营者，即产权的确立起到了为产权主体成为商品生产者奠定基础的作用；二是扩大了市场交易范围——产权成为商品，即产权也可以作为商品交换的对象，比如股权、各种证券的收益权，它们成为商品，成为证券市场上流转的交易对象。产权的交易功能使市场的构造复杂化，也使产权主体之间的关系复杂化。一方面，它为原始产权主体与派生产权主体增加了更大的相互选择的自由，强化了各自的独立性，如股东宁愿到市场上出售股权，可能也不愿意到股东大会上陈述自己对企业经营管理的意见；另一方面，使投机行为兴起，又给无端地影响产权主体的行为提供了机会。

**四、科斯定理**

科斯认为在现实世界中，权利的界定是市场交易的前提，同时认为产权界定是对资源使用进行选择的排他性权利的分配，而不是对资源可能的使用所施加的人为或强制的限制。由于存在外部性，单个消费者或生产者在自己的经济活动或经济行为中对社会、他人造成的影响。同时，外部性存在的情况下，根据外部影响的性质好坏分为外部经济与外部不经济，根据外部影响的实施者分为生产的外部影响与消费的外部影响。本书提及的外部性主要沿袭一般制度经济分析思路，侧重于负外部性的探讨。在外部性存在的情况下，交易过程中存在私人成本和社会成本。其中，私人成本是单个企业或个人在经济活动的所消耗的各种成本的总和，社会成本是私人成本与其外部不经济导致的成本的和。例如，一家化工厂的生产成本是其私人成本，由于它在生产过程中排放的污染物导致的外部不经济而给附近的农民、渔民等造成的损失是其非私人成本，社会成本就是私人成本与非私人成本的和。科斯定理是由科斯提出的一种观点（但并非由科斯命名），认为在某些条件下，经济的外部性或者说非效率可以通过当事人的谈判而得到纠正。科斯定理在于发现了交易费用及其与产权安排的关系，提出了交易费用对制度安排的影响，为人们在经济生活中作出关于产权安排的决策提供了有效的方法。根据交易费用理论的观点，市场机制的运行是有成本的，制度的使用是有成本的，制度安排是有成本的，制度安排的变更也是有成本的，一切制度安排的产生及其变更都离不开交易费用的影响。在一系列假设条件下，科斯定理已经形成一个体系。

（一）科斯定理Ⅰ

科斯定理Ⅰ的要点可以表述如下：在产权明晰（这里主要指的是私有产权）、交易成本为零或极小的前提下，初始产权可以是任何的享有者（但一定要是私人），通过市场交易（市场交易的背后实质是产权的交易），则最后一定会消除外部性，实现资源的最优配置。通过分析该定理，可以发现如果产权关系明晰且可自由交易，那么经济活动中的私人成本与社会成本必然相等，外部性就会被内部化。虽然权利属于谁的问题会影响财富的分配，但如果交易费用为零，则无论产权如何界定，则都可以通过市场的交易活动和权利的买卖者的互定合约而达到资源的最优配置。对此，制度经济学才对科斯定理 I 进行了不同表述：如果产权可以自由交易，初始产权界定给任一产权主体都可以最终达到资源的最优配置；如果交易费用为零，则初始产权界定给任一产权主体都可以最终达到资源的最优配置；如果市场是完全竞争的，则初始产权界定给任一产权主体都可以最终达到资源的最优配置。完全竞争意味着没有垄断、信息对称，交易者对外部性及其大小都了解。

（二）科斯定理 II

科斯定理 II 放松了科斯定理 I 的假设，认为当交易费用为正的情况下，可交易权利的初始安排将影响到资源的最终配置。"合法权利的初始界定会对经济制度运行的效率产生影响，权利的一种安排会比其他安排带来更多的产值"，也可能有更高的费用。换句话说，市场交易费用影响着资源配置的效果。对于科斯定理 II 的含义可以这样理解：在交易成本大于零的现实世界，产权初始分配状态不能通过无成本的交易向最优状态变化，因而产权初始界定会对经济效率产生影响。权利的调整只有在有利于总产值增长时才会发生，而且必须在调整引起的产值增长大于调整时所支出的交易成本时才会发生。

科斯定理 II 揭示了通过调整产权初始界定来提高经济效率的可能性，认为可以通过组织企业或政府管制代替市场交易，实现两种权利调整的方式，且这两种调整方式同样是有成本的。

（三）科斯定理 III

科斯定理 III 可以表述为"当交易费用大于零时，产权的清晰界定将有助于降低人们在交易过程中的成本，改进效率"。换句话说，如果存在交易成本，没有产权的界定与保护等规则，即没有产权制度，则产权的交易与经济效率的改进就难以展开。由政府选择某个最优的初始产权安排，就可能使福利在原有的基础上得以改善；并且这种改善可能优于其他初始权利安排下通过交易所实现的福利改善。

（四）与科斯定理相关的定理

在科斯定理基础上，制度经济学家们基于交易成本和契约安排，进一步深化了相关理论。

霍布斯提出了"规范的科斯定理"的表述，认为通过建立法律结构，使私人协议难以达成所造成的损失最小化。根据这一定理，法律制度的设计应该能阻止强制性的胁迫，并将意见不一致所造成的损失达到最小。因此产权法的目的必须是保障合作性交易或合作性谈判顺利进行。霍布斯规范定理代表了产权规则的两大原则：一是使私人对资源配置的不一致行为所造成的损失最小化；二是使私人在资源配置上达成合作协议的障碍降到最低。这两大原则在交易费用为正的情况下能使资源配置达到"帕累托最优"。

波斯纳定理由著名的法律经济学家理查德·A. 波斯纳提出的，该定理建立在以下三个假设条件的基础之上的：行为人的行为是他们在特定法律条件下进行成本—收益分析的结果，当事人对一定权利的不同估价是其交易得以进行的原动力；法律制度在运行中会给当事人带来收益和成本，故可用最大化、均衡和效率来评价法律行为；财产权利界定清晰可以降低交易成本。通过制定使权利让渡成本比较低的法律，可促使资源流向使用效率高者手中，从而提高经济运行效率。该定理提出在协议中权利安排应遵循的一般性规范："如果市场交易成本过高而抑制交易，那么，权利应赋予那些最珍视它们的人。"波斯纳归纳出该定理的对偶形式，即在法律上，事故责任应该归咎于能以最低成本避免事故而没有这样做的当事人。波斯纳主张，任何法律条款的正当性都必须以经济上的合理性为基础；在一个资源稀缺的世界里，浪费资源是不可能获得正当评价的。

政治科斯定理是一系列制度经济学家在发现科斯定理缺乏对产权形成的政治市场的分析的基础上提出来的。代表人物诺斯认为，政治活动决定产权制度的形成，如果政治市场的交易费用为零，最优的制度变迁就将必定产生，它与政治禀赋的初始配置无关。非效率的产权制度产生的根源在于政治市场的交易费用过高。维拉进一步总结出"政治科斯定理"，认为"在给定的诸如投票权、游说权等政治权利的初始配置下，并在给定宪法框架中，如果政治交易费用为零，最优的制度产出将会出现，并与政治权利的初始配置无关"。利伯凯普则提出，只要允许政治市场进行充分交易，即某一产权制度变迁的获利者补偿受损者，那么导致经济增长的制度变迁便会在一致同意中获得通过，并且这种通过与政治权利的初始安排无关。

## 第五节 契 约 理 论

### 一、契约的定义

契约最初是一个法学定义。根据法国民法典，契约是一种合意，依此合意，一人或数人对于其他人或数人负担给付、作为或不作为的债务。其中，合意是指双方当事人意见一致的状态。契约的签订必须依据双方的意志一致同意而成立，缔约双方必须同时受到契约的约束。为此，要求契约自由，其中包括缔约自由，即是否与其他人订立契约，由当事人自主决定。法律保护当事人在不受任何人妨碍和干涉的情况下决定是否缔约，并且法律保护缔约内容和缔约方式。以及契约是正义的，包括机会均等、签约内容的公正合理性。《牛津法律大词典》对契约的定义是：契约是指两人或多人之间为在相互间设定合法义务而达成的具有法律强制力的协议。由此，从法学角度可以认为契约是一个或一组承诺，法律对契约的不履行给予补偿，或者在一定意义上承认履约的义务，是由双方意见一致而产生相互间法律关系的一种约定。

从经济学角度，经济学中的契约概念比法律上所使用的契约概念更为广泛，主要突出法律效力的契约和默认契约两种契约形式。而制度经济学家则将契约视为一种制度，建立了较为完整的契约理论框架。契约理论是研究在特定交易环境下来分析不同合同人之间的经济行为与结果，往往需要通过假定条件在一定程度上简化交易属性，建立模型来分析并得出理论观点。制度经济学中的契约，实际上是将所有的市场交易都看作是一种契约关系，并以此为分析基础。威廉姆森认为契约包括价格和安全措施。什么时候需要安全措施，则要考虑交易的技术特点。即看交易中是否有专用性资产的投入。张五常认为契约包括两大内容：收入条款和使用条款。现实中的契约是否都有使用条款，要看交易的特点：一般来说，一次买断的交易，只有收入条款，但不买断的契约（如租约或雇佣合约），除收入条款外还有使用条款。

契约是随着人类社会中交易行为的产生而出现的，并推动了经济的发展。由于契约是两个人之间关系的一个规定，且这个规定并不受是否形成文字约束。契约经济学家们认为任何达成一致协议的买卖就是一份契约，如购买商品的行为。在这种经济行为中，交易的成败取决于契约的内容及执行程度，因此契约构成了重要的对象。同样，对于企业来说，契约关系是重要的战略问题，关系企业的经营成败（交易成本理论告诉人们企业本身就是契约的联结）。深化对契约和履约含义的理解，有利于企业立法（例如，串谋、隧道行为；反垄断法中的并购以及排他性交易、产品搭售、捆绑销售等）。同时，契约实现了法学与经济学的结合。在美国法学院，没有任何一个法律领域能够避开经济分析，而且今天也没有任何一位法学教授在没有受到经济学训练的情况下就能够胜任教学工作。

### 二、契约的原则和功能

契约订立基于一系列的原则，具体表现在契约以平等、自由、理性的当事人为前提的，否则契约关系不成立，反映了契约的社会性原则；契约需要平等交易的个体开展订立活动，当事人的交易活动地位对等，因此体现了契约的平等性原则；契约需要订立人本身是在完全自由、独立判断的前提下订立，是由当事人不受干涉和胁迫地自由选择的结果，体现了契约的自由原则；契约的订立需要订立人根据自身的情况进行方案选择，契约条款设计及优化，因此契约当事人能够根据自己所掌握的信息或约束条件的被选方案进行比较和权衡，发现最适合自己的契约方案，体现了契约的理性原则；在订立契约时，相应的条款反映了当事人的选择要求，是个人意志和目标的显现，因此指进入交易的当事人都是通过对方实现自己的利益追求的，反映了契约的互利性原则，达成契约是一种帕累托改进；另外，契约允许渐渐明晰，即通过不断地订约、履约、修复，满足契约的目标，因此契约是个复杂的过程，并且各契约之间在动态中互相关联，反映了契约的过程性原则。

正是因为契约遵循着上述基本原则，契约的形成与引入直至进入制度层面，反映了社会的进步。19世纪英国法学家亨利·梅因指出，人类的进步史乃是一部从基于身份的义务获得解放，而代之以基于契约或自由协议的义务的历史。当前市场经济中，各种利益关系均可以通过契约设计来实现。为此，可以认为契约具备以下功能：首先，契约的基本功能是维护缔约双方或多方的合作，鼓励缔约方在恪守承诺、承担责任的前提下，谋求新的、更为远大的利益；契约能增加信任、推动经济发展、社会和谐。其次，契约条款的功能主要在于界定双方的利益，补偿双方的成本；对双方当事人在执行合同时进行激励。

### 三、完全契约和不完全契约

#### （一）完全契约

完全契约是指缔约双方都能完全预见契约期内可能发生的重要事件，愿意遵守双方所签订的契约条款，当缔约方对契约条款产生争议时，第三方能够劝说仲裁机构强制其执行。新古典契约理论认为契约是完全的，受新古典经济学的完全竞争（一般均衡交易模型）的影响，所有的契约都是价格与数量的交易，这种交易能够在有秩序、不混乱、没有干扰的情况下进行和完成。完全契约基于个人理性假设和环境假设。对于完全契约的个人理性假设，认为有理性的决策者具有稳定的偏好，并能按偏好次序进行选择，他们在追求偏好时受到约束，他们在约束允许的范围内尽量实现自己的效用最大化。对于完全契约的环境假设，认为这种契约不伤害除契约当事人以外的任何人，也就是说，没有不利的第三方效应；每个决策者都有关于其选择的对象和结果的全部信息，谁也没有私人信息，一方当事人不会因契约条款及其结果而使另一方感到意外；存在足够的买主和卖主，他们既可能是现实的，也可能是潜在的。他们可以自由地选择交易伙伴，自愿缔结契约，而不接受也不能施加市场垄断权；交易成本为零。

　　在上述假设条件下，契约条款能够完整描述订立人的交易目标和交易手段，并且当事人认真执行契约。在这种情况下，每一份契约都能够得到严格履行和实施。在完全契约中，契约当事人拥有完全的信息，契约过程中具备足够的交易者（没有任何人能够主导交易），交易费用为零（订契约费用为零）并且契约条款没有外部性。

　　（二）不完全契约

　　然而，完全契约的基本条件在现实中几乎不可能出现。科斯在 1937 年经典论文中指出，"由于预测的困难，关于商品或劳务供给的契约期限越长，那么对买方来说，明确规定对方该干什么就越不可能，也越不合适"，间接地指出了契约完全性的不可能实现，从而也奠定了不完全契约研究的基础。不完全契约是指缔约双方不能完全预见契约履行期内可能出现的各种情况，从而无法达成内容完备、设计周详的契约条款。导致契约不完全的原因主要有两个：一是有限理性，即人的理性、思维是有限的，对未来事件、外在环境无法完全预期；二是交易成本，即对未来进行预测，对预测及措施达成协议并写入契约，确保可以执行等，均存在交易成本，在此情况下，缔约各方愿意遗漏许多内容，或有意留待以后出现事件时再行协商。

　　如果交易者具有无限的个人履约资本，那么"敲竹杠"将不会发生。然而在现实中当事人知道在他们维持契约关系和做出专用性投资时其私人强制执行资本是有限的，那么他们的契约是不完全的。这种契约的不完全性激发了交易主体机会主义行为的动机，而资产专用性带来的可占用准租又使这种机会主义行为有可能转变为现实，"敲竹杠"问题由此而产生。"敲竹杠"就是交易者在不完全契约下从交易合伙人所进行的专用性投资中寻求准租的一种后契约机会主义行为。一方面，契约当事人可以利用不完全契约留下的漏洞和监督执行的困难来减少专用性投资，从而实施"敲竹杠"行为；另一方面，契约当事人也可以在契约再谈判时利用资产专用性带来的"捆绑"效应，以中止达成再协商协约相威胁，从而直接要求增加契约收益。如果契约当事人减少专用性投资，那么人为的投入不足就会造成生产效率的损失，这意味着生产成本随之上升；而终止协议威胁行为的存在加剧了各方在再谈判时对修正条款的争论，这种喋喋不休的讨价还价耗费大量的资源，增加了交易成本。

　　为了应对不完全契约而导致的"敲竹杠"风险和保证契约的绩效，在现实交易中各方通常可以动用以下三种不同的契约执行机制：自我实施机制、第三方实施机制（法律）、一体化机制。

　　契约的自我实施机制强调契约各方的自觉性，通过契约各方的信任、信誉与耐心等机制达到契约实施的目的，这种实施机制的实施成本最低。契约得以自我实施的一种途径是报复机制，即契约各方预期到自身违约会招致其他各方的报复与惩罚而选择遵守契约，它通过契约各方以及各种中介组织的单方或集体惩罚来约束违约行为，通过文化、惯例、行规等非正式制度促进契约的实施。契约的自我实施不依靠法院强制实施的成文契约条款，而是依靠施加一种私人惩罚，这种私人惩罚由两部分组成：一部分是直接与交易者关系终止有关的未来损失。在给定交易者专用性投资无法收回的情况下，终止交易关系的威胁（或者无法恢复）意味着一种潜在的资本损失，这就等于从专用性投资那里得到的贴现值；另一部分是与交易者市场声誉贬值有关的损失，违背默认契约的前科由当事人与该交易者发生交易关系时将被考虑进去，这种市场声誉效应导致了该交易者在未来做生意时增加了成本，因为潜在的交易伙伴以及正在进行交易的伙伴在将来更不愿意依赖该交易者的口头承诺，而要求更为有利的或更为明确的契约条款。当交易者预期到如果"敲竹杠"的收益小于这种私人惩罚时，交易者将不会"敲竹杠"而仍按交易者相互理解的契约目标一致行动。但是当潜在的"敲竹杠"收益大于施加在交易者身上的私人惩罚条款而造成损失时，这种机制就会失灵，因为此时进行"敲竹杠"将是有利可图的。

第三方实施机制指国家或者法律机关通过立法或者司法程序来弥补由于契约不完全所造成的无效率。针对造成不完全契约的几类交易费用，法经济学界的干预学派提出了不同的干预措施。如果是不可预见性造成了契约不完全，那么在双方信息不对称的情况下，法庭通过否决还是认可契约可以迫使有信息优势的一方主动揭示信息。在信息对称的情况下，法庭如果否决契约会减弱当事人的专用性投资激励，但是会增强当事人面对或然状态的保险能力，因此最佳的干预规则在激励和保险之间权衡取舍。如果是高昂的缔约成本造成了契约不完全，那么在一定条件下，国家可以提供某种形式的"默示规则"（即按照某种规则来调整契约不完全时当事人的权利和义务，这在司法实践中通常表现为司法解释或者判例）。如果是不可证实性导致了契约不完全，那么根据履约理论，法庭基于某些可证实的条款强制执行契约通常优于提供默示规则。因为缔约各方不会把那些不可证实的条款写入契约，所以在这种情况下国家提供默示规则就是无效的。契约的第三方执行机制具有最强的强制性，但对契约各方行为的可观察性与可证实性的依赖性也是最大的，而且即使一方确实违反了契约，但由法院调查损失和实施契约的诉讼也可能是成本高昂的。此外，实际的法律干预的前提条件是相当苛刻的，有效的法律干预要求法庭面对的是具有同质性的大量案件，并且要求法庭在信息方面至少不劣于当事人。

纵向一体化是当交易者具有有限声誉资本时，补充自我实施机制的最佳市场合约形式。纵向一体化是将原来由市场连接的上、下游厂商纳入同企业之中，该过程是企业代替市场的过程，也是行政命令机制代替价格机制的过程。纵向一体化能够比公平市场契约更好地解决要挟问题，因为通过企业间的合并，以前存在的两个企业之间的问题就转化为企业内部的问题，而企业内部交易的治理基本上不同于公平市场交易的治理，表现在：首先，在纵向一体化企业内部进行某项活动时，可以通过集权控制达到协调，而在市场上独立企业之间进行契约交易则不存在这种控制，所以内部治理机制可以调整以适应当事人的有限理性和契约条件的复杂性。其次，企业之间的纵向一体化通过在企业内部用权威而不是用契约来保证交易的实施，实现了企业信息交换经济，不仅有利于防范道德风险，而且可以节约契约成本。再次，纵向一体化具有减少合约明确性的优势，从而减少了对法院实施不完全和刚性的长期合约的依赖。当预期改变相对于对方的声誉资本来说太大，因而必要的合约明确性太具刚性，纵向一体化就成为便于自我实施从而灵活协调的更好方式。需要指出的是，每一种治理机制均有其特定的适用范围，各种机制不是孤立和排斥的，而是相互依赖和补充，多种机制共同作用才能保证契约执行效率。

## 本章思考题

1. 名词解释

制度　交易费用　产权　完全契约　不完全契约　科斯定理

2. 试运用本章所学的理论解释企业为什么会存在？

3. 为什么一个经济体需要有制度？

4. 结合实际中的经济现象，试说明交易费用为零是什么情形？交易费用为正是什么情形？为什么会存在交易费用的情况？

5. 明晰产权为什么能够使经济更有效率？

6. 产权的权能结构是怎样的？结合房屋产权分析其权能结构。

7. 试运用科斯定理分析我国国有企业改革。

8. 为了应对不完全契约而导致的"敲竹杠"风险，从制度设计的角度可以采取哪些应对机制？

# 第十五章 博弈论常识

现实经济生活中，任何一个经济主体的行为都不是孤立的，都会对其他人的行动产生影响。正因为如此，所有经济主体进行决策时也必然要考虑到其他经济主体的行为以及自身的决策对其他经济主体行为的影响。博弈论便是关于理性的经济主体在策略性的经济环境中采取怎样行动的系统研究。本章主要对博弈论进行简要的介绍。

## 第一节 博弈与博弈论

博弈，又称为对策、游戏或竞赛，是指一些个人、队组或其他组织，面对一定的环境条件，在一定的规则下，同时或先后，一次或多次，从各自容许选择的行为或策略中进行选择并加以实施，各自取得相应结果的过程。

所谓博弈论，是研究博弈情境下，博弈主体的理性选择行为的理论；或者说，它是关于竞争者如何根据环境和竞争对手的情况变化，采取最优策略和行为的理论。博弈论既可以用于研究相互依存的厂商之间的竞争与合作行为，也可以用于研究政治、谈判以及战争等对抗行为。

### 一、博弈的基本构成

在一个博弈中，其基本构成要素一般会包括以下几个方面。

（1）博弈的参与者（players），也称为博弈主体或者博弈方。即在所定义的博弈中究竟有哪几个独立决策、独立承担结果的个人或组织。在博弈中存在一个必需的因素，即不是一个人在一个毫无干扰的真空里做出决策。从经济学的角度来看，如果是一个人做决策而不受到他人干扰的话，那就是一个传统经济学或管理学中最经常研究的最优化问题，也就是一个人或一个企业在一个既定的局面或情况下如何决策的问题。最简单的一个最优化的例子就是，吸烟伤肺，不吸烟却又伤心，烟民是选择抽烟还是不抽烟，这就需要进行权衡。如果这个烟民非单身贵族，而是有妻子或女友，这种情况下就很有可能形成一个博弈。这也就是，博弈者的身边充斥着具有主观能动性的决策者，他们的选择与其他博弈者的选择相互作用、相互影响。这种互动关系自然会对博弈各方的思维和行动产生重要的影响，有时甚至直接影响着其他参与者的决策结果。

在博弈中，每个参与者的目标是通过选择一定的策略行为使自己的福利或者收益最大化。博弈的参与者既可能是单个的自然人，也可能是一些团体或者组织，如企业、国家，等等。在博弈的规则确定以后，各参与方都是平等的，大家都必须严格按照规则办事。

（2）各博弈方各自可选择的全部策略（strategies）或行为（actions）的集合。所谓策略，就是"计利以听，乃为之势，以佐其外。势者，因利而制权也"。这指的是直接实用的针对某一个具体问题所采取的应对方式。通俗地说，策略就是计策，是博弈参与者所能够选择的手段方法。一般日常生活中，策略选择仅是解决问题的方法，并不牵涉到分析关键因素、确定局势特征这些理论化的内容。而博弈论中的策略选择，是先对局势和整体状况进行分析，确定局势特征，找出其中关键因素，然后在最重要的目标上进行策略选择。由此可见，博弈对局中的策略是可以牵一发而动全身的，这直接对整个局势造成重大影响。在不同博弈中可供博弈方选择的策略或行为的数量很不相同，在同一个博弈中，不同博弈方的可选策略或行为的内容和数量也常不同，有时只有有限的几种，甚至只有一种，而有时也可能有许多种，甚至无限多种可选策略或行为。

（3）进行博弈的次序（orders）。在现实的各种决策活动中，当存在多个独立决策方进行决策时，有时候需要这些博弈方同时做出选择，因为这样能保证公平合理，而很多时候各博弈方的决策又有先后之分，并且有时一个博弈方还要作不止一次的决策选择。这就免不了有一个次序问题。因此规定一个博弈必须规定其中的次序，次序不同一般就是不同的博弈，即便博弈的其他方面都相同。

（4）博弈方的得益（payoffs）。对应于各博弈方的每一组可能的决策选择，都应有一个结果表示该策略组合下各博弈方的所得或所失。由于对博弈的分析主要是通过数量关系的比较进行的，因此研究的绝大多数博弈，本身都有数量的结果或可以量化为数量的结果，如收入、利润、损失、个人效用和社会效用、经济福利等。博弈中的这些可能结果的量化数值，称为各博弈方在相应情况下的"得益"。规定一个博弈必须对得益做出规定，得益可以是正值，也可以是负值，它们是分析博弈模型的标准和基础。值得注意的是，虽然各博弈方在各种情况下的得益应该是客观存在的，但这并不意味着各博弈方都了解各方的得益情况。

以上4个方面是定义一个博弈时必须首先设定的，确定了上述4个方面就确定了一个博弈。博弈论就是系统研究可以用上述方法定义的各种博弈问题，寻求在各博弈方具有充分或者有限理性、能力的条件下，合理的策略选择和合理选择策略时博弈的结果，并分析这些结果的经济意义、效率意义的理论和方法。

**二、博弈的表述方式**

在博弈论里，一个博弈可以用两种不同的方式来表述：一种是战略式表述（strategic form）或标准式表述（normal form），另一种是扩展式表述（extensive form）。尽管从理论上讲，这两种表述形式几乎完全等价，但从分析的方便性角度看，战略式表述更适合于静态博弈，而扩展式表述更适合于讨论动态博弈。

1. 战略式表述

战略式表述的博弈模型需要在以下几个要素内容方面做出明确的确定。

（1）参与者，博弈论假定参与者是追求效用最大化的理性人。当参与者是企业、团体、组织机构甚至国家时，假定构成这类组织的自然人也是追求效用最大化的理性人。在具体的分析中，可以用利润最大化或其他目标函数来代替效用最大化，但这些不同的目标函数之间并不存在矛盾，它们都应被理解以效用最大化为一致性基础的相互可替代的表达方式。

记 $n$ 为一个博弈中参与者的个数（$n=1, 2, \cdots$），$\Gamma$ 为所有参加者构成的集合，$\Gamma=(1, 2, \cdots, n)$，$i$ 为一个特定的参加者（$i=1, 2, \cdots, n$），$i\in\Gamma$；

一个特别的参加者可能是"自然"，它是上述规定的例外，因为它既不是自然人也不是由自然人构成的组织，同时也不是追求效用最大化的行为主体，它往往表示一种博弈面临的环境或外生条件。

（2）策略空间（strategy space），每一个参与者可以选择的策略所构成的集合。记第 $i$ 个参与者的策略空间为 $S_i$，记 $S_i$ 中的一个元素为 $s_i\in S_i$，$i\in\Gamma$。

（3）支付函数，指参与者从博弈中获得的效用水平或利润水平或其他形式的目标函数。无论是什么样形式的支付函数，它们一般都是以效用函数为基础。记第 $i$ 个参加者的支付函数为 $u_i = u_i (s_1, \cdots, s_i, \cdots, s_n)$, $i \in \Gamma$。

通常将一个博弈记为 $G = \{S_1, \cdots, S_n; u_1, \cdots, u_n\}$，称这种表述方法为一个博弈的"战略式表述"（strategic form representation）。

当博弈的参与者和每个参与者的策略空间均为有限时，博弈被称为"有限博弈"（finite games）。两人有限博弈的战略式表述可以直观地用矩阵的形式给出。下面以"囚徒困境"为例来说明博弈的战略式表述。

假设有两个小偷 1 和 2 联合犯事。警方将两人分别置于不同的房间内进行单独审讯，对每一个犯罪嫌疑人，警方给出的政策是：如果两人都认罪，则各被判刑 8 年。如果一人认罪，另一人不认罪，则认罪者立即释放，不认罪者加重判刑至 10 年。如果两人都不认罪，则警方因证据不足不能判两人偷窃罪，但可以以私入民宅的罪名将两人各判入狱 1 年。并且每个小偷都被告知，他的同伙也面对着同样的政策。这个博弈的战略式表述见表 15 - 1。

**表 15 - 1**             **"囚徒困境"博弈的战略式表述**

|  |  | 囚徒 2 | |
|---|---|---|---|
|  |  | 坦白 | 抵赖 |
| 囚徒 1 | 坦白 | −8, −8 | 0, −10 |
|  | 抵赖 | −10, 0 | −1, −1 |

该战略式表述，清晰地描述了"囚徒困境"博弈。参与者 $N = (1, 2)$，策略空间 $S_1 = S_2 = \{坦白, 抵赖\}$，支付函数 $u_1$（坦白，坦白）$= u_2$（坦白，坦白）$= -8$，$u_1$（坦白，抵赖）$= u_2$（抵赖，坦白）$= 0$，$u_1$（抵赖，坦白）$= u_2$（坦白，抵赖）$= -10$，$u_1$（抵赖，抵赖）$= u_2$（抵赖，抵赖）$= -1$。

2. 扩展式表述

在博弈的扩展式表述中，策略对应于参与者的"相机行动规则"，即博弈参与者的行动有先有后，这就要求各个博弈方见机行事，依据博弈顺序，在什么情况下选择什么行动。具体来说，博弈的扩展式表述包括如下要素。

（1）参与者集合即所谓的博弈方集合：$i = 1, 2, \cdots, n$。

（2）参与者的行为顺序即什么时候行动，谁先行动，谁后行动。

（3）参与者的行为（策略）空间，即博弈方在每次行动时，有哪些行为或者策略可以选择。

（4）参与者人的信息集即参与人在选择时，都知道些什么信息。

（5）参与者的支付函数即在行动结束时，每个参与者所获取的收益。

（6）外生事件即"自然"选择的概率分布。

如同 2 人优先博弈可用矩阵形式直观表达一样，$n$ 人优先策略博弈的扩展式表述一般可用"博弈树"直观表达，详细的情况将在第三节进行介绍。

**三、博弈的类型**

依据博弈结构每个方面的特征，博弈有很多种分类的方法。

（1）如果按照参与人的先后顺序、博弈持续的时间和重复的次数进行分类，博弈可以划分为静态博弈（static game）和动态博弈（dynamic game）。静态博弈是指在博弈中，参与者同时采取行动，同时进行策略决定，参与者所获得的支付依赖于他们所采取的不同的策略组合情况。因此，也把静态博弈称为"同时行动的博弈"（simultaneous-move games）。或者尽管参与者的行动有先后顺序，但后行动的人不知道先行动的人采取的是什么行动。动态博弈是指在博弈中，参与人的行动有先后顺序（sequential-move），且后行动者能够观察到先行动者所选择的行动。

（2）如果按照参与人对其他参与人所掌握的信息的完全与完备程度进行分类，博弈可以划分为完全信息博弈（game with complete information）与不完全信息的博弈（game with incomplete information）。信息是博弈论中重要的内容。完全信息博弈是指在博弈过程中，每一位参与人对其他参与人的特征、策略空间及收益函数有准确的信息。严格地讲，完全信息博弈是指参与者的策略空间及策略组合下的支付，是博弈中所有参与者的"公共知识"（common knowledge)的博弈，否则就是不完全信息博弈。

根据上述分类，博弈可以分为 4 种不同的类型：完全信息静态博弈，完全信息动态博弈，不完全信息静态博弈，不完全信息动态博弈。博弈论更关注博弈主体相互作用而形成的博弈结果，探讨这种结果在不同环境下的稳定状况，即均衡。与上述 4 种博弈相对应，有 4 种均衡概念：纳什均衡，子博弈精炼纳什均衡，贝叶斯纳什均衡，精炼贝叶斯纳什均衡。在上述 4 类均衡中，后一类均衡以前一类均衡为基础，均衡的意义越来越强，最后的精炼贝叶斯纳什均衡有最强的均衡含义。人们可以说：现实均衡总是精炼贝叶斯纳什均衡（或更强均衡概念），但在完全信息静态博弈中它等价于纳什均衡；在完全完美信息动态博弈中它等价于子博弈精炼纳什均衡；在不完全信息静态博弈中它等价于贝叶斯纳什均衡。

本章将以"纳什均衡"及其精炼为脉络，主要介绍前两种博弈及其均衡。

## 第二节 完全信息静态博弈

完全信息静态博弈是指各博弈方同时决策，且所有博弈方对各方得益都了解的博弈。在博弈论中，完全信息静态博弈是博弈中最基本的类型，最为简单，但也是内涵最为丰富的，其对应的纳什均衡也是所有博弈均衡概念的理论基点。

### 一、纳什均衡

为了探讨完全信息静态博弈情况下的均衡解的一般求法和思路，仍用前面介绍过的"囚徒困境"博弈来举例分析。

#### 1. 占优均衡

"囚徒困境"博弈是一种典型的非零和非合作博弈，它的提出及对这类博弈的解的研究，极大推进了"非合作博弈"的理论进展。据说，"囚徒困境"博弈最初是于 1950 年由就职于兰德公司的美国心理学家梅里尔·弗洛德（Merrill Flood）和经济学家梅尔文·德莱希尔（Melvin Dresher）创立的，同年由 A. W. 塔克（A. W. Tucker）加以定型和完善。为了分析的方便，可以重新分析表 15 - 1。

在这个博弈中，每一个囚犯都有两个可供选择的策略：坦白和抵赖。对于囚徒 1 来说，如果囚徒 2 选择坦白，囚徒 1 的最优决策是选择坦白，因为选择坦白的收益是 −8，而选择抵赖的收益是 −10。为了看得更清楚，可以在囚徒 1 选择坦白，囚徒 2 的最优决策坦白的收益值下面画短线。如果囚徒 2 选择了抵赖，囚徒 1 选择坦白的收益是 0，选择抵赖的收益是 -1，所以囚徒 1 仍然应该选择坦白。同样在囚徒 1 选择坦白的收益 0 下画短线。可见，不管囚徒 2 选择什么策略，坦白永远是囚徒 1 的最优策略。

同理，不管囚徒 1 选择什么策略，坦白永远是囚徒 2 的最优策略。因为对于囚徒 2 来说，如果囚徒 1 选择坦白，囚徒 2 选择坦白的收益为 -8，选择抵赖的收益为 -10，所以囚徒 2 最好选择坦白；如果囚徒 1 选择抵赖，囚徒 2 选择坦白的收益为 0，选择抵赖的收益为 -1，所以囚徒 2 同样最好选择坦白。同样，在囚徒 2 选择坦白的收益 -8 和 0 下画短线。"囚徒困境"博弈的收益矩阵重新表述见表 15 - 2。

表 15 - 2                     "囚徒困境"博弈的收益矩阵

|  |  | 囚徒 2 | |
|---|---|---|---|
|  |  | 坦白 | 抵赖 |
| 囚徒 1 | 坦白 | -8, -8 | 0, -10 |
|  | 抵赖 | -10, 0 | -1, -1 |

像这种不管其他参与者采取什么策略，每一个参与者都有一个最优策略的选择，叫作占优策略（dominant strategy）。在"囚徒困境"博弈中，两个囚犯的占优策略都是坦白，因此，最容易出现的结局也就是两人都被判处 8 年有期徒刑。（坦白，坦白）或者（-8，-8）也就成为"囚徒困境"博弈的均衡解。其实，通过刚刚画短线的方法（简称"画线法"），也可以直观地看出"囚徒困境"博弈的均衡解。在表 15 - 2 收益矩阵的 4 个收益组合中，只有策略组合（坦白，坦白）对应的收益数组（-8，-8）的两个数字下都画有短线，其他三个策略组合的收益数组中最多只有一个数字下有短线或两个数字下都没有短线，意味着只有（坦白，坦白）满足双方的策略相互是对对方策略的最优策略，表明给定一方采用策略组合中的策略，则另一方也愿意采用该策略组合中的策略，该策略组合具有稳定性。在一个博弈中，如果所有参与者都有占优策略，那么所有参与者的占优策略组合便是该博弈的唯一均衡，称为占优策略均衡（dominant strategy equilibrium）。

再次分析表 15 - 2 所示的"囚徒困境"博弈收益矩阵，可以看出，尽管（坦白，坦白）是对囚徒个人而言的最优策略，但是从二人支付的总和来看，双方都选择抵赖的结果才是最优的。因此，囚徒困境模型深刻揭示了社会和经济生活中的一种普遍情形，即"个人理性"与"集体理性"的矛盾，这就是"困境"。

2. 纳什均衡的含义

前面分析的"囚徒困境"博弈的占优策略均衡是一类特殊的均衡，或者说是更具有一般意义的纳什均衡中的特例。下面，改变一下"囚徒困境"博弈的收益矩阵（见表 15 - 3）来介绍纳什均衡。

表 15 - 3                     某博弈的收益矩阵

|  |  | B | |
|---|---|---|---|
|  |  | L | R |
| A | L | 10, 10 | 0, 7 |
|  | R | 7, 0 | 6, 6 |

　　仍然采用画线法，给定博弈主体 B 选择 L，A 的最优策略是 L，在 A 策略 L 的收益 10 下面画短线；给定 B 选择 R，A 的最优策略是 R，在 A 策略 R 的收益 6 下面画短线。同理，给定博弈主体 A 选择 L，B 的最优策略是 L，在 B 策略 L 的收益 10 下面画短线；给定 A 选择 R，B 的最优策略是 R，在 B 策略 R 的收益 6 下面画短线。

　　可见，在上述博弈中，无论是 A 还是 B，都不存在一种在其他人无论采取何种策略的条件下，自己所采取的策略都是最优策略的情况，因此，该博弈不存在唯一的占优策略均衡。但是可以看出表 15 - 3 中有两个策略组合（L，L）和（R，R）所代表的收益数组下都画有短线。这说明，这两个策略组合满足双方的策略相互是对对方策略的最优策略，也就是说，当 A 选择策略组合中（L，L）的策略 L 的时候，B 的最优策略也是策略组合中 L 的策略；当 A 选择策略组合中（R，R）的策略 R 的时候，B 的最优策略也是策略组合中 R 的策略。

　　上述博弈是两人博弈，由此形成的最优策略组合则可以通俗地表示为："给定你的策略，我的策略是我最好的策略；给定我的策略，你的策略也是你最好的策略。"简而言之，这种最佳策略组合就是博弈主体互为最适反应，即"给定你（们）的选择，我要把我的效用最大化；给定我的选择，你（们）要把你（们）的效用最大化"。

　　事实上，具有这种性质的策略组合，正是博弈理论中最重要的一个解概念，即博弈中的"纳什均衡"。

　　下面给出纳什均衡的定义：

　　对于 $n$ 人战略式表述博弈 $G = \{S_1, \cdots, S_n; u_1, \cdots, u_n\}$，若策略组合 $s^* = (s_1^*, \cdots, s_n^*)$ 满足如下条件，则称 $s^*$ 是一个纳什均衡：

$$u_i(s_i^*, s_{-i}^*) \geqslant u_i(s_i, s_{-i}^*), \forall s_i \in S_i, i = 1, \cdots, n$$

　　其中 $s_i^*$ 表示博弈方 $i$ 的战略，$s_{-i}^*$ 表示除博弈方 $i$ 之外的所有其他博弈方的策略构成的策略组合。

　　即是说如果对于每一个 $i = 1, \cdots, n$，$s_i^*$ 是给定其他参与者选择 $s_{-i}^* = (s_1^*, \cdots, s_{i-1}^*, s_{i+1}^*, \cdots, s_n^*)$ 的情况下第 $i$ 个参与者的最优策略。

　　或者用另一种表达方式：当且仅当 $s_i^*$ 是下述最大化问题的解时，$s_i^*$ 是一个纳什均衡：

$$s_i^* \in \mathrm{argmax}\, u_i(s_1^*, \cdots, s_{i-1}^*, s_i, s_{i+1}^*, \cdots, s_n^*), i = 1, \cdots, n, s_i \in S_i$$

　　根据上述纳什均衡的定义不难判断，前面所述各博弈方都不愿单独改变策略的策略组合，如"囚徒困境"博弈中的（坦白，坦白），表 15 - 3 博弈中的（L，L）、（R，R）都是纳什均衡。

　　3. 对纳什均衡的说明

　　（1）强纳什均衡与弱纳什均衡。事实上，上一节给出的纳什均衡的定义是一种"弱纳什均衡"概念。当定义中的不等式为严格不等式时，可以得到"强纳什均衡"的概念，即：

　　如果给定其他博弈方者的策略，每一个博弈方的最优选择是唯一的。也就是说如果 $s^*$ 是一个强纳什均衡，当且仅当对于所有的 $i = 1, \cdots, n$，$s'_i \neq s_i^*$，有

$$u_i(s_i^*, s_{-i}^*) > u_i(s'_i, s_{-i}^*)$$

　　如果一个纳什均衡是强的，则没有任何博弈主体在均衡策略与某些其他策略之间是无差异的，在弱纳什均衡情况下，有些参加者可能在均衡策略与非均衡策略之间是无差异的。既然是无差异的，为什么选择均衡策略而不选择其他策略呢？由于这个原因，强纳什均衡比弱纳什均衡是一个更为可取的概念。此外，强纳什均衡对博弈支付的微小变化并不敏感，这保

证了博弈模型预测功能的稳健性。但是，也要认识到，并不是所有博弈都存在强纳什均衡，有些博弈可能存在多个纳什均衡，但是都不是强纳什均衡。

（2）纳什均衡与占优策略均衡。每一个占优策略均衡一定是纳什均衡，但并非每一个纳什均衡都是占优策略均衡。因为构成纳什均衡的唯一条件是：它是参与者对其他参与者均衡策略的最优选择；而占优策略均衡则要求它是对所有其他参与者的任何策略组合的最优选择，则自然它也是对所有其他参与者的某一特定的策略组合的最优选择。在"囚徒困境"博弈中，（坦白，坦白）是一个占优策略均衡，也是纳什均衡；但是在表 15-3 所示的博弈中，却只有纳什均衡，没有占优策略均衡。

（3）"一致性"预测。既然纳什均衡是博弈关联主体不愿偏离的策略组合，那可以设想一下，如果博弈主体在博弈之前预测到了该博弈的纳什均衡，那么所有的博弈方都不会作出与预测结果不一致的策略，也就是说，任何博弈方都不会有偏离预测结果的愿望，因此这个预测结果最终会真正成为博弈的结果。这就是纳什均衡的"一致预测性"特点，这一特点是纳什均衡所独有的，是纳什均衡的本质属性，也是保证纳什均衡的价值，使纳什均衡有不同于其他分析概念的特殊地位的重要性质之一。

## 二、混合策略纳什均衡

### 1. 混合策略纳什均衡的定义

在纳什均衡分析中，如果有唯一纳什均衡，则纳什均衡分析方法可以相当圆满地解决博弈问题，因为得到了唯一的最优解。但如果博弈中不存在纳什均衡或者纳什均衡不唯一，那么纳什均衡分析就无法给出确定的解，或根本就得不到解。因此纳什均衡分析法，还不能完全满足完全信息静态博弈分析的需要。为此，需要引进新的分析方法，那就是"混合策略博弈"和"混合策略纳什均衡"。

下面以猜硬币博弈为例来介绍混合策略博弈和混合策略纳什均衡。

猜硬币博弈是从儿童的猜硬币游戏演化而来的。两个儿童手里各拿着一枚硬币，决定要显示正面向上还是反面向上。如果两枚硬币同时正面向上或同时反面向上，儿童 A 付给儿童 B 一分钱；如果两枚硬币只有一枚正面向上，儿童 B 付给儿童 A 一分钱。表 15-4 给出了这个博弈的收益矩阵。

**表 15-4** 　　　　　　　　　猜硬币博弈的收益矩阵

| | | 儿童 B | |
|---|---|---|---|
| | | 正面 | 反面 |
| 儿童 A | 正面 | −1, 1 | 1, −1 |
| | 反面 | 1, −1 | −1, 1 |

通过对收益矩阵进行分析，可以得知该博弈不存在纳什均衡，因为给定儿童 B 选择正面，儿童 A 的最优决策是反面，而给定儿童 A 选择反面，儿童 B 的最优决策是反面；同样地，给定儿童 B 选择反面，儿童 A 的最优决策是正面，而给定儿童 A 选择正面，儿童 B 的最优决策是正面。

尽管该博弈不存在纳什均衡，但是通过对收益矩阵进行分析，可以得出，博弈主体如果希望自己赢，则一定要确保自己的策略选择不能预先被对方知道或猜测到。换句话说，博弈主体必须以某一随机概率决定自己是出正面还是反面，并且如果一方出某一面的概率大于出另一面的概率，则一定会导致两方中存在赢方或输方。这种博弈方以一定的概率分布在可选策略中随机选择的决策方式，称为"混合策略"（mixed strategies）。与此相对，则把博弈中原来意义上的策略称为"纯策略"（pure strategies）。

假定儿童 A 以 $p$ 的概率选择正面，儿童 B 以 $q$ 的概率选择正面，如果儿童 A 出正面的概率大于出反面的概率，则儿童 B 全选正面就能保证赢的概率大于输的概率。同样的道理，如果儿童 B 出正面的概率大于出反面的概率，则儿童 A 全选反面就能保证赢的概率大于输的概率。因此要想不让对方有机可乘，最可靠的方法是自己正反面的概率选择使对方选择两种策略的期望收益相同。

首先考虑儿童 A，他选择正反面的概率必须使得儿童 B 无论选择正面还是反面，其期望收益都是一样的。

$$u_B（正面）=u_B（正面，正面）\times p+u_B（反面，正面）\times (1-p) = p-(1-p)=2p-1$$

$$u_B（反面）=u_B（正面，反面）\times p+u_B（反面，反面）\times (1-p) = -p+(1-p)=1-2p$$

$$u_B（正面）=u_B（反面）$$

计算可得：$p=1/2$

再考虑儿童 B。同样的道理，儿童 B 选择正反面的概率必须使得儿童 A 无论选择正面还是反面，其期望收益都是一样的。

$$u_A（正面）=u_A（正面，正面）\times q+u_A（正面，反面）\times (1-q) = -q+(1-q)=1-2p$$

$$u_A（反面）=u_A（反面，正面）\times q+u_A（反面，反面）\times (1-q) = q-(1-q)=2q-1$$

$$u_A（正面）=u_A（反面）$$

计算可得：$q=1/2$

当儿童 A 以（1/2，1/2）的概率随机选择正面和反面，儿童 B 以（1/2，1/2）的概率随机选择正面和反面时，双方获利的机会是相等的。也就是说，双方都无法通过单独改变策略，即单独改变随机选择纯策略的概率分布而提高利益，因此双方上述概率分布的组合构成一个混合策略纳什均衡。

下面给出混合策略博弈的定义：

$n$ 人战略式表述博弈 $G=\{S_1，\cdots，S_n；u_1，\cdots，u_n\}$ 中，$S_i=\{s_{i1}，\cdots，s_{ik(i)}\}$，概率密度 $\sigma_i=(\sigma_{i1}，\cdots，\sigma_{ik(i)})$ 被称为博弈方 $i$ 的一个混合策略，$\sigma_{ik}=\sigma_i(s_{ik})$ 是 $i$ 选择 $s_{ik}$ 的概率，$0\leqslant\sigma_{ik}\leqslant1$，$\sum_{k=1}^{k(i)}\sigma_{ik}=1$，$k=1，\cdots，k(i)$，$i=1，\cdots，n$，$k(i)$ 为 $S_i$ 中纯策略个数［$k(i)$ 可为无穷大］。

显然，混合策略是纯策略概念的一种扩充，因为当某个 $\sigma_{ik}=1$［$\sigma_{ik}=0$，$k\neq k'$，$k'=1，\cdots，k(i)$］时，混合策略就"退化"为一种纯策略。当博弈方按混合策略进行博弈时，一般称该博弈为混合策略博弈。

记参与者 $i$ 可选择的所有混合策略（当然包括所有的纯策略）构成的集合为 $\sum_i$，称 $\sum_i$ 为 $i$ 的混合策略空间，$\sigma_i\in\sum_i$；$\sigma=(\sigma_1，\cdots，\sigma_n)$ 为混合策略组合（mixed strategy profile）；笛卡儿积 $\sum=X_i\sum_i$ 为混合策略组合空间，$\sigma\in\sum$。

在混合策略博弈中，任一参与者不能准确判定博弈的最终纯策略组合是什么，因为至少其他参与者的纯战略选择对他来说只是一种不太准确的预测，所以，参与者对其所获得的支付的判断只能是一种预期值或期望效用。记 $v_i(\sigma) = v_i(\sigma_i, \sigma_{-i})$ 为参与者 $i$ 的期望支付函数。于是，有

$$v_i(\sigma_i, \sigma_{-i}) = \sum_{s \in S} p(s) u_i(s)$$

其中，$p(s)$ 为 $s$ 作为博弈结果的策略组合的概率。在完全信息静态博弈中，有理由假定各个参与者在选择纯策略时是相互独立地做出决策的，因而就有 $p(s) = \prod_{j=1}^{n} \sigma_j(s_j)$，于是得到

$$v_i(\sigma_i, \sigma_{-i}) = \sum_{s \in S} \prod_{j=1}^{n} \sigma_j(s_j) u_i(s)$$

下面，定义混合战略博弈纳什均衡如下：

$n$ 人战略式表述博弈 $G = \{S_1, \cdots, S_n; u_1, \cdots, u_n\}$ 中，混合策略组合 $\sigma^* = (\sigma_1^*, \cdots, \sigma_i^*, \cdots, \sigma_n^*)$ 是一个纳什均衡，如果对于所有的 $i=1, \cdots, n$，有：

$$v_i(\sigma_i^*, \sigma_{-i}^*) \geqslant v_i(\sigma_i, \sigma_{-i}^*), \forall \sigma_i \in \sum_i$$

混合策略博弈作为纯策略博弈的自然扩充是必要的，因为在这种扩充下才有著名的纳什存在性定理，也就是说，纳什存在性定理保证在非常一般的情况下存在的纳什均衡包括仅存在混合战略博弈纳什均衡的情形。

2. 对混合策略纳什均衡的说明

纯策略纳什均衡，在现实中很容易操作，博弈主体可以依据纳什均衡的策略组合进行决策。但是很难相信现实生活中，博弈参与主体有选择混合策略概率的意识和能力，很明显对一次博弈，博弈参与主体无法分解自己的行为，很难做到能以几分之一的概率做出何种选择，而且在找到各自最佳概念选择的摸索过程隐含该博弈多次反复进行也不现实。

关于这点疑问，纳什提供了关于纳什均衡的群体行为来进行解释。也就是说博弈不仅仅只是在两个博弈主体中产生，而是存在一个由大量个体组成的群体，在群体内不同的个体采用不同的混合策略，基本上，在这个群体中，所采用的特定纯策略的频率是维持不变的。

混合策略纳什均衡的另一个解释是"信念"的均衡。在一个混合策略的纳什均衡中，对每一个参与者而言，被赋予正概率的纯策略是无差异的。在应对其他参与者的均衡策略时，该参与者实际上是选择其自身的任一纯策略。于是，混合策略纳什均衡可以被理解为这样的一种均衡状态：在这种状态下，参与者都无法确定对手的实际选择，从而，在这种不确定性下，参与者在各个纯策略上分配概率，这种分配即是"信念"的分配。一个参与者的混合策略就代表了其他参与者对其可实现的纯策略的"信念"，并且，参与者的信念决定了他们的最佳应对策略以及他们的最优期望支付。均衡就成了一种"信念的均衡"，而不是"行动的均衡"。

**三、纳什均衡的存在性和多重性**

1. 纳什均衡的存在性

从猜硬币博弈中，我们知道博弈中有可能不存在纯策略纳什均衡，在引入混合策略纳什均衡后，这一结论会不会改变呢？1950 年，纳什证明了，任何有限博弈都存在至少一个纳什均衡，可能是纯策略纳什均衡，也可能是混合策略纳什均衡。这就是纳什均衡的存在性定理，具体如下：

$n$ 人战略式表述博弈 $G=\{S_1, \cdots, S_n; u_1, \cdots, u_n\}$ 中，如果 $n$ 是有限的，且 $S_i$ 都是有限集（对 $i=1, \cdots, n$），则该博弈至少存在一个纳什均衡，但可能包含混合策略。

因为纯策略可以视为是相应概率为 1 的混合策略，那么纯策略纳什均衡也可以视为混合策略纳什均衡的特例。因此，纳什定理可以用通俗的语言表述为："每一个有限博弈都至少有一个混合策略纳什均衡。"纳什定理的证明要用到数学中的角谷不动点定理，由于该定理的证明过于数学化，这里就不再给出，对证明过程感兴趣的读者可参看 wllson（1971）。

纳什均衡的普遍存在性，意味着纳什均衡分析在人们所遇到的大多数博弈问题中，都有一种基本的分析方法。正是因为有普遍存在性，纳什均衡是博弈结果的"一致性预测"的性质才有意义，纳什均衡才会成为分析博弈和预测博弈结果的中心概念和基本出发点。

2. 纳什均衡的多重性

前面讨论了博弈中如果不存在纯策略纳什均衡，则可以采用混合策略纳什均衡的分析方法。但是现实中，更多的博弈问题不是不存在纳什均衡，而是存在很多的纳什均衡。这就是纳什均衡的多重性问题。

下面以性别战博弈为例来说明。假定一个男生和一个女生得到了两张足球票和同一时间的两张芭蕾舞票。男生更想去看足球而女生更想去看芭蕾，但是都不愿分头行动。具体的收益见表 15-5。

**表 15-5　　　　　　　性别战博弈的收益矩阵**

| | | 女 | |
| --- | --- | --- | --- |
| | | 足球 | 芭蕾 |
| 男 | 足球 | 2, 1 | 0, 0 |
| | 芭蕾 | 0, 0 | 1, 2 |

很明显，性别战博弈存在两个纯策略纳什均衡：（足球，足球）和（芭蕾，芭蕾）。但是参与主体对这两个纳什均衡存在显著不同的偏好。男生显著偏好前一个纳什均衡，女生显著偏好后一个纳什均衡，因此无法确定博弈的最终结果是哪一个纳什均衡。

但是如果考虑博弈模型之外的某一信息，有可能唯一的纳什均衡就会出现。比如，如果今天是女生的生日，男生可能认为应该选择芭蕾来讨女孩子欢心，而女生也会认为男生认为自己应该讨女生欢心，因此，最终结果就可能是他们都选择芭蕾。这种在现实生活中，博弈主体可能使用某些被博弈模型抽象掉的信息来达到一个均衡，被称为"聚点均衡"。

当然，除了聚点均衡，事实上，面对纳什均衡的多重性问题，还有很多其他的方法来解决。比如，一个博弈中如果存在两个纳什均衡，其中一个纳什均衡在帕累托效率意义上明显好于另一个纳什均衡，那么各个博弈主体不仅自己会倾向于选择帕累托效率更好的纳什均衡，而且可以预料其他博弈主体也会选择该纳什均衡的策略。用这种方法选择出来的纳什均衡被称为"帕累托上策均衡"。

**四、纳什均衡的应用举例**

1. 古诺寡头模型

古诺寡头模型可以说是纳什均衡最早的版本了，它比纳什（1950）给出的定义提早了 100 多年。在古诺寡头竞争模型中，参加者是两个生产同质产品并在同一市场上展开竞争的企业，记为企业 1 和企业 2。每个参加者的策略是企业可选择的产量。在这里，将参加者的策略空间定义为企业可选择的产量范围，而参加者的支付为其可获利润。于是，有如下战略式表述的博弈：

$S_1 = S_2 = [0, \infty)$，$C_i(q_i)$ 为企业 $i$ 的成本函数，$q_i$ 为企业 $i$ 的产量，$i=1, 2$；设逆需求函数为 $P=P(q_1+q_2)$，其中 $P$ 为产品价格。

参加者 $i$ 的支付函数为

$$\pi_i(q_1, q_2) = q_i P(q_1 + q_2) - C_i(q_i), i=1,2$$

对于参加者 $i$，给定参加者 $j$（$j \neq i$）的产量 $q_j$，其最优产量 $q_i$（利润最大化产量）满足以下一阶条件：

$$\frac{\partial \pi_i}{\partial q_i} = P(q_1 + q_2) + q_i P'(q_1 + q_2) - C'_i(q_i) = 0, i=1,2$$

该式定义了参加者 $i$ 对参加者 $j$（$j \neq i$）的反应函数：

$$q_i^* = R_i(q_j), \quad i \neq j; i,j = 1,2$$

假定参加者 $i$ 的成本函数为 $c_i(q_i) = cq_i$，$i=1, 2$，其中 $c$ 为常数，即平均成本，且假设逆需求函数为线性的：

$$p = a - (q_1 + q_2)$$

于是一阶条件变为

$$a - (q_1 + q_2) - q_1 - c = 0$$
$$a - (q_1 + q_2) - q_2 - c = 0$$

反应函数则为

$$q_1^* = \frac{1}{2}(a - q_2 - c)$$

$$q_2^* = \frac{1}{2}(a - q_1 - c)$$

解得，纳什均衡为

$$q_1^* = q_2^* = \frac{1}{3}(a - c)$$

每个企业的利润为

$$\pi_1 = \pi_2 = \left[ a - 2 \times \frac{1}{3}(a-c) \right] \cdot \frac{1}{3}(a-c) - c \cdot \frac{1}{3}(a-c) = \frac{1}{9}(a-c)^2$$

为了与垄断情况进行比较，下面再来计算一下当两个企业联手进行完全垄断经营时的最优产量和利润。在垄断情形下，两个企业最大化总的垄断利润，表达为

$$\max_Q \pi_i = Q(a - Q - c)$$

其中，$Q$ 为两个企业的产量之和。

解得

$$Q^* = \frac{1}{2}(a-c) < q_1^* + q_2^* = \frac{2}{3}(a-c)$$

而垄断利润为

$$\frac{1}{4}(a-c)^2 > \pi_1 + \pi_2 = \frac{2}{9}(a-c)^2$$

寡头竞争的总产量大于垄断产量的原因在于每个企业在选择自己的最优产量时，只考虑对本企业利润的影响，而忽视对另一个企业的外部负效应。这本质上仍是一个囚徒困境

问题。

2. 伯特兰德寡头模型

伯特兰德（Bertrand）1883 年提出了另一种形式的寡头模型，这种模型与选择产量的古诺模型的差别在于，伯特兰德模型中各厂商所选择的是价格而不是产量。

假定：两个寡头企业的产品有一定差异并且进行价格竞争。产品有一定差异指两厂商的产品是在品牌、质量、包装等方面有所不同的同类产品。因此 Bertrand 模型中厂商的产品之间有很强的替代性，但又不是完全可替代，即价格不同时，价格较高的不会完全销不出去。这种情况，可用当厂商 1 和厂商 2 的价格分别为 $P_1$ 和 $P_2$ 时，他们各自面临的需求函数可以表示为：

$$q_1 = q_1(P_1, P_2) = a_1 - b_1 P_1 + d_1 P_2$$
$$q_2 = q_2(P_1, P_2) = a_2 - b_2 P_2 + d_2 P_1$$

其中，$d_1$，$d_2 > 0$ 表示两厂商产品有一定替代性的替代系数。同样假设两厂商无固定成本，边际生产成本分别为 $c_1$ 和 $c_2$。

在该博弈中，两厂商各自的战略空间分别为 $S_1 = [0, P_{1max}]$ 和 $S_2 = [0, P_{2max}]$，其中 $P_{1max}$ 和 $P_{2max}$ 分别是厂商 1 和厂商 2 还能卖出产品的最高价格。

两厂商的利润函数为

$$\pi_1(P_1, P_2) = P_1 q_1 - c_1 q_1 = (P_1 - c_1) q_1 = (P_1 - c_1)(a_1 - b_1 P_1 + d_1 P_2)$$
$$\pi_2(P_1, P_2) = P_2 q_2 - c_2 q_2 = (P_2 - c_2) q_2 = (P_2 - c_2)(a_2 - b_2 P_2 + d_2 P_1)$$

由一阶条件得反应函数：

$$P_1 = \frac{1}{2b_1}(a_1 + b_1 c_1 + d_1 P_2)$$
$$P_2 = \frac{1}{2b_2}(a_2 + b_2 c_2 + d_2 P_1)$$

设纳什均衡为 $(P_1^*, P_2^*)$，必有

$$\begin{cases} P_1^* = \dfrac{1}{2b_1}(a_1 + b_1 c_1 + d_1 p_2^*) \\ P_2^* = \dfrac{1}{2b_2}(a_2 + b_2 c_2 + d_2 p_1^*) \end{cases}$$

解得：

$$\begin{cases} P_1^* = \dfrac{d_1}{4b_1 b_2 - d_1 d_2}(a_2 + b_2 c_2) + \dfrac{2b_2}{4b_1 b_2 - d_1 d_2}(a_1 + b_1 c_1) \\ P_2^* = \dfrac{d_2}{4b_1 b_2 - d_1 d_2}(a_1 + b_1 c_1) + \dfrac{2b_1}{4b_1 b_2 - d_1 d_2}(a_2 + b_2 c_2) \end{cases}$$

当两厂商的产品完全无差异时，该模型中的需求函数要修改，此时必须考虑消费者对价格的敏感性。如果所有消费者对价格都非常敏感，则两厂商的价格竞争将导致均衡价格等于边际成本。在这种情形下，即使不是完全竞争，价格也等于边际成本，当固定成本为零且边际成本为常数时，利润就等于零，这称为 "Bertrand 悖论"。

需要指出，这种价格决策与古诺模型中的产量决策一样，其纳什均衡也是低效率的，因为通过合作形成完全垄断经营各个局中人可以得到更多的利润，但同样他们也处于囚徒困境之中，这种合作是不稳定的。

## 第三节 完全信息动态博弈

在完全信息静态博弈中，博弈主体是在彼此都完全了解收益的情况下，同时作出决策。然而，现实中的许多决策活动是有先后顺序的，往往是依次选择行为而不是同时选择行为，而且后选择行为的博弈方能够看到先选择行为博弈方的选择内容。每一个博弈主体都会依据在决策时所掌握的全部信息来做出自己的最优策略，所以后行动博弈主体的决策要受到以前博弈主体决策行为的影响，会依据以前博弈主体行动给出的信息做出决策。因此，依次选择与一次性同时选择有很大的差异性，把由这种决策问题构成的博弈称为"动态博弈"（dynamic game）或"序贯博弈"（sequential-move game）。

由于博弈主体的决策存在先后性，因此博弈主体对信息的掌握既包括对博弈主体各自收益的了解，也包括对决策前博弈过程的了解。对前者的完全了解称为"完全信息动态博弈"，对后者的完全了解称为"完美信息动态博弈"。一般的博弈都假定满足完美信息要求，因此本章介绍的完全信息动态博弈是指博弈主体对收益和过程都是完全了解的。

### 一、动态博弈的表述方法

静态博弈的表述一般采用战略式表述，在战略式表述中主要包括三个要素：参与者、策略空间和收益函数。在动态博弈中，由于博弈存在阶段性，从而使得策略空间也存在阶段性，因此战略式表述不能满足动态博弈的需要。一般而言，动态博弈的表述更多采用扩展式。同静态博弈的矩阵表示法相比，扩展式所"扩展"的主要是博弈方的策略空间，即某个博弈方在什么时候行动，每次行动时有哪些策略可以选择，以及知道哪些关于博弈的信息。由于扩展式可以反映动态博弈中博弈方的选择次序和博弈的阶段，因此是表示（阶段数和博弈方可选行为数量较少的）动态博弈的最佳方法。正因为动态博弈常用扩展式表示，因此有时也称为"扩展博弈"（extensive form game）。

这里给出"汽车厂和引擎厂"博弈的例子来说明动态博弈的扩展式表示方法。设有一家引擎厂和一家汽车厂，引擎厂生产的引擎一般卖给汽车厂，汽车厂生产的汽车有两个规格：大汽车和小汽车，引擎厂配套生产的引擎也是大引擎和小引擎。一般生产的流程是汽车厂首先决定生产哪一个规格的汽车，引擎厂再决定生产哪一个规格的引擎。如果汽车厂生产小汽车，引擎厂生产小引擎，他们的收益分别是 6 和 3；汽车厂生产小汽车，引擎厂生产大引擎，则他们的收益是 1 和 1；汽车厂生产大汽车，引擎厂生产小引擎，则他们的收益是 0 和 3；汽车厂生产大汽车，引擎厂生产大引擎，则他们的收益是 3 和 8。

"汽车厂和引擎厂"博弈如果用战略式来表述，则收益矩阵见表 15 - 6。

表 15 - 6　　　　　　　　　"汽车厂和引擎厂"博弈的收益矩阵

|  |  | 汽车厂 | |
|---|---|---|---|
|  |  | 小汽车 | 大汽车 |
| 引擎厂 | 小引擎 | 3, 6 | 3, 0 |
|  | 大引擎 | 1, 1 | 8, 3 |

很明显，博弈的收益矩阵表述能够清楚看到不同博弈主体的收益情况，但是不能确定博弈主体行动的先后次序。事实上，博弈主体行动的先后次序对最终决策的结果是有影响的。

在"汽车厂和引擎厂"的博弈中，是汽车厂先决策生产哪种汽车，引擎厂再决定生产哪种引擎。汽车厂的决策会影响引擎厂的决策，反过来，汽车厂做决策前也会考虑引擎厂有可能会采取什么样的决策。如果要表明博弈主体行动的先后顺序，比较形象的方法是采用博弈树，即扩展式表述方法，如图15-1所示。

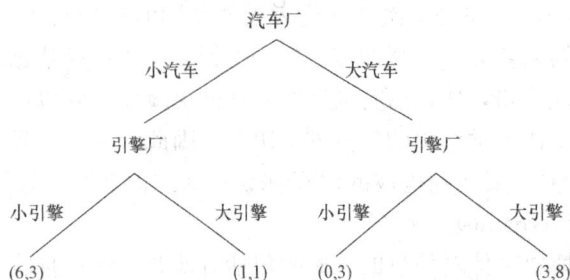

图15-1  "汽车厂和引擎厂"博弈的扩展式表述

从上述分析可以看出，博弈树主要包括3个基本要素：结、枝和信息集。结包括决策结和终点结两类，决策结是参与人采取行动的时点，终点结是博弈行动路径的终点。枝是从一个决策结到它的直接后续结的连线，每一个枝代表参与人的一个行动选择。信息集是由博弈树上的所有决策结分割而成。每一个信息集是决策结集合的一个子集，该子集包括所有满足下列条件的决策结：每一个决策结都是同一参与者的决策结；该参与者知道博弈进入该集合的某一决策结，但不知道自己究竟处于哪一个决策结。

## 二、纳什均衡的问题与逆推归纳法

### 1. 纳什均衡的问题

博弈主体是同时决策，还是依据先后顺序进行决策，博弈的均衡结果是不一样的。也就是说针对动态博弈，如果采用静态博弈的分析方法，其均衡分析结果与博弈主体的实际行动是存在差异的。下面仍以"汽车厂和引擎厂"博弈为例来进行分析。

如果汽车厂和引擎厂同时决策，从表15-6可以分析得出，该博弈存在两个纯策略纳什均衡：{汽车厂生产大汽车，引擎厂生产大引擎}和{汽车厂生产小汽车，引擎厂生产小引擎}，收益是{8，3}和{3，6}。分析这两个纯策略纳什均衡，很明显可以看出，汽车厂更倾向生产小汽车，因为生产小汽车，汽车厂的收益为6，而生产大汽车，收益为3。但是显然，引擎厂更希望生产大引擎，因为生产大引擎，他的收益是8，而生产小引擎，他的收益只有3。

由于"汽车厂和引擎厂"博弈是动态博弈，由两阶段组成：第一阶段是汽车厂决定生产哪种规格的汽车，第二阶段是引擎厂再决定生产哪种规格的引擎。由于汽车厂对于收益是完全了解的，他通过分析可以得出，引擎厂的相机行动计划是：如果汽车厂生产大汽车，他就生产大引擎；如果汽车厂生产小汽车，他就生产小引擎。因此，汽车厂肯定会决定生产小汽车，汽车厂做出决策后，引擎厂依据理性分析，选择生产小引擎。因此，如果"汽车厂和引擎厂"博弈是动态博弈，则只存在一个纳什均衡，那就是{汽车厂生产小汽车，引擎厂生产小引擎}。

由此可以看出，在"汽车厂和引擎厂"博弈中，汽车厂是主导者，引擎厂的决策受制于汽车厂。那么对于引擎厂而言，有没有办法可以改变这种受制于人的状况呢？假设，现在引擎厂对外宣称，他的小引擎生产线出现故障，不能进行生产，那么该博弈的最终支付会发生改变，具体情况如图15-2所示。

由于引擎厂的小引擎生产线出现故障，因此小引擎厂生产小引擎的支付为0，其余支付不发生改变。对于汽车厂而言，引擎厂生产小引擎的支付为0，这一信息是了解的。也就是说，汽车厂很清楚，不管他决定生产小汽车还是大汽车，引擎厂都会生产大引擎。在引擎厂已经决定生产大引擎的前提下，汽车厂的理性决策肯定是生产大汽车，因为他生产小汽车的收益只有1，而生产大汽车的收益则为3。

可见，引擎厂在采取行动后改变了博弈的最终均衡结果，更进一步说明了对于动态博弈，采用静态分析和动态分析，其结果存在很大的差异性。为什么存在这种差异性，其主要原因是在动态博弈中，纳什均衡具有一种内在不稳定性。这种不稳定性，主要体现在纳什均衡不能解决动态博弈的相机选择引起的可信性问题，不能排除博弈方策略中所包含的不可信的行为设定。在"汽车厂和引擎厂"博弈中，汽车厂因为知道引擎厂理性选择的相机行动计划，因此，它在第一阶段选择生产大汽车是不可信的。

2. 逆推归纳法

要想获得动态博弈中真正稳定的均衡结果，就必须排除掉那些不可信的均衡，逆推归纳法是一种比较合适的方法。

逆推归纳法的逻辑基础是这样的：动态博弈中先行为的理性的博弈方，在前面阶段选择行为时必然会先考虑后行为博弈方在后面阶段中将会怎样选择行为，只有在博弈的最后一个阶段选择的，不再有后续阶段牵制的博弈方，才能直接做出明确选择。而当后面阶段博弈方的选择确定以后，前一阶段博弈方的行为也就容易确定了。

逆推归纳法的一般方法是这样的：从动态博弈的最后一个阶段开始分析。每一次确定出所分析阶段博弈方的选择和路径，然后再确定前一个阶段的博弈方选择和路径。逆推归纳到某个阶段，那么这个阶段及以后的博弈结果就可以肯定下来，该阶段的选择节点等于一个结束终端。甚至可以用不包括该阶段与其后所有阶段博弈的等价博弈来代替原来的博弈。

针对"汽车厂和引擎厂"博弈，第一步是分析引擎厂生产小引擎还是大引擎的选择，因为3比1大，所以在汽车厂生产小汽车时，引擎厂肯定选择生产小引擎。同样，由于8比3大，所以在汽车厂生产大汽车时，引擎厂选择生产大引擎。第二步是分析汽车厂生产小汽车还是大汽车的选择，汽车厂只要比较（6，3），（3，8）这两个收益组合，很明显，生产小汽车的收益大于生产大汽车的收益，所以汽车厂选择生产小汽车。

事实上，分析引擎厂采取行动后的"汽车厂和引擎厂"博弈更能很好地理解逆推归纳法。第一步仍是分析引擎厂生产小引擎还是大引擎，因为生产小引擎，引擎厂的收益为0，因为引擎厂一定生产大引擎。第二步就是分析在引擎厂决定生产小引擎的基础上，汽车厂决定生产大汽车还是小汽车，很明显，汽车厂一定会生产大汽车，所以均衡解只有一个，那就是｛汽车厂生产大汽车，引擎厂生产大引擎｝。

由上述分析可以得知，由于逆推归纳法确定的各个博弈方在各阶段的选择，都是建立在后续阶段各个博弈方理性选择的基础之上，因此自然排除了包含不可信的威胁或承诺的可能性，因此它得出的结论是比较可靠的，确定的各个博弈方的策略组合是有稳定性的。事实上，逆推归纳法是在动态博弈分析中使用得最普遍的方法，在分析完全且完美信息动态博弈

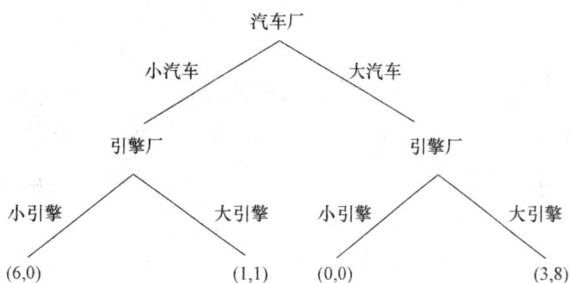

图 15 - 2　引擎厂采取行动后的"汽车厂和引擎厂"博弈

中非常有用，它可以证明在一个有限完美信息博弈中存在一个纯策略纳什均衡。

因为博弈是有限的，博弈树上一定存在一个最后的决策结的集合（即倒数第二个结，它的直接后续结是终点结），在该决策结上行动的参与人将选择一个最大化自己的支付的行动；给定这个参与人的选择，倒数第二个决策结上的参与人将选择一个可行的行动最大化自己的支付。如此等等，直到初始结。当这个倒推过程完成时，得到一个路径，该路径给出每一个参与人一个特定的策略，所有这些策略构成一个纳什均衡。

逆推归纳法过程当然不适用于无限博弈和不完美信息博弈。一个无限博弈或者是一个决策结有无穷多个后续结，或者是一个路径包含无穷多个决策结。在第一种情况，如果对支付函数没有进一步的限制，最优选择可能不存在；在第二种情况，不存在最后一个决策结。不完美信息博弈的信息集不是单结的，如果对参与人 2 有关参与人 1 的最优选择的信念没有特别说明，则无法定义参与人 2 的最优选择。不过，将看到，逆向归纳法的逻辑仍可以用来找出不完美信息博弈的均衡解。另外，逆向归纳法不适用于无限博弈并不意味着无限博弈没有纳什均衡存在。

### 三、子博弈和子博弈精炼纳什均衡

纳什均衡的概念既适用于静态博弈，也适用于动态博弈。但是采用纳什均衡的方法分析动态博弈，所得出的纳什均衡往往存在多重性，其结果可能不是一个十分合理的预测。在多重性问题之外，纳什均衡还假定每一个参与者在选择自己的最优策略时假定所有其他参与者的策略选择是给定的，就是说，参与人并不考虑自己的选择对其他人选择的影响，从这个角度来说，纳什均衡也很难说是动态博弈的一个合理解。

纳什均衡的这个缺陷促使博弈论专家从 20 世纪 60 年代开始就不断寻求改进（perfecting）和精炼（refining）纳什均衡概念，以得到更为合理的博弈解。塞尔顿（Selten）1965 年提出的"子博弈精炼纳什均衡"是纳什均衡概念的第一个最重要的改进，它的目的是把动态博弈中的"合理纳什均衡"与"不合理纳什均衡"分开。正如纳什均衡是完全信息静态博弈解的基本概念一样，子博弈精炼纳什均衡是完全信息动态博弈解的基本概念。要了解子博弈精炼纳什均衡，首先必须了解什么是"子博弈"（Subgame）。

#### 1. 子博弈

由博弈中某一个阶段开始的后续博弈叫作一个子博弈。实际上，从一个博弈任何一个节点开始一直到博弈结束都可以看作一个子博弈。下面仍用两阶段"汽车厂和引擎厂"博弈来说明什么是子博弈。

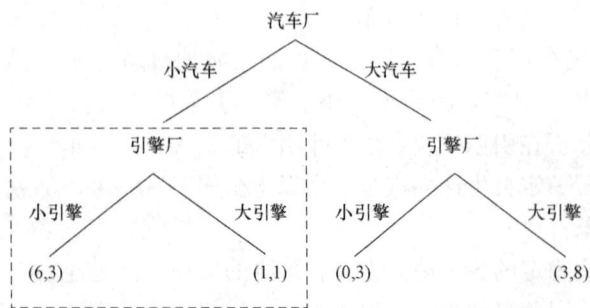

图 15 - 3    "汽车厂和引擎厂"博弈中的子博弈

如图 15 - 3 所示，在该博弈中，如果汽车厂在第一个阶段选择了"生产小汽车"，意味着这个动态博弈进行到了引擎厂作选择的第二阶段。此时引擎厂面临的是一个在汽车厂已经生产小汽车的前提下，自己选择生产小引擎还是大引擎，很显然这本身也构成一个完整的博弈。一般称这个包含在原两阶段博弈中的博弈为原博弈的一个"子博弈"，它就是图 15 - 3 中虚线框中的部分。

"子博弈"的定义如下：

由一个动态博弈第一阶段以后的任一阶段开始的后续博弈阶段构成的，包含有初始信息集和进行博弈所需要的全部信息，能够自成一个博弈的原博弈的一部分，称为原动态博弈的一个"子博弈"。也就是说，一个"子博弈"必须拥有博弈构成要素中的所有要素，即博弈方、策略、行动、顺序、得益、信息等。其关系如同集合中的集与子集的关系。

"汽车厂和引擎厂"博弈是一个两阶段博弈，所以子博弈的层次比较简单，"采金矿"博弈是一个三阶段的博弈，其子博弈的结构更为清晰。

开金矿博弈的基本问题是这样的：甲在开采一价值 4 万元的金矿时缺 1 万元资金，而乙正好有 1 万元资金可以投资。设甲想说服乙将这 1 万元资金借给自己用于开矿，并许诺在采到金子后与乙对半分成，此时，乙面临的选择就是是否借钱给甲。假设金矿的价值是经过权威部门探测确认的，没必要怀疑，则乙最需要关心的就是甲采到金子后是否会履行诺言跟自己平分，因为万一甲采到金子后不但不跟乙平分，而且还赖账或卷款潜逃，乙会连自己的本钱都收不回来。所以如果乙借钱给甲，甲面临的选择是要不要分钱给乙。很明显，如果没有外力约束，甲肯定会选择独吞 4 万元金子，乙借钱之前，就想到了这个结局，而选择不借钱。现在假设，如果甲不分钱给乙，乙可以用法律武器，即"打官司"保护自己的利益。一般用图 15 - 4 中的扩展式来表示这个博弈问题。

显然，图 15 - 4 中虚线框中是在乙选择"借"之后，甲面临的一个在乙已经借钱给他的前提下，自己选择是否分钱，然后再由乙选择是否打官司的两阶段动态博弈问题，很显然这个二阶段动态博弈完全满足子博弈定义，是这个三阶段博弈的一个子博弈。

按照子博弈的定义，还可以进一步讨论这个子博弈的子博弈问题。在"采金矿"的子博弈中，当甲选择不分，轮到乙选择"打"还是"不打"的第三阶段，就是这个子博弈的子博弈，一般称后面这个子博弈为原博弈的"二级子博弈"。

不过，也必须注意，并不是动态博弈的任何

图 15 - 4 "采金矿"博弈

部分都能构成子博弈，也不是所有多阶段动态博弈都有子博弈。首先子博弈不能包括原博弈的第一个阶段，这也意味着动态博弈本身不会是它自己的子博弈。其次子博弈必须有一个明确的初始信息集，以及必须包含初始阶段之后的所有博弈阶段，这意味着子博弈不能分割任何信息集，也意味着在有多节点信息集的不完美信息博弈中可能不存在子博弈等。

2. 子博弈精炼纳什均衡

"子博弈精炼纳什均衡"的定义如下：

对一个具有完美信息的动态博弈中，各博弈方的策略构成的一个策略组合 $s^* = (s_1^*, \cdots, s_n^*)$，如果：

（1）它是"原博弈"的"纳什均衡"；

（2）它在"原博弈"的每个"子博弈"上也构成"纳什均衡"。

那么这个策略组合称为原博弈的一个"子博弈精炼纳什均衡"。

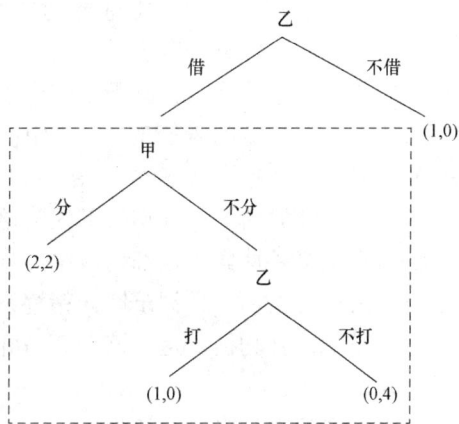

对于子博弈精炼纳什均衡的这一特点，可以用一个形象化的比喻来加以说明。某一个人500年前的祖宗（子博弈精炼纳什均衡），是从500年以来到他本人（子博弈之一）为止的前面任何一代人（子博弈之一）的祖宗，而不只是其中某几代人（子博弈之一）的祖宗。他本人又成为他后面任何一代人（子博弈之一）的祖宗。

因为任何博弈都可能有它自身的一个子博弈，因而一个子博弈精炼纳什均衡的策略组合肯定是纳什均衡。如果某博弈的唯一子博弈就是其本身，那么子博弈精炼纳什均衡和纳什均衡就是一样的。如果还有其他子博弈，则说明有些纳什均衡并不是子博弈精炼纳什均衡。子博弈精炼纳什均衡与纳什均衡的根本不同之处，就是子博弈精炼纳什均衡能够排除均衡策略中不可信的威胁或承诺，排除"不合理"、不稳定的纳什均衡，只留下真正稳定的纳什均衡，即子博弈精炼纳什均衡。这正是引进子博弈精炼纳什均衡概念的原因。子博弈精炼纳什均衡之所以能排除动态博弈相机选择策略组合中的不可信行为，是因为它要求该行为下的策略选择所形成的均衡必须在所有子博弈中都是纳什均衡，这就排除了其中存在不可信行为选择的可能性，从而使留下的均衡策略在动态博弈分析中具有真正的稳定性。

下面仍以"采金矿博弈"为例，来说明子博弈精炼纳什均衡。

现在看这样一个策略组合：乙在第一阶段选择"借"，在第三阶段选择"炸"；而甲在第二阶段选择"分"。虽然该策略是整个博弈的一个纳什均衡。但这个策略组合中 B 的策略要求 B 在第三阶段单人子博弈中选择的"炸"策略不是该单人子博弈的一个纳什均衡，因为该单人子博弈的最优解，应该是"不炸"，否则 B 就是非理性的。因此根据子博弈精炼纳什均衡的定义，这个策略组合就不是一个子博弈精炼纳什均衡。这也正是在前面分析该纳什均衡策略组合是不稳定的均衡的根本原因。看另一个策略组合：B 在第一阶段选择"不借"，如果有第三阶段选择则选"不炸"；甲如果有第二阶段选择则选"不分"。该策略组合显然就是该博弈的子博弈精炼纳什均衡。因为该策略组合的双方策略不仅在整个博弈中构成纳什均衡，而且在两级子博弈中也都构成纳什均衡，从而不存在任何不可信的威胁或承诺，子博弈中也都构成纳什均衡，根据子博弈精炼纳什均衡的定义，该策略组合构成这个动态博弈的一个子博弈精炼纳什均衡。这是该动态博弈唯一的子博弈精炼纳什均衡，因此也是这个博弈的真正稳定的均衡。

### 四、几个经典动态博弈模型

#### 1. 斯坦克尔伯格寡头竞争模型

将逆向归纳法的思想扩充于企业在市场上进行竞争的产量战略上去，就得到所谓斯坦克尔伯格（Stackelberg）博弈。在企业进行产量决策有先后顺序的情况下，博弈自然是动态的，但由于企业的产量通常是一个连续变量，因而博弈本身不是有限博弈，但仍可通过逆向归纳法的思路导出其子博弈精炼均衡。

假定有两个企业在同一产品市场上进行竞争，但它们的产量决策在时间上有先后之分，且后行动者能观察到先行动者的产量决策结果。设第 $i$ 个企业的产量为 $q_i$，利润为 $\pi_i = \pi_i(q_1, q_2)$，其中 $q_i \in [a_i, b_i]$，$i=1, 2$。$i=1$ 是先行动者，$i=2$ 在看到1的产量 $q_1$ 后决定其产量 $q_2$。1知道它每决定一个产量 $q_1$，2的产量决策将为 $q_2$，满足：

$$q_2 = q_2(q_1) \in \text{argmax} \pi_2(q_1, q_2)$$

即给定 $q_1$，$q_2$ 必是2的子博弈占优战略。

所以，1的选择就是 $q_1$，它满足：

$$q_1 = \mathrm{argmax}\pi_1[q_1, q_2(q_1)]$$

即给定一式确定的反应函数 $q_2(q_1)$，1 选择其占优战略 $q_1^*$，它由二式决定，2 选择 $q_2^* = q_2(q_1^*)$。

显然，这样得到的解 $(q_1^*, q_2^*)$ 必定是子博弈精炼均衡。称这种博弈为 Stackelberg 博弈（Stackelberg Game）。Stackelberg 在 1934 年提出这一概念（Stackelberg，1934），其均衡概念在子博弈精炼纳什均衡（1965）出现以前就有了，但它可被视为精炼均衡的最早版本。与古诺模型不同，这类模型中的企业 1 是领导者（leader）、企业 2 是追随者（follower），前者先选择产量 $q_1$，后者在观察到 $q_1$ 后选择自己的产量 $q_2$，两者不是同时行动的。这是一个完美信息动态博弈，但战略空间是连续性空间。下面，利用企业利润函数、成本函数及需求函数来计算一个 Stackelberg 博弈的子博弈精炼均衡。此时逆需求函数为 $p = a - q_1 - q_2$，两个企业有相同的不变边际成本 $c \geqslant 0$，企业 $i$ 的支付（利润）函数为

$$\pi_i(q_1, q_2) = q_i(p - c), \quad i = 1, 2$$

据上式有：$q_2 = q_2(q_1) = \dfrac{1}{2}(a - q_1 - c)$ （设 $q_1 < a - c$）

$$q_1^* = \frac{1}{2}(a - c)$$

代入 $q_2(q_1)$ 得 $q_2^* = \dfrac{1}{4}(a - c)$

子博弈精炼均衡结果为 $\left\{\dfrac{1}{2}(a-c), \dfrac{1}{4}(a-c)\right\}$。

与古诺模型相比较，古诺博弈均衡结果为 $q_1^* = q_2^* = \dfrac{a-c}{3}$，而 Stackelberg 博弈均衡结果为 $q_1^* = \dfrac{a-c}{2} > \dfrac{a-c}{3}$，$q_2^* = \dfrac{a-c}{4} < \dfrac{a-c}{3}$，即领导者的产量变大了，追随者的产量变小了，这是因为博弈中存在"先动优势"。

同时，该例还说明，拥有信息优势可能使博弈主体处于劣势（后动者拥有更多信息），而这在决策论中是不可能的，这是博弈论与决策论的不同。企业 2 处于劣势是因为它在行动前已知企业 1 的产量，而企业 1 在开始行动时也知如此。但若企业 2 不知企业 1 的产量且企业 1 也知如此，则即使企业 1 先行动，博弈也是古诺的而非 Stackelberg 的，企业 2 反而获益，企业 1 的先动优势就不存在了。

企业 1 先生产产量就是一种承诺行动，生产出来的产量是沉淀成本，从而使企业 2 不得不认为它的威胁是可置信的。如果企业 1 只是宣布它将生产 $q_1^* = \dfrac{a-c}{2}$。企业 2 不会相信它的威胁，因若企业 2 相信它的威胁而选 $q_2 = \dfrac{a-c}{4}$，给定此 $q_2$，企业 1 的最优选择是 $q_1 = \dfrac{3(a-c)}{8}$ 而不是 $q_1 = \dfrac{a-c}{2}$，如图 15-5 所示。

2. 里昂惕夫工会模型

经济学家 Leontief 于 1946 年提出的工会模型描写了工会与厂商就工资进行谈判的机理，并就均衡的非帕累托最优性和谈判结果的不稳定性做出解释，它解释了人们所观察到的工会与厂商就工资水平所进行的经常性谈判是如何发生的（Leontief，1946）。

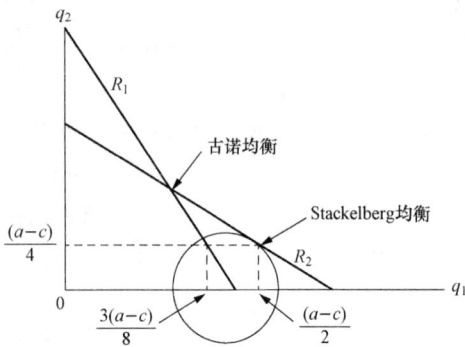

图 15 - 5　Stackelberg 均衡与古诺均衡的比较

参与人 1——工会：策略空间为｛提出工资水平 $w$｝

参与人 2——厂商：策略空间为｛决定工人雇佣量 $L$｝

工会的支付函数为 $U(w, L)$，假设 $\frac{\partial U}{\partial w} > 0$，$\frac{\partial U}{\partial L} > 0$，厂商利润函数或支付函数为 $\pi(w, L) = R(L) - wL$，其中：$w$ 为工资水平，$L$ 为工人雇佣量，$R(L)$ 为厂商收益函数（销售值），假设 $R(L)$ 是 $L$ 的增函数且为凹函数。

博弈的行动顺序：工会提出工资水平；厂商观测到（并接受）$w$，随后选择雇佣人数 $L$；工会和厂商的支付分别为 $U(w, L)$ 和 $\pi(w, L)$。

该动态博弈支付，如图 15 - 6 所示。下面运用逆向归纳法求解此博弈。

对于第一阶段中工会提出的任意的工资率 $w$，厂商在第二阶段中通过最大化其利润来决定最优的劳动量需求 $L^*(w)$，即

$$\max_{L \geqslant 0} \pi(w, L) = \max_{L \geqslant 0}\{R(L) - wL\}$$

一阶条件为 $R'(L) = w$，解出 $L^* = L^*(w)$

为保证一阶条件在 $w > 0$ 时总有解，假定 $R'(0) = \infty$，$R'(\infty) \geqslant 0$，即 $R'(L) \in [0, \infty)$。

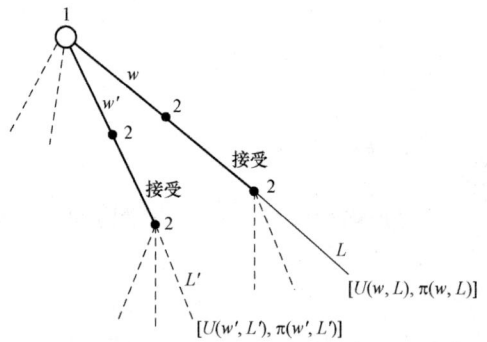

图 15 - 6　里昂惕夫工会模型的博弈树

给定 $w$，利润最大化给出厂商最优雇佣工人量 $L^*(w)$，当 $w$ 上升时，工人雇佣量减少（见图 15 - 7），故 $L^*(w)$ 是 $w$ 的减函数（见图 15 - 8）。

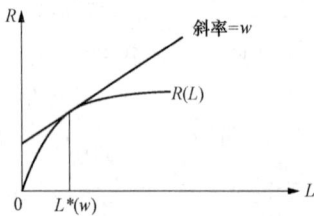

图 15 - 7　收益函数的斜率等于工资率

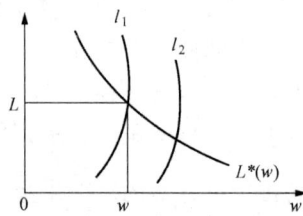

图 15 - 8　凹向纵轴的等利润线

给定 $w$，由 $L^*(w)$ 给出的 $L$ 是利润最大化工人雇佣量，在图 15 - 9 中，等利润线必凹向纵轴。因为等利润化满足 $\pi = R(L) - wL$，给定利润水平 $\pi$，等利润线方程为 $w = \frac{R(L)}{L} - \frac{\pi}{L}$，故有

$$\frac{\mathrm{d}w}{\mathrm{d}L} = \frac{\mathrm{d}\left[\dfrac{R(L)}{L}\right]}{\mathrm{d}L} + \frac{\pi}{L^2}$$

当 $L \to \infty$，因 $\dfrac{\mathrm{d}\left[\dfrac{R(L)}{L}\right]}{\mathrm{d}L} < 0$，故 $\dfrac{\mathrm{d}w}{\mathrm{d}L} < 0$

当 $L \to 0$，$\dfrac{\pi}{L^2} \to +\infty$，故 $\dfrac{\mathrm{d}w}{\mathrm{d}L} > 0$

所以，等利润线凹向纵轴。显然，越是位于右边的等利润线，利润就越低，因它对应同样的 $L$ 却付出更高的工资，或同样的 $w$ 却雇佣不同于 $L^*(w)$ 的工人量，由于 $L^*(w)$ 是利润最大化工人雇佣量，故 $L^*(w)$ 线通过等利润线的最右点。

对工会来说，$w$ 和 $L$ 的增加都是好事，故其无差异曲线越位于右上方就越带来更高的效用或支付（见图 15 - 10）。

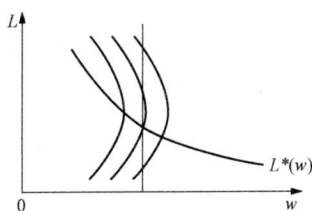

图 15 - 9　$L^*(w)$ 线通过等利润线的最右点

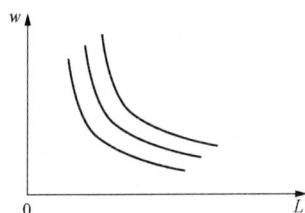

图 15 - 10　工会的无差异曲线

在第一阶段（倒数第二阶段），工会选 $w^*$ 使 $U[w^*, L^*(w^*)]$ 达到最大化，即工会在第一阶段的问题是 $\max\limits_{w \geqslant 0} U[w, L^*(w)]$。

显然，$L^*(w)$ 与无差异曲线的切点 $E$ 就是均衡点（见图 15 - 11）。

显然，若 $w$ 与 $L$ 的组合点位于图 15 - 12 中阴影部分，则工会与企业的支付都会同时提高，这说明在上述有限博弈中的均衡是低效率的。

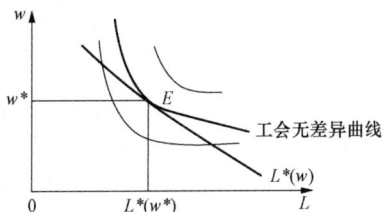

图 15 - 11　$L^*(w)$ 曲线与无差异曲线的切点决定均衡点

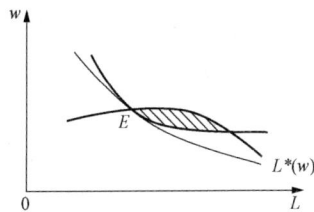

图 15 - 12　均衡的低效率

## 本章思考题

1. 名词解释

参与者　策略（strategy）　均衡　静态博弈

2. 可口可乐与百事可乐（参与者）的价格决策：双方都可以保持价格不变或者提高价格（策略）；博弈的目标和得失情况体现为利润的多少（收益）；利润的大小取决于双方的策

略组合（收益函数）；博弈有四种策略组合，其结局是：

(1) 如果双方都不涨价，各得利润 10 单位；

(2) 如果可口可乐不涨价，百事可乐涨价，可口可乐利润 100，百事可乐利润 -30；

(3) 如果可口可乐涨价，百事可乐不涨价，可口可乐利润 -20，百事可乐利润 30；

(4) 如果双方都涨价，可口可乐利润 140，百事可乐利润 35；

求纳什均衡。

3. 猪圈里有一头大猪和一头小猪，猪圈的一头有一个饲料槽，另一头装有控制饲料供应的按钮。按一下按钮就会有 10 个单位饲料进槽，但谁按谁就要付出 2 个单位的成本。谁去按按钮则谁后到；都去按则同时到。若大猪先到，大猪吃到 9 个单位，小猪吃到一个单位；若同时到，大猪吃 7 个单位，小猪吃 3 个单位；若小猪先到，大猪吃 6 个单位，小猪吃 4 个单位。各种情况组合扣除成本后的支付矩阵可如下表示（每格第一个数字是大猪的得益，第二个数字是小猪的得益）：

|  |  | 小猪 | |
|---|---|---|---|
|  |  | 按 | 等待 |
| 大猪 | 按 | 5, 1 | 4, 4 |
|  | 等待 | 9, -1 | 0, 0 |

求纳什均衡。

# 参 考 文 献

[1] 拉斯缪斯. 博弈与信息 [M]. 王晖，白金辉，吴任昊，译. 北京：北京大学出版社，2003.

[2] 蔡继明. 微观经济学习题 [M]. 北京：人民出版社，2002.

[3] 陈恳，吴卫华. 西方经济学习题精编 [M]. 北京：高等教育出版社，2002.

[4] 陈通. 微观经济学 [M]. 天津：天津大学出版社，1993.

[5] 陈彰武. 管理经济学 [M]. 北京：清华大学出版社，1996.

[6] 戴国强. 货币银行学 [M]. 上海：上海财经大学出版社，2001.

[7] 董志强. 身边的博弈 [M]. 北京：机械工业出版社，2007.

[8] 高本权. 西方经济学 [M]. 呼和浩特：内蒙古人民出版社，2000.

[9] 高鸿业. 西方经济学 [M]. 3 版. 北京：中国人民大学出版社，2005.

[10] 高鸿业. 西方经济学 [M]. 2 版. 北京：高等教育出版社，1999.

[11] 洪开荣，孙倩. 经济博弈论前沿专题 [M]. 北京：经济科学出版社，2012.

[12] 洪开荣. 期权博弈评价理论 [M]. 武汉：武汉大学出版社，2007.

[13] 胡代光，高鸿业. 现代西方经济学辞典 [M]. 北京：中国社会科学出版社，1996.

[14] 华民. 国际经济学 [M]. 上海：复旦大学出版社，2003.

[15] 黄亚钧，郁义鸿. 微观经济学 [M]. 北京：高等教育出版社，2000.

[16] 李坤望. 国际经济学 [M]. 北京：高等教育出版社，2005.

[17] 厉以宁. 西方经济学 [M]. 2 版. 北京：高等教育出版社，2000.

[18] 梁小民. 西方经济学基础教程 [M]. 2 版. 北京：北京大学出版社，2002.

[19] 梁小民. 西方经济学教程 [M]. 3 版. 北京：中国统计出版社，1998.

[20] 刘溢海，李雄诒. 发展经济学 [M]. 上海：上海财经大学出版社，2007.

[21] 曼昆. 宏观经济学 [M]. 北京：中国人民大学出版社，2000.

[22] 诺斯. 经济史中的结构与变迁 [M]. 上海：上海三联书店，上海人民出版社，1994.

[23] 萨缪尔森，诺德豪斯. 萧琛等，译. 经济学 [M]. 6 版. 北京：华夏出版社，2010.

[24] 宋承先. 现代西方经济学 [M]. 2 版. 上海：复旦大学出版社，1997.

[25] 谭崇台. 发展经济学的新发展 [M]. 武汉：武汉大学出版社，1999.

[26] 汪祥春. 西方经济学 [M]. 2 版. 大连：东北财经大学出版社，2003.

[27] 伍海华. 西方货币金融理论 [M]. 北京：中国金融出版社，2002.

[28] 武康平. 金融学 [M]. 北京：清华大学出版社，2003.

[29] 许纯祯. 西方经济学教程 [M]. 长春：吉林大学出版社，1996.

[30] 姚长辉. 货币银行学 [M]. 北京：北京大学出版社，2002.

[31] 叶静怡. 发展经济学 [M]. 2 版. 北京：北京大学出版社，2007.

[32] 尹伯成. 西方经济学简明教程 [M]. 4 版. 上海：上海人民出版社，2003.

[33] 尹伯成. 现代西方经济学习题指南 [M]. 4 版. 上海：复旦大学出版社，2003.

[34] 张东辉. 西方经济学习题集萃 [M]. 北京：经济科学出版社，2003.

[35] 庄奕琦. 经济学原理 [M]. 上海：复旦大学出版社，2003.